本书系国家社科基金一般项目“一体化战略视阈下媒体融合的现实困境与实现路径研究”（项目批准号：19BXW030）和中国社会科学院大学智库报告的阶段性成果。

智库 中社 年度报告
Annual Report

智能媒体发展报告
2021-2022

主　编◎漆亚林　副主编◎崔波　杜智涛

中国社会科学出版社

图书在版编目(CIP)数据

智能媒体发展报告.2021－2022／漆亚林主编.—北京：中国社会科学出版社，2022.11
（中社智库年度报告）
ISBN 978－7－5227－0768－6

Ⅰ.①智…　Ⅱ.①漆…　Ⅲ.①传播媒介—发展—研究报告—中国—2021－2022　Ⅳ.①G219.2

中国版本图书馆CIP数据核字（2022）第145869号

出 版 人　赵剑英
策划编辑　周　佳
责任编辑　黄　丹
责任校对　胡新芳
责任印制　王　超

出　　版　中国社会科学出版社
社　　址　北京鼓楼西大街甲158号
邮　　编　100720
网　　址　http://www.csspw.cn
发 行 部　010－84083685
门 市 部　010－84029450
经　　销　新华书店及其他书店

印　　刷　北京明恒达印务有限公司
装　　订　廊坊市广阳区广增装订厂
版　　次　2022年11月第1版
印　　次　2022年11月第1次印刷

开　　本　710×1000　1/16
印　　张　24.75
插　　页　2
字　　数　389千字
定　　价　149.00元

主持单位

中国社会科学院大学新闻传播学院

联合主持单位

浙江传媒学院新闻与传播学院
中国社会科学院大学创意传播研究中心
新华社媒体融合生产技术与系统国家重点实验室
深圳市福田区区委宣传部
深圳市福田区融媒体中心
长三角智能传播研究院

王国成　中国社会科学院数量经济与技术经济研究所研究员，中国社会科学院大学计算社会科学研究中心主任、博士生导师

王晓红　中国传媒大学教务处处长、教授、博士生导师

严三九　上海大学新闻传播学院院长、教授、博士生导师

杨　溟　新华社国家重点实验室生物感知智能应用研究部负责人、新华网融媒体未来研究院院长

殷　乐　中国社会科学院新闻与传播研究所媒介研究室主任、研究员，博士生导师

张涛甫　复旦大学新闻学院院长，教育部长江学者特聘教授，博士生导师，国务院学位委员会新闻传播学科评议组成员

周鸿铎　中国传媒大学教授、传媒经济研究所名誉所长、博士生导师

朱春阳　复旦大学新闻学院教授、媒介管理研究所所长、博士生导师，《新闻大学》常务副主编，教育部青年长江学者

朱　天　四川大学研究生院副院长、传媒研究中心主任、教授、博士生导师

课 题 组

组　长　漆亚林
副组长　崔波　杜智涛
成　员　刘鹏飞　田　莉　刘英华　刘朝霞　吴　玥
　　　　郭海威　刘静静　王钰涵　李秋霖　田晓雪
　　　　孙鸿菲　黄一清　王　坤

编 委 会

主　任　张树辉
编　委　（按姓氏拼音排序）
　　　　卜彦芳　崔　波　杜智涛　刘英华　漆亚林
　　　　田　莉　薛　亮　张薇薇

目　录

总报告

政策篇

热点篇

行业篇

技术篇

国际篇

总报告
General Report

T.1　AI 生态：开创智媒时代新格局

漆亚林　刘静静*

摘　要： 人工智能为新冠肺炎疫情笼罩下的全球发展注入新动能。全球人工智能竞合博弈升级，各国政府和科技巨头加快人工智能布局抢占领先地位。5G 等新基建助力数字经济发展、智慧城市建设。主流媒体在"内容+科技"双轮驱动下加快内容产业布局，推动全媒体建设，云生产与传播模式成为媒体在新冠肺炎疫情防控期间的新常态。以虚拟主播、虚拟偶像为代表的虚拟数字人入局直播带货、亮相主流媒体平台，开辟视听新景观。伴随着智能化社会转型而来的老人数字融入、算法治理、数据安全、隐私保护等技术伦理与风险亦成为政府、企业等多方关注与反思的问题，破除老人智能鸿沟、加快智能技术监管与治理仍是未来努力的方向。

关键词： 人工智能；5G；云传播；智能鸿沟

一　总体回顾与热点聚焦

（一）竞争与合作：各国政府和科技巨头深度布局人工智能

人工智能技术成为引领国家创新发展的主导方向之一，各国政府为了充分释放人工智能活力，将其作为提升国家竞争力的主要抓手，并通过顶层设计深度布局人工智能及其相关产业。《中华人民共和国国民经济和社会发展第十四个五年规划和 2035 年远景目标纲要》中"智能""智慧"

---

* 漆亚林，中国社会科学院大学新闻传播学院执行院长、教授、博士生导师，创意传播研究中心主任；刘静静，中国社会科学院大学新闻传播学院新闻学硕士研究生。

相关表述达到57处，提出2035年“关键核心技术实现重大突破，进入创新型国家前列”的愿景目标。① 2020年1月美国白宫出台了用于指导人工智能应用的监管原则指南，其主要目的是指出监管部门不宜“过度插手”，各联邦政府不应采取一刀切的监管做法。② 2021年1月，为确保美国在人工智能领域的领先地位，美国白宫宣布设立国家人工智能计划办公室，作为整个美国创新生态系统中的国家人工智能研究和政策制定的中心枢纽。③同年，英国人工智能委员会发布了《人工智能路线图》报告，旨在帮助英国政府制定人工智能战略方向，使英国成为最适合AI发展的国家之一。④在国家政策的扶持和世界新科技浪潮下人工智能独角兽企业迅速增长。《2020胡润全球独角兽榜》显示，全球人工智能行业有63家独角兽上榜，2019年独角兽榜中人工智能相关独角兽企业仅有40家。⑤ 资本借助政策优势创造强大的技术创新动能，进而重构产业布局。高科技企业为人工智能生态的开发与应用提供强有力的技术支撑，并参与到全球人工智能的研发与智能产业链的建设，同时在激烈的市场竞争中激发创新活力。

推动合作与共治亦成为全球人工智能发展的主旋律之一。2020年6月，澳大利亚、加拿大、法国、德国、美国和英国等15个国家联合成立“全球人工智能伙伴关系”（GPAI），汇集了来自政府、科学、工业、民间社会、国际组织和学术界的多元力量，协同指导以人为本，以人权、包容性、多样性和创新性为基础的人工智能的开发、使用和采用，协调多方利益促进国际合作。⑥ 中国致力于搭建国际化合作平台，汇聚全球智慧，提供中国方案、中国经验和中国道路，推进人工智能技术为人类谋福祉。正

① 《中国信通院解读：“十四五”规划人工智能三大布局》，2021年3月15日，中国信通院CAICT，https://mp.weixin.qq.com/s/Mb4TlK7EiZZgFknStXUbxg。

② “Guidance for Regulation of Artificial Intelligence Applications”，November 2020，https://www.whitehouse.gov/wp-content/uploads/2020/11/M-21-06.pdf.

③ 《美设立国家人工智能计划办公室》，2021年1月21日，新华网客户端，https://baijiahao.baidu.com/s?id=1689456353367608577&wfr=spider&for=pc。

④ “AI Roadmap”，January 2021，GOV.UK.，https://assets.publishing.service.gov.uk/government/uploads/system/uploads/attachment_data/file/949539/AI_Council_AI_Roadmap.pdf.

⑤ 《2021年全球人工智能市场现状与企业布局分析　多家公司纷纷布局人工智能、美国高层次学者居多》，2021年8月23日，前瞻经济学人，https://baijiahao.baidu.com/s?id=1708870154159780406&wfr=spider&for=pc。

⑥ “GPAI：Global Partnership on Artificial Intelligence”，November 2020，https://gpai.ai/.

如习近平总书记对 2021 年 8 月召开的中国—上海合作组织数字经济产业论坛、2021 年中国国际智能产业博览会的贺信中指出：中国愿同各成员国弘扬“上海精神”，深度参与数字经济国际合作，让数字化、网络化、智能化为经济社会发展增添动力，开创数字经济合作新局面。①

（二）高新技术为社会数字化发展注入新动能

第 48 次《中国互联网络发展状况统计报告》数据显示，截至 2021 年 6 月，中国拥有 5G 基站 96.1 万个，5G 网络已覆盖全国所有地级市。截至 2021 年 5 月，5G 标准必要专利声明数量居全球首位。② 从 2019 年 5G 商用以来，我国 5G 等新基建建设取得显著成效，作为基础架构为社会智能化转型提供了技术底座。

受新冠肺炎疫情影响，基于大数据和人工智能等技术的“云”旅游、“云”课堂、“云”医疗、“云”购物等“宅经济”形态迅速崛起，并快速与其他产业融合。直播带货、线上拼团等线上与线下的融合经济模式驱动新型消费方式的迭代升级，数字经济在应对疫情方面展现出强大的发展活力。5G、人工智能、大数据、区块链等高新技术不仅对我国经济发展产生了重大影响，还渗入政治、经济、文化、生活等各个方面，助力智能政务服务、智能医疗、智能教育、智能交通、智能产业等智慧城市发展，全面推进“智慧中国”建设。

高新科技在文化传承方面的独特功能亦不断显性化。一方面，人工智能技术对文物、老旧视频等视觉文化艺术的修复功能日益彰显。如敦煌研究院引入腾讯的 AI 病害识别技术、沉浸式远程会诊技术等为壁画“看病”实现远程文物“会诊”。③ 在建党百年主题报道活动中，中央广播电视总台启动“党史经典，彩色重现”党史经典影像素材 4K/8K 超高清修复工程，以新技术赋能党史历史影像资料修复，通过运用 4K/8K 超高清彩色修复技

---

① 《习近平向中国—上海合作组织数字经济产业论坛、2021 中国国际智能产业博览会致贺信》，2021 年 8 月 23 日，新华网，http://m.news.cn/2021-08/23/c_1127785980.htm。

② 《CNNIC：2021 年第 48 次中国互联网络发展状况统计报告》，2021 年 8 月 27 日，199IT，http://www.199it.com/archives/1302411.html。

③ 《为壁画“看病”，给文物远程“会诊”科技如何助力敦煌文物数字化保护?》，2021 年 3 月 20 日，每日经济新闻，http://www.nbd.com.cn/articles/2021-03-20/1663566.html。

术进行画质增强、色彩还原，清晰真实地重现重要场景。① 另一方面，运用数字采集、虚拟现实等智能技术对传统文物等进行数字化保存和创意传播，让文物“活起来”。文旅部等八部门在《关于进一步推动文化文物单位文化创意产品开发的若干措施》中明确指出“支持文化文物单位创新利用虚拟现实、增强现实、全息成像、裸眼三维图形显示（裸眼3D）、交互娱乐引擎开发、文化资源数字化处理、互动影视等技术，增强文化创意产品的文化承载力、展现力和传播力”。② 但近年来文创产品出现的同质化、过度娱乐化和商业化问题不容忽视，亟须治理。

“媒介是人体的延伸”，生物传感技术重塑媒介生态，亦深刻影响和塑造了社会交往的逻辑，更为新冠肺炎疫情中“无接触场景”的拓展提供了可能。在智能媒介领域，生物传感技术渗入社会生活的方方面面，场景化应用加速；智能主体呈现出身体量化、感知流动的新表征；智能传播方式嬗变，人机具身传播趋势凸显。

（三）“内容+科技”：助推新型主流媒体产业布局智能化

“内容+科技”成为媒体深度融合、智能化转型以实现新型主流媒体生态建设的主要发展方向。2020年9月中共中央办公厅、国务院办公厅印发了《关于加快推进媒体深度融合发展的意见》，指出要“尽快建成一批具有强大影响力和竞争力的新型主流媒体”“建立以内容建设为根本、先进技术为支撑、创新管理为保障的全媒体传播体系”。优质内容生产不仅能够盘活主流媒体原有的优质资源，更是主流媒体增强核心竞争力、提升公信力和权威性的关键基础，而智能化技术的应用不仅有助于优化媒体内容采、编、播、发等流程，还有利于推动媒体进行结构优化与产业调整，以打造新型主流媒体的智能生态。

2020年3月，人民网发布的《2019，内容科技（ConTech）元年》将

---

① 《党史经典　彩色重现　中央广播电视总台启动“党史经典影像素材4K/8K超高清修复工程”》，2021年5月20日，国际在线，https://baijiahao.baidu.com/s?id=1700277068972610307&wfr=spider&for=pc。

② 《关于印发〈关于进一步推动文化文物单位文化创意产品开发的若干措施〉的通知》，2021年8月17日，中国政府网，http://www.gov.cn/zhengce/zhengceku/2021-08/31/content_5634552.htm。

2019 年称为内容科技元年，主流媒体持续在“内容科技”上发力，利用人工智能、大数据、区块链等新技术进行智能化改革，开辟内容产业发展的新路径。2020 年 12 月，中央广播电视总台与中国移动签署内容版权战略合作协议，总台的内容生产力与中国移动的 5G 技术强强联合，运用科技赋能完善总台内容产业生态链。[①]《人民日报》于 2020 年 12 月发布“创作大脑”，是集轻应用平台、智慧媒体云、知识社区、开放生态于一身的一站式智能创作平台，助力构建全媒体智能生态。[②] 2021 年 7 月，人民网在其“十四五”发展规划中指出要做精内容，主要引领内容科技，如智能计算平台面向内容行业提供智能算力服务，内容风控大脑为网络内容评估、媒体监管、内容生态治理提供技术支持等。[③]《四川日报》报业集团旗下的封面传媒联手中网投、四川文产基金发起组建的封面传媒科技公司深度聚焦“融媒技术、数字文博、内容科技、智慧营销”四大方向，致力于构建“科技＋传媒＋文化”生态体，开启数字产业新征程。[④] 科技赋能挖掘内容优势、重构内容价值、全面布局内容产业，是主流媒体为实现“十四五”规划和 2035 年远景目标中“推进媒体深度融合，实施全媒体传播工程，做强新型主流媒体”的重要突破口。

（四）5G＋AI 赋能：云传播成为媒体新常态

2020 年突如其来的新冠肺炎疫情加速了媒体内容生产与传播向云端转移，在突破空间困境采编信息向公众及时传递疫情动态的同时，也促进云传播成为媒体新常态，逐步构建起完善的“云”生产与传播模式。

在生产层面，5G、人工智能等技术使信息云端采集、共享、管理、分发得以实现。2020 年 5 月 20 日，由湖北广播电视台长江云、北京广播电视台北京时间、上海报业集团澎湃新闻、《贵州日报》天眼新闻、江苏广播电视

---

① 《5G＋科技赋能“内容宝藏” 中国移动携手中央广播电视总台开展全面内容版权深度合作》，2020 年 12 月 9 日，36 氪，https://36kr.com/p/1003169267160066。

② 《人民日报新媒体上新！“最强大脑”来了》，2020 年 12 月 25 日，人民日报社，https://baijiahao.baidu.com/s?id=1687010745879123892&wfr=spider&for=pc。

③ 《人民网“十四五”发展规划》，2021 年 7 月 21 日，人民网，https://baijiahao.baidu.com/s?id=1705840005117897963&wfr=spider&for=pc。

④ 《封面评论丨聚焦数字传媒产业新赛道：内容科技正延伸出产业新蓝图》，2021 年 6 月 8 日，封面新闻，https://baijiahao.baidu.com/s?id=1701970541961821599&wfr=spider&for=pc。

台荔枝新闻等12个省级主流新媒体组建的区块链新闻编辑部成立，作为全国首个云上新闻编辑部运用5G传播、AI人工智能、异地全息投影等新媒体传播技术进行跨时空的信息传播与共享。① 2021年全国两会前夕，新华社智能编辑部推出全球首个5G沉浸式多地跨屏访谈，以全实景、真跨屏的方式带给受众沉浸式互动视听体验。“云访谈”成为两会报道的显要特征。在广电节目生产方面，“云录制”“云演播”等成为广电媒体在“非常态”下借助新技术进行的内容创新。2020年湖南卫视推出《天天云时间》《嘿！你在干嘛呢?》两档全新采用“云录制”制作的节目。湖南有线“5G芒果超视”团队携手映客直播为旗下综艺《歌手·当打之年》节目“云录制”提供技术支持，利用“5G+云+人工智能”技术完成节目的制作。② 2021年央视春晚运用超高清“云”传播技术配合舞台表演，既有“云”端演员通过提前录制的视频参与现场表演，“云”观众还可以通过现场大型新媒体背景墙参与互动。③“云”生产模式在保证符合疫情防控要求的同时提供给公众喜闻乐见的节目，带给受众新的视觉体验。

在传播互动层面，技术搭建“云桥”，云端陪伴与互动成为媒体在疫情期间凝聚共识、引导舆论、激发全民抗疫的关键操作，同时弥补观众不在场的遗憾，通过创意“玩法”增强观众的参与性。2020年新冠肺炎疫情暴发初期，央视火神山和雷神山慢直播引发数千万网友在线云监工，以网络围观的方式参与讨论、表达观点，直播间内的相互陪伴既能有效消解公众隔离在家的孤独感与面对疫情的恐慌感，又提供平台让公众参与到全民抗疫、全民监督的行动中来。2020年的湖南卫视元宵晚会取消现场观众席，采用弹幕式观众席与网友同步互动，网友的暖心留言成为节目一大亮点。为带给观众沉浸式的奥运会观看体验，咪咕视频首次将“5G云赛场”应用到奥运会直播中，网友化身“5G云观众”可利用“5G云呐喊”功能

① 《全国首个区块链新闻编辑部正式成立》，2020年5月20日，湖北新闻，https://baijiahao.baidu.com/s?id=1667182334485803797&wfr=spider&for=pc。

② 《湖南卫视节目实现“云录制” 电广传媒在广电行业深度应用5G技术》，2020年2月24日，证券日报网，http://www.zqrb.cn/gscy/gongsi/2020-02-24/A1582515546679.html。

③ 《〈2021年春节联欢晚会〉举办第二次联排 创新推出“云”端演员“云”观众》，2021年2月3日，央视新闻客户端，http://m.news.cctv.com/2021/02/03/ARTIYlwKaag0HbzNEtvO6BGo210203.shtml。

为自己喜欢的运动员进行“云打 Call”。[①]

于危机中育新机，新冠肺炎疫情倒逼媒体加快智能化发展步伐，开创云生产、云传播、云互动、云陪伴等新景观。但是，云生产模式亦面临较多局限，例如，节目的“云录制”面临远程录制信号不稳定、舞台效果后期包装等技术难题以及观众不在场导致体验感减弱等困境。云传播时代在技术层面要求更高，在内容层面呼唤多元创意，在与公众连接方面需要进一步加强沉浸式互动。

（五）智能技术驱动下虚拟数字人崭露头角，虚拟主播与虚拟偶像创造视听新景象

基于 AR/VR 等虚拟现实技术和语言合成、深度学习等智能交互技术的发展，虚拟数字人即具有数字化外形的、生活在虚拟世界里的“人”，具有智慧化、便捷化、精细化、互动化等特征，从而能在多种服务场景不断延伸拓展，释放发展潜力，为文旅、教育、影视、传媒等各行业赋能。如在“2020 腾讯全球数字生态大会”上腾讯云小微对外发布了全新的 AI 助手解决方案，该方案通过 AI 语音交互技术与 IP 视觉形象的结合，以数字虚拟人的形态为企业提供“数字员工”。虚拟导游、虚拟讲解员等应用不仅给用户带去全新的体验，更是助力企业提供优质且智能化的服务、提升企业美誉度。腾讯智能平台副总裁李学朝表示，“数字虚拟人”将成 AI 语音技术发展新趋势。[②] 百度研究院《2021 年十大科技趋势预测》指出，数字人、虚拟人将大批量出现，并在服务行业大放异彩。

在传媒领域，以虚拟主播、虚拟主持人、虚拟偶像等为代表的虚拟数字人为视听行业创造新价值，成为驱动内容生产流程再造、提高生产效率、创新消费经济模式的动力。新冠肺炎疫情期间，AI 虚拟主播得到广泛应用，助力媒体疫情防控信息及时发布。如科大讯飞免费开放虚拟主播“小晴”的授权，在新华网、东南网、四川台《四川观察》、广西卫视新

---

① 《从遗憾“空场”到云端“满座”，中国移动咪咕打造奥运“第二主场”》，2021 年 8 月 11 日，中国移动，https://mp.weixin.qq.com/s/7zv_xNLB9cXQOfoleMKXNw。

② 《专访腾讯智能平台副总裁李学朝：“数字虚拟人”将成 AI 语音技术发展新趋势》，2020 年 9 月 15 日，21 财经，https://m.21jingji.com/article/20200915/herald/7c2aae06dfa0613d78799111850ceb2a.html。

媒体等为公众解读疫情防控信息，普及科学知识。虚拟主播在提升效率、改变主体结构与促进媒体智能化转型的同时，亦给新闻从业者提出了更高的职业素养要求。2020 年中国新媒体大会上湖南卫视主持人魏哲浩和 AI 主播魏小浩同台 PK，虚拟主播流畅的发言与逼真的行为表现令人震惊、发人深省：新闻从业者面对人工智能应如何发挥优势重构职业合法地位、保持核心竞争力？

虚拟偶像在技术主义和市场主义的驱动下，迎合 Z 世代的审美取向，满足粉丝的情感需求，逐渐散发出泛娱乐化的产业活力。艾媒咨询（iiMedia Research）数据显示，中国虚拟偶像产业快速发展，2020 年中国虚拟偶像核心产业规模为 34.6 亿元，同比增长 70.3%，预计 2021 年将达到 62.2 亿元。[①] 虚拟偶像直播带货成为热潮，虚拟歌手洛天依和李佳琦同台直播带货、虚拟偶像鼻祖“初音未来”于 2020 年 6 月 8 日正式入驻淘宝直播等大量虚拟偶像进入直播带货赛道，因其具有不知疲倦、人设不易崩塌、互动新潮等特征备受欢迎。此外，主流媒体与虚拟偶像的跨界合作展现出多元文化碰撞融合的魅力，如洛天依登上 2021 年央视春晚、国风虚拟偶像翎 Ling 加盟央视《上线吧！华彩少年》等。一方面让源于二次元文化的虚拟偶像“出圈”进入主流视野，探索多元商业变现能力以及可持续发展方式；另一方面有助于主流媒体借助虚拟偶像的影响力进行创意传播，生产年轻态话语体系，进而增强活力人群的收视黏性。

（六）老人数字融入困境越发凸显，全社会发力破除老人智能鸿沟问题

伴随着人工智能技术的高速发展，如何推进科技向善、破除算法黑箱、平衡技术理性与人文关怀等问题受到人们的持续关注与思考。新冠肺炎疫情发生以来，老人乘坐公共交通工具、进入商场等公共场所时因不能出示健康码而带来诸多不便的新闻曾多次登上微博热搜，由此凸显出来的老年群体如何适应智能化时代的问题成为社会各界关注的热点。老人在面对线上支付、预约挂号、网购、外卖等数字化生活方式时的无所适从值得我们反思：如何破除老人智能鸿沟问题，如何给予处于“技术弱势”地位

---

① 《2021 中国虚拟偶像行业发展及网民调查研究报告》，2021 年 7 月 3 日，艾媒咨询，https://mp.weixin.qq.com/s/98NbmMqlqyDj1w7Nfm2URg。

的银发族充分的社会关怀，如何帮助他们融入数字化生活。

国家层面给予充分重视，加强了政策引导。国务院办公厅于 2020 年 11 月 24 日印发的《关于切实解决老年人运用智能技术困难的实施方案》指出要“聚焦老年人日常生活涉及的高频事项，坚持传统服务与智能创新相结合，让广大老年人更好地适应并融入智慧社会”。① 同年 12 月，工信部发布《互联网应用适老化及无障碍改造专项行动方案》，开展互联网网站与 App 适老化及无障碍改造。② 2021 年 2 月 10 日工信部再发文《关于切实解决老年人运用智能技术困难便利老年人使用智能化产品和服务的通知》，对扩大适老化智能终端产品供给、切实保障老年人安全使用智能化产品和服务等重点工作做了部署。③ 2021 年老年人数字困境解决首次写入政府工作报告，“推进智能化服务要适应老年人需求，并做到不让智能工具给老年人日常生活造成障碍”。④

在政策驱动下互联网企业亦逐渐增加适老化服务，如百度推出“百度五福 AI 助老计划”，老人只需通过简单的语音指令与智能设备互动，便可享受智能化服务。⑤ 百度上线大字版 App，支付宝、抖音等上线“长辈模式”通过增大字号等方式便于老人观看，此外抖音开通老人客服专线，为老人提供定制化服务。⑥ 高校、科研机构学者从学理层面探究弥合老人智能鸿沟的策略，为解决老人数字化融入困境提供理论支撑和智慧方案。如《新闻与写作》于 2021 年第 3 期开辟专栏讨论老年传播中的“破壁”问题。

---

① 《国务院办公厅印发关于切实解决老年人运用智能技术困难实施方案的通知》，2020 年 11 月 24 日，中国政府网，http://www.gov.cn/xinwen/2020-11/24/content_5563861.htm。

② 《工业和信息化部关于印发〈互联网应用适老化及无障碍改造专项行动方案〉的通知》，2020 年 12 月 24 日，中华人民共和国工业和信息化部官网，https://www.miit.gov.cn/zwgk/zcwj/wjfb/txy/art/2020/art_3e1c2bf3f1d6410fab42728a33ec7c3b.html。

③ 《工业和信息化部关于切实解决老年人运用智能技术困难便利老年人使用智能化产品和服务的通知》，2021 年 2 月 10 日，中华人民共和国工业和信息化部官网，https://www.miit.gov.cn/jgsj/xgj/wjfb/art/2021/art_f34ef0284e164abbb3c6ef193aa20586.html。

④ 《老年人数字困境解决首次写入政府工作报告》，2021 年 3 月 5 日，新京报社，https://baijiahao.baidu.com/s?id=1693380945620357025&wfr=spider&for=pc。

⑤ 《百度发布五福 AI 助老计划，年底前将落地全国 8 座城市》，2021 年 8 月 11 日，新京报社，https://baijiahao.baidu.com/s?id=1707812737386494012&wfr=spider&for=pc。

⑥ 《抖音开通老年客服专线　人工解答“触网”难题》，2021 年 8 月 20 日，财经网，http://tech.caijing.com.cn/20210820/4789917.shtml。

（七）智能技术监管与科技伦理治理稳步推进

在加快人工智能促进社会数字化转型、提升经济效益和全民享受智能服务的同时，各国亦加快了人工智能治理的步伐。一方面保障国家数据安全，促进人工智能技术可持续健康发展，另一方面加强公众的隐私保护，尽可能规避技术引发的社会风险。2021 年 4 月，欧盟就人工智能的监管提出全球首个法律框架，将人工智能应用场景精细化风险划分并进行分类监管，对人工智能的使用做出了严格的限制和重金处罚机制，成为西方政府提出的涉猎范围最广泛的法规之一。①

我国在保护数据安全、算法治理、个人信息保护等方面建立了相关法律。2021 年 6 月 10 日，我国颁布了第一部有关数据安全的专门法律《中华人民共和国数据安全法》，8 月 20 日我国第一部系统、全面保护个人信息的专门性法律——《个人信息保护法》表决通过。《外卖骑手，困在系统里》《我被美团会员割了韭菜》等文章所引发的社会关于算法争议的讨论，使得规范平台算法机制成为热点。2021 年 8 月 27 日，网信办出台《互联网信息服务算法推荐管理规定（征求意见稿）》，明令禁止大数据杀熟、流量造假、操纵榜单等行为，并提出用户可关闭算法推荐、平台需完善平台订单分配以保障劳动者权益相关算法等。② 互联网企业作为技术研发与推广应用的主力，在推动科技向善、践行科技伦理方面持续发力。例如，2021 年 7 月阿里宣布成立人工智能治理与可持续发展实验室，着力于可持续发展可靠、可信、可用的人工智能技术和应用。③

二　未来展望

人工智能技术在国家政策支持、企业加大资本投入、市场需求大等利

---

① 《人工智能监管，欧盟带着最严法律框架来了》，2021 年 4 月 22 日，科技日报社，https://baijiahao.baidu.com/s?id=1697740663580812609&wfr=spider&for=pc。

② 《国家互联网信息办公室关于〈互联网信息服务算法推荐管理规定（征求意见稿）〉公开征求意见的通知》，2021 年 8 月 27 日，中国网信网，http://www.cac.gov.cn/2021-08/27/c_1631652502874117.htm。

③ 《阿里成立人工智能治理与可持续发展实验室》，2021 年 7 月 13 日，北京商报社，https://baijiahao.baidu.com/s?id=1705146366783663822&wfr=spider&for=pc。

好条件下蓬勃发展，成为国家提升竞争力的核心利器，助推数字经济的重要引擎，提升社会治理能力、形塑社会生活文化的关键因素以及促进媒体深度融合发展的主要驱动力。为充分发挥人工智能技术优势，构建健康智能传播格局，我们还需在以下方面不断完善。

第一，在人工智能技术共治共享方面，处于数字化浪潮中的各国仍需进一步加强合作，强化人类命运共同体，在网络安全治理、隐私保护、技术使用规范等方面制定通约法则，抵制网络霸权，发挥人工智能技术在流行病控制、气候变化、人权平等等公共领域的重要作用，共建美好社会。

第二，抓住发展机遇，主流媒体加快建构与完善智能传播生态格局。工信部等十部门联合发布《5G应用“扬帆”行动计划（2021—2023年）》，将“5G+融合媒体”作为未来5G应用的重点领域之一，指出要“开展5G背包、超高清摄像机、5G转播车等设备的使用推广，利用5G技术加快传统媒体制作、采访、编辑、播报等各环节智能化升级。推广高新视频服务、推动5G新空口（NR）广播电视落地应用，提供广播电视和应急广播等业务”等。[①] 坚持以先进技术为支撑，以优质内容为核心，是媒体未来智能化转型的关键路向。

第三，多方协同推动建设数字包容型社会。智能鸿沟问题在智能传播时代越发明显，给处于技术弱势地位的老人在数字化生活中带来诸多不便，亟须社会各界予以高度关注。破除老人数字融入问题，需要国家在立法层面保护老人权利，企业在技术研发时兼顾经济效益与社会效益，社会在宣传教育层面弘扬平等包容、改变对老人的刻板印象等。

参考文献

《〈2021年春节联欢晚会〉举办第二次联排　创新推出“云”端演员“云”观众》，2021年2月3日，央视新闻客户端，http://m.news.cctv.com/2021/02/03/ARTIYlwKaag0HbzNEtvO6BGo210203.shtml。

《2021年全球人工智能市场现状与企业布局分析　多家公司纷纷布局人工

① 《十部门关于印发〈5G应用“扬帆”行动计划（2021—2023年）〉的通知》，2021年7月13日，澎湃新闻，https://m.thepaper.cn/baijiahao_13560499。

智能、美国高层次学者居多》，2021 年 8 月 23 日，前瞻经济学人，https://baijiahao. baidu. com/s? id = 1708870154159780406&wfr = spider & for = pc。

《5G + 科技赋能“内容宝藏” 中国移动携手中央广播电视总台开展全面内容版权深度合作》，2020 年 12 月 9 日，36 氪，https://36kr. com/p/1003169267160066。

《阿里成立人工智能治理与可持续发展实验室》，2021 年 7 月 13 日，北京商报社，https:// baijiahao. baidu. com/s? id = 1705146366783663822 &wfr = spider&for = pc。

《艾媒咨询丨2021 中国虚拟偶像行业发展及网民调查研究报告》，2021 年 7 月 3 日，艾媒咨询，https:// mp. weixin. qq. com/s/98NbmMqlqy Dj1w7Nfm2URg。

《百度发布五福 AI 助老计划，年底前将落地全国 8 座城市》，2021 年 8 月 11 日，新京报社，https:// baijiahao. baidu. com/s? id = 170781273 7386494012&wfr = spider&for = pc。

《从遗憾“空场”到云端“满座”，中国移动咪咕打造奥运“第二主场”》，2021 年 8 月 11 日，中国移动，https://mp. weixin. qq. com/s/7zv_ xN-LB9cXQOfoleMKXNw。

《党史经典 彩色重现 中央广播电视总台启动“党史经典影像素材 4K/8K 超高清修复工程”》，2021 年 5 月 20 日，国际在线，https://baijia-hao. baidu. com/s? id = 1700277068972610307&wfr = spider&for = pc。

《抖音开通老年客服专线 人工解答“触网”难题》，2021 年 8 月 20 日，财经网，http://tech. caijing. com. cn/20210820/4789917. shtml。

《封面评论丨聚焦数字传媒产业新赛道：内容科技正延伸出产业新蓝图》，2021 年 6 月 8 日，封面新闻，https:// baijiahao. baidu. com/s? id = 1701970541961821599&wfr = spider&for = pc。

《工业和信息化部关于切实解决老年人运用智能技术困难便利老年人使用智能化产品和服务的通知》，2021 年 2 月 10 日，中华人民共和国工业和信息化部官网，https://www. miit. gov. cn/jgsj/xgj/wjfb/art/2021/art_ f34ef 0284e164abbb3c6ef193aa20586. html。

《工业和信息化部关于印发〈互联网应用适老化及无障碍改造专项行动方

案〉的通知》，2020 年 12 月 24 日，中华人民共和国工业和信息化部官网，https://www.miit.gov.cn/zwgk/zcwj/wjfb/txy/art/2020/art_3e1c2bf3f1d6410fab42728a33ec7c3b.html。

《关于印发〈关于进一步推动文化文物单位文化创意产品开发的若干措施〉的通知》，2021 年 8 月 17 日，中国政府网，http://www.gov.cn/zhengce/zhengceku/2021-08/31/content_5634552.htm。

《国家互联网信息办公室关于〈互联网信息服务算法推荐管理规定（征求意见稿）〉公开征求意见的通知》，2021 年 8 月 27 日，中国网信网，http://www.cac.gov.cn/2021-08/27/c_1631652502874117.htm。

《国务院办公厅印发〈关于切实解决老年人运用智能技术困难的实施方案〉》，2020 年 11 月 24 日，中国政府网，http://www.gov.cn/xinwen/2020-11/24/content_5563861.htm。

《湖南卫视节目实现“云录制” 电广传媒在广电行业深度应用 5G 技术》，2020 年 2 月 24 日，证券日报网，http://www.zqrb.cn/gscy/gongsi/2020-02-24/A1582515546679.html。

《老年人数字困境解决首次写入政府工作报告》，2021 年 3 月 5 日，新京报社，https://baijiahao.baidu.com/s?id=1693380945620357025&wfr=spider&for=pc。

《美设立国家人工智能计划办公室》，2021 年 1 月 21 日，新华网客户端，https://baijiahao.baidu.com/s?id=1689456353367608577&wfr=spider&for=pc。

《全国首个区块链新闻编辑部正式成立》，2020 年 5 月 20 日，湖北新闻，https://baijiahao.baidu.com/s?id=1667182334485803797&wfr=spider&for=pc。

《人工智能监管，欧盟带着最严法律框架来了》，2021 年 4 月 22 日，科技日报社，https://baijiahao.baidu.com/s?id=1697740663580812609&wfr=spider&for=pc。

《人民日报新媒体上新！“最强大脑”来了》，2020 年 12 月 25 日，人民日报社，https://baijiahao.baidu.com/s?id=1687010745879123892&wfr=spider&for=pc。

《人民网“十四五”发展规划》，2021 年 7 月 21 日，人民网，https://bai-

jiahao. baidu. com/s? id = 1705840005117897963&wfr = spider&for = pc。
《十部门关于印发〈5G 应用“扬帆”行动计划（2021—2023 年）〉的通知》，2021 年 7 月 13 日，澎湃新闻，https://m. thepaper. cn/baijiahao_13560499。
《为壁画“看病”，给文物远程“会诊” 科技如何助力敦煌文物数字化保护?》，2021 年 3 月 20 日，每日经济新闻，http://www. nbd. com. cn/articles/2021 - 03 - 20/1663566. html。
《习近平向中国—上海合作组织数字经济产业论坛、2021 中国国际智能产业博览会致贺信》，2021 年 8 月 23 日，新华网，http://m. news. cn/2021 - 08/23/c_1127785980. htm。
《中国信通院解读：“十四五”规划人工智能三大布局》，2021 年 3 月 15 日，中国信通院 CAICT，https:// mp. weixin. qq. com/s/Mb4TlK7EiZZgFknStXUbxg。
《重磅！百度研究院发布 2021 年十大科技趋势预测》，2021 年 1 月 14 日，光明网，https:// baijiahao. baidu. com/s? id = 1688817899804673098&wfr = spider&for = pc。
《专访腾讯智能平台副总裁李学朝：“数字虚拟人”将成 AI 语音技术发展新趋势》，2020 年 9 月 15 日，21 财经，https://m. 21jingji. com/article/20200915/herald/7c2aae06dfa0613d78799111850ceb2a. html。
“AI Roadmap”, GOV. UK. January 2021, https:// assets. publishing. service. gov. uk/government/uploads/system/uploads/attachment _ data/file/949539/AI_ Council_ AI_ Roadmap. pdf.
《CNNIC：2021 年第 48 次中国互联网络发展状况统计报告》，2021 年 8 月 27 日，199IT，http://www. 199it. com/archives/1302411. html。
“GPAI: Global Partnership on Artificial Intelligence”, November 2020, https:// gpai. ai/.
“Guidance for Regulation of Artificial Intelligence Applications”, November 2020, https:// www. whitehouse. gov/wp-content/uploads/2020/11/M - 21 - 06. pdf.

政 策 篇
Report on Policy

T.2 从理念到实践：新华社“源数据”媒体科研取得重要突破

中国社会科学院大学创意传播研究中心*

摘　要： 2021年，笔者选取新华社媒体融合生产技术与系统国家重点实验室在感知智能技术领域的重要技术进展和应用创新，从卫星新闻实验室到传感器新闻、“源数据”等相关研究与实践，为研究者提供一个样本，为践行者提供一种借鉴。

关键词： 源数据；传感技术；算法；媒体融合

经过两年的谋划、攻关与应用探索，2021年11月，新华社媒体融合生产技术与系统国家重点实验室生物感知智能应用研究部（新华网融媒体未来研究院）在媒体“源数据”科研领域取得阶段性重要进展，在关键算法等技术环节取得突破。由基本理论、基础设施、算法模型所构建的多源异构“水晶球”洞见系统基本成型，随着标准规范、典型应用的逐步推出，一个面向物联网“下一程”的传媒发展新模式开始崭露头角。

一　“源数据”：物联网时代媒体的核心竞争力

毋庸置疑，当今时代已经是数字化生存的物联网时代。物联网是多源

---

* 中心主要以人的智慧与媒介技术和艺术相结合的理论为基础，对信息内容的创意生产、传播管理和营销策略进行深入研究。在新媒体、文创产业、公共传播、广告传播、品牌传播等研究基础上形成以智慧传播和整合传播为核心的创意传播研究取向和研究优势。中心资深研究员来自北京大学、清华大学、中国传媒大学、中国社会科学院新闻与传播研究所以及中国社会科学院大学等知名院校和研究所。

异构的体系，每一个人、企业、行为、现象、事件都可以用一系列数字加以表达和描述。“源数据”就是以数据形式加以表达的新闻源相关信息的初始记录。通过“源数据”，人们能够多维分析、溯源、辨伪和再造现场，能在设定的时间维度中充分展现新闻事件内涵、洞察事物的变化形态与逻辑。除了传统的信息获取方式，获得“源数据”最重要的途径就是传感器，通过感知网络、以人工智能的手段察觉人、事、环境变化的能力成为媒体智能化的重要竞争力。

5G和社会传感器网络的普及，使得在不同时空维度上以“源数据”洞察世界成为可能。对于以获取信息、还原事实、准确表达、洞察真相为基础要求的传媒行业而言，这是物联网带来的重大挑战和机遇。如果说移动互联网在分发、反馈上改变了传媒业，那么物联网将在信息采集、多源分析的智能化层面重塑传媒业。

在媒体融合转型的探索中，数据源头失真、感知能力不足成为传统媒体失敏的重要原因，极大地限制媒体报道水平和效率，削弱了媒体行业在公共决策、社会治理、生产生活中的影响力。因此，被称为“源数据”的新闻信息源头的初始记录至关重要，采集能力成为媒体竞争的重要核心。未来，智能媒体的报道效能、深度将很大程度上取决于对非线性的多源异构系统的深度识别。面对各种信息真伪难辨、鱼龙混杂，虚假新闻在深伪技术与人工智能的助力下泛滥等种种情况，跨领域、跨属性、跨物种的“源数据”感知至关重要，“源数据”是数据智能的基础，是全数据完整性的起点，也是难点。

正如中国人民大学新媒体研究中心主任彭兰教授所说，传感器新闻以及传感器在媒体的其他应用也让我们意识到，物联网数据源头的话语权，将是未来的一个竞争焦点。健康数据、环境数据、人流与物流数据……拥有采集这些数据的传感器，将拥有未来的一种核心媒体资源。但这些对媒体具有核心意义的数据，很多都存在于传统媒体之外。尽早寻找物联网领域的合作伙伴，对于媒体未来发展意义重大。[①]

① 彭兰：《移动化、智能化技术趋势下新闻生产的再定义》，《新闻记者》2016年第1期。

二　布局：“源数据”基础设施基本建成

2020年，新华网《改革发展三年行动计划（2020－2022年）》提出要搭建“源数据”平台，将数据纳入核心生产要素，深化在新闻、智库、产业领域的应用，推动与人工智能、区块链技术的融合，实现从新闻枢纽向数据枢纽、从拥有数据到运用数据的有效延伸。

从那时起，新华社国家重点实验室生物感知智能应用研究部（以下简称“国重第三研究部”）与新华网融媒体未来研究院即从自己长期坚持研发的生理传感与人机交互技术入手，着手布局多源传感器网及高低轨卫星网，构建物联网时代的天空地一体化、软硬件一体化的“源数据”基础设施。

2021年4月27日11时20分，新华网“蓝星球”号卫星在太原卫星发射中心随长征六号运载火箭成功发射。正式冠名“蓝星球”号的这颗科研遥感卫星由新华网与北京零重力实验室合作研制，这在海内外媒体中都极为少见，它标志着媒体构建“源数据”平台建设进入新的阶段，也展示了突破传统模式的探索决心。

据了解，“蓝星球”号科研卫星通过特定轨道绕地运行开展遥感信息采集与侦测，可实现对指定区域的异动识别和影像播映，辅助突发事件或特定环境的多角度报道和溯源分析、真相挖掘，并可根据应用方需求共同探索对可能发生的危险或趋势进行预警、预告。这套天空地态势感知机器人系统是国重第三研究部“源数据”平台的重要组成部分，目前已嵌入《苏州日报》、南京鼓楼区等融媒体中心感知智能系统。它将与此前新华网自主研发的Star细粒度情感计算机器人系统、新闻传感器智能技术相关联，构建物联网时代的软硬件一体化的媒体新生态。

三　能力：打造“水晶球”洞见系统，实现多源异构算法模型

据了解，科研团队在天空地一体化的智能感知技术与健康监测系统、人—机—环境的细粒度情感计算与跨平台复杂识别、基于网格与另类数据

复合风险识别与预警预测的融媒体智能算法等方面已取得重要突破。2020—2021 年取得国家发明专利 11 项，专利受理 40 余项，在国际国内学术会议和学术期刊上受邀发表多篇论文。2018 年、2019 年研究院副院长王晨博士连续两年受邀分别担任在西班牙马德里和奥地利维也纳举办的国际生理计算大会联席主席。2021 年王晨博士受邀担任智能投研技术联盟（ITL）“10·24”年会情感计算技术应用专场——基本原理及行为金融学应用探索方向的论坛主席。同年，科研团队相继发布多场域系列研究之《智能投研　数智能力评估规范》《传感新闻器应用研究报告》《2020—2021 年度算法社会责任调查报告》等一系列研究报告，其中《媒体智能化进程中的伦理问题》获 2021 年科技传播优秀作品二等奖。在 2021 年国际传播学会（ICA）和上海交通大学举办的新媒体国际论坛“新兴媒介、智能传播与人类福祉”论坛、第二届中国广电媒体融合发展大会、第九届全国经济新闻改革与发展研讨会、第三届人工智能与媒体未来论坛等多个行业发展与学术交流会议上，有关“源数据”科研与实践探索的演讲引起关注。

“源数据”离不开综合运用与自主研发多领域感知技术，更离不开人工智能技术。物联网生态提供了新闻信息来源的多渠道、多数据类型、多采集手段、多分析方法和多验证模型，其核心是通过更多角度、更多工具，交叉印证、深度识别，这既给传媒业提供了机遇，也提出了挑战。

目前“源数据”的主流获取场景包括网络抓取、情绪、卫星及多传感器数据等，采集方式主要是通过多类型传感器、遥感卫星等多源数据接收与感知设备。既包括物理传感器，也包括生理传感器。其采集、测试对象不仅包括环境要素，还包括不同物种与属性的生命体。既包括传统行业标准下的数据类型，也包括采用新技术新工具后可以获取的新型数据类型、测知深度与探究方向。

多源异构数据体系是指在一个共生系统中多类数据源的体系化建构。报道者可以从多源数据中估计和判断，以增加数据的置信度，提高可靠性、降低不确定性。物联网技术的发展为媒体重视并建设“源数据”感知网络提供了现实基础，外部合作与开放式生态的形成为多源异构数据体系创造了发展的有利条件。

围绕媒体未来竞争力——深度态势感知与真相解读能力的建设，2020

年起，国重第三研究部发起“水晶球”智能洞见生态合作计划，并牵头打造了“水晶球”洞见系统。研究院从自主核心生物感知智能技术出发，广泛与拥有“源数据”专业能力的第三方展开合作，聚合多行业、多领域科研力量与大数据资源，面向未来智慧城市框架进行多场景、多行业及多维度数据融合、交叉研究与业务洞察，实现天空地一体化“源数据”整合分析与业务预测、预警等态势感知定制服务。

截至2021年11月，国重第三研究部在多源异构系统中的核心技术研发上取得突破，在城市物理感知、生物跨属性感知开发及应用方面取得重大突破，为传统数据与另类数据跨平台、跨媒体、跨领域、跨物种多维使用提供了关键算法和应用模式。

四　应用：媒体融合的全新图景

国重第三研究部的“水晶球”洞见系统目前已在智能车媒体、智能融媒体、智慧交通、乡村振兴、金融等领域的应用中获得初步经验，并已取得明显成效。

在智能车媒体领域，新华网与中国一汽集团联合打造了“情绪流”车媒体系统，据了解这是国内第一款基于先进生理计算技术的车载智能信息推荐系统。

与其他个性化内容推送系统不同，“情绪流”车媒体系统的用户画像过程不仅融入用户的兴趣以及浏览行为，同时加入新华网核心技术——生理传感以用户在浏览、聆听相关内容时的情绪反应作为重要的感知维度，实现线上行为数据、线下情绪数据的全数据贯通。

截至2021年，“情绪流”车媒体系统已在一汽红旗等多个车型装机面世，总装机量突破30万辆。目前，新华网已导入一汽车机系统9个新闻与文艺频道，并在聚合更丰富的媒体内容。新华网正和车媒体战略合作伙伴一起，依托各自优势、跨界合作，共同开展针对车媒体业务的资源共享、联合运营、业务推广。

“情绪流”车媒体系统展示了在掌握“源数据”的前提下，媒体可以抵达的全新边界。目前，新华网与中国移动组建了5G富媒体联合实验室，正与中国移动咪咕合作，积极研发“情绪流”音乐系列产品。

在智慧交通方面，2021 年，国重第三研究部与业界资深卫星遥感领域专业机构合作，结合“5G + 北斗 + 无人机”等导航、遥感卫星数据资源与技术服务，通过大数据、云计算、人工智能/机器学习等技术，针对智能交通行业进行多模态传感数据采集与分析，进行人车路协同下的交通大数据治理研究与技术应用，构建“空—天—地”一体化智能交通监控服务体系和综合服务大数据平台。

该平台由感知层—网络层—数据资源层—大数据分析层—服务层—应用层“六横”和交通安全法律法规以及行业技术标准体系“两纵”的技术架构，实现高效、实时、精准的交通沿线形变监测服务、交通路况实时预测服务、驾乘人员健康/行为监测、交通沿线环境安全监测、多源数据智能风险评估等应用服务，实现智能交通运行全方位全生命周期安全监控分析。

在农业数据及应用方面，“水晶球”洞见系统的数字农田时空感知平台，可自动获取作物类型、面积、生长状况等信息，结合气象、行业信息等，可进行粮食产量估计与价值评估、作物虫害预警等。此外，当自然灾害发生后，通过灾前灾后数据对比，也将在灾情预估和按图理赔等方面发挥重要作用。同理，在城市管理中，亦可对城市新增“两违”进行监测。基于卫星遥感图像，可以监测工厂附近停车场、仓库等区域状况，识别减产、停产企业。进而找出可能存在经营风险的企业，为贷前准入与贷后监测提供参考。而与网格化的企业多维数据相融合，更会使金融风控领域成为一把利器。与网格化的区县城市多维数据相融合，在城市政务、经济发展、民生民情、安全可持续、房产评估等领域建立数据图谱，可为政府治理、城市体检、城市规划、城市更新、乡村振兴等提供服务。正是基于上述能力，目前，已有 7 家智能融媒体中心嵌入“水晶球”源数据智慧洞见系统，这些融媒体中心分别属于政府、高校、媒体等不同类型。

在财经报道与金融科技领域，国重实验室与新华网已与重庆三峡融资担保集团、智能投研技术联盟（ITL）等共建金融科技智能实验室，研发相关数据智能技术与产品。“水晶球”智慧洞见系统等可作为经济社会发展的行业预警辅助工具，在帮助报道者发现线索、帮助决策者精准参考、帮助从业者防范风险等方面起到积极作用。

五 规范：推动建立传感器新闻行业标准

物联网时代已经到来，以传感器为基础的技术发展及应用规模将不断扩大，由此会产生大量传统手段难以获取的数据，媒体可以而且应当使用这些数据，并基于此开发出更多的新闻产品、新闻应用和新闻服务模式。相较欧美新闻媒体近20年前就开始尝试的各类传感器的媒体应用，国内需要尽早规划、定标、实践。尤其在当下错综复杂的国际形势面前，前沿核心技术自主研发方面的前瞻布局尤为重要。这其中，迫切需要建立针对传感器采集数据进行信息标注的行业规范标准。

2021年10月20日，中国新闻技术工作者联合会新闻信息标准化分会2021年年会暨换届大会在沈阳召开，会议全票通过了“传感器新闻信息标注规范”立项。该标准由新华社媒体融合生产技术与系统国家重点实验室和新华网融媒体未来研究院牵头制定，将对物联网环境中多源传感器采集的数据内容标注进行规范，为多维度检索、回溯、验证及跨平台、跨物种关系图谱、跨平台复杂分析等积累数据基础，为政府、媒体、机构及个人提供重要新闻信息参考依据。该标准是国内外首次将传感器技术标准纳入新闻信息领域的规范性要求，将对新闻信息资产的分析挖掘、知识发现和再利用产生重要影响。

传感器新闻信息标注的规范化，将有利于引领传媒行业的跨越式发展，填补行业空白、实现媒体技术应用的领先性，有助于在多源、多类、多行业数据间建立可辨识的互认格式、通用模型，形成高效、准确的异构共识，这对于还原新闻场景、比较历史数据、推演趋势发展、预测预警风险等具有重要意义。

传感器新闻信息的建标规范也有益于提高从业人员的源数据信息标注意识，重视物联网背景下新闻产品的数据属性和信息内涵，掌握传感器技术应用能力，增加新闻内容生产的可辨性、可证性、可溯源、可解析、可挖掘性，逐步形成规范、严谨、多维、辩证、确权、辟谣的新闻报道机制，提升新闻报道的公正性、客观性、全面性和实证性。新标注规范的研究还有助于发现、预防、纠正传感器新闻在数据安全、准确以及伦理方面可能出现的问题。

除了新华社媒体融合生产技术与系统国家重点实验室、新华社通信技术局、新华网融媒体未来研究院外，中国科技新闻学会、中国城市规划设计研究院、上海交通大学、东南大学、辽宁大学、吉林大学、河北传媒学院等学会、高校科研机构，新华智云科技有限公司、北京零重力实验室、苏州日报社等多家融媒体机构与企业也参与了标准起草工作。起草组欢迎更多专家参与研制工作，共同推动我国新闻事业发展。

除推动建标外，国重第三研究部结合国家数据安全、隐私保护等相关法规，基于“源数据”采集中的实际问题进行媒体技术伦理研究并率先提供评价模型。

2021 年年底，国重第三研究部联合上海交通大学媒体与传播学院推出了《2020—2021 年度算法社会责任调查报告》。在 2021 年 1—3 月，研究组通过线上问卷星平台与线下实地问卷发放相结合的方式，在全国范围内对 15934 位智能媒体用户进行了调查，在 56 个市县对当地市民进行随机街头采访 627 人次，总计访谈时长达 209 小时。对算法治理中的三类主体——政府部门、主流媒体、互联网企业进行了田野调查，与政府部门的网络安全负责人、融媒体中心主任、单位新媒体运营负责人、企业技术部门负责人等与网络信息安全及算法推荐技术密切相关的人员进行了深度访谈。研究组从“技术治理”“行业治理”“合规治理”三个维度，挖掘了影响推荐算法社会责任的关键指标，构建了以“价值引领”为优化导向、以“社会责任”为评价标准的三层级“媒体推荐算法社会责任评价指标体系”，以期用标准化评价结果强化技术治理中的道德伦理规范准则，形成政府、媒体、公众“三位一体”的算法治理机制。

六　进化：“源数据”影响新闻生产

智能化技术在媒体行业的应用，不只是带来生产与分发模式的变革，更会带来生产力的变革。技术对人力的增强，会造就新的生产力，帮助人达到过去不曾到达的新领域与新境界，也会给内容产业带来深层影响。[①]

新华社“源数据”理念和相关技术的应用，不限于传感器新闻、卫星

① 彭兰：《热点与趋势：技术逻辑导向下的媒介生态变革——2019 年新媒体研究述评》，《国际新闻界》2020 年第 1 期。

新闻、无人机新闻等辅助报道手段，也不限于上述应用类型和场景。它将影响新闻采访、写作、编辑、评论、直播等方方面面，对于未来传媒业而言意义深远。①“源数据”感知水平将成为媒体智能化的核心能力，竞争重心将更多倾向于报道前端的数据采集方式、技术与策划水平，并以此影响议题设置、梳理和调动数据挖掘与分析技术。

基于“源数据”的“水晶球”洞见系统高度重视传统新闻报道方式在前端采集与数据挖掘方面的不足，从源头和根本解决采集方式与工具的单一、落后问题，在真相获取与报道、辨伪等方面占据领先优势。

在“源数据”的理念下，新闻报道的外延将大大拓展：新闻不仅是对新近发生的事实的报道，同时也可以基于传感器、数据和算法对即将发生的风险做出一定程度的预警；不仅是传统方法可以获得的信息所定义的“新近”，也可以基于传感器拓展到一定范围的溯源，更可以基于传感器获得多维、即时的信息。因此，从“源数据”的角度出发，新闻工作涉及的学科、专业、领域将大为拓展，传媒生态也将相应地发生变化。

2018 年 3 月，新华网自主研发的生物传感 Star 机器人在全国两会报道实践中落地应用，新华网推出了全球首条生理传感新闻《更懂你》，这也是生理传感器和情感交互技术在时政新闻领域的首次运用。2019 年 10 月 1 日，新华网的 Star 机器人又被用于国庆活动报道。新华网制作推出生物传感新闻《是什么让他们心潮澎湃》，用新颖独特的视角表现出观礼者的真情实感，引发网民热切关注，为中华人民共和国成立 70 周年报道再添异彩。

这两次报道中，生物传感技术为采编人员提供了新的观察视角与工具，实现了传统新闻采访中难以企及的深度数据挖掘和主观情感分析，获取了更多方位信源，提高了内容深度和质量。技术研发团队与采编队伍的密切协作，则探索了技术研发与内容创意的组织机制。

参与其中的采编人员在复盘时曾分析：在内容生产流程中，Star 机器人通过硬件获得人体的生理数据，基于生理数据与情绪之间的关系，通过算法分析发现人的感受和观点。这使得新闻生产从传统的基于经验观察判

---

① 杨溟、鞠靖：《源数据在人机智能融合发展中的意义及逻辑》，《青年记者》2021 年第 19 期。

断而升级至基于数据计算分析来描述主观世界，为我们提供了另类信源视角。但新闻产品的主题立意、导向把关，以及如何谋篇布局、如何把故事讲好，这些关键决策仍交给采编人员完成，以确保正确的舆论引导方向，遵循真实、全面、客观、公正的新闻伦理要求。从这一阶段的实践来说，媒体的专业角色并未被削弱，反而因为信源的扩展更添“利器”。①

从麦克卢汉“媒介即人的延伸”的理论来看，“源数据”作为一门技术，前所未有地扩大了人对外界的感知阈值，增强了人类认识自然、认识自我、认识客观事物的能力。在媒体信息采集、内容生产环节，“源数据”辅助新闻工作者延伸了“脚力”，提升了“眼力”，增强了“脑力”，创新了“笔力”。无论是从新闻产品本身具有的创意创新价值，还是从产生的实际传播效果而言，这样的实践无疑对媒体的传播力、引导力、影响力、公信力的提升有积极的意义。

当然，“源数据”作为一项技术、“水晶球”作为一个系统，归根到底是由人来使用，它需要在人与工具的相互协作中不断提升，在导向把握与用户体验之间寻找平衡点，通过技术优化提升受众体验感和接受度。这意味着，新闻生产流程时刻面临挑战，需要不断“自我革命”，才能接纳新技术的融入，同时避免失序和失衡。

与此同时，新华社国家重点实验室相关研发团队高度重视数据安全与隐私保护。2019 年起便着手就伦理算法研究与社会治理作为重要研究领域，除与高校科研机构合作开展基于媒体算法与社会责任调查研究外，还较早引入隐私算法等应用于金融科技领域，通过联邦学习等智能技术对投研、风控行业赋能，以共建金融科技联合实验室、伦理与治理研究评测中心等方式强调媒体属性与使命担当，树立价值引领与社会责任的科研导向。

七　变革：“源数据”改变传媒生态

“源数据”将使传媒业形成信息与数据化新闻判断意识，具备工程思维和技术判断力，进而凝练新的业务模式，从源数据角度介入的感知网络

---

① 曹滢、刘胜男、郭思苇：《新华网研发的 Star 机器人如何融入新闻生产》，《中国记者》2020 年第 6 期。

布局意味着媒体将参与信息产业智能化的建设过程。

2020年，习近平总书记在主持中央政治局第十二次集体学习时提出了“四全媒体”的概念。全媒体不断发展，出现了全程媒体、全息媒体、全员媒体、全效媒体，信息无处不在、无所不及、无人不用，导致舆论生态、媒体格局、传播方式发生深刻变化，新闻舆论工作面临新的挑战。

2020年，中共中央办公厅、国务院办公厅下发的《关于加快推进媒体深度融合发展的意见》（以下简称《意见》），对面向未来的媒体融合做了全面的规划和部署，明确提出要发挥市场机制作用，增强主流媒体的市场竞争意识和能力，探索建立“新闻+政务服务商务”的运营模式，创新媒体投融资政策，增强自我造血机能。①

习近平总书记在中共中央政治局第十二次集体学习时的重要讲话中也明确要求，媒体融合发展不仅仅是新闻单位的事，要把我们掌握的社会思想文化公共资源、社会治理大数据、政策制定权的制度优势转化为巩固壮大主流思想舆论的综合优势。② 根据习近平总书记的要求，媒体融合要将新闻融合，从而发挥新闻宣传和媒体的基本功能，同时，要将社会文化公共资源，即社会服务、文化旅游、教育、卫生健康、体育等公共资源聚合到媒体融合平台上；要将社会治理大数据，即社会治理、政务服务、公安、交通、工业、农业、商业等资源和大数据聚合到媒体融合平台上；还要将决策环节所需的自下而上的民意与舆情获取分析、政府与百姓双向的决策互动、自上而下的政策宣传说明与落地执行等资源也聚合到媒体融合平台上。这样一来，融合媒体乃至全媒体已经不是传统意义上的媒体，发挥的也不是传统的媒体功能，而是聚合各种社会资源、提供多样社会服务、参与政务与治理、运营相关商务活动的综合平台。③

---

① 《中共中央办公厅、国务院办公厅印发〈关于加快推进媒体深度融合发展的意见〉》，2020年9月26日，中国政府网，http://www.gov.cn/zhengce/2020-09/26/content_5547310.htm。

② 《习近平：加快推动媒体融合发展 构建全媒体传播格局》，2019年3月15日，中国共产党新闻网，http://cpc.people.com.cn/n1/2019/0315/c64094-30978511.html?tdsourcetag=s_pctim_aiomsg。

③ 胡正荣：《胡正荣专栏丨新闻+政务服务商务，机会来了，挑战来了》，2021年1月16日，“视听广电”微信公众号，https://mp.weixin.qq.com/s?__biz=MzAxMjI3MjM2Mg==&mid=2682065380&idx=2&sn=478458b914a00cdf3d999ddc656afbf6&chksm=819de661b6ea6f77fefabaac79fdcd9445ab04775b35297b7dcceab1aea8ac01609937ebea46#rd。

“新闻+政务服务商务”为“十四五”时期的媒体融合发展和全媒体建设提供了更大的机会空间。而新华社“源数据”媒体科研则为“新闻+政务服务商务”提供了一定的理论、技术基础。

参考文献

曹滢、刘胜男、郭思苇：《新华网研发的 Star 机器人如何融入新闻生产》，《中国记者》2020 年第 6 期。

胡正荣：《胡正荣专栏丨新闻+政务服务商务，机会来了，挑战来了》，2021 年 1 月 16 日，“视听广电”微信公众号，https://mp.weixin.qq.com/s?__biz=MzAxMjI3MjM2Mg==&mid=2682065380&idx=2&sn=478458b914a00cdf3d999ddc656afbf6&chksm=819de661b6ea6f77fefa baac79fdcd9445ab04775b35297b7dcceab1aea8ac01609937ebea46#rd。

彭兰：《热点与趋势：技术逻辑导向下的媒介生态变革——2019 年新媒体研究述评》，《国际新闻界》2020 年第 1 期。

彭兰：《移动化、智能化技术趋势下新闻生产的再定义》，《新闻记者》2016 年第 1 期。

《习近平：加快推动媒体融合发展　构建全媒体传播格局》，2019 年 3 月 15 日，中国共产党新闻网，http://cpc.people.com.cn/n1/2019/0315/c64094-30978511.html?tdsourcetag=s_pctim_aiomsg。

杨溟、鞠靖：《源数据在人机智能融合发展中的意义及逻辑》，《青年记者》2021 年第 19 期。

《中共中央办公厅、国务院办公厅印发〈关于加快推进媒体深度融合发展的意见〉》，2020 年 9 月 26 日，中国政府网，http://www.gov.cn/zhengce/2020-09/26/content_5547310.htm。

T.3 传感器新闻应用研究报告（节选）*

刘鸣筝 武文斌等**

摘　要： 传感器新闻是依托传感器技术获取数据信息的新的新闻生产方式，兴起于西方国家，近年来在我国引发热潮，给我国新闻生产关系和形态带来了巨大变化。本报告从传感器新闻的概念、传感器新闻的主要技术和工具、传感器新闻的历史、我国传感器新闻典型案例四部分来阐述传感器新闻在我国的应用与发展。

关键词： 传感器新闻；遥感；无人机；案例

传感器新闻发端于美国新闻界，于近两年在国内掀起了发展热潮。10月20日，由新华社和新华网牵头的“传感器新闻信息标注规范化”建标获得了中国新闻技术工作联合会新闻信息标准化分会的全票通过，这是国内外首个传感器新闻信息标注规范的行业标准，标志着业界对传感器新闻发展的高度重视。本报告将从传感器新闻的概念、主要技术和工具、发展历史以及应用案例等方面对传感器新闻的发展做大致梳理。

---

* 本报告由媒体融合生产技术与系统国家重点实验室授权中国社会科学院大学发布，2021年12月。

** 吉林大学传感器新闻研究课题组：刘鸣筝，吉林大学新闻与传播学院副院长、教授、博士研究生导师，研究方向为新媒体传播；武文斌，吉林大学新闻与传播学院博士研究生，研究方向为新媒体传播；苏芊芊，吉林大学2021级文学传播与媒介文化博士研究生，研究方向为文学传播与大众媒介文化；芦猛，吉林大学2020级新闻与传播专业硕士研究生，研究方向为政治传播、传播与基层社会治理；孙冬鑫，吉林大学2020级新闻与传播专业硕士研究生，研究方向为信息计量和网络素养；刘暄，吉林大学2021级新闻与传播专业硕士研究生，研究方向为数字媒体；王雨婷，吉林大学2021级新闻学硕士研究生，研究方向为网络与新媒体；朱芷瑶，吉林大学2021级新闻学硕士研究生，研究方向为网络与新媒体；王紫萱，吉林大学2021级新闻与传播专业硕士研究生，研究方向为视听传播。

一　传感器新闻的概念

传感器新闻（Sensor Journalism）是指利用传感器来生成或收集数据，再通过可视化生成数据为报道提供支撑的新闻报道方式。[①] 首先要对传感器新闻定义及相关理论问题进行研究，以便更好地厘清传感器新闻的发展脉络。

（一）定义

彭兰认为，传感器新闻是以数据处理技术为支撑、基于传感器进行信息采集与获取的新型新闻生产模式。[②] 史安斌和崔婧哲认为，传感器新闻数据收集的主体是专业媒体或自媒体的从业人员。[③] 但基于我国现在的传感器生产实践，传感器新闻的主体并不局限于专业媒体，在“众包模式”的传感器新闻生产方式下，公众也是数据的提供者。

米华基于对西方传感器新闻生产实践的总结，对传感器的类型进行了划分，认为传感器主要有以下几种类型。[④]

第一类是移动传感器，主要指智能手机内置的多种传感器，如GPS、健康监测数据、环境监测数据等。传感器技术不断发展完善，手机传感器的应用前景也越来越广阔，媒体不仅可以利用智能手机持有者的GPS数据生成迁徙地图，还可以通过手机内置的空气指数监测系统得到被试者所处地空气质量的数据。但智能手机不能保证所有公众都配备，因此数据的全面性还有所限制。

第二类是卫星传感器，目前我国新闻领域的卫星遥感实践主要应用于环境监测类新闻中，如通过卫星遥感的数据，可视化呈现海岸侵蚀程度、海藻繁殖速度等。卫星遥感技术可以通过卫星图像获取气候变化、森林范围变化、海岸线长度变化等的环境数据，一般获取的都是覆盖大范围的

① 许向东：《大数据时代新闻生产新模式：传感器新闻的理念、实践与思考》，《国际新闻界》2015年第10期。

② 彭兰：《“传感器”与“新闻”的相遇会带来什么？》，《新闻论坛》2017年第5期。

③ 史安斌、崔婧哲：《传感器新闻：新闻生产的“新常态”》，《青年记者》2015年第19期。

④ 米华：《物联网时代西方传感器新闻生产的理念及实践》，《中国编辑》2019年第12期。

数据。

第三类是可穿戴传感设备。苹果智能手表等可穿戴设备，可以提供健康数据以及移动轨迹，但目前传感器新闻生产中此类数据的应用较少，涉及法律问题和新闻伦理问题，仍是一个有待开发的领域范畴。

（二）传感器新闻相关理论问题

李蓉认为，传感器新闻存在新闻价值维度与要素的偏倚。过去传统媒体时代奉行的新闻价值的标准，在传感器新闻生产中依然有存在的价值，但是传感器已经给传统新闻生产方式带来了深刻变革，新闻价值标准在现今新闻生产态势下已经不完全适用，需要进行一定的调整。①

第一，时间价值维度：从“新近发生”到“新近发现”。

第二，空间价值维度：地理接近的精准化与心理接近的再强化。

较之传统媒体的新闻生产方式，传感器新闻的新闻价值要素已经发生改变，传统的五要素并不能完全适用于传感器新闻。在传感器新闻的生产中，新闻选题和策划是主导，数据只起到辅助作用，日后调查性报道将成为传感器新闻的主要呈现。传感器新闻以及真实的数据、丰富的数据呈现形式，助推新闻生产向纵深化发展，向深度报道等转向。② 信息采集技术的变革，可能会带来一些劣质的信息生产，但也蕴含着催生优质新闻生产的内在能量。

米华指出，传感器新闻的发展潜力并不是技术本身，而是源于传感器收集到的数据资源，依托这些数据，传感器新闻才能发挥出相较于传统报道的优势。并且自媒体时代，公众对于新闻生产的参与程度越发深入，传感器新闻“众包模式”下的新闻生产正迎合时代的潮流，而传统新闻报道方式正受到严峻挑战。③ 尹楠楠认为，虽然传感器新闻以其新奇的新闻报道形式吸引了大众的目光，但我们不应陷入技术至上的误

---

① 李蓉：《传感器新闻：新闻的生产变革与价值重构》，《中国出版》2019年第20期。

② 周婷婷：《媒介融合与融合新闻——2015年普利策新闻奖观察》，《新闻记者》2015年第6期。

③ 参见仇筠茜《新闻策展：“微媒体”环境下突发新闻报道及伦理分析》，《国际新闻界》2013年第9期。

区，传感器只是用来收集新闻数据的工具，有价值的新闻故事才是根本。①

二 传感器新闻的主要技术和工具

万物互联的时代到来，无人机、遥感卫星、智能穿戴设备等传感器能够实时捕获人体数据和环境数据，给我国新闻生产方式带来巨大变革。本报告从物理传感器、生物传感器、遥感（卫星新闻）、无人机四方面简述传感器新闻的主要技术和工具。

（一）物理传感器

物理传感器是将物理量转换为其他能量形式的信号装置，用于测量被测者的物理量。物理传感器在新闻报道领域的应用拓宽了新闻报道的领域和手段，为新闻生产带来巨大飞跃。

传感器首先是一种信息转换器，将那些不易观察、难以直观显现的信息，转化为另一种形式的更容易被观察到也可以直观显现的信息，这种信息转换，有可能是通过物质之间的转换，也有可能是通过能量之间的转换进行的，信息转换的结果，是我们能够更好地理解我们所要观察或者研究的对象。从这个角度来说，传感器首先也是一种媒介、一种拓展，延伸或增强了人类感官能力的媒介。“传感器工具让我们拥有了更多的感知，当然它们也最难以被察觉。”②

1. 物理传感器的概念和分类

对于传感器的界定，在不同的领域有不同的描述。从一般角度来说，传感器是一个接受刺激信号并产生相应电信号的装置，在应用科学的角度，传感器的定义更为广泛：一个能对相应的物理输入产生一个可记录的、功能相关的输出（通常是电或光信号）的器件。

物理传感器是用于检测物理量的传感器，利用一些物理效应将测量的

---

① 尹楠楠：《智媒时代传感器新闻的发展与反思》，《青年记者》2019 年第 20 期。

② ［澳］弗格斯·皮特：《传感器与新闻》，章于炎等编译，北京大学出版社 2017 年版，第 23 页。

物理量转换为易于处理的能量形式，输出信号和输入信号之间存在一定的关系。目前，我国主要的物理量传感器有：力学量传感器、热学量传感器、光学量传感器等。

2. 物理传感器与新闻生产

正是由于传感器的信息转换功能，使得传感器不仅可以用于挖掘、生产信息，还可以用于传播信息，将一种不容易传播的信息，转化为另一种能够方便传播的信息，并且广泛传播出去。“传感器也是传播媒体的核心，因为它能帮助我们获取与分发信息。”①

（1）传感器在新闻报道中的作用

采用传感器辅助新闻报道的主要功能延伸，主要包括以下几类。

“视听觉。包括传统的影像与声音等直观的视听觉装备输入系统，也包括智能化的机器视觉及人脸、声音与景物识别。除了航拍弥补和延伸影像捕捉外，还将大大拓展对采集对象的识别与精准营销能力，提升媒体经营水平。

位置觉。包括激光测距、激光雷达、磁力风向仪、毫米波雷达、超声波传感器等，有助于精准定位、判断物体与自身距离、判断及自主控制是否进行深度采集或多维识别。

速度觉。包括速度编码器、加速感应器、陀螺仪等，通过智能装备掌握自身运行速度、加速度等信息，拥有对新用现场等采集区域进行自主判断及行动实施的能力。

力觉。可感知外部压力、探测不安全现场相关状态，辅助监测搭档健康状况，在遇到危险时实施弹射、自毁、逃离等各种动作。

触觉。包括人体生物传感部分，如皮肤电和血压、心率、脑电波等。有光学式、滑觉、压阻式阵列触觉以及各类环境传感器，如空气质量、气体浓度、温度、湿度等。”②

上述功能，“对于传媒业而言，是隐藏在媒体形态背后的信息生产与

---

① ［澳］弗格斯·皮特：《传感器与新闻》，章于炎等编译，北京大学出版社2017年版，第23页。

② ［澳］弗格斯·皮特：《传感器与新闻》，章于炎等编译，北京大学出版社2017年版，第8页。

组织方式的改变，也是评价与分享理念的更新。它可以使从业者捕捉更多、分析更深、表现更丰富；可以通过效果比较带来创作与生产的优化、传播与营销方式的改进；可以凭借定量的方式进行评测、进行数据积累和跟踪研究；可以结合虚拟现实、增强现实及混合现实技术等，还原现场及感受，实现用户沉浸的体验；还可用更具个性化的方式实现交互，其范围将延展到物和世界”。①

（2）物理传感器在新闻报道中的应用

传感器技术的应用拓宽了信息采集的广度和深度，为新闻生产带来深刻变革。有学者总结了传感器在新闻生产中的三大主要作用：“信息采集视角的全景化；智能机器人拓宽为新闻信息采集的途径；人体成为了新的信息采集对象。”② 其中第三项功能涉及生物传感技术，将在下一节进行详细解读。

从当下的新闻生产实践来看，目前的传感器新闻生产主要有以下几种形式：一是从政府层级获取官方传感器数据库，如公共场所的传感器信息可从政府获取；二是租用商业传感器设备，新闻记者自行收集数据信息；三是“众包模式”的新闻生产，由公众自己收集数据提供信息，如美国著名的《蝉虫跟踪》实验。

（二）生物传感器

生物传感器如皮电传感器、红外传感器等是物联网时代人工智能了解人的内心世界的重要核心载体，是基于人和关系研究的关键性技术，这也是物联网时代的本质需求。生物传感器的应用让新闻报道能够进行深度情感分析、获取被试者一手健康数据等，拓宽了新闻选题的范围，为我国新闻生产带来纵深的发展。

1. 生物传感器的起源和概念

生物传感器起源于20世纪60年代，是现代生物技术及微电子技术与电化学、光学、声学、医学等学科交叉结合的产物，在近几十年获得飞速

---

① ［澳］弗格斯·皮特：《传感器与新闻》，章于炎等编译，北京大学出版社2017年版，第9页。

② 谢耘耕、李丹珉：《传感器新闻的发展与风险规避研究》，《新闻界》2020年第12期。

发展。生物传感器被广泛应用于生物、医学、心理学等相关领域。经过半个多世纪的发展，关于生物传感器的定义基本形成，简单来说，生物传感器充当着一个接收器和转化器的角色，主要体现在“感受”“观察”“反应”三个方面。

作为下一代物联网基础技术的传感器技术，已经开始被应用到新闻传播领域，物联网时代的传感器新闻的崛起，使得“万物互联、万物皆媒”成为显性表征。依靠传感技术获取信息数据并进行深度挖掘与分析也将成为传媒专业能力的核心。

2. 常见的生物传感器——以新闻传播研究为例

相比于在新闻业务领域的应用，生物传感器更早的被应用到传播效果、营销效果或学习效果的研究当中。巴塞洛与博尔斯的文章《媒介心理生理学：大脑内外》介绍了被试者的心理与生理的反应，探究媒体传播内容如何影响被试者的神经反应，研究了心理与生理反应是如何导致神经反应的。①

在新闻传播研究领域，生理传感器的应用较为广泛，包括心率仪、脉搏仪、脑电仪、眼动仪等，通过测量人的心理生理指标，来研究传播过程和传播效果。在国内，近几年，以喻国明、李彪等学者和新华网融媒体未来研究院等机构为代表，推动传播学与认知神经科学研究相结合，产生了传播学认知神经科学研究范式，开展了大量的认知神经科学方面的研究。

3. 生理传感器与数据新闻生产

长期以来，新闻信息特别是其中涉及个人主观感受的部分基本依靠采访的方式来采集。从麦克卢汉开始，媒介就被认为是人的身体的延伸。如果说此前传媒技术的发展是人的五官的延伸，那么，进入物联网和人工智能时代，这种延伸的广度和深度将进一步扩大。“生物传感器通过收集受试者的生理信息，如心跳变化、血压变化等，使得人体成为信息采集的对象，为新闻生产提供更多视角和可能。”②

---

① 何苗：《认知神经科学对传播研究的影响路径：回顾与展望》，《新闻与传播研究》2019年第1期。

② 谢耘耕、李丹珉：《传感器新闻的发展与风险规避研究》，《新闻界》2020年第12期。

2018 年 3 月 5 日全国两会期间，新华网邀请了 30 名受试者参与生物传感实验，受试者共同观看总理政府工作报告现场直播。观众全程佩戴智能传感器。通过智能传感器采集的数据，Star 描绘出了观众在听总理作报告时候的"情绪曲线"，并精准分析出观众最感兴趣的 8 句话。此外，Star 还根据数据分析结果总结出备受百姓关注的关键词：改革开放、创新、民生、三公经费、高铁等。

2019 年 10 月 1 日，在中华人民共和国成立 70 周年阅兵报道中也应用了这一技术。新华网前方报道记者团每人均佩戴了情绪智能传感器，在整个采访活动中实时进行数据记录和分析。与此同时，在新华媒体创意工场中有 20 多位观众也同样佩戴了传感器并同步观看国庆阅兵式的直播。在三个多小时的阅兵式中，前方记者和 20 多名看直播的观众的生理数值被记录下来，并通过算法分析出他们每一个心情激荡的准确时间。这些数据应用于新闻报道中，使内容更加丰富、报道更加立体。

（三）遥感（卫星新闻）

新闻传媒行业在新闻报道时对数据的需求逐渐提高，而创新型的遥感技术应用可以给新闻领域带来严谨可靠的数据。遥感行业也需要有新的发展领域，与新闻传媒相结合是一个切实可行的创新方式，可以将遥感行业与社会生活紧密相连，带来更加迅速准确的新闻报道。新闻行业与遥感行业的结合，已经不再是技术层面的合作，而是改变了新闻报道的方式与方法，共同创新了技术空间和生态。

1. 概念

"遥感"顾名思义就是从远处不直接接触物体来感知和识别物体及其特性。在飞行器上，从很远的距离（如从空中或宇宙空间）用各种仪器在不同的光谱范围内研究地球或其他天体的方法的总称。①

遥感可分为"地面遥感、航空遥感和航天遥感"。② 其特点为获取信息手段多，能获取大量试验资料，并且获取资料的周期较短较为便利。地球上的自然地理较为复杂，某些极端地区是人类无法接近的，这时候航天遥

① 跃辉：《遥感》，《地理译报》1982 年第 2 期。

② 张安定：《遥感原理与应用题解》，科学出版社 2016 年版，第 5 页。

感的优势就发挥出来了，应用可见光遥感、红外遥感、多谱段遥感、紫外遥感和微波遥感等技术可以从万米高空上将地球一览无余并且可以无视地理的限制来进行数据的提取、分析。

卫星遥感是与新闻传播行业结合较为广泛的遥感类型，它是通过人造卫星上搭载的传感器来对地面事物进行拍摄或者扫描从而生成卫星图像。卫星图像身为传感器应用的一部分，在新闻行业也必然有其特点，结合当下全媒体的环境，卫星图像的应用能够给受众带来前所未有的体验。首先，卫星图像大多为鸟瞰图，一种居高临下的俯视角度区别于平时报道拍摄的平视及仰拍，并且卫星的高度所拍摄的卫星图像能够包含更多的地质信息，使人一目了然地了解新闻工作者所要表达的信息，并且这种表达方式也会给受众带来一种新鲜感。当然，卫星在新闻领域的应用不仅仅是拍摄图像，也会运用电磁波等数据向地面传回一些实时的视频用以新闻直播。

2. *发展历史*

20世纪60年代，遥感技术开始逐渐应用与发展，最初被应用为航空遥感。虽然我国发射卫星较早并已有50年的历史，但却一直没有将卫星系统很好地应用在新闻领域。近几年由新华社牵头，开始逐渐探索卫星+新闻的新报道方式。2019年，新华社推出了“60万米高空看中国”系列新闻产品，在2020年将卫星新闻应用在疫情防控、灾情监控、经济复苏、国家发展等方面持续生产卫星新闻产品，新华网富媒体主要包含卫星新闻、大数据可视化、VR、沉浸式新闻、5G+AI等模式的新闻报道样式；应用了长图、动画、H5等方式清晰直观地展现卫星新闻的优势，赢得行业的一致好评。

3. *应用*

遥感在生活中有着许多用途，它能够从远端发出数据供人们使用，也能传回图片供人们学习。遥感与新闻相结合后更是产生了奇妙的化学反应。

（1）中国速度——火神山的建造

2020年1月29日在环球网发布的《武汉火神山医院紧张建设，进度如何？一起来500公里高空俯瞰！》，卫星提供了2019年10月29日的火神山原址和2020年1月28日已建立的火神山医院的对比图。5万平方米、1000张床位、3天通电、10天交付，火神山向我们展示了强大的国家为了人民的安危是如何做到中国速度的，获得了国内国外的一致好评。

（2）环境保护

2021年7月7日新华网富媒体发布《卫星直击青岛浒苔，到底有多严重》一文。文中讲述了山东青岛近海海域再次遭受浒苔侵袭一事，这也是浒苔连续第15年影响附近水域。黄海水产研究所研究员庄志猛分析认为，浒苔泛滥丛生的原因有二：一是当地有充足的营养源和阳光；二是人类过度经济活动导致水体富营养化。卫星监测的影像拍摄了黄海海域浒苔泛滥的过程，为后续打捞及浒苔的技术分析提供了极大的帮助。

（3）国家地理、地质、历史

2019年10月1日，新华网发布了《太空见证历史！“最高机位”瞰阅兵!》，利用卫星遥感拍摄了阅兵的盛况，气势恢宏、场面震撼。

（4）国家发展、城市建设

2020年3月20日新华社发表了《卫星发现一个信号：中国正在亮起来》一文。文章指出，2月中国经历了新冠肺炎疫情带来的停工停产后，珠三角、长三角、京津冀经济复苏，逐渐恢复了疫情前的繁荣和热闹。通过遥感卫星对地球表面光亮进行监测，并将亮度进行量化分析，得出中国大地上的经济正在逐渐恢复这一好消息。文内给出了卫星所拍摄的天津市区、长三角地区、京津冀地区、珠三角地区等地2—3月不同时间的图片，图片很清晰地显示各地灯光亮度逐渐增加，意味着复工率、物流运输业以及经济都在逐渐好转。

（四）无人机

无人机经过100多年的发展，产生了各种型号以适配不同的场景。在新闻领域，无人机常被用作航拍，航拍无人机可以高空滞留也可以低空飞行，为我们带来极具震撼力的全景镜头并记录人眼不易察觉的细节。无人机先天不被地形限制的特点使得记者能够以最快的方式第一时间将新闻报道出去，有效抑制舆论的产生。但在新闻采访过程中，如何有效地避免个人隐私的泄露也是亟须探讨的问题。

无人机（UAV）是指利用无线电遥控设备和自备的程序控制装置操纵的

不载人飞机。[①] 无人机作为互联网的一种小型端口，因其体积小易携带的特点被广泛应用在农业、电力检查、海洋监测、风景拍摄等日常生活中，应用领域仍在不断扩大。当下最广泛应用的是多旋翼无人机，包含四旋翼、六旋翼、八旋翼等，拥有较强的操控力，与固定翼相比操作较为便捷。[②]

无人机新闻是利用无线电遥控程序和设备操纵自带摄影摄像装置的不载人飞机采集的新闻。[③] 新闻领域是一个一直在革新的行业，需要新鲜的“血液”与之融合从而开辟更多的报道模式和应用方式。无人机的出现就改变了传统新闻报道拍摄的模式。

2016 年新华社成立了第一个“天空之眼”无人机培训班，首期共有 35 位记者获得资格证书，可以使用无人机进行新闻报道和新闻拍摄。近年来，国内使用无人机的新闻报道越来越多，出现了许多令人印象深刻的案例。

2015 年 8 月 12 日 22 时 51 分 46 秒，天津港发生特重大火灾爆炸事故。在此次事件报道中无人机就发挥了重大作用。8 月 13 日凌晨 4 时无人机就已经从事故上方为我们带来了最前线的报道。无人机清晰地拍下了空中滚滚浓烟与散落一地的集装箱，还可以看到消防人员抬着担架去找寻遇难人员，给搜救人员带来了便利，极大地缩短了搜救时间，给更多的人带来生的希望。在记者无法进入爆炸事件现场时，是无人机飞到空中为我们带来最真实最迅速的报道，并且以一种俯拍的视角使得观众能够清楚地看到此次事件爆炸的规模极大、影响恶劣。无人机连续在空中飞行，全方位地向我们展示了事件中更多的细节，为后续追责和调查也带来了便利。

无人机在新闻报道领域的作用是有目共睹的，拍摄出的新闻画面有令人震撼的宏观视角，并且在环境恶劣的新闻现场能够保证新闻记者的安全，拓宽了新闻摄影的方式，大大增强新闻图片的视觉效果和真实性。但是无人机新闻在发展的同时，也有一定的风险，如公民隐私权侵犯、违背新闻伦理与法规等问题，还需我国新闻业在今后的无人机新闻发展中不断完善。

---

① 刘志强：《浅析无人机在新闻报道中的应用》，《新闻论坛》2017 年第 3 期。

② 《关于征求〈无人驾驶航空器飞行管理暂行条例（征求意见稿）〉意见的通知》，2018 年 1 月 26 日，中国民用航空局，http://www.caac.gov.cn/HDJL/YJZJ/201801/t20180126_48853.html。

③ 龙鸿祥：《无人机新闻，美国新闻传播新景观》，《编辑之友》2015 年第 8 期。

三　传感器新闻的历史

如今，传感器已经渗透到我们生活的方方面面。物联网的广泛应用助推了传感器新闻的兴起，拓宽了新闻报道的方式手段，提升了新闻生产的效率，大大增强数据的可信度与真实性，有效提高媒体的公信度。传感器新闻发端于美国，传入中国后带来了一场深刻的新闻生产变革，随着传感器技术的发展，传感器新闻有望成为日后最主要的新闻生产方式之一。

（一）美国传感器新闻的发展

传感器新闻在发展的过程中，最初起源于环境报道，成名于调查报道，报道应用领域和应用范围在不断扩大。

1. 环境报道

环境监测类新闻是目前美国传感器新闻的主要应用领域之一。早期较为典型的环境报道要追溯到 2002 年，美国《休斯敦纪事报》的调查记者采集了休斯敦 4 个居民区的空气样本，用化学监测仪器进行监测，结果显示有害物质严重超标，危害居民的生命健康，揭露了休斯敦一心发展石油化工业获得经济效益，罔顾居民生命安全的真相，将休斯敦的空气污染问题推到公众面前。

2012 年 4 月，《今日美国》调查团队调查了一处废弃工厂的土地污染程度。他们租用了 ThermoFisher 科技公司的 X 射线荧光分析仪，在废弃工厂上重建的学校、运动场等地采集地表样本和土壤样本，发现污染严重的土壤，给当地居民的健康造成了相当大的威胁。基于此次调查，调查团队发表了《幽灵工厂》的报道，引发了社会的广泛关注和政府的重视。

2. 调查报道

调查性新闻题材广泛，多旨在揭露被刻意隐藏的信息。近年来，传感器在新闻领域的广泛应用极大助推了调查性新闻的发展。记者通过传感器获取数据主要有两种途径：其一是政府层级的官方数据，其二是通过传感设备自行收集公众数据。

美国最经典的调查性新闻当属《超速警察》和《枪声监测》。

2012 年，《太阳哨兵报》的两名记者克斯汀和梅因斯通过对 110 万条警车通过高速公路的数据，测算出当地警车的行驶速度，并发表文章“Above the Law”公布了对警察超速驾驶问题的调查数据。在 13 个月的时间里，警察超速驾驶 5000 余起，且大部分超速情况发生在非公务时段。这则报道引起了社会的轰动，警局大范围整改，大大降低了警车非法超速的频率。传感器技术的应用，使得原本藏匿在底层的真相最终浮出水面，传感器新闻也名声大噪。

2013 年，《华盛顿邮报》发表了报道《枪声监测》，该报使用政府传感系统对枪声监测的数据，通过可视化的形式向读者展示了什么是枪声监测系统，以及华盛顿地区枪击事件少于周边地区的原因，并分析了枪声出现频率最高的月份、星期和时间点，增强了调查性新闻报道的趣味性。

（二）我国传感器新闻的发展

国外传感器新闻起步早、发展快，但我国对传感器新闻的实践应用还处于起步阶段，无论是报道范围还是传感器本身的应用，都还有很大的上升空间。

2014 年，新华网成立了我国首个基于生物传感技术的用户体验实验室。2015 年，新华网与中国国家剧院合作，借助生物传感器技术，在《战马》的演出现场对观众进行生物体验测试，是传感器技术应用过程中的一次有益尝试。2015 年 12 月，新华网推出了我国第一代生物传感技术智能机器人 Star，基于生物传感技术实时收集受试者的体验数据。2015 年，《南方周末》与清华大学联合开展了首次全国室内空气质量调查，向 400 多名志愿者分发了清华团队自主研发的传感装置 PiMi，得到了北京 7000 多个地点的室内 PM2.5 数据。2019 年，清华大学与头条联合发布了《智能媒体时代的新生产力——2019 年新媒体发展趋势报告》，指出“物力”提升了“人力”，传感器在新闻制作中的应用拓展了信息采集的边界。

2020 年，新冠肺炎疫情在我国蔓延，传感器的应用助推了疫情防控阶段的数据收集及可视化数据呈现，利于随时监测疫情在全国各地的动态分布，成为疫情防控期间的重要报道方式。传感器新闻在疫情期间的应用，让政府和媒体能够更好地了解人员流动轨迹、绘制疫情全国动态分布地图、预测疫情发展、追溯疫情源头等，有助于政府更有针对性地实施疫情防控手段。

传感器在新闻领域的应用，丰富了我国新闻报道的题材和手段，完善了新闻产品的形态，拓宽了我国新闻采集数据的渠道，助推我国新闻生产进入新的阶段。

四　我国传感器新闻典型案例

经过多年的探索，传感器新闻在国外的实践应用趋向成熟，积累了大量成功的案例。在国内，越来越多的主流媒体开始尝试应用传感器制作新闻，传感器新闻的发展还有很大的上升空间。本报告重点介绍国内传感器新闻应用的典型案例。

我国的传感器新闻应用有以下几种情形。

1. 生物传感器的新闻应用

生物传感器与新闻领域的结合，让新闻生产向精准化、纵深化发展，实现了过去传统媒体时代无法实现的情绪深度挖掘，为新闻生产带来了更多可能。

（1）生物传感技术捕捉时政新闻中的情绪变化

2018 年 3 月 5 日，李克强总理在人民大会堂做政府工作报告时，新华网邀请 30 名观众在新华网的影视传感评测实验室进行同步观看。机器人 Star 基于生物传感器的应用，采集了 30 名被试者的生物数据信息，得出了被试者在听报告时的情绪曲线，用可视化的呈现方式，展示了被试者的情绪变化。新华网依据这次实验的结果，发布了国内首部生物传感器新闻视频《更懂你》，这也是时政新闻首次与生物传感技术相结合。

2019 年 10 月 1 日，庆祝中华人民共和国成立 70 周年活动在天安门广场举办。新华网给前方记者和数十位观看电视直播的受试者带上生物传感器，监测他们在观看典礼时的情绪起伏，并通过可视化的形式，呈现了被试者的情绪曲线图，直观表现了被试者的心理状态，并记录了受访者情绪波动大的时间节点。新华网据此次生物传感数据发布了报道《是什么让他们心潮澎湃》，可视化地呈现了观礼者的真实感情。

这两次生物传感器新闻报道是我国生物传感技术应用于新闻生产领域的成功案例。生物传感器能精准捕捉被试者的情绪波动，为新闻生产提供了新的选题思路和数据来源，实现了传统新闻报道无法达成的情感分析，助推新闻生产向深度性、专业性发展。①

（2）生物传感技术捕捉观影观众情绪变化

观影中观众心理情绪的变化一直未有精准专业的研究方法，早期在欧美关于音乐电台的研究，有类似社会心理学角度的研究案例，但是国内这方面研究较少。新华网利用生物传感器开创剧场与科技的“跨界”实验，采用生物传感机器人 Star 采集《战马》观众情绪数据，进行首次新闻写作尝试。

在传感器技术应用之前，机器人写作多集中在财经新闻报道等领域，报道尚浮于表面，没有对被试者感情的纵深挖掘，而《战马》实验就取得了这样的阶段性进展。生物传感机器人根据被试者的生物传感数据，生成可视化的、翔实的数据报告，并通过算法生成多篇新闻报道。《战马》实验是生物传感器在新闻生产领域的一次有益尝试，为生物传感器的应用提供了更多可能。②

2. 遥感类传感器的新闻应用

遥感技术在新闻领域的应用，从空间和时间上极大地延伸了人类的感知能力，并且遥感影像记录的波谱信息可直接作为新闻来源和证据，极大地提高了新闻可信度。

2008 年汶川大地震，由于灾后随时有余震和泥石流的风险，记者无法到一些危险的震区进行拍摄，中国科学院遥感所采集了四川省灾后的卫星影像数据，并将卫星遥感采集的数据信息提供新闻媒体，让媒体能够更全面地报道灾情，让全国人民更及时地了解震区情况。在地震、洪灾等极端情况下，卫星遥感发挥了不可替代的作用，保障了前线记者的生命安全，也为公众提供了更为精准的数据信息。2020 年新冠肺炎疫情初期，新华网发文《“动”“静”之间，感受武汉的英雄气质》，借助卫星影像，对比了疫情前后城市生活的变化，通过武昌火车站、武汉长江大桥等地的“静”，

---

① 曹滢、刘胜男、郭思苇：《新华网研发的 Star 机器人如何融入新闻生产》，《中国记者》2020 年第 6 期。

② 杨溟：《我懂得你的感受——生物传感技术在传媒领域的应用》，《青年记者》2016 年第 6 期。

与火神山、方舱医院等的“动”作对比，展现武汉英雄城市的形象。①2020 年 12 月，新华社发布了我国首部卫星新闻纪录片《太空的见证》，通过数百张卫星遥感影像，展示了卫星传感器数据的奇妙之处。2021 年 4 月 27 日，新华网成功发射灵鹊一号 D02 卫星，开启了媒体利用卫星传感器报道的新阶段。

3. 手机传感器类的新闻应用

智能手机或者平板电脑中包含着加速计、陀螺仪、GPS、计步器等各种传感器，能够记录并搜集温度、光效、定位、运动状况等各种数据和信息。这些传感器及其采集的数据对于新闻报道而言，都是颇具价值的数据素材。

（1）手机传感器精准捕获新闻信息

手机传感器是“众包式”传感器新闻主要获取数据的方式。在国内，用物联网收集数据并生产数据新闻已经有了很多成功的案例，如百度地图收集用户手机定位的变化，绘制了“百度迁徙地图”。澎湃新闻据此数据发布了新闻报道《武汉解封首日，人们都去了哪里?》，通过可视化的形式，描绘了武汉解封首日公众迁徙的路径和特征。澎湃新闻也利用手机传感器的 GPS 数据，将十几万名智能手机持有者的定位可视化呈现。澎湃新闻的该报道用事实数据为读者展现了疫情解封状态下人民生活的状态，得益于手机传感器收集到的数据信息，媒体可以利用数据内容，开辟新颖的报道角度为读者展示新闻内容。②

（2）手机传感器用数据讲述民生故事

目前，国内传感器新闻的实践应用中，较多使用的基础传感设备是手机传感器，也就是智能手机。传感器新闻的报道方向主要是展现宏观趋势的解释性新闻和基于数据深度挖掘的调查性报道。

2020 年年初，新冠肺炎疫情在我国蔓延，传感器在特殊情境下收集数据的能力凸显出来，成为新闻生产所需数据的重要来源。借助传感器的应用，在疫情的严重态势下能够搜集人员流动轨迹、绘制疫情全国动态分布

① 李晓云、郭建伟、祁丽君：《浅谈新闻报道跨界融合的“新闻 + 卫星”模式——以新华网卫星新闻产品〈卫星知识局〉为例》，《新闻潮》2021 年第 3 期。

② 彭渤、秦雅萌：《浅析传感器新闻生产及风险化解》，《当代电视》2020 年第 11 期。

地图、预测疫情发展、追溯疫情源头等，有助于政府精准实施抗疫政策。《第一财经》发布了新闻报道《离开武汉的500多万人都去了哪里？大数据告诉你》，利用手机传感器，可视化呈现春运期间武汉外出人群的目标城市。澎湃新闻也借助手机传感器的GPS数据，研究了2017年与2020年春运期间出入武汉的人流量及人流走向，经对比分析否认了“逃离武汉”言论，一定程度上缓解了疫情影响下公众焦虑的情绪，有助于正向引导舆情。①

4. 环境类传感器在新闻报道的应用

环境类传感器是我国应用较早、用途广泛的传感器之一，在天气预测、空气指标测量等方面发挥了巨大作用。我国雾霾方面的报道就是依托环境类传感器生产数据信息，再进行编写，生成可视化报道的新闻产品形态。除媒体通过环境传感器报道外，公众手机中的基于传感器的App也能够准确获取当下的雾霾浓度和空气指标。

传感器技术与新闻生产的结合，极大地拓宽了我国新闻生产的维度和形态。目前，我国新华社等权威媒体，均已开始传感器新闻的生产实践，传感器新闻的应用也极大提升了新闻报道的专业性与可信度。尤其是在2020年的新冠肺炎疫情期间，我国多家媒体利用传感器进行疫情动态报道，及时打破谣言。

回顾我国的传感器新闻应用与实践，传感器新闻为我国新闻生产方式带来巨大变革，在实践领域的应用还有巨大的潜力。但是因我国传感器技术上的限制与不足，想要实现常态化的传感器新闻生产还需经历较长的阶段。总体来说，目前我国传感器新闻应用的上升空间较大，传统的“媒体”定义已经被改写，既有边界被打破，新闻生产向可视化、纵深化、数据化发展，在传感器的数据信息加持下，媒体的公信力也有所提升。因此，新闻行业需要与时俱进，将传感器技术更好地与新闻报道相结合，扩宽新闻报道范围，挖掘全新的资料与数据源，创新报道手段与方式，寻找新闻报道的新增长点，以适应迅猛发展的技术创新、满足社会发展与公众的信息需求。

---

① 马庆、刘亚：《智媒时代的传播变革：传感器新闻的兴起及应用》，《湖北社会科学》2021年第8期。

传感器在带来新闻生产方式深刻变革的同时，也存在着一定的风险。一方面，对公众信息的收集有侵害公众隐私权的隐患。公众在不知情的情况下，产生的数据被用于新闻制作，在公共场所放置的传感器在信息采集时并未征得公众同意，这涉及侵权隐患，媒体需要在一定范围内采集新闻，划清新闻生产所需资源和公众隐私的界限。另一方面，传感器新闻“众包模式”下的数据准确性存疑。在“众包模式”的新闻制作中，未经培训的“公民记者”提供的传感数据准确性难以保证，进而会影响到传感器新闻的客观性和可信度。传感器新闻带来的一系列风险，需要我国在未来的发展中加以规避。

参考文献

安勇：《SNG 让受众与新闻事实零距离》，《现代传播》（中国传媒大学学报）2005 年第 1 期。

曹滢、刘胜男、郭思苇：《新华网研发的 Star 机器人如何融入新闻生产》，《中国记者》2020 年第 6 期。

程瑛：《卫星新闻：为遥感应用敞开新空间》，《卫星应用》2021 年第 2 期。

仇筠茜：《新闻策展：“微媒体”环境下突发新闻报道及伦理分析》，《国际新闻界》2013 年第 9 期。

何苗：《认知神经科学对传播研究的影响路径：回顾与展望》，《新闻与传播研究》2019 年第 1 期。

李蓉：《传感器新闻：新闻的生产变革与价值重构》，《中国出版》2019 年第 20 期。

李晓云、郭建伟、祁丽君：《浅谈新闻报道跨界融合的“新闻 + 卫星”模式——以新华网卫星新闻产品〈卫星知识局〉为例》，《新闻潮》2021 年第 3 期。

刘志强：《浅析无人机在新闻报道中的应用》，《新闻论坛》2017 年第 3 期。

龙鸿祥：《无人机新闻，美国新闻传播新景观》，《编辑之友》2015 年第 8 期。

马庆、刘亚：《智媒时代的传播变革：传感器新闻的兴起及应用》，《湖北社会科学》2021年第8期。

米华：《物联网时代西方传感器新闻生产的理念及实践》，《中国编辑》2019年第12期。

彭渤、秦雅萌：《浅析传感器新闻生产及风险化解》，《当代电视》2020年第11期。

彭兰：《“传感器”与“新闻”的相遇会带来什么?》，《新闻论坛》2017年第5期。

史安斌、崔婧哲：《传感器新闻：新闻生产的“新常态”》，《青年记者》2015年第19期。

谢耘耕、李丹珉：《传感器新闻的发展与风险规避研究》，《新闻界》2020年第12期。

许向东：《大数据时代新闻生产新模式：传感器新闻的理念、实践与思考》，《国际新闻界》2015年第10期。

杨溟：《我懂得你的感受——生物传感技术在传媒领域的应用》，《青年记者》2016年第6期。

尹楠楠：《智媒时代传感器新闻的发展与反思》，《青年记者》2019年第20期。

跃辉：《遥感》，《地理译报》1982年第2期。

张安定：《遥感原理与应用题解》，科学出版社2016年版。

周婷婷：《媒介融合与融合新闻——2015年普利策新闻奖观察》，《新闻记者》2015年第6期。

朱蔷云、李伦、陈雪岚：《生物传感器发展及其应用》，《卫生研究》2019年第3期。

［澳］弗格斯·皮特：《传感器与新闻》，章于炎等编译，北京大学出版社2017年版。

热　点　篇
Report on Hot Point

T.4 中国移动短视频发展报告

黄楚新　许　可*

摘　要： 当前，中国的移动短视频行业由增量市场转向存量市场，以抖音、快手为首的“两超多强”格局稳中有变；视频号进入形成了新格局，长短视频在角逐中呈现融合发展态势；主流媒体强势布局短视频，短视频在媒体深度融合中的社会价值日益凸显。在行业发展热点中，多维场景推进“短视频+”跨界融合、差异化布局创新盈利模式、短视频创新推动城市传播与乡村振兴，平台社会责任助力短视频行业有序发展。但是，内容同质化与浅层次叙事、侵权频发与直播乱象、网络沉迷与适老难题、出海困局与资本卷入等都成为短视频行业发展需要解决的重点问题。未来，短视频行业将在视频化、智能化、下沉化及媒介化的趋势下深度融入社会发展。

关键词： 媒体深度融合；短视频；视频化；媒介化

一　短视频行业发展的总体概况

2020年，短视频行业发展逐渐从增量市场向存量市场过渡，短视频平台与媒体合作、与其他行业融合，整个行业呈现全面推进、多点突围的发展态势。主流媒体入局、线上消费兴起、直播形态崛起、应用场景拓宽、智能媒体发展、行业边界拓展、媒体价值重塑，这些传媒行业典型趋势都

---

* 黄楚新，中国社会科学院新媒体研究中心副主任兼秘书长，中国社会科学院新闻与传播研究所数字媒体研究室主任、研究员，中国社会科学院大学新闻传播学院副院长、教授、博士生导师，研究方向为新媒体传播；许可，中国社会科学院大学新闻传播学院博士研究生，研究方向为新媒体传播。

对短视频的发展具有重要作用，有些甚至是在短视频驱动下产生的。

（一）新格局：存量市场增速趋缓，“两超多强”稳中有变

短视频行业发展由来已久，从 2011 年“GIF 快手”短视频萌芽开始，短视频如雨后春笋般在传媒行业呈现势如破竹之势。2011—2021 年的十年发展期，短视频行业经历了早期“从无到有”的增量市场，到如今的“从多到优”的存量市场。

由增量市场向存量市场转变，短视频的用户规模虽然不如之前增长迅速，但也是稳中有进。第 48 次《中国互联网络发展状况统计报告》显示，截至 2021 年 6 月，我国短视频用户规模达 8.88 亿，较 2020 年 12 月增长 1440 万，占网民整体的 87.8%。[①] 从众多网络应用的增长率看，短视频应用的用户规模增长仍然显著，为 12.9%，在众多网络应用的增长率中排名第一。短视频已经成为仅次于即时通信的第二大网络应用，由于庞大的用户群体和使用范围，其已经成为移动互联网时代重要的底层应用。

由于使用范围的扩大，短视频使用频率也在不断提高。《2020 中国网络视听发展研究报告》的调查数据显示，每天观看短视频在 1 个小时以上的用户占比为 53%，60.4% 的用户每天都会看短视频，短视频的人均使用时长在不断增加。[②] 而随着短视频使用频率和时长的变化，短视频的内容生态也在不断延展，视频内容已经不再单纯局限在娱乐搞笑，新闻、影视、生活、美食、在线教育、旅游、科普等内容样态逐渐兴起，短视频以多元的角色深入用户生活、嵌入社会已成为常态。

从各平台的进入与发展看，“两超多强”格局逐步稳定，抖音、快手的“两超”领跑地位仍然稳定。自 2018 年开始，抖音已连续三年位列用户常用短视频平台之首，用户比例由 2018 年的 44.4% 增长到 2020 年的 62.8%，快

---

① 《第 48 次〈中国互联网络发展状况统计报告〉》，2021 年 9 月 15 日，中国互联网络信息中心（CNNIC），http://www.cnnic.net.cn/hlwfzyj/hlwxzbg/hlwtjbg/202109/P020210915523670981527.pdf。

② 《2020 中国网络视听发展研究报告》，2020 年 10 月 12 日，中国网络视听节目服务协会，http://www.cnsa.cn/home/industry/industry_week.html。

手用户比例为 42.6%，“两超”合计短视频用户占比为 75.4%，[①] 短视频用户向抖音、快手集中的趋势凸显。与此同时，众多平台凭借内容、用户、垂直细分、传播等因素呈现阶层化分布，抖音、快手仍然处于领先的第一梯队，西瓜视频、好看视频、抖音极速版、快手极速版等处于中流第二梯队，而 2020 年兴起的微信视频号、微博视频号等则处于第三梯队。

新格局的“新”体现在视频号入局推进“两超多强”格局的动态调整。2020 年微博发布“微博视频号计划”，作为视频内容创作的扶持计划，其包含了账号管理、产品服务、权益分成等内容。作为国内短视频行业的早期布局者，曾经的冰桶挑战、秒拍、小咖秀等在社交媒体时代风靡一时。而微博开始以扶持创作者，支持 UGC 的形式布局短视频，将凭借其热点、舆情优势进入市场。2020 年 1 月，腾讯开启视频号内测平台，其并未单独开发独立平台，而是嵌入微信平台，开通直播带货功能等，2020 年年底腾讯宣布视频号 DAU 突破 2.8 亿。此外，以“种草流量”和注重年轻化群体的小红书也在 2020 年 8 月上线视频号，将视频时长权限调整为最长 15 分钟，对创作者开放视频数据进行内容优化，并以流量扶持的形式鼓励视频创作。虽然社交平台的视频号在各方面与短视频平台有一定差距，但其凭借强社交、强互动的模式在“两超多强”中势头强劲，社交平台以新模式重新入局短视频使得行业竞争稳中有变。

（二）新形态：长短视频角逐融合，“短视频 + 直播”成常态

随着短视频市场红利的不断释放，电视媒体、网络视频平台也开始布局短视频，但其依托的是独有的长视频资源。2020 年，长短视频角逐博弈，以竞合形式呈现融合发展的态势。许多电视媒体、视频网站等依托大屏节目或网络综艺产品资源，将长视频拆条为中视频、短视频及竖屏剧等形式，移至移动端或短视频平台，将短视频打造为其“便捷版”，提高其视频资源中的短视频内容生产比例，基于移动短视频语境下的内容再加工、深加工、再创新成为媒体与平台借助短视频进行优化升级的重要举措。2020 年，爱奇艺推出短视频内容社区“随刻”，优酷上线 100 余部微短剧。

---

① 《2020 短视频用户价值研究报告》，2020 年 9 月 8 日，中国广视索福瑞媒介研究（CSM），https://www.csm.com.cn/yjdc/。

与此同时，短视频平台也涉足长视频等综合视频业务，通过“微剧”“微综艺”等试水进入长视频领域。抖音开放15分钟视频拍摄全线，快手2020年上线专业团队制作长视频节目。特别是在院线电影方面，2020年1月，字节跳动以不少于6.3亿元获得了《囧妈》的独家网络播映权，在抖音、西瓜视频上同步首映。虽然短视频平台独家上线院线电影在当时褒贬不一，但短视频平台寻求多元化变现形式，加速内容产业布局，体现了其创新发展的勇气与魄力。

“短视频+长视频”在技术、形态与内容趋向融合中，“短视频+直播”也成了当下热门的传播形态。在新冠肺炎疫情造成的物理空间流动限制背景下，5G、人工智能等媒介技术的迅速发展使得短视频、直播具有了技术、场景与需求的发展契机。《2020中国网络视听发展研究报告》的用户调查数据显示，抖音（44.4%）、快手（41.1%）已经超越虎牙（15.2%）和斗鱼（10.1%），成为用户最常使用的网络直播平台。[①] 对于整个网络视听行业的市场发展而言，短视频（85.5%）与网络直播（67.1%）将成为行业的主要增量。“短视频+直播”以短视频直播带货为主要模式，短视频平台走向了全面的商业变现轨道。直播带货成为短视频平台内容新常态，已触达52%的短视频用户。[②] 直播不仅是短视频平台发力的重点，同样是主流媒体发挥舆论引导的布局重点，媒体以“直播+电商”“直播+公益”“直播+助农”等形式，探索深度融合新模式，“直播+”模式带来的直播媒介化、产业化、泛在化趋势日益凸显。[③]

（三）新生态：主流媒体强势入局，短视频社会价值凸显

短视频行业发展进入成熟期，头部平台已经从娱乐化转为多元化的综合性平台，主流媒体也利用内容优势强势入局，短视频成为主流媒体创新传播形态、重塑话语格局的重要抓手。从2019年开始，主流媒体布局短

---

① 《2020中国网络视听发展研究报告》，2020年10月12日，中国网络视听节目服务协会，http://www.cnsa.cn/home/industry/industry_week.html。

② 《2020短视频用户价值研究报告》，2020年9月8日，中国广视索福瑞媒介研究（CSM），https://www.csm.com.cn/yjdc/。

③ 黄楚新、许可：《2020年中国媒体融合发展报告》，载唐绪军、黄楚新主编《新媒体蓝皮书：中国新媒体发展报告No.12（2021）》，社会科学文献出版社2021年版，第54页。

视频客户端，布局短视频平台，入局短视频市场。中央级媒体在 2019 年的自有平台建设基础上，于 2020 年不断完善平台的聚合功能和创新功能。“央视频”创新“慢直播”模式，人民网人民视频在 2020 年进行网络直播《人民战疫》，累计超过 5 亿人观看。同时，学习强国学习平台推出“百灵”短视频子平台，开设之初设计了“炫、窗、藏、靓、秀”五个频道，内涵丰富，涵盖题材广泛。在后续发展中，又增加了推荐、党史、熊猫、美食等模块。此外，作品面向全社会、全网络、全平台征集，打造丰富的短视频内容生态体系。

在地方媒体中，《浙江日报》报业集团的短视频平台“天目新闻”，南方报业传媒集团的 N 视频客户端，《新京报》的“我们视频”，山东广播电视台以可视化、音视频为特色的“闪电新闻”客户端等，都是主流媒体以内容、技术、平台等多种形式布局短视频的体现。此外，县级融媒体中心也借短视频平台实现媒体融合发展。新冠肺炎疫情期间，“截至 2020 年 7 月 31 日，500 余个区县级融媒体抖音号共发布 7000 余条基层‘战疫’相关短视频，累计播放量 900 亿次，成为抖音平台上地方防疫视频内容的主要供应者之一”。[①] 主流媒体全方位布局短视频行业，足见短视频丰富多样的内容表达和底层话语的阐释解读受到了最为广泛的用户群体的青睐。

当前，不论是媒体还是平台，其布局短视频已成常态，短视频平台虽仍然处于纵深与横向共同发展的“跑马圈地”时期，但各个平台已经形成了较为清晰的定位，吸引着相似价值观的用户，[②] 注重底层话语表达与主流价值传播的协同是短视频发展的重点。在短视频平台上，用户不仅实现了信息与内容的表达，更实现了情感的表达，新冠肺炎疫情期间基于爱国主义及民族情感，对武汉、北京新发地、石家庄、广东等地网民的网络“声援”，在短视频平台进行“隔空援助”，短视频也成为引导民众情感的有力纽带。短视频在主流媒体的价值引导下，传播价值与社会价值更为凸显。

① 张志安、姚尧：《重大公共事件报道与传播视觉化探索——2020 中国新闻业年度观察报告》，《新闻界》2021 年第 1 期。

② 胡钰、王嘉婧：《中国新媒体发展：特征、趋势与调整》，《中国编辑》2021 年第 3 期。

二　短视频行业发展的热点聚焦

在行业整体发展呈现新格局和新生态的背景下，短视频成为2020年媒体深度融合的重要传播形态，政务、电商、在线教育、游戏等多维场景渗透推进“短视频+”实现跨界融合，盈利模式在完善的过程中逐渐多样化。同时，凭借短视频的创意表达，新媒体助力城市传播与乡村振兴成为热点，平台的社会责任意识更加主动，参与社会建构的行为也更为多元。

（一）短视频成为深度融合的“主战场”

短视频平台以新型传播形态和丰富的视频内容，凭借庞大的用户群体和流量优势，吸引主流媒体入驻和各类内容生产主体加入，为媒体深度融合的供给侧改革注入活力。2020年主流媒体对短视频新闻的创作力度空前，据《2020中国网络媒体发展报告：新表现·新生态·新责任》数据，2020年光明网、澎湃、新华网平均每日短视频发布数量分别高达71次、64次、47次，短、快、密集的全时态及流动的全息态成为吸引新网民和黏着“老”网民的传播利器。

媒体融合进程中，主流媒体和网络媒体积极布局短视频，通过短视频的形态创新推动小屏化、竖屏化及大小屏融合。央视网积极利用短视频平台“央视频”等布局慢直播、云直播。新冠肺炎疫情期间，“央视频”对火神山、雷神山建设过程开启“慢直播”，光明日报开设“光明大直播”进行高考招生服务。同时，Vlog新闻也成为新冠肺炎疫情报道中主流媒体的创新形式，截至2020年12月25日，“央视记者武汉Vlog”获得5亿次阅读量。在2020年两会报道中，人民网以“微视频”进行节目创新，推出《微视频：回顾七年两会，习近平的十个精彩妙喻》《微视频：习近平今年两会上的新语新论》、线上视频对话《两会夜话》以及系列短视频《“桃园三兄弟”用上民法典》等。

媒体深度融合中的短视频发展呈现以下特征，一是主流媒体入驻短视频平台，二是主流媒体自建短视频平台，三是主流媒体与短视频平台融合互动，四是短视频新闻、Vlog新闻等成为主流媒体新闻创新的常态模式。这对于处在媒体融合深水区的主流媒体而言，是完善新闻表达形态、丰富传播渠道、拓展传播平台以及实现全媒体传播体系的有效路径。

（二）多维场景渗透助推“短视频＋”跨界

新冠肺炎疫情的常态化，使得用户对短视频、直播等传播形态的依赖程度逐步加深。用户群体对短视频的场景、互动等需求更为多样，这催生了短视频多场景渗透用户生活和社会发展，政务服务、在线教育、休闲游戏等成为2020年短视频场景拓展、垂直细分的热点。

当前，短视频平台与政务机构、政务媒体合作逐渐紧密，“短视频＋政务”发展迅速。据第47次《中国互联网络发展状况统计报告》数据，截至2020年12月，我国各级政府共开通政务抖音号26098个，31个省（区、市）均开通了政务抖音号。据央视索福瑞的用户调查，32.1%的用户看过政务类短视频，其官方、权威解读，内容主体重大，社会公信力强等，均是其受欢迎的因素。在网络强国战略、在线履职、创新社会治理方面，政务短视频未来将成为政府机构政务服务功能拓展的重要渠道，政务服务的权威性与短视频表达的底层化相结合，将推进社会治理在政府、媒体、民众与社会的多元互动中呈现新特征。

2020年新冠肺炎疫情的物理空间阻隔驱动了线下教育转向线上教育，这也成为在线教育迅速发展的现实背景。“短视频＋教育”模式在2019年就已呈现爆发式增长，2019年B站、抖音、快手等纷纷入局教育，B站上线课堂频道、抖音开启“DOU知计划”、快手实行教育生态合伙人计划等；国家“停课不停学”的政策引导等为短视频平台与培训机构、高校的合作提供了契机。据艾瑞咨询统计测算，2019年“短视频＋教育”市场规模为62.3亿元，2020年为120.2亿元，预计2024年将达到476亿元，且增长迅速。[①] 市场规模的扩大驱动了短视频与在线教育收入占比不断丰富，电商收入、广告收入、直播打赏、付费产品等均成为收入模块。在短视频行业整体进入存量时代的背景下，“短视频＋教育”已经成为短视频平台、教育机构以及个人用户关注的重点，伴随教育MCN机构的入驻，市场竞争将更为激烈，短视频已经成为在线教育的“标配”，未来短视频

① 《变与不变：2020年中国短视频＋教育发展展望》，2020年6月9日，艾瑞网，http://report.iresearch.cn/report/202006/3586.shtml。

的平台将成为教育阵地，短视频内容将成为教育资源，而短视频的变现方式也将成为教育盈利的模式。

在多维场景的跨界中，“短视频 + 游戏” 成为部分头部短视频平台的发展方向。2020 年字节跳动成立深圳等研发工作室，游戏创作研发运营团队人数达千人；2020 年，快手也更新了直播和游戏等功能，垂直化、细分化功能增加，运营板块与业务生态逐步完善。由于头部短视频平台具有顶级的流量渠道，这也成为游戏首先关注的广告投放渠道，短视频内容表达中游戏广告不断嵌入各类网红账号。同时短视频平台的用户与游戏用户重合度较高，短视频平台与游戏平台的高效互动成为跨界合作的新生态。

（三）布局支付领域完善差异化盈利模式

2019 年中国网络视听产业市场规模为 4541. 3 亿元，其中短视频产业为 1302. 4 亿元，同比增长 178% ,① 在众多产业要素中增速最快。行业整体产业规模的扩张得益于短视频平台盈利模式的不断完善，以广告收入、直播打赏和电商分成为主，短视频平台的内容消费和广告分成在不断完善，产业链条逐渐拓展。

2020 年，主流媒体和商业平台纷纷入局直播电商，抢占盈利风口。但与社交平台、电商平台不同的是，短视频平台商业模式仍以社交优势和粉丝驱动，注重公域流量与私域流量运营相结合。在布局直播电商方面，头部短视频平台力度较大。但快手与抖音各有侧重，快手依托私域流量的粉丝忠诚度提高购物转化率，商品类别以食品、土特产、生活用品为主，非品牌产品居多；而抖音凭借其智能算法技术强化了精准推荐，注重公域流量挖掘，李佳琦、罗永浩等头部主播成为卖点，同时以美妆、服装百货等品牌产品为主。

2020 年值得关注的是短视频平台加大支付领域布局，不断完善自身电商交易闭环。长期以来，短视频平台的电商消费均是通过第三方支付的形式开展运行，这在成本、运营等方面不利于自身发展。2020 年抖音、快手等陆续通过收购方式获得支付牌照，具备独立支付入口，在商品橱窗、直

① 《2020 中国网络视听发展研究报告》，2020 年 10 月 12 日，中国网络视听节目服务协会，http://www. cnsa. cn/home/industry/industry_ week. html。

播电商等重要板块形成了电商业务闭环。通过自身打造独立的支付手段，有助于掌握用户消费习惯，从盈利模式的创新与可持续发展看是有益的，也可以通过支付开发新的消费产品或金融产品，增加用户黏性。但如何管理数据、确保用户支付安全也是未来应该重点解决的问题。

（四）创新表达助力城市传播与乡村振兴

短视频的在场化生产、即时性传播与互动化分享使得其在塑造城市形象中具有强大的视觉性力量。它汇聚大众的个人印迹，塑造了公共的城市形象：我们打卡故城市在。[①] 短视频时代，城市影像由大众生产与传播，“打卡”城市成为移动互联网时代的网民与城市互动的新模式，“短视频 + 城市”也成为城市传播的重要渠道。2020 年 4 月，快手启动了 City Koliday（全城快乐节）城市活动，首站活动落地武汉，活动推出 10 天后，视频总播放量超过 7354 万次。[②] 快手以活动的形式嵌入城市，一是带动用户，在社会话题上以 PGC 带动 UGC 实现城市内容生产与传播；二是联合品牌，以网红达人探店模式促成城市消费回暖。通过内容传播与品牌营销，既实现了城市形象传播又提振了城市经济发展，快手的城市品牌活动以短视频内容为基础，拓展了城市传播和城市营销范围。

短视频平台通过点赞城市、打卡景点等方式，不断推进城市文旅融合与城市形象建构。《2020 抖音数据报告（完整版）》显示，银基动物王国、衡水野生动物园等一些小众景点也成为抖音平台获赞量上升最快的景点。2021 年五一期间，抖音平台上的出游视频相比春节日均增加 2.4 倍，重庆、无锡等地旅游景区获点赞量居前列，1.12 亿人在抖音“云旅游直播间”云游中国。[③] 城市景点固定，但短视频传播无界，通过用户的打卡、分享与传播，提高了景点的网络知名度。在城市传播中，城市景观、旅游景点、美食推荐、风土人情、市民生活、感人故事等都成为短视频记录的

---

① 孙玮：《我拍故我在　我们打卡故城市在——短视频：赛博城市的大众影像实践》，《国际新闻界》2020 年第 6 期。

② 《激发 340 万 + 老铁们热情，快手推 City Koliday 城市营销 IP 探索商业化又一种可能》，2020 年 5 月 14 日，Morketing，https://www.morketing.com/detail/14038。

③ 《2021 抖音五一数据报告》，2021 年 5 月 6 日，抖音 APP 微信公众号，https://mp.weixin.qq.com/s/Xp90jSSI_ETQgSoZxs0IpQ。

内容，短视频平台成为城市与网民互动、交互的媒介化平台。但我们也看到，在短视频带火城市的同时，城市的文化内涵、历史传承与精神文化才应该成为城市传播中最为核心的品牌和内核，但当下自发性UGC的内容生产是碎片化与即时性的，缺少对城市传播整体的规划，未来如何利用短视频提升城市影响力，需要政府、媒体、平台的多维引导和推进。

与城市传播相对，乡村形象的表达也伴随短视频等新媒体手段和用户下沉展现了新面貌，“短视频+乡村”在助推乡村振兴，推进城乡融合方面发挥着积极作用。从抖音与快手的差异化特征来看，快手的内容表达与用户群体更倾向于三线、四线城市及农村地区。有研究针对乡村青年的快手使用情况进行调研，研究发现，快手中针对乡村题材的短视频，对农民形象和乡村生活有着显著的重塑作用，在一定程度上促进了城乡协同发展。[①] 2020年，顺应脱贫攻坚的政策导向，涉农类短视频发展势头强劲，众多涉农类短视频跻身平台头部内容，抖音、快手等头部短视频平台针对“三农”题材多次推出相应扶持计划。在涉农类短视频内容类型上，乡村风景、农家饮食、日常生活记录、民风民俗、农业新科技、农村网红、农产品电商卖货等均成为用户感兴趣的重点内容。[②]

（五）平台责任意识凸显助力社会发展

短视频平台作为商业平台，其发展过程在国家政策导向、行业规范约束的背景下，自身也逐渐完善体系，在短视频平台“媒体化”的过程中逐渐承担社会责任，在疫情防控、经济复苏、文化传承等方面发挥了积极作用。

新冠肺炎疫情期间，主流媒体在抖音、快手等短视频平台上投放重点事件、热点人物、情感话题、社会服务、知识传播、网络辟谣等多样化内容，积极引导社会舆论。根据《2020抖音数据报告（完整版）》，2020年抖音短视频平台上，有关疫情防控视频的总播放量达423亿次，1601万人通过抖音直播在线学习疫情防控知识，医生、护士在抖音短视频中的获赞

① 徐婧、汪甜甜：《“快手”中的乡土中国：乡村青年的媒介呈现与生活展演》，《新闻与传播评论》2021年第2期。

② 《2020短视频用户价值研究报告》，2020年9月8日，中国广视索福瑞媒介研究（CSM），https://www.csm.com.cn/yjdc/。

超过 10 亿次。[1] 在助力经济复苏方面，抖音短视频在助力直播经济、线上经济方面表现不凡，2020 年共 42779 家湖北商家在抖音带货 41 亿元。[2]

在文化传承方面，继 2019 年 4 月抖音推出“非遗合伙人”计划之后，截至 2020 年 5 月 31 日，抖音相关视频涵盖了 96% 的国家级非遗项目，共涉及 1318 项。共计超过 4800 万个非遗视频被播放 2000 亿次，获得点赞数近 65 亿个。一年来，已有 5 位非遗传承人年收入超百万元，40 多位非遗创作者赢得百万粉丝。[3] 通过视觉化手段在移动短视频平台传播非物质文化遗产，是新媒体创新与短视频平台承担社会责任的有机结合，非物质文化遗产在短视频传播过程中既实现了文化传统的传播和文化语境的延续，也为非遗传承人面临的社会困境提出了创新性解决方案，于文化而言是传承与传播，于个人而言是帮扶与激发。

三 短视频行业发展的问题与困境

各类短视频平台竞争导致了内容同质化与浅层表达、侵权频发与直播乱象，多场景渗透使得青少年网络成瘾问题加剧、老年群体的媒介接触也为短视频发展带来新的现实问题。国内市场稳定的基础上，头部平台拓展海外市场受阻，资本逻辑驱动下的平台化运作对主流价值传播产生影响。

（一）内容同质与叙事浅薄

短视频平台竞争白热化，流量红利逐渐消失，各平台虽然定位略有不同，但内容生产同质化问题严重，用户黏性也在逐渐流失。媒体智能化发展，视频化将逐渐取代图文成为重要方向，短视频的创新性表达能够被大部分网民接受。但是，相对于传统媒体的文字表达而言，短视频缺少文字表达的严谨逻辑和事实关联，其叙事结构和表达逻辑呈现出碎片化、浅薄

① 《2020 抖音数据报告（完整版）》，2021 年 1 月 5 日，抖音 App 微信公众号，https://mp.weixin.qq.com/s/w7MJ1XBVT85ECdx0n3HkOQ。

② 《2020 抖音数据报告（完整版）》，2021 年 1 月 5 日，抖音 App 微信公众号，https://mp.weixin.qq.com/s/w7MJ1XBVT85ECdx0n3HkOQ。

③ 《抖音“非遗合伙人”计划已助力 5 位传承人年收入超百万元》，2020 年 6 月 12 日，DoNews，https://www.donews.com/news/detail/2/3098763.html。

化，缺少严谨脉络与深入分析，虽然其场景化特征是优势，但在场景化的过程中缺少逻辑性和层次性，容易让用户产生误解。内容同质化和叙事的浅薄性特征不利于平台的长期发展，会对主流价值传播构成威胁，传播效能降低。

（二）版权保护与直播乱象

版权保护一直是网络视频行业的重点领域，短视频的版权保护和侵权现象层出不穷，原创短视频版权、二次创作短视频侵权严重，短视频维权难度大，平台投诉治理机制尚未成熟。据《2021 中国短视频版权保护白皮书》数据，2019 年 1 月至 2021 年 5 月，12426 版权监测中心对 1300 万件原创短视频及影视综艺等作品的二次创作短视频进行监测，累计监测到 300 万个侵权账号。[①] 随着 2021 年 4 月我国首例短视频模板著作权侵权案的宣判，未来短视频行业将会出现更多关于版权保护和侵权纠纷的法律案件。创作者维权意识、二次创作权责界定、平台主体责任、投诉处理机制以及法律监管体系等都需要进一步完善和规范。

伴随“短视频 + 直播”的兴起，2020 年短视频平台的直播乱象频发，直播中的不雅行为、血腥暴力、庸俗媚俗等新问题不断出现。特别是直播带货兴起，许多明星网红也频频“翻车”，如汪涵、李佳琦、李雪琴、辛有志等。2020 年 11 月，据中消协发布的《“双 11”消费维权舆情分析报告》，“直播带货”类负面信息多达 334083 条。[②]《网络音视频信息服务管理规定》《网络直播营销管理办法（试行）》均在 2021 年开始施行，未来的直播行业更需要主播、企业、平台、政府等社会主体通力配合，形成共建共治共享的网络综合治理体系。

（三）网络沉迷与适老难题

2020 年 3 月，抖音宣布升级青少年防沉迷系统，用户每日首次登录均会开启青少年模式，该模式每日使用时长将限定为累计 40 分钟，且打赏、

---

① 《2021 年中国短视频版权保护白皮书》，2021 年 5 月 18 日，12426 版权监测中心微信公众号，https://mp. weixin. qq. com/s/OaQ8E4QkUB9ALa3rrOfvLQ。

② 《“双 11”消费维权舆情分析报告》，2020 年 11 月 20 日，中国消费者协会，http://m. cca. cn/zxsd/detail/29854. html。

充值、提现、直播等功能不可用。但其仍然存在漏洞，例如客户端卸载后重新安装、以他人身份注册进行直播、账号信息不匹配等。这些问题对短视频平台的青少年模式提出了新要求。短视频平台的监管依然存在盲区，据不完全统计，全国 50 多家短视频平台并没有全面提供青少年模式，全国 500 多个网络直播客户端也只有十分之一左右提供青少年模式。①

短视频对青少年危害表现为使用短视频上瘾沉迷等，而老年群体则表现为媒介接触困境造成的虚假信息、网络谣言、广告诈骗等陷阱，特别是短视频领域，快手等头部平台的老年用户群体比例大，如何帮助老年群体避免在媒介接触过程中产生负面效应已经是我们网络空间治理中不可回避的问题。2020 年《国务院办公厅印发关于切实解决老年人运用智能技术困难实施方案的通知》提出要推进互联网应用适老化改造，鼓励企业提供相关应用的“关怀模式”“长辈模式”。② 未来短视频平台也需要在“内容适老化”“技术适老化”“模式适老化”等方面做出改革，避免老年群体在利用短视频等新兴媒介手段的过程中掉入网络“陷阱”。

（四）出海困局与资本卷入

加速入局短视频“战场”，已经是中外众多媒体战略布局的必选项，但面对 YouTube、Facebook、Instagram、Twitter 以及 Snapchat 等国外本土化平台的冲击，国内短视频两大巨头——TikTok、Kwai 出海也不断遭遇困境。2020 年，短视频出海遇到了多重威胁，特别是 TikTok 屡遭海外市场禁用。6—10 月，先后有美国、日本等国家以各种理由建议或宣布其国内用户禁用 TikTok。短视频平台的出海不仅需要考虑国际关系、技术要素和海外竞争对手的威胁，所在国的政策监管、市场竞争、文化基因、用户需求等多方面问题都会成为短视频平台出海的阻力因素。

在资本运作方面，2021 年 2 月快手成功在香港交易所挂牌上市，成为中国短视频第一股，市值超过京东，仅次于腾讯、阿里、美团和拼多多成为中国第五大互联网公司。在迈入资本运营的快车道后，如何实现变现能

① 《胡正荣专栏丨“青少年模式”有必要在网络平台强制推行》，2021 年 6 月 1 日，“视听广电”微信公众号，https://mp.weixin.qq.com/s/dzNQcy0NIZyylMDDzO1eSg。

② 《国务院办公厅印发关于切实解决老年人运用智能技术困难实施方案的通知》，2020 年 11 月 24 日，中国政府网，http://www.gov.cn/zhengce/content/2020-11/24/content_5563804.htm。

力的提升是短视频平台的重要方向。以资本化运营为支撑，快手的商业规模将不断扩大，但资本逻辑的力量不容小觑，资本逻辑关联下的短视频生产，其内容创作走向如何避免过度娱乐化和产品化将是快手面临的问题。虽然短视频的崛起离不开产业资本的运作，但抖音、快手等短视频平台同样需要以传播主流价值作为立足点，因为短视频行业作为传媒行业的重要分支，在商业化、资本化运作的同时需要兼顾社会效益，未来短视频平台如何权衡资本逻辑与主流价值是行业面临的难点。

四　短视频发展的未来趋势及对策建议

短视频入局塑造了媒体深度融合的新型生态结构，短视频以移动化、视频化的特征，以内容和平台建设突破了机构与行业边界，下沉化趋势将重塑媒体与受众之间的连接，强化平台与用户之间的互动。在5G与人工智能的深度嵌入下，短视频的智能化发展与服务化功能将进一步凸显，移动短视频驱动下的传媒与社会关系也将发生变化。

（一）视频化：回归内容属性，强化价值传播

短视频发展到今天，视频化已经成为媒介传播的不可忽视的力量。[①] 从媒介属性而言，短视频由于其内容特征的视频化，在媒体深度融合中抢占了发展先机。未来，短视频发展要回归内容价值，用户的多样化需求与平台的正确引导紧密相关，传媒行业始终应该强化内容导向，而短视频也应该从娱乐、社交、消费等逐步转向新闻资讯、生活服务、文化传承等参与社会建构的轨道上。从社交属性过渡到内容属性，作为一种媒介形态和媒体创新形式，其核心要素仍然是视频，而视频不但是传统媒体视听传播的主要形式，也是媒体深度融合中的网络视听新业态。

从主流媒体与短视频平台的区别上看，主流媒体“强化内容”，短视频平台“强化运营”，但二者并不冲突，未来应该深化和拓展“内容＋运营”的融合互动模式，实现短视频媒体化与短视频新闻化。据腾讯新闻企鹅智库的调研数据，在众多内容类型的短视频中，知识科普（79.7%）和

① 黄楚新、吴梦瑶：《中国移动短视频发展现状及趋势》，《出版发行研究》2020年第7期。

新闻资讯（77.3%）两类短视频用户的收获感显著高于娱乐幽默类（50.7%）短视频。[①] 未来，短视频平台与主流媒体的融合互动将更加全面，特别是在短视频内容从“泛娱乐化”转向“泛内容化”“泛知识化”，短视频行业应该采取“PGC + UGC”相结合的内容生产模式，充分发挥主流媒体与短视频平台的各自优势，拓宽短视频内容生产的结构布局与辐射范围，打造全新的内容生态体系。

（二）智能化：突出技术引领，提高智能水平

短视频的兴起得益于智能手机等终端设备的更新迭代、5G 网络的普及以及人工智能技术对传媒行业的赋能，“人工智能 + 短视频”将持续深化。当前，抖音的算法分发与快手的 AI 技术已经逐渐成熟。抖音的智能化发展体现在产品形态迭代更新较快、各类应用创新频出，超级算法机制精准分析用户习惯，传播精准、到位。快手在内容生产上以人脸识别、音乐识别、语音转化等进行多模态分类，其中“快手时光机”等小应用的背后是 AR、AI 等技术的深度开发，AI 技术已经贯穿了快手的内容生产、审核、分发与消费全链条。

“5G + AI”技术发展的趋势将进一步推动短视频与直播的融合发展，直播将成为短视频平台的标配和“承重墙”。[②] 5G 将催生互动视频、VR/AR 等沉浸式视频，移动化、场景式体验逐渐增强，“直播 + ”日益嵌入社会生活；人工智能将推动短视频行业的算法推送更加精准完善，长短视频的融合发展也将推进视频内容的智能化与协同化生产，短视频内容审核将更加规范；区块链技术基于共享特征和版权保护，将推进短视频的版权保护模式创新。强化技术支撑的短视频行业，一方面我们要创新内容表达，提高传播效果；另一方面要加强内容监管，完善把关机制，营造短视频发展的规范化、科学化，不断完善短视频评价体系，建构短视频技术体系，进而实现短视频行业的智能生态。

---

① 《内容生态的再次进化：数字内容产业趋势报告（2020—2021）》，2020 年 12 月 3 日，腾讯网，https://new.qq.com/omn/20201203/20201203A09A9U00.html。

② 喻国明：《洞察中国视频产业的未来发展：机遇、挑战与对策》，《新闻与写作》2021 年第 7 期。

（三）下沉化：注重需求导向，推进消费升级

随着短视频不断嵌入社会生活，垂直、下沉、细分将成为未来短视频行业推进内容消费的重要趋势。MobTech 大数据调查研判，短视频行业下沉用户规模近4亿人，在全网下沉用户中占比接近60%，未来仍将有近3亿的用户增长空间。[①]

2020年，短视频用户结构中的城市分布中，三、四、五线城市的短视频用户占比总计58.8%，且呈增长趋势。特别是快手的用户构成中，其三线及以下城市的用户群体比例高达63.9%。[②] 可见，短视频行业的下沉市场仍然具有很大的深耕和挖掘空间，这为短视频平台未来的发展战略调整提供了契机。

短视频下沉化需要重视的是多层次用户群体的使用需求。当下，Z世代作为数字网络技术的原住民，已经成为短视频等底层应用的重要群体。2019年，国外一项关于YouTube的调查显示，Z世代使用移动设备的主要目的就是观看视频，近一半的Z世代每天都要花费近三个小时的时间观看YouTube或其他平台的视频。[③] 从短视频消费升级的角度看，电竞、二次元、国风、颜值主体、养生、趣味等Z世代热衷的内容正与短视频平台的内容传播相契合，短视频平台未来盈利模式的优化将受到Z世代的亚文化圈层的带动和影响。

同时，短视频存量时代与银发时代的叠加效应，使得老年人群体的短视频市场迎来了增量时代。据有关调研数据，2020年我国银发网民（60+）的增速达到64.3%，超过了2019年的39.9%，并且远超网民整体的增长速度。[④] 银发时代对于网络应用、短视频行业的内容消费与用户

---

① 《2020中国短视频行业洞察报告》，2020年10月27日，Mob研究院，https://www.mob.com/mobdata/report/114。

② 《2020中国短视频行业洞察报告》，2020年10月27日，Mob研究院，https://www.mob.com/mobdata/report/114。

③ Katherine Hays, "Creative, Short-form Video: The Secret Weapon in Getting Gen Z on Board with Your Brand", January 30, 2019, https://martech.org/creative-short-form-video-the-secret-weapon-in-getting-gen-z-on-board-with-your-brand.

④ 《内容生态的再次进化：数字内容产业趋势报告（2020—2021）》，2020年12月3日，腾讯网，https://new.qq.com/omn/20201203/20201203A09A9U00.html。

群体变迁将有很高的市场潜力和未来空间。随着短视频下沉市场渗透，二、三线及以下城市老年短视频用户将持续扩大，且短视频在老年人群体中的渗透率也将不断提升，“北海爷爷”“罗姑婆”“我是田姥姥”等银发网红的发展也将伴随直播、带货、MCN 机构进入挖掘培养等商业化运作阶段，这也将成为短视频平台内容消费与产品营销的强势力量。

（四）媒介化：联通社会资源，拓展功能服务

“短视频＋”将持续创造新动能，一方面是短视频的多元化内容，另一方面是短视频与多领域交叉渗透、跨界融合，＋电商、＋音乐、＋教育、＋游戏、＋扶贫、＋文旅……短视频正在成为社会产业发展的新生动力。媒介化体现的是短视频的形态将不断创新、服务将实现升级、功能将不断调整，短视频平台在直播电商、在线教育、生活服务、休闲娱乐、知识传播与内容付费等模式的带动下，将更加嵌入社会生活与产业结构，短视频未来将更具连接性和中介性，融合消解更多产业边界，连接赋能更多行业发展。

短视频行业发展有头部平台资本、技术、流量的引流，未来是向着纯商业的方向发展还是向着传媒业转型，关乎国家媒体深度融合的整体布局。短视频行业因其内容与形式的媒体化代表着新媒体的发展方向，但其战略与运营的平台化又代表着资本追逐的倾向。未来的短视频行业发展，应该实现政策规范引导、媒体与平台融合互动、助力媒体深度融合，在商业化运营、主流化价值与底层化表达的过程中推进传媒产业创新，探索一种“泛媒介化”的发展路径。

参考文献

《2020 抖音数据报告（完整版）》，2021 年 1 月 5 日，抖音 App 微信公众号，https://mp.weixin.qq.com/s/w7MJ1XBVT85ECdx0n3HkOQ。

《2020 短视频用户价值研究报告》，2020 年 9 月 8 日，中国广视索福瑞媒介研究（CSM），https://www.csm.com.cn/yjdc/。

《2020 中国短视频行业洞察报告》，2020 年 10 月 27 日，Mob 研究院，https://www.mob.com/mobdata/report/114。

《2020 中国网络视听发展研究报告》，2020 年 10 月 12 日，中国网络视听节目服务协会，http://www.cnsa.cn/home/industry/industry_week.html。

《2021 抖音五一数据报告》，2021 年 5 月 6 日，抖音 APP 微信公众号，https://mp.weixin.qq.com/s/Xp90jSSI_ETQgSoZxs0IpQ。

《2021 年中国短视频版权保护白皮书》，2021 年 5 月 18 日，12426 版权监测中心微信公众号，https://mp.weixin.qq.com/s/OaQ8E4QkUB9ALa3rrOfvLQ。

《变与不变：2020 年中国短视频 + 教育发展展望》，2020 年 6 月 9 日，艾瑞网，http://report.iresearch.cn/report/202006/3586.shtml。

《第 48 次〈中国互联网络发展状况统计报告〉》，2021 年 9 月 15 日，中国互联网络信息中心（CNNIC），http://www.cnnic.net.cn/hlwfzyj/hlwxzbg/hlwtjbg/202109/P020210915523670981527.pdf。

《抖音“非遗合伙人”计划已助力 5 位传承人年收入超百万元》，2020 年 6 月 12 日，DoNews，https://www.donews.com/news/detail/2/3098763.html。

《国务院办公厅印发关于切实解决老年人运用智能技术困难实施方案的通知》，2020 年 11 月 24 日，中国政府网，http://www.gov.cn/zhengce/content/2020-11/24/content_5563804.htm。

胡钰、王嘉婧：《中国新媒体发展：特征、趋势与调整》，《中国编辑》2021 年第 3 期。

《胡正荣专栏 | “青少年模式”有必要在网络平台强制推行》，2021 年 6 月 1 日，“视听广电”微信公众号，https://mp.weixin.qq.com/s/dzNQcy0NIZyylMDDzO1eSg。

黄楚新、吴梦瑶：《中国移动短视频发展现状及趋势》，《出版发行研究》2020 年第 7 期。

黄楚新、许可：《2020 年中国媒体融合发展报告》，载唐绪军、黄楚新主编《新媒体蓝皮书：中国新媒体发展报告 No. 12（2021）》，社会科学文献出版社 2021 年版。

《激发 340 万 + 老铁们热情，快手推 City Koliday 城市营销 IP 探索商业化又一种可能》，2020 年 5 月 14 日，Morketing，https://www.morketing.

com/detail/14038。

《内容生态的再次进化：数字内容产业趋势报告（2020—2021）》，2020 年 12 月 3 日，腾讯网，https://new. qq. com/omn/20201203/20201203A09A9U00. html。

《“双 11”消费维权舆情分析报告》，2020 年 11 月 20 日，中国消费者协会，http://m. cca. cn/zxsd/detail/29854. html。

孙玮：《我拍故我在　我们打卡故城市在——短视频：赛博城市的大众影像实践》，《国际新闻界》2020 年第 6 期。

吴锋、宋帅华：《井喷增长、场景多元、分层传播：2020 年短视频行业发展特征及趋势前瞻》，《编辑之友》2021 年第 2 期。

徐婧、汪甜甜：《“快手”中的乡土中国：乡村青年的媒介呈现与生活展演》，《新闻与传播评论》2021 年第 2 期。

于煊：《2020 年中国移动短视频发展报告》，载唐绪军、黄楚新主编《新媒体蓝皮书：中国新媒体发展报告 No. 12（2021）》，社会科学文献出版社 2021 年版。

喻国明：《洞察中国视频产业的未来发展：机遇、挑战与对策》，《新闻与写作》2021 年第 7 期。

张志安、姚尧：《重大公共事件报道与传播视觉化探索——2020 中国新闻业年度观察报告》，《新闻界》2021 年第 1 期。

Katherine Hays, “Creative, Short-form Video: The Secret Weapon in Getting Gen Z on Board with Your Brand”, January 30, 2019, https://martech.org/creative-short-form-video-the-secret-weapon-in-getting-gen-z-on-board-with-your-brand.

T.5 中国媒体融合发展报告*

蒲　平**

摘　要： 2020年6月30日，中央全面深化改革委员会第十四次会议审议通过《关于加快推进媒体深度融合发展的指导意见》，再次强调要推动我国媒体融合进程向纵深发展，打造一批具有强大影响力和竞争力的新型主流媒体。本报告耙梳了2020年至2021年上半年中国国内关于媒体融合及其相关比较有代表性的观点。研究发现，目前国内研究者以媒介融合政策为导向，围绕互联网"下半场"带给媒体融合建设的机遇与挑战，进行反思与总结。研究发现，当前我国国内的媒体融合研究聚焦新技术推动的智能转向，探讨媒体融合中关系重建，探索媒体深度融合与社会治理的有机结合及县级融媒体中心建设的转场，全媒体传播格局的构建以及新型主流媒体的建设等方面，总结并反思当前我国媒介融合进程中存在瓶颈及问题，提出应对之策。

关键词： 媒体深度融合；全媒体传播格局；参与式治理；县级融媒体中心；新型主流媒体

2020年6月30日，中央全面深化改革委员会第十四次会议审议通过《关于加快推进媒体深度融合发展的指导意见》（以下简称《指导意见》），再次强调要推动我国媒体融合进程向纵深发展，打造一批具有强大影响力和竞争力的新型主流媒体。9月，中共中央办公厅、国务院办公厅联合印发《关于加快推进媒体深度融合发展的意见》，形成了包含重要意义、目标任务

---

* 本报告为国家社科基金重大项目"融媒体环境下互联网平台型企业现代治理模式研究"（项目批准号：20&ZD321）的阶段性成果。

** 蒲平，新闻学博士，浙江传媒学院新闻与传播学院讲师，目前研究方向为网络社会学、网络舆论及其治理、网络新生代专题等。

和工作原则等三个方面的具体实施方案，成为媒体深度融合发展的行动指南。从中央发布的一系列政策文件可以看出，媒体融合已经超越传媒行业本身，更是推进国家治理体系和治理能力现代化重要的一极。对媒体融合而言，《指导意见》为媒体融合指明了方向与道路，需要重新审视当前正在进行的媒体融合工作，重新梳理新技术介入后的新传播生态下社会、人、媒体之间的关系。

一　媒体融合发展现状

自2005年开始，媒体融合的相关研究就已经出现，而此类研究多以“政策环境和技术环境为主要导向”,[①] 转折出现在2014年中央下发的《关于推动传统媒体和新兴媒体融合发展的指导意见》，自此以后，从发文量、研究范式、研究视角、研究方法等方面表现出与此前不同的学术生态图景。

（一）现状呈现：媒体融合的智能转向

人工智能技术的发展助力新型主流媒体智能内容生产平台的发展，借助人工智能技术，媒体搭建出多元的平台，媒体的平台化成为一个趋势，媒体融合内容生产方面呈现出智能内容生产现象。“2020年媒体先后推出5G+4K/8K高清呈现、‘智能云剪辑’、‘5G+AI’报道、3D‘新小微’、区块链新闻编辑部等新模式。”[②] 刘霞从技术引擎与算法优化双重视角分析智能内容生产现象，并提出“‘人工智能+媒介’技术下推动媒介深度融合，媒介智能融合成为媒介深度融合的高级阶段”。[③] 媒介智能内容生产的智能传播具体特征表现为智能化、平台化、场景化等主要特征。

段鹏、文喆、徐煜等以5G通信技术为切入点，在技术变革的视角下探究技术变革如何引导融媒体的智能转向，并对技术变革进行价值分析与思考，提出需要“重构与反思传播环境，技术的返魅与身体的回归，媒介

① 王菲、樊向宇：《回顾与反思：中国媒体融合研究十五年（2005—2019）》，《当代传播》2020年第5期。

② 黄楚新、许可：《2021传媒业：破局突围　智慧发展》，《中国报业》2021年第9期。

③ 刘霞：《机器智能生产：媒介智能融合的溯源、特征与伦理挑战》，《中国广播电视学刊》2021年第5期。

技术的发展实现了人身体的回归，同时也将传播研究的视野聚焦到了身体，重新部落化与社会记忆”。①

李华、范以锦通过发生学的视角对比分析人类智能和人工智能的差异和优劣，从而演绎推导出人机融合智能的可能，“人机融合的纵深发展则进入脑脑交互，意味着新一代交互模式——脑联网的出现，人机融合智能可能成为一种新型的人际信息交互媒介”。②

胡兵聚焦广电行业媒介深度融合过程，以区块链技术为视角，提出“视频行业区块基础链的设计思路以及家庭智能网的应用场景，为后续的系统开发者拓展思路提供参考”。③

（二）反思现状：从技术到重建关系

2020 年之前，借助新技术的赋能，特别是 5G、人工智能、区块链技术的推动，媒体融合持续深入发展，“传统新闻业在自我革新中实现新发展”。④ 2020 年，随着中央提出“推进媒体深度融合”，学界、业界开始反思传统新闻业与技术简单融合的模式，并开始重视“媒介化”的问题，以此探索在新技术建构的媒体生态中的各种关系，试图重建媒体与人、媒体与社会的关系，以此推动媒体深度融合。

“媒介化”，最早由戴维·波特和理查德·格鲁斯提出，指的是“如果一个媒介在自身范围内封闭发展，最终会导致慢慢僵化。但通过再媒介化就可以让原有的媒介从其他媒介借用资源和灵感，使原有媒介获得新的意义”。⑤ 克劳斯·布鲁恩·延森（Klaus Bruhn Jensen）在此基础上提出了“再媒介化”⑥ 的概念。沈维梅在分析今日头条等商业媒体平台成功扩张的模

① 段鹏、文喆、徐煜：《技术变革视角下 5G 融媒体的智能转向与价值思考》，《现代传播》（中国传媒大学学报）2020 年第 2 期。

② 李华、范以锦：《人机融合智能：一种新型智能网络和可能的信息交互媒介》，《当代传播》2021 年第 3 期。

③ 胡兵：《媒体深度融合之路：区块视频链的建构与应用》，《当代传播》2020 年第 4 期。

④ 甘险峰、郭洁：《5G 与人工智能技术赋能下媒体融合的新发展——2019 年中国新闻业事件回顾》，《编辑之友》2020 年第 2 期。

⑤ J. D. Bolter, R. Grusin, *Remediation: Understanding New Media*, Cambridge: The MIT Press, 1999, pp. 53 –56.

⑥ ［丹］克劳斯·布鲁恩·延森：《媒介融合：网络传播、大众传播和人际传播的三重维度》，刘君译，复旦大学出版社 2012 年版，第 96 页。

式后，提出“主流媒体再媒介化”，① 重构新“联结”的路径，以打通或建构用户在网络空间中的多元社会互动关系，把握舆论战场上的主动权。

喻国明认为，互联网进入“下半场”，社会媒介化进程加快。未来的媒体深度融合，更大程度上是在社会“媒介化”的进程中发挥媒体在激活、连接和整合各种社会要素、商业要素、文化要素的功能。贯通圈层的横向价值创新已成为未来传媒生存与发展主要方式。②

王菲、樊向宇回顾与反思从 2005 年至 2019 年的中国媒体融合进程，提出需要区分“新闻业务的媒体融合”与“媒体的媒体融合”，需要探索媒体产业链各个环节、各个领域，“放眼于由电信业、互联网业、企业交融而形成的‘大媒体’产业”，人与机器的融合是媒介融合的新阶段，目前的研究开始关注机器的人工智能化，未来要探讨技术与人的具身关系，以“人”为中心的技术与人的融合。③

曾白凌关注到技术的偏向，认为“媒介的偏向深层地影响着政治、社会、文化变迁与融合”，媒介融合的实质是由媒介所勾连、影响、作用的人、社会关系、文化内涵发生变化，最终形成新的人的关系。信息传播从大众传媒时代的国家与社会的“二人转”，变为国家、社会、个人的“三重奏”。④

唐怡对现象级传播的形成规律进行总结，提出了三种现象级传播形成规律的模型，并着重探讨“现象级”传播过程中大众的参与方式以及起到的作用，从而（修改意见）提出“全媒体时代主流媒体如何走好‘群众路线’及打造‘现象级’传播”。⑤

（三）媒体深度融合：与社会治理的有机结合

2020 年，国家从政策层面确定媒体融合工作的总体要求，即媒体的深

① 沈维梅：《从商业媒体平台之扩张谈主流媒体新型传播平台的打造》，《科技与出版》2021 年第 4 期。

② 喻国明：《谁掌握圈层，谁就掌握传播驱动的主控权——兼论破圈能力是主流媒体实现价值传播的关键》，《现代视听》2021 年第 3 期。

③ 王菲、樊向宇：《回顾与反思：中国媒体融合研究十五年（2005—2019）》，《当代传播》2020 年第 5 期。

④ 曾白凌：《论传统媒体融合的边界、偏向与在场》，《现代出版》2020 年第 2 期。

⑤ 唐怡：《全媒体时代如何走好“群众路线”——“现象级”传播过程中的大众参与》，《新闻与写作》2021 年第 3 期。

度融合如何推进。研究者从不同视阈进行推进，探索媒体融合在深水期的破解之道。

胡翼青、谌知翼在对《关于加快推进媒体深度融合发展的意见》进行解读的基础上提出对于媒体融合再出发的两点思考：传统媒体的再定位——增加传统媒体作为平台媒体把关人的角色；媒体融合改革的再深化——融媒体建设从“窄融合”走向“宽融合”。①

曾祥敏、杨丽萍通过分析三大中央级媒体、代表性的市场化媒体、特色化的县级融媒体，研究其核心竞争力塑造和差异化战略，发现竞争性媒体要真正围绕获得用户、服务用户的发展方向，以“合”为目的，“分”为策略，建构核心优质内容和服务，形成差异化竞争和发展，塑造专业化生产能力，达到分众化、小众化的精准传播效果，从而扩大主流价值影响力版图，真正迎来主流媒体的新时代。②

黄楚新等提出当前媒体深度融合发展的重要任务是新型主流媒体的建设，“需要从深度、跨界和创新三个方面，进一步建构强大影响力和竞争力的新型主流媒体”。③ 新型主流媒体作为社会主义文化的重要组成部分，在国家治理体系和治理能力现代化中的关键地位越发凸显。作为社会治理的重要组成部分，基层社会治理现代化是国家治理现代化的集中体现，如何发挥媒体在基层社会治理现代化中的作用成为研究者关注的焦点。丁和根提出，“传统媒体与新媒体可以形成基层社会治理的合力，但新媒体发挥着越来越重要的作用，因而需要通过媒体融合加快新型主流媒体建设，使县级融媒体这样的新型传播平台成为基层社会治理中的主导性媒体力量”。④ 陈然通过从媒体融合创新社会治理的理论渊源以及转型期中国社会治理的现实困境入手，探讨媒体融合创新社会治理的逻辑进路，“依循引导群众、服务群众和沟通群众的功能逻辑，媒体深度融合将在舆论生态建

① 胡翼青、谌知翼：《媒体融合再出发：解读〈关于加快推进媒体深度融合发展的意见〉》，《中国编辑》2021 年第 1 期。

② 曾祥敏、杨丽萍：《论媒体融合纵深发展 “合”的本质与“分”的策略——差异化竞争、专业化生产、分众化传播》，《现代出版》2020 年第 4 期。

③ 黄楚新、曹曦予：《论深度融合背景下新型主流媒体建构》，《中国出版》2021 年第 5 期。

④ 丁和根：《媒体介入基层社会治理的现状、角色与维度》，《新闻与写作》2021 年第 5 期。

设、智慧服务创新和基层社会治理等领域发挥独特作用”。①

严三九、邹阳阳认为，未来的媒体融合将会是一种社会深度参与的“大融合”，以“社会治理”为研究视角，探讨了“数字出版以社会治理共同体为功能拓展维度参与社会治理的可行性，并从价值引领、内容拓展、服务延伸和情感驱动四个方面对数字出版基于社会治理的转型发展路径进行了深入分析”。②

涂有权提出在媒体深度融合过程需要强化六种新型关系，即，“责任内融化与传播高地化、媒体功能化与接口泛在化、内容精品化与产品市场化、资源平台化与效益最大化、创新体系化与管理动态化、价值聚众化与流量私域化”。③

（四）实施抓手：县级融媒体中心的转场

自2018年以来，全国开展了县级融媒体中心建设，2020年年底基本实现全国县级融媒体中心建设的全覆盖。针对当前已经完成建设的县级融媒体中心，研究者在审视已有成绩的同时，思考目前存在的问题以及下一步县级融媒体中心建设如何推进，如何发挥县级融媒体中心参与基层社会治理。

李文冰、吴莎琪认为，“县级融媒体中心功能定位已转型为融合信息传播、基层治理与公共服务于一体的社会治理整合功能。从建设实践看，当前我国县级融媒体中心出现了‘机制改革主导型’‘内容创新主导型’‘服务主导型’‘复合型’四种建设模式。因此，其建设需因地制宜，遵循分级进阶的逻辑进路向纵深推进”。④

曾培伦、毛天婵从国家治理理论出发，引入“央地关系”，提出“媒体融合不仅仅是某一行政区域内‘横向’的资源整合与调适，更是从中央到地方‘纵向’的技术指标与实践的耦合过程。这种耦合过程存在的技术

---

① 陈然：《媒体融合创新社会治理的理论渊源与逻辑进路》，《青年记者》2021年第7期。

② 严三九、邹阳阳：《媒体深度融合视域下数字出版发展路径探析——基于社会治理视角》，《中国编辑》2021年第5期。

③ 涂有权：《媒体深度融合需要强化六种新型关系》，《中国广播电视学刊》2021年第5期。

④ 李文冰、吴莎琪：《社会治理视阈下县级融媒体中心建设：功能定位与实践逻辑》，《现代传播》（中国传媒大学学报）2021年第5期。

刚性与技术变形的隐忧，也警示我们需要以治理目标为导向构建县级融媒体中心的评判体系”。①

2020年年初，在新冠肺炎疫情防控过程中，县级融媒体中心作为政府和基层群众联系的“最后一公里”，在“巩固主流媒体的公信力、发挥基层宣传的民间智慧、畅通信息并及时辟谣”② 等方面发挥了重要的作用。当前，县级融媒体中心在打造“本土化信息枢纽”“发力综合服务和政务服务”“探索县域融媒新模式”方面取得了一定的成绩，摸索出了“长兴模式”“邳州模式”，形成了“玉门”经验。

当前，借助5G技术的加持，我国县级融媒体中心的建设呈现出跨域式的大发展，“通过对人、钱、内容的不断整合、融合，优化媒体资源，建设高标准融媒体平台，服务地方经济社会发展”。③ 如何用好这些人、钱以及本地化的内容，成为县级融媒体建设“下半场”需要考虑的问题，2020年10月审议通过的《中共中央关于制定国民经济和社会发展第十四个五年规划和二〇三五年远景目标的建议》，将“建强用好县级融媒体中心”纳入做强新型主流媒体的重要目标，从政策导向上进一步明确了县级融媒体中心未来的建设和目标。

结合国家顶层设计要求和具体实践经验，聚焦新时代县级融媒体中心的核心功能，马俊认为，县级融媒体中心的核心功能定位为舆论引导和公共服务，既符合县级媒体发展的历史经验，又切合民众的实际需求。“舆论引导是魂、是目标，是对历史的继承；公共服务是根、是支撑，是基于现实的创新。”④

县级融媒体中心从“建强”到“用好”，也可以说是“2.0版的县级融媒体中心建设”，其定位要提升至“国家治理体系与治理能力现代化”的高度，需要从“自主平台建设、中心定位、功能聚合和数据生产等方面

① 曾培伦、毛天婵：《技术装置“多棱镜”：国家治理视阈下的县级融媒体中心建设研究——基于71篇县级融媒体中心挂牌新闻的分析》，《新闻记者》2020年第6期。

② 黄楚新、刘美忆：《2020年县级融媒体中心建设现状、问题及趋势》，《新闻与写作》2021年第1期。

③ 訾谦：《“融”人“融”钱“融”内容　合力构建县区融媒体平台——我国部分县区融媒体中心典型案例分析》，《新闻爱好者》2021第4期。

④ 马俊：《继承与创新：县级融媒体中心核心功能的新思维》，《当代传播》2020年第4期。

检验建设效果”。[1] 张克旭等通过对上海8个区级融媒体中心的实地调研，提出“县级融媒体中心需要对接国家治理战略，政务与服务前置，融入地方治理平台，需要进行体制‘微创新’，加入市场化动力，解决‘造血’功能问题”。[2]

（五）保障措施：媒介化社会的全媒体人才培养

习近平总书记指出，媒体竞争关键是人才竞争，媒体优势核心是人才优势。[3] 作为媒体深度融合的实施者和推动者，全媒体人才的能力与素质直接关系和影响到媒体深度融合的推进。如何培养媒体深度融合的全媒体人才，成为学界、业界探讨的问题。

2020年，教育部高等教育司与教育部新文科建设工作组发布了《新文科建设宣言》，这也显示出技术革新与政策支持给传媒人才培养带来新的机遇。互联网技术迭代发展形成的“媒介化社会”是全媒体人才培养要充分考量的教育生态环境。“媒介化社会的一个重要特征，就是媒介影响力对社会的全方位渗透，在真实世界之外，媒介营造出一个虚拟的无限扩张的媒介世界，人们通过媒介来获取对世界的认知。”[4] 杨柳等提出构建“‘三位一体’核心素养能力培养机制、创新性打造‘多维融合’实践教学模式、构建全媒体人才培养过程考核与效果反馈机制、多渠道开拓全媒体人才国际视野等路径”。[5] 程曼丽结合《新文科建设宣言》，从理论体系、课程体系、师资队伍、评价体系四个方面探讨了新文科背景下如何开展中国特色新闻传播教育。[6]

随着媒介化社会的来临，以及媒体深度融合对传媒人才要求的提高，

---

① 胡正荣：《打造2.0版的县级融媒体中心》，《新闻界》2020年第1期。

② 张克旭、赵士林、邓江：《国家战略的地方路径：区县融媒体中心建设的上海探索——基于上海8个区级融媒体中心的实地调研与问卷调查》，《新闻记者》2020年第6期。

③ 《习近平在党的新闻舆论工作座谈会上强调　坚持正确方向创新方法手段　提高新闻舆论传播力引导力》，《人民日报》2016年2月20日第1版。

④ 孟建、赵元珂：《媒介融合：粘聚并造就新型的媒介化社会》，《国际新闻界》2006年第7期。

⑤ 杨柳、吕旦容：《媒体深度融合背景下全媒体人才培养研究》，《中国编辑》2021年第5期。

⑥ 程曼丽：《新文科背景下的新闻传播教育》，《中国编辑》2021年第2期。

倒逼传媒教育院校需要转变传统的传媒人才培养模式，以期适应媒体深度融合的需要，“将理论与实践、理念与路径相融合，以社会责任为导向，以通识教育为基础，以文化自觉为依托，以科学技术为支撑，推进高校教育学科架构、师资队伍、课程体系、教学平台等方面的改革，构建一个全媒体复合型人才培养体系”。[①]

陈欣注意到当前讲好中国故事中国际传播人才思辨能力不足，提出在课程（修改意见）教学模式改革实践中，“采用内容依托和任务型教学方法，融合语言和思辨教学，同步提高学生的语言能力和思辨能力”。[②]

周勇、郝君怡以中国人民大学新闻学院的人才培养实践为例，提出技能、知识、德性“三位一体”的全媒体人才培养模式，并探索出一条以学术研究带动人才培养的中国特色新闻传播学体系构建路径。[③]

（六）目标实现：全媒体传播体系的构建

2020 年 9 月，中共中央办公厅、国务院办公厅印发《关于加快推进媒体深度融合发展的意见》，从重要意义、目标任务、工作原则三个方面明确了媒体深度融合发展的总体要求，要求深刻认识全媒体时代推进这项工作的重要性、紧迫性。[④] 2020 年 11 月，国家广播电视总局印发《关于加快推进广播电视媒体深度融合发展的意见》（以下简称《意见》）的通知。《意见》提到，推动全媒体时代媒体深度融合，事关广播电视高质量创新性发展，事关壮大主流舆论，事关国家长治久安。[⑤]

胡正荣等认为，媒体深度融合将会使得社会中的媒介朝向媒介中的社会转型。媒体融合再出发，完善四级融合新发展格局、助力参与社会治理、构

---

① 尤可可、崔林：《媒体深度融合背景下全媒体人才的培养理念及路径研究》，《出版广角》2021 年第 6 期。

② 陈欣：《媒体融合时代国际传播人才的思辨能力培养》，《中国广播电视学刊》2021 年第 5 期。

③ 周勇、郝君怡：《全媒体时代的卓越新闻传播人才培养》，《出版广角》2021 年第 7 期。

④ 《中共中央办公厅　国务院办公厅印发〈关于加快推进媒体深度融合发展的意见〉》，2020 年 9 月 26 日，中国政府网，http://www.gov.cn/zhengce/2020-09/26/content_5547310.htm。

⑤ 《国家广播电视总局印发〈关于加快推进广播电视媒体深度融合发展的意见〉的通知》，2020 年 11 月 26 日，国家广电总局，http://www.nrta.gov.cn/art/2020/11/26/art_113_53991.html。

建新型运营模式、服务全媒体人才培养需求，主流媒体将朝着“以内容建设为根本、先进技术为支撑、创新管理为保障的全媒体传播体系进一步迈进”。[①] 实现在信息传播与社会治理等多个层面的多元融合，连接并打通节点，打造覆盖全社会、聚合全功能、惠及全用户的全媒体传播体系。

张欣宇、周荣庭从国家的现实需求出发，以全媒体观念的产生背景为缘起，对全媒体观念的概念及范畴加以探析，提出“全媒体观念是对全媒体传播的感受力、观察力、判断力及构想力的综合性呈现，是一种全新的新闻生产与传播观念，是推动媒体融合一体化的综合反映”。[②]

全媒体传播体系，是一个有别于过去的全新新闻生态，其观念的认知、概念的界定、功能的认定都与全媒体时代内容生产与传播模式相对应。“全媒体观念”是一种媒体观念与认知能力，属于媒体素养的研究范畴。“全媒体观念不断随着实践而丰富发展，具有鲜明的中国特色，是多层次、全方位反映人与全媒体关系的内容体系。”[③] 宋建武、乔羽提出，“全媒体传播体系的功能创新主要体现在‘服务人民、服务群众’，也就是提供以公共信息为主的各种信息服务，严格来说是不同范围、不同概念的服务。从数字化到数据化是全媒体的技术逻辑及其解决方案”。[④] 李华君、涂文佳认为，“在5G技术及其应用的发展趋势下，打造技术平台、构建互联系统、激活市场环境、培育舆论生态，是实现传媒产业转型的重要路径，也是发展全媒体传播格局的关键”。[⑤]

徐敬宏、侯彤童在回顾我们媒体融合的历程并总结“十三五”时期媒体融合的特征后，认为“十四五”时期走向全媒体传播体系的媒体融合将呈现四个特点：一是推进媒体深度融合；二是加强全媒体传播工程的设施；三是继续做强新型主流媒体；四是用好县级融媒体中心。[⑥]

---

① 胡正荣、蒋东旭：《全媒体传播体系与四级融合新发展格局》，《中国编辑》2021年第5期。

② 张欣宇、周荣庭：《全媒体观念的产生、概念与特征》，《出版发行研究》2021年第4期。

③ 张欣宇、周荣庭：《全媒体观念的产生、概念与特征》，《出版发行研究》2021年第4期。

④ 宋建武、乔羽：《全媒体传播体系的功能、结构与技术支撑》，《传媒》2020年第21期。

⑤ 李华君、涂文佳：《5G时代全媒体传播的价值嬗变、关系结构与路径探析》，《现代传播》（中国传媒大学学报）2020年第4期。

⑥ 徐敬宏、侯彤童：《从现代传媒体系到全媒体传播体系——“十三五”时期的媒体深度融合之路》，《编辑之友》2021年第1期。

二　媒体融合的困境与问题

（一）技术导向下的单向融合困境

回顾媒介融合工作推进的这些年，尽管媒体在内容、渠道、组织、经营模式、效果等方面都进行了有益的尝试，也取得了一定的成绩，但是仍然存在一系列的困境，主要缘由在于过分倚重技术，形成了技术导向的单向融合。周传虎、倪万反思当前我国媒介融合的“融而不合”的现实困境后，认为“我国媒介融合是一种以技术为中心的单向融合，忽略了其他维度尤其是忽略了人的融合”。[①] 正是当前媒介融合推进过程中各方推力对人的忽视，使得研究者对媒介融合的效果产生疑问，反思媒介融合过程中的人存在的意义。

张顺军通过对我国报业媒体融合实践的分析，发现过去业界关于媒介融合认识集中体现在“媒介”或“融合”的问题，“与之对应的传媒实践则体现为对媒介技术新形态的追逐和全媒体传播矩阵的打造”。[②]

（二）县级融媒体中心的结构性困境

县级融媒体中心的建设，自2018年开始在全国范围内全面展开，根据党和国家的战略规划，截至2020年年底，我国县级融媒体中心建设已全部完成。从目前县级融媒体中心的运行情况来看，其在县域内主流舆论引导、综合服务提供、县域内信息总汇打造、社会治理辅助及自我“造血”等方面都表现不俗，取得了一定的成绩。但研究者通过对部分县级融媒体中心调研发现，当前县级融媒体中心普遍存在“体制机制、人才短缺和地区发展不平衡”。[③] 赵文晶、樊丽发现“人才队伍建设”是制约县级融媒体中心向纵深推进的一个关键问题，此问题也是县级融媒体中心传统

① 周传虎、倪万：《技术偏向：当前我国媒介融合的困境及其原因》，《编辑之友》2020年第1期。

② 张顺军：《人媒关系：媒体融合的新问题——以我国报业媒体融合为例》，《编辑之友》2020年第1期。

③ 黄楚新、刘美忆：《2020年县级融媒体中心建设现状、问题及趋势》，《新闻与写作》2021年第1期。

新闻人出现“转型难、整合难、培养难”的根本所在，为解决县级融媒体中心存在的结构性困境，研究者认为需要在“人才选拔与考核机制、人才培训与培育措施、高校新闻传播教育定位调整等方面提出解决的路径”。[①]

陶婷婷、李本乾通过分析当前我国县级融媒体中心的建设实践，认为“平台及技术水准参差不齐，人员思想僵化、模式照搬，并未打通融内核，同质化严重”[②] 等成为影响我国县级融媒体中心向纵深发展的制约因素。

郭迎春通过梳理自县级融媒体中心建设提出以来的学界与业界的研究文献，辅之以问卷调查及实地调研，发现当前县级融媒体中心建设“缺乏长效规划、基层条件不足、盈利模式滞后、服务能力不强等问题”。[③] 进一步说，以上这些制约着县级融媒体中心的结构性问题现阶段难以平衡盈利与新闻宣传之间的关系。

三　媒体深度融合发展的反思与未来趋势

（一）从媒体融合到人媒融合：新时代媒体融合新趋向

新时代，媒体融合何去何从？“人”去哪儿了？媒介即人，媒介融合时代受众迅速崛起，人媒成为共生体，全媒体建设、人的主体性为大势所趋，人的融合为核心要义。“媒体融合是手段，人媒融合是目标。走出信息牢笼，突破路径依赖，构建全媒体矩阵，凸显人的存在，形塑人媒关系，为新时代媒体融合之新趋向、新业态。”[④]

媒介融合新生态中，人媒关系成为研究者关注的焦点，媒介不再作为中介单独存在。张顺军认为，在媒介融合的新生态中，媒介“以中介的主体性来建构和形塑人与媒介、媒介与媒介、人与人之间的交互关系”。“媒介即生活昭示了日常媒介消费习惯之变；媒介即对话回归了传播的本来意

① 赵文晶、樊丽：《县级融媒体中心人才困境与解决路径》，《中国出版》2021 年第 8 期。

② 陶婷婷、李本乾：《县级融媒体深度融合的“三融一特”卫星城模式建构》，《当代传播》2021 年第 2 期。

③ 郭迎春：《县级融媒体中心建设研究综述》，《传媒》2021 年第 5 期。

④ 编辑之友编辑部：《从媒介融合到人媒融合：新时代媒体融合新趋向》，《编辑之友》2020 年第 1 期。

义；媒介即服务凸显了传媒作为服务的本质属性不能变。”①

推进媒体融合向纵深发展，一定要超越技术功能主义的范畴，将媒体融合放置于其发展的历史长河中进行考量，把握其融合发展的历史逻辑，“一定要做到实践逻辑和价值逻辑的有机统一，其中关键立足点在于面向‘有生命的个人’，而不能仅仅局限于技术的更新换代。偏离或无视人的基本需求，媒体融合发展就将走向形式化乃至空心化”。②

综观2020年关于媒体融合的探索，研究者反思媒体融合过程中的“人”与“媒”的关系，不断发掘人的能动性、人的需求，从媒体融合的历史逻辑中考量今天媒体融合的发展。

（二）从主流媒体到新型主流媒体：媒体融合的重要抓手

在我国媒体融合继续向纵深推进的过程中，主流媒体的转型与建设是其中一项重要的内容。在媒体深度融合的视阈下，反思主流媒体向新型主流媒体转型过程的失与得，如何提高舆论引导力、传播力成为当前及今后传媒学界、业界广泛关注的一个重要方面。徐敬宏、侯彤童通过对2019年的传媒政策进行分析研究，发现“新型主流媒体”是当年传媒政策的一个重点，研究者预测“2020年我国传媒政策将会围绕如何打造新型融合媒体传播网络”。③

既然要打造新型主流媒体，有必要从其概念内涵出发进行再认识，以此明确其实践的意义。刘帅等将新型主流媒体的建设放置在中美政治体制对比的视野中，认为“中国主流媒体的概念应该是两个维度的，它首先应该是传播主流价值观的媒体，其次应该是具有强大影响力的媒体”。“我国新型主流媒体建设在坚持行政选择机制的前提下，应该适当地嵌入市场选择机制，从而更好地激发新媒体的活力。”④

---

① 张顺军：《人媒关系：媒体融合的新问题——以我国报业媒体融合为例》，《编辑之友》2020年第1期。

② 冯建华、王建峰：《辩证把握媒体融合发展的历史逻辑》，《当代传播》2021年第1期。

③ 徐敬宏、侯彤童：《2019年传媒政策的三大重点：县级融媒体中心、新型主流媒体与网络治理》，《编辑之友》2020年第2期。

④ 刘帅、李坤、王凌峰：《从主流媒体到新型主流媒体：概念内涵及其实践意义》，《新闻界》2020年第8期。

传统主流媒体向新型主流媒体转型，离不开技术、人和社会的多元融合。廖祥忠认为，媒体融合的本质是技术融合、人人融合、媒介与社会融合。[①] 研究者基于以上的认识，提出了电视媒体人作为新型主流媒体的实践者，需要做出何种思考与抉择，方能履行好新型主流媒体的责任与担当。王晓红、张辰认为央视以移动优先为重点策略，通过转变语态、塑造情境和推动开放共创等方式，[②] 是向全媒体转型的有力尝试。李沁聚焦于地市级主流媒体转型，认为"泛在网络带来的无处不在、无时不在的无边界信息传播让新模式的出现成为可能"，通过对三家市级电视台调研，其认为新型主流媒体形态初步实现了"催生融合质变，放大一体效能"。[③]

新型主流媒体建设中对个人身份用户的发掘也成为研究者关注的重点，蔡雯认为"'连接'个人用户，建设'开放型'媒体，是媒体融合进一步深化的方向，也是打造新型主流媒体必须突破的难点"。[④]

（三）从专业到多元：全媒体时代的新闻生产与传播机制转型

未来，媒体融合在向纵深推进的过程中，新闻生产与传播的机制也相应转型。探索全媒体时代的新闻生产机制，成为研究者关注的重点。唐怡通过对"现象级"产品的研究，分析全媒体时代主流媒体如何走好群众路线及打造"现象级"传播。[⑤] 杨珊、蒋晓丽在"全员媒体"的视阈下研究新闻生产的社会化协作，发现"社会化协作作为一种业务传统，在不同媒体的新闻生产中聚合专业媒体与业余公众的生产力量，于两类主体间构建起'互为产消者'的角色关系，并通过专业媒体收编与协同众包的差异化

① 廖祥忠：《从媒体融合到融合媒体：电视人的抉择与进路》，《现代传播》（中国传媒大学学报）2020 年第 1 期。

② 王晓红、张辰：《融合传播的视频功能重构——基于央视疫情融合报道研究》，《当代传播》2020 年第 4 期。

③ 李沁：《善用无边界的双刃剑　探索新型主流媒体形态——地市级主流媒体小区域合作模式分析》，《当代传播》2020 年第 4 期。

④ 蔡雯：《媒体融合进程中的"连接"与"开放"——兼论新型主流媒体建设的难点突破》，《国际新闻界》2020 年第 10 期。

⑤ 唐怡：《全媒体时代如何走好"群众路线"——"现象级"传播过程中的大众参与》，《新闻与写作》2021 年第 3 期。

流程进行生产协作，以不断推进日益多元化、复杂化的新闻生产”。[①]

主流媒体的新闻生产机制在短视频时代产生了何种变化？武楠、梁君健聚焦中央广播电视总台的新媒体在新冠肺炎疫情防控期间的新闻内容，探究“传统媒体与社交平台之间的相互影响与融合方式对新闻业的改变，强调在场感与个体化的叙述视角，综合运用 UGC + PGC 的新闻生产方式，以及呈现碎片化、即时性、震撼力的视频形态特征”。[②]

（四）参与式治理：超越媒体逻辑的县级融媒体中心方向

所谓“参与式治理”，指与政策有利害关系的公民个人、团体和政府一起参与公共政策、分配资源、合作治理的过程。[③] 在 2020 年疫情防控中，县级融媒体中心发挥了超越其媒体本位的功能，已经作为社会治理中重要一极参与其中。可见，“县级融媒体中心建设是国家治理的‘托底工程’，也是中国基层治理结构的承重工程”。[④] 因此，需要重新审视媒介与政治的关系，跳出媒体传统观念上的认识，在更大的政治传播视域、文化传播视域、社会治理视域下来理解县级融媒体的作用，重新定位并改造县级融媒体系统，使其真正担当连接政府和群众的“桥梁”的角色。

正如研究者认为，“全面改造县级媒体系统，须找准其功能定位，从根本上解决执政党政治传播体系‘最后一公里’问题，让县级融媒体中心能将执政党的意志、理念、政策下沉到基层”。而改造县级融媒体中心，需要超越“单纯的媒体逻辑，从中国政治传播大格局，从新时代政治逻辑中寻找县级融媒体中心建设的逻辑起点”。

县级融媒体中心建设，作为重构基层政治传播体系、推进政治治理媒介化的国家战略，未来需要在“媒介逻辑、文化逻辑及政治逻辑”上进行功能定位，也就是说需要“重构基层传播体系，凝聚基层社会共

---

① 杨珊、蒋晓丽：《全员媒体视角下新闻生产社会化协作的应用传统与业务机制研究》，《新闻界》2020 年第 11 期。

② 武楠、梁君健：《短视频时代主流媒体的新闻生产变革与视听形态特征——以新冠肺炎疫情期间“央视新闻”快手短视频为例》，《当代传播》2020 年第 3 期。

③ 陈剩勇、赵光勇：《“参与式治理”研究述评》，《教学与研究》2009 年第 8 期。

④ 王智丽、张涛甫：《超越媒体视域：县级融媒体中心建设的政治传播学考察》，《现代传播》（中国传媒大学学报）2020 年第 7 期。

识，嵌入基层治理逻辑”。[①] 重建媒体与人的关系，“融合人民，将分散多元的基层治理主体组织起来，促成公众对话和公共讨论，释放基层治理的协同力量”。[②]

2021年中央一号文件《中共中央　国务院关于全面推进乡村振兴加快农业农村现代化的意见》再次明确提出“建强用好县级融媒体中心”。从“全面布局”到“建强用好”，县级融媒体中心作为基层媒体融合工程迈入了新的发展阶段。罗昕、蔡玉婷认为“参与式融合”应该是县级融媒体中心未来的发展方向之一，因此其可以在“信息、渠道、平台、行动等层面发挥作用，扮演公共议题的引导者、表达渠道的提供者、互动平台的搭建者、合作行动的组织者等角色，促进多元主体参与互动、共创价值”。[③]

四　反思与结语

对媒体融合而言，2020年是重要的一年，首先国家出台了相关推进媒体深度融合的政策文件，表明国家对媒体融合工作高度重视，同时又对媒体融合的下一阶段工作提出了更高的目标和要求。其次，根据国家的要求，到2020年年底完成县级融媒体中心的全部建设工作。再次，在新冠肺炎疫情防控期间县级融媒体中心在防疫过程中发挥了重要的作用，发挥出媒体参与社会治理的作用。最后，业界和学界针对新技术带来的新变化，探索媒介融合的智能化转向及如何构建全媒体传播格局。

尽管2020年我国的媒体融合在向纵深不断推进，但其中存在的问题也不容忽视，业界过多关注并追逐新技术，借新技术的外力不断推进媒体融合，学界反思作为外力的新技术使得我国的媒体融合过多地以技术为导向，而忽视了媒体融合的本质，也就是说媒体融合过程中忽视了人的存

---

① 陈守湖：《媒介·文化·政治——县级融媒体运行机制的三重逻辑》，《陕西师范大学学报》（哲学社会科学版）2021年第1期。

② 沙垚、许楠：《融合人民：县级媒体融合与基层协同治理》，《新闻与写作》2021年第5期。

③ 罗昕、蔡玉婷：《参与式治理视角下县级融媒体的角色定位与发展路径》，《新闻与写作》2021年第5期。

在。因此，纵观2020年媒体融合的研究，重新发掘媒体融合过程中的人，重建媒体与人的关系，如何破解县级融媒体中心建设中人才的结构性困境等成为媒体融合研究的主题，进而思索构建全媒体格局需要何种的传播人才。

参考文献

编辑之友编辑部：《从媒介融合到人媒融合：新时代媒体融合新趋向》，《编辑之友》2020年第1期。

蔡雯：《媒体融合进程中的“连接”与“开放”——兼论新型主流媒体建设的难点突破》，《国际新闻界》2020年第10期。

程曼丽：《新文科背景下的新闻传播教育》，《中国编辑》2021年第2期。

陈然：《媒体融合创新社会治理的理论渊源与逻辑进路》，《青年记者》2021年第7期。

陈剩勇、赵光勇：《“参与式治理”研究述评》，《教学与研究》2009年第8期。

陈守湖：《媒介·文化·政治——县级融媒体运行机制的三重逻辑》，《陕西师范大学学报》（哲学社会科学版）2021年第1期。

陈欣：《媒体融合时代国际传播人才的思辨能力培养》，《中国广播电视学刊》2021年第5期。

丁和根：《媒体介入基层社会治理的现状、角色与维度》，《新闻与写作》2021年第5期。

段鹏、文喆、徐煜：《技术变革视角下5G融媒体的智能转向与价值思考》，《现代传播》（中国传媒大学学报）2020年第2期。

冯建华、王建峰：《辩证把握媒体融合发展的历史逻辑》，《当代传播》2021年第1期。

甘险峰、郭洁：《5G与人工智能技术赋能下媒体融合的新发展——2019年中国新闻业事件回顾》，《编辑之友》2020年第2期。

郭迎春：《县级融媒体中心建设研究综述》，《传媒》2021年第5期。

《国家广播电视总局印发〈关于加快推进广播电视媒体深度融合发展的意见〉的通知》，2020年11月26日，国家广电总局，http://www.nrta.

gov. cn/art/2020/11/26/art_113_53991. html。
胡兵：《媒体深度融合之路：区块视频链的建构与应用》，《当代传播》2020 年第 4 期。
胡翼青、谌知翼：《媒体融合再出发：解读〈关于加快推进媒体深度融合发展的意见〉》，《中国编辑》2021 年第 1 期。
胡正荣：《打造 2.0 版的县级融媒体中心》，《新闻界》2020 年第 1 期。
胡正荣、蒋东旭：《全媒体传播体系与四级融合新发展格局》，《中国编辑》2021 年第 5 期。
黄楚新、曹曦予：《论深度融合背景下新型主流媒体建构》，《中国出版》2021 年第 5 期。
黄楚新、许可：《2021 传媒业：破局突围　智慧发展》，《中国报业》2021 年第 9 期。
黄楚新、刘美忆：《2020 年县级融媒体中心建设现状、问题及趋势》，《新闻与写作》2021 年第 1 期。
[丹] 克劳斯·布鲁恩·延森：《媒介融合：网络传播、大众传播和人际传播的三重维度》，刘君译，复旦大学出版社 2012 年版。
李华、范以锦：《人机融合智能：一种新型智能网络和可能的信息交互媒介》，《当代传播》2021 年第 3 期。
李华君、涂文佳：《5G 时代全媒体传播的价值嬗变、关系结构与路径探析》，《现代传播》（中国传媒大学学报）2020 年第 4 期。
李沁：《善用无边界的双刃剑　探索新型主流媒体形态——地市级主流媒体小区域合作模式分析》，《当代传播》2020 年第 4 期。
李文冰、吴莎琪：《社会治理视阈下县级融媒体中心建设：功能定位与实践逻辑》，《现代传播》（中国传媒大学学报）2021 年第 5 期。
刘帅、李坤、王凌峰：《从主流媒体到新型主流媒体：概念内涵及其实践意义》，《新闻界》2020 年第 8 期。
刘霞：《机器智能生产：媒介智能融合的溯源、特征与伦理挑战》，《中国广播电视学刊》2021 年第 5 期。
廖祥忠：《从媒体融合到融合媒体：电视人的抉择与进路》，《现代传播》（中国传媒大学学报）2020 年第 1 期。
罗昕、蔡玉婷：《参与式治理视角下县级融媒体的角色定位与发展路径》，

《新闻与写作》2021 年第 5 期。
马俊：《继承与创新：县级融媒体中心核心功能的新思维》，《当代传播》2020 年第 4 期。
孟建、赵元珂：《媒介融合：粘聚并造就新型的媒介化社会》，《国际新闻界》2006 年第 7 期。
宋建武、乔羽：《全媒体传播体系的功能、结构与技术支撑》，《传媒》2020 年第 21 期。
沙垚、许楠：《融合人民：县级媒体融合与基层协同治理》，《新闻与写作》2021 年第 5 期。
沈维梅：《从商业媒体平台之扩张谈主流媒体新型传播平台的打造》，《科技与出版》2021 年第 4 期。
陶婷婷、李本乾：《县级融媒体深度融合的“三融一特”卫星城模式建构》，《当代传播》2021 年第 2 期。
唐怡：《全媒体时代如何走好“群众路线”——“现象级”传播过程中的大众参与》，《新闻与写作》2021 年第 3 期。
涂有权：《媒体深度融合需要强化六种新型关系》，《中国广播电视学刊》2021 年第 5 期。
王菲、樊向宇：《回顾与反思：中国媒体融合研究十五年（2005—2019）》，《当代传播》2020 年第 5 期。
王晓红、张辰：《融合传播的视频功能重构——基于央视疫情融合报道研究》，《当代传播》2020 年第 4 期。
王智丽、张涛甫：《超越媒体视域：县级融媒体中心建设的政治传播学考察》，《现代传播》（中国传媒大学学报）2020 年第 7 期。
武楠、梁君健：《短视频时代主流媒体的新闻生产变革与视听形态特征——以新冠肺炎疫情期间“央视新闻”快手短视频为例》，《当代传播》2020 年第 3 期。
《习近平在党的新闻舆论工作座谈会上强调　坚持正确方向创新方法手段　提高新闻舆论传播力引导力》，《人民日报》2016 年 2 月 20 日第 1 版。
徐敬宏、侯彤童：《从现代传媒体系到全媒体传播体系——“十三五”时期的媒体深度融合之路》，《编辑之友》2021 年第 1 期。

徐敬宏、侯彤章：《2019 年传媒政策的三大重点：县级融媒体中心、新型主流媒体与网络治理》，《编辑之友》2020 年第 2 期。

杨珊、蒋晓丽：《全员媒体视角下新闻生产社会化协作的应用传统与业务机制研究》，《新闻界》2020 年第 11 期。

杨柳、吕旦容：《媒体深度融合背景下全媒体人才培养研究》，《中国编辑》2021 年第 5 期。

严三九、邹阳阳：《媒体深度融合视域下数字出版发展路径探析——基于社会治理视角》，《中国编辑》2021 年第 5 期。

尤可可、崔林：《媒体深度融合背景下全媒体人才的培养理念及路径研究》，《出版广角》2021 年第 6 期。

喻国明：《谁掌握圈层，谁就掌握传播驱动的主控权——兼论破圈能力是主流媒体实现价值传播的关键》，《现代视听》2021 年第 3 期。

曾白凌：《论传统媒体融合的边界、偏向与在场》，《现代出版》2020 年第 2 期。

曾培伦、毛天婵：《技术装置“多棱镜”：国家治理视阈下的县级融媒体中心建设研究——基于 71 篇县级融媒体中心挂牌新闻的分析》，《新闻记者》2020 年第 6 期。

曾祥敏、杨丽萍：《论媒体融合纵深发展 “合”的本质与“分”的策略——差异化竞争、专业化生产、分众化传播》，《现代出版》2020 年第 4 期。

訾谦：《“融”人“融”钱“融”内容 合力构建县区融媒体平台——我国部分县区融媒体中心典型案例分析》，《新闻爱好者》2021 第 4 期。

张克旭、赵士林、邓江：《国家战略的地方路径：区县融媒体中心建设的上海探索——基于上海 8 个区级融媒体中心的实地调研与问卷调查》，《新闻记者》2020 年第 6 期。

张欣宇、周荣庭：《全媒体观念的产生、概念与特征》，《出版发行研究》2021 年第 4 期。

张顺军：《人媒关系：媒体融合的新问题——以我国报业媒体融合为例》，《编辑之友》2020 年第 1 期。

赵文晶、樊丽：《县级融媒体中心人才困境与解决路径》，《中国出版》2021 年第 8 期。

周传虎、倪万：《技术偏向：当前我国媒介融合的困境及其原因》，《编辑之友》2020 年第 1 期。

周勇、郝君怡：《全媒体时代的卓越新闻传播人才培养》，《出版广角》2021 年第 7 期。

《中共中央办公厅　国务院办公厅印发〈关于加快推进媒体深度融合发展的意见〉》，2020 年 9 月 26 日，中国政府网，http://www.gov.cn/zhengce/2020-09/26/content_5547310.htm。

J. D. Bolter，R. Grusin，*Remediation：Understanding New Media*，Cambridge：The MIT Press，1999.

T.6 中国数字版权保护发展报告*

崔　波　田　莉**

摘　要： 随着疫情在全球的大流行，数字版权保护发生了一些新变化。数字版权在疫情防控期间进行开放，体现了数字出版企业的社会担当。移动互联网的全面普及和用户内容生产时代的来临，使数字版权保护面临越来越多的挑战。本报告结合中国数字版权侵权的重灾区，从数字版权保护的难点、数字版权保护的不同观点的博弈，展示了技术保护、国际合作、法律保护、版权登记、集体管理等五个主要的数字版权保护的热点方案。

关键词： 数字版权；版权保护；版权产业；区块链

2020年是不平凡的一年，面对新冠肺炎疫情全球大流行，版权企业纷纷开放数字资源，以智抗疫，体现了企业的社会责任。与此同时，新冠肺炎疫情的暴发也引发了人们对数字版权新问题的关注，促进一系列保护数字版权的新方案出台，在数字版权保护历史上留下一系列关键性事件：2020年5月通过的《中华人民共和国民法典》（以下简称《民法典》），以其体系化、私权化、创新性、权威性立法形式和完整翔实的法规为数字版权产业的发展提供制度性保障；2020年11月通过的《中华人民共和国著作权法》（以下简称《著作权法》）设计了惩罚性赔偿、举证妨碍制度、行政处罚、技术保护措施等面向互联网环境下数字版权侵权问题解决的一

* 本报告为国家社科基金重大项目"'双循环'新格局下中国数字版权贸易国际竞争力研究"（项目批准号：21&ZD322）的阶段性成果。

** 崔波，浙江传媒学院新闻与传播学院教授，硕士生导师；田莉，浙江传媒学院华策电影学院助教，硕士研究生。

系列方案，回应社会关切；2020 年 4 月生效的《视听表演北京条约》（以下简称《北京条约》），标志着谈判了近 20 年的视听表演者版权保护的国际新条约终于修成正果。法律体系的日益完善为数字版权保护工作提供了制度遵循。

一　数字版权侵权的重灾区

5G 技术、4K 高清技术、VR 技术、云计算技术等为代表的新兴技术促进了数字版权产业的迅猛发展。基于互联网基础设施、注重受众体验和分享、脱离物理复制手段的数字版权产业，在给全球经济注入活力的同时，也带来了盗版、网络侵权和非法出版等行为，形成了对国家网络版权治理体系的挑战。当人们跑步进入比特组成的数字世界时，才发现这个世界的底层规则还在酝酿之中，“摆在包括创作者和平台方面前的，是一个内容创造和传播形式更加丰富多样、资源整合纵横交错、利益关系错综复杂、新旧矛盾更新交替的‘无人区’”。[①] 2020 年恰逢新冠肺炎疫情暴发期，“宅经济”的蓬勃发展，大众的文化娱乐需求从线上线下相结合转向线上集中释放，各类数字内容产品悄然崛起。数字阅读、在线教育、短视频、网络直播等成为人们获取知识、信息的重要途径，[②] 更加凸显了上述“无人区”数字版权侵权乱象，涉及的作品类型有视听作品、文字作品。视听作品中以短视频、游戏、音乐滥用作品最为常见，文字作品中以未经原作者同意的洗稿、作品演绎最为常见。

（一）侵权泛滥的视听领域

中国互联网络信息中心发布的第 47 次《中国互联网络发展状况统计报告》显示：截至 2020 年 12 月，我国网民规模较 2020 年 3 月增长 8540 万人，达 9.89 亿人，其中网络游戏用户规模达 5.18 亿人，网络音乐用户规模达 6.58 亿人，在线教育用户规模达 3.42 亿人，网络视频（含短视

① 陈白：《短视频版权战反思：数字版权规则亟待厘清》，《经济观察报》2021 年 5 月 3 日第 8 版。

② 王飙：《数字出版呈现五大发展趋势》，《中国新闻出版广电报》2021 年 6 月 21 日第 8 版。

频）用户规模达9.27亿人，均比疫情前有大幅增长。互联网领域庞大的市场规模和发展红利吸引了企业、个人跑步入局，随之而来的是在商业利益刺激下网络视听领域侵权泛滥、乱象频仍。

1. 短视频

根据国家版权局网络版权产业研究基地在2021年5月17日发布的《中国网络版权产业发展报告（2020）》，网络短视频市场规模达1506亿元，规模占比12.71%。作为视听领域的重要细分市场，短视频行业经过持续高速增长期、各类平台野蛮生长之后，在2020年行业市场规模增速有所放缓，发展态势趋于稳定，用户逐渐下沉到中老年市场，并进一步向全民化发展，呈现出以抖音、快手两大巨头为主的“两超多强”局面。短视频的攻城略地之势，裹挟的是侵权乱象频发、维权困难等诸多发展中产生的矛盾与障碍。

12426版权监测中心于2020年11月发布了《2020中国网络短视频版权监测报告》，报告显示，2019年1月至2020年10月，对10万多名原创短视频作者的1000多万件作品样本进行监测，累计监测疑似侵权链接1602.69万条，独家原创作者被侵权率达到92.9%，平均每件独家原创短视频作品被侵权5次。[①] 短视频的侵权乱象已成为制约短视频平台发展的一大瓶颈，不仅背离了传统媒体“内容为王”的生存模式，也挫伤了原创作者的创作积极性。

针对短视频领域侵权现象，2021年4月23日，中国电视艺术交流协会、中国电视剧制作产业协会等在内的70余家影视单位，联合500多位影视从业人员发布联合声明抵制短视频侵权现象，引发社会高度关注。

在网络空间下，如何有效遏制短视频行业侵权泛滥的现象，打造良好的产业生态成为至关重要的一环。在具体实践中，由于短视频的数据海量化、高传播性等特性，其面临着版权保护的现实困境。从司法角度来看，由于在现有“避风港原则”的庇护下以及司法规则不甚明晰的情况下，短视频面临维权成本过高、内在动力不足等问题。从行政层面来看，以“剑网行动”为代表的国家专项整治行动，采用约谈的手段进行监管、整治，

① 《12426版权监测中心发布〈2020中国网络短视频版权监测报告〉》，2020年11月30日，搜狐网，https://www.sohu.com/a/435421088_120054912。

但这种运动式治理无法形成长效机制，短视频侵权乱象仍无法得到根本性解决。

在不断更迭的新兴产业领域，短视频平台的不同利益主体围绕自身利益诉求进行资源的争夺，尤其是在顶层设计还有待完善的境况下，更是加剧了利益主体间的无序竞争。加强顶层设计，整合利益主体间的诉求，寻找利益主体间的平衡点成为治理短视频发展乱象下一步的重要议题。

2. 数字音乐

根据国家版权局网络版权产业研究基地发布的《中国网络版权产业发展报告（2020）》，2020 年中国网络音乐市场规模达 333 亿元，比 2019 年的 281 亿元增长 18.5%。其中付费用户渗透率达 10.9%。尤其在新冠肺炎疫情防控期间，作为宅家娱乐产业，数字音乐大放异彩，付费渗透率有较大提升。

互联网技术的普及发展，重塑了音乐产业。音乐作品扎根于互联网，内容以数字形式在互联网上首发；音乐的传播和音乐产品的孵化完全在互联网上进行；用户主动参与传播。在互联网土壤中成长起来的数字音乐，告别了传统音乐产业的单向传播，迎来了多样化的传播模式和传播载体，一方面促使其市场规模逐渐壮大，产业链的价值凸显；另一方面，自媒体产业的勃兴，抖音、快手等短视频日益“全民化”，与此相伴而生的是数字音乐版权侵权案件的井喷。

很长一段时间，“盗版”是中国音乐市场刺眼的标签。自 2015 年国家版权局发布“最严版权令”，我国的音乐产业就此告别盗版时代，音乐市场稳步进入正版时代。2021 年 7 月，号称“国内网络音乐反垄断第一案”由国家市场监督管理总局出手，对腾讯音乐进行处罚，代表音乐市场独家版权时代的终结，以保障音乐市场充分竞争，遏制一家独大的垄断行为。中国数字音乐平台的拐点已然到来。

如果基于数字世界的底层逻辑规则未充分建立起来，那么数字音乐版权将独木难支。2021 年 2 月，虾米音乐因音乐版权而黯然离场，互联网数字版权的争议从未停止。其中，充斥在短视频领域的数字音乐也成为侵权的重灾区。那些活跃在各大平台的创作者也面临合法化的困境，以短视频平台为例，每日新增短视频数量可高达千万条以上，其中背景音乐的使用占据了很大比例，在短视频创作者享受流量带来的红利时，音乐创作者的权利并没有得到应有的重视，大量未授权的音乐在平台广为流传。

2020年11月7日，中国音像著作权集体管理协会（以下简称“音集协”）召开“短视频平台音乐版权维权情况发布会”，音集协就委托第三方检测机构对部分作品（63688首）在快手App的版权监测情况作了介绍。截至2020年11月6日，快手涉嫌侵权使用上述作品作为背景音乐的视频数量高达8265万个，总播放量达到2.98亿次以上。①

从文字版权到视频版权、音乐版权，版权壁垒在不断被突破，版权保护的边界也在不断被拓展。短视频领域中的音乐侵权，已不单是版权保护的操作边界问题，它也让我们思考版权保护制度的实质，它关乎如何在开放的互联网和版权私权之间进行平衡的问题。

（二）“洗稿”频发的自媒体

与普通的抄袭行为相比，“洗稿”是一种更隐蔽的抄袭方式，这种隐蔽性大大加强了侵权行为的监管难度和认定难度。在法律层面，并没有出台专门具有针对性的“洗稿”侵权行为的法律规范，这也助长了自媒体“洗稿”者的气焰，“洗稿”规模日益壮大。

国内第一个关于自媒体“洗稿”公开审理的案件正式开庭于2016年。公众号“歪理邪说”的作者霍炬因为“被‘洗稿’”，对微信公众号“差评”提起诉讼，采取法律手段维权，最终该诉讼因依据不足被驳回。②

从具体实践来看，自媒体平台中的原创作品被二次加工并进行传播的情况不胜枚举。若原创者想要通过法律途径来维护自身利益，常常需要付出较大的时间成本和精力成本，但往往无法得到相对应的回报。处罚力度较轻、违法成本较低、二次加工带来的传播影响和经济效益的诱惑，使得现有的适用法律条例往往无法起到对“洗稿”者的震慑作用。从侵权认定到侵权赔偿，面对现实维权困境和有待完善的法律规范，原创作者犹如赤手空拳走进一个无物之阵，传统的侵权处理办法已难以有效打击侵权

① 《音集协起诉快手侵权索赔13万：涉及6万多首歌，近3亿次播放》，2020年11月9日，艾媒网，https://www.iimedia.cn/c460/75147.html。

② 汪瑞等：《自媒体侵权行为的损害赔偿体系现状与改进》，《传播与版权》2020年第6期。

行为。

针对“洗稿”频发的自媒体乱象，国家开展专项整治，剑指微信公众号、微博等自媒体，重点打击未经许可转载、摘编整合、恶意篡改原创作者作品的侵权行为。自媒体平台也推出了投诉机制，比如微信公众号曾针对“洗稿”问题试运行“洗稿”投诉合议机制，随机邀请无抄袭违规历史的原创作者参与“洗稿”投诉合议，根据合议的多数意见来认定是否涉嫌“洗稿”。不啻为保护原创作者创作成果的一次大胆尝试。

他山之石，可以攻玉。从国际视野看，欧盟出台了《数字化单一市场版权指令》，将网络版权保护向更高水平推进。它规定要确保作者和表演者获得合理的报酬，同时还规定了在报酬过分低的情况下，作者和表演者有权再主张调整报酬的合同机制。这一指令从法律层面保护并激励原创行为。就我国的法律而言，尽管版权法律制度有待往精细化方向完善，但无一例外都在向保护原创作品靠近，这对肃清“洗稿”乱象、完善侵权行为的惩戒机制、营造风清气正的网络传播环境大有裨益，必将推进我国治理体系和治理能力现代化再上一个新台阶。

（三）转载不规范的平台

平台在传播生态中处于关键一环，尤其对作品的利用、传播起着至关重要的作用。一方面平台依靠用户的积累和信息的传递赚取流量，转载的富集信息可为平台带来流量和利益；另一方面，平台作为网络服务供应商，以往的“避风港”原则、通知—删除规则为平台的责任豁免提供了借口，但在技术升级、海量数据下，平台是否能从信息洪流、侵权纠纷中全身而退呢？

一般而言，平台不规范的转载往往会产生侵权，具体又分为站内侵权和站外侵权。[①] 站内侵权表现：未经授权转载他人原创作品；转载作品未注明来源和支付报酬；未经许可对他人作品进行摘编整合性的二次创作。站外侵权则表现为对知识付费产品以截图、翻录、文字等形式低价售卖给其他用户而产生的侵权。站内侵权侵害的是原创作者的权利，站外侵权则伤害的是知识付费行业。

---

① 周美霞、路露：《知识付费平台侵犯版权现象分析》，《传播与版权》2020 年第 8 期。

目前，不规范的网络转载侵权并非无法可依，而是在流量变现、快速获利的诱惑下产生的纵容行为。加之，当前维权渠道单一、取证困难、维权费用高等因素助长平台的侵权现象大行其道，这已然成为行业发展瓶颈。

事实上，国家多次发布相关法规条例威慑侵权人及责任平台，进一步明确网站转载版权秩序，对侵权知识产权的赔偿数额不断加码。旨在强化网络平台责任，倒逼平台主动加强原创能力，将侵权从业者列入黑名单甚至淘汰出局。

二　数字版权保护的难点

（一）侵权量大

网络技术的迅猛发展，使得作品的复制、传播越来越便捷，网络侵权盗版盗播行为已形成网络化、产业链，数字版权保护的生态存在诸多问题与挑战。权利人无法控制其作品的传播使用情况，加之现代互联网技术为传播插上了翅膀，非法转载、翻印翻录、切条、搬运的利益驱使侵权泛滥。尤其是在影视剧、热门综艺、体育赛事等方面，成为“二创”“剪刀手”的集中地。

根据国家版权局网络版权保护研究基地发布的《2020 年中国网络版权保护报告》，2020 年国家版权局共删除侵权盗版链接 323.94 万条，关闭侵权盗版网站（App）2884 个，查办网络侵权盗版案件 724 件。[①] 党的十八大以来，各级版权行政执法部门查办侵权盗版案件 3.5 万余件，收缴各类侵权盗版制品 1.15 亿件。[②] 侵权数量庞大，盗版案件频发，市场竞争失序带来的侵权乱象，为我国的版权保护工作带来了诸多的挑战。

在 2020 年东京奥运会上，一场关于奥运赛事的版权保卫战打响。央视、中国移动咪咕、快手、腾讯是仅有的四个获得奥运赛事点播权授权的

---

① 隋明照：《〈2020 年中国网络版权保护报告〉发布多主体齐发力营造网络版权保护良好生态》，2021 年 6 月 4 日，国家版权局网，http://www.ncac.gov.cn/chinacopyright/contents/12639/354457.shtml。

② 张建春：《全面加强版权保护　推动构建新发展格局》，2021 年 6 月 3 日，国家版权局网，http://www.ncac.gov.cn/chinacopyright/contents/12227/354439.shtml。

平台。奥运赛事的高关注度、高流量自然成为各大平台虎视眈眈的“香饽饽”，各大平台也充斥着大量的奥运精彩瞬间的翻拍、翻录、二次创作的剪辑视频，而这样的视频并未得到官方授权。监测数据显示，截至8月8日，个别重点商业网站的累计侵权链接接近60000条。[①] 在本届奥运赛事中，短视频、个别重点商业网站的侵权状况严重，成为版权侵权的重灾区，奥运赛事的侵权行为，再次为版权保护敲响了警钟。

（二）取证难度大

在互联网的开放性这一底层逻辑下，数字版权面临着取证困难这一困境。传播平台的多样性、传播的便捷性、方式的隐蔽性使得原创作者无法准确获知其作品的传播情况和使用情况。一旦发现侵权行为，若要找到足够的证据诉诸法律途径，不仅过程极其烦琐复杂，而且侵权方可以随时删除相关转载内容。若要取证则必须固化侵权证据，同时还要掌握确凿的证据证实侵权方以此攫取商业利益，否则就无法追究其法律责任，而只能实现部分惩戒目的。

除此之外，电子证据是否能成为呈堂证供的证据仍然存疑，现实中常常遇到的情况是由于电子证据本身程序不正当、手段不合法而导致证据无效。同时，电子证据的取证手段也有极其严格的规定，步骤复杂，费时费力。此外，电子证据的易篡改性也导致庭审举证时双方证据出入性较大。因此，取证对于权利人的固化证据、举证能力有较高要求，在具体实践中常常会因耗时耗力或其他种种碰壁而不了了之。

区块链技术的出现，从某种程度上为侵权取证提供了便利解决的可能性。区块链技术的不可篡改性，将侵权记录进行数据化处理，实现数据操作的留痕存记，但当前区块链技术在司法领域的应用，仍有一些不足亟待解决。首先，区块链存证数据的真实性有待考证，即无法确保数据上传到区块链前的真实性；其次，版权监测范围的有限性，它只能在该系统体系内进行监测，系统外的数据则无法监测；最后，存证系统彼此无法实现互

---

① 《聚焦奥运版权保护——依法打击侵权盗版奥运版权行为》，2021年8月13日，央视新闻，https://baijiahao.baidu.com/s?id=1707971955824196822&wfr=spider&for=pc。

联互通，存在“数据孤岛”现象。[①] 因此，区块链技术在取证方面的普及与应用，仍有一段很长的路要走，不仅需要时间上的适应，更需要技术上的考验。取证难度大仍是一段时间内数字版权保护绕不开的难点。

（三）维权成本高

目前版权侵权的维权难度大，与维权判赔收益不成正比，也是数字版权保护的难点。相比较企业维权，个人势单力薄，常常居于弱势的一方，通过法律途径维权道阻且长。一方面，调查取证难度大；另一方面是诉讼周期长，通过诉诸法律及时制止侵权行为，常常是一场持久战，获得的赔偿甚至无法与成本相抵。

法律维权路漫漫，原创作者需要大量的时间和精力来寻找、固化侵权的证据。即使胜诉，侵权人早已赚得盆满钵满，原创作者的损失已无法挽回。此外司法资源的有限性，也加剧了维权的难度和成本。因此，个人版权维权在面对高额的费用时往往选择沉默，在面对作品确权、侵权取证、司法维权等一系列复杂的流程时选择不了了之。

值得欣喜的是，2021 年 6 月 1 日起开始实施的修订版《著作权法》增加了侵权惩罚性赔偿制度，并将法定赔偿上限由 50 万元提高到 500 万元。这是新形势下针对当前维权成本高、赔偿额度低、侵权行为屡禁不止的现状给予权利人以法律制度上的保障，为权利人诉诸法律提供了底气，弥合权利人的期待与现实之间的差距。

（四）授权机制与数字版权不吻合

当数字化已成为发展共识时，国内普遍施行的单一的授权模式已无法适应时代的需要。按照现行法律规定，在数字出版交易中，交易双方通过授权进行内容上的合法获取。未经作者授权的网络传播行为，即属于侵权行为。

这种简单、传统的“先授权后使用”授权机制在具体实践中仍存在模式单一、制度缺陷等问题。与传统出版不同，数字出版不仅交易数量大，

① 秦晓峰：《区块链存证后，能打赢官司吗?》，2021 年 8 月 16 日，36 氪网站，https://36kr.com/p/1724757557249。

而且要求交易速度快，这种显著特征呼唤授权机制的更新。目前我国著作权集体管理组织的著作权信息管理系统无法形成权利人与使用者之间稳定的合同关系，不能满足数字版权交易，尤其是现行的著作权集体管理组织内部缺乏融合沟通，条块状的管理模式已不能适应媒介融合背景下的数字版权交易需求。

版权交易是涵盖版权评估、版权议价、版权交易平台及版权交易监管于一体的系统工程，这是建立良好版权交易市场秩序、完善数字版权保护的重要保障。传统的“先授权后使用”调和不了数字作品所有人、线下用户、数字作品交易平台的矛盾，目前，版权结算缺乏透明、公开的第三方平台和市场环境，数据作品交易的可靠性得不到有效的保障。① 一个基于数字世界生态的国家版权公共服务平台亟须建立，这将成为解决版权矛盾与冲突的关键所在。

在数字时代，如何真正维护创作者的权利，不仅需要厘清数字版权的权益、寻找利益主体间的平衡点，更需要从机制体制上做好顶层设计，营造一个更加公平、公开的数字版权保护体系。

三　数字版权保护的观点博弈

（一）作者与公众的关系

版权保护的建立在很大程度上拓宽了作品保护的范围，这也从源头上保护着作者的权利，也就是对作品的所有权和控制权。但在互联网时代，网络的发达让公众获得信息的方式越来越便利。无论是网站、平台还是微信公众号，公众可以随时通过搜索关键词获得自己想要的内容。而这种内容往往是作者发布的新内容，是作者个人的思想衍生，版权自然归属于作者本人，抑或是作者授权给某些平台的专属内容。如此，互联网平台的内容侵犯的是作者本人及授权平台的版权。这种侵权的内容在互联网平台包括文字作品、摄影作品或者是表情包等，而网络平台的兴起也将作品的传播变得异常方便，尤其是自媒体（UGC）的蓬勃发展，更是在“不自觉”中侵犯了作者的权利。如抖音未经授权剪切搬运热播剧《扫黑风暴》，被

① 张省、董盈：《基于区块链技术的数字版权保护研究》，《科技管理研究》2020 年第 1 期。

腾讯视频告到北京知识产权法院，要求被告删除、过滤、拦截在抖音平台上的侵权视频，并支付1亿元的损失和维权费。北京知识产权法院已于2021年8月17日立案。

更有甚者，将作者未发布的内容“提前”发布在互联网平台，在作者官方发布的前期便将作品泄露。这种侵权的行为不仅侵犯了作者的权利，也将原创作品的环境弄得乌烟瘴气。同样以《扫黑风暴》的盗版内容为例，热播剧《扫黑风暴》的官方微博发布“反盗版”声明，称互联网上有人未经许可非法传播、销售该剧的盗版内容，已第一时间向公安机关报案，追查盗版来源。网传截图显示，泄露全网的《扫黑风暴》资源为送审样片版本。在网友“求资源”的呼声下，非法平台和机构有机可乘，无论是以赚取流量为目的还是以盈利为目的，此类网友和平台侵犯的都是作者的权利。

不可否认的是，在信息爆炸的互联网时代，大多数作者追求的是作品的曝光度，而曝光度往往与作品的收益直接相关，与此同时，公众更加关注的是作品获取的便利性甚至是“免费”的内容，这就造成了作者与公众之间的利益博弈。版权法的设立保护的是商业模式也就是作者的权益，而考虑到大多数公众的时候，消费者的权益又是首先被考虑的。有观点认为，消费者利益及意志对于竞争行为的正当性认定具有关键作用，与保护经营者利益相比，消费者利益的保护应当更加优先。①

这种作者与公众之间的版权博弈，在创作过程开始就已经形成，传播过程更甚，在许多情况下，感兴趣的网络用户（或是一些网红大V）会对一个作品再创作与再传播，而对于作者来说，这是侵犯版权，但对于公众来说，这是否是了解和接触的重要方式呢？正如笔者提到，大多数作者十分追求作品的曝光度，而此时粉丝大V的“盗版”是否起着强化传播的作用呢？这又称为作者与公众之间的第二重博弈。

在作者与公众的版权博弈中，有一种类型较为特殊，也就是网络游戏直播画面的版权归属问题。对于网络游戏直播画面是不是作品这一问题，

① 王迁：《论规制视频广告屏蔽行为的正当性——与“接触控制措施”的版权法保护相类比》，《华东政法大学学报》2020年第3期。

学术界存在着一定的争议。[①] 这种争议涉及的不仅是作者与公众之间，其中掺杂着例如网络游戏官方的利益纠葛。网络游戏的直播画面的构成主要是玩家操作的成果，反对者认为，网络游戏即使是玩家对游戏画面的“再创造”，本质上还是基于游戏平台的初始设定，不能视作“作品”；而支持者认为，玩家对游戏进行操作的全过程符合“独立完成 + 创造性”的基本要求，因此可以认为是受版权保护的作品。尤其是一些玩家特有的、首创的技能，在游戏过程中十分关键，被认为是带有独特性的内容。支持与反对的观点不同，也即造成了游戏作者与公众之间的博弈。如果按照支持者的说法，网络游戏作品被视为版权作品，那么这一网络直播画面的传播只能由玩家自己负责，任意在互联网上的传播都将被视为对游戏玩家的侵权行为；而按照反对者的说法，游戏直播的画面可以被放在互联网上任意传播，那么游戏玩家自身的权益是否需要得到保障呢？

在涉及作者的利益中，各大互联网平台采取多种措施维护版权所有人的权益，设置用户付费模式或是“接触控制”都是经常使用的方式，例如视频平台惯用的“免费视频 + 视频广告”，尝试在尊重原创的基础上将作者的收益放大。学者指出，“接触控制措施”可用于保护权利人在版权法中的正当利益——从他人对作品等客体的使用中获得报酬。[②] 但在技术日益发展的今天，有许多网站通过“免费视频”的方式吸引观众，而这种免费视频往往未经授权，几乎就是盗版原创，并且加上无广告的吸引力，观众的比例自然增加。有学者认为这种行为构成了侵权，但也有研究认为这种方式应归于不正当竞争。回到作者与公众的关系博弈本身，“接触控制措施”是作者在授予平台播放或发布的权利基础上形成的保护措施，但其是否在平衡作者与公众关系的矛盾上发挥一定的作用，值得后续进一步的研究。以先播放广告再播放正片的方式，尝试在公众接触内容上设立门槛，这远远背离了方便消费者这一社会共识，是否在一定程度上维护了作者的权益，更有待追问。作者与公众的矛盾关系，是否在以平台为中介的基础上得到改善，平台的“接触控制措施”，让作者与公众之间的矛盾并

---

① 丛立先：《网络游戏直播画面的可版权性与版权归属》，《法学杂志》2020 年第 6 期。

② 王迁：《论规制视频广告屏蔽行为的正当性——与“接触控制措施”的版权法保护相类比》，《华东政法大学学报》2020 年第 3 期。

未解开，更是加重了消费者的不适感。

（二）传播者的底线在哪里

在互联网发展的全过程，公众主要寄希望于互联网的便利与速度。换句话说，公众期待在网络平台快速找到想要的作品内容，而这一切互联网都能够实现，公众只要在任一平台输入关键词，相关的信息总能找到。在过去人们还没有版权意识的时候，作者追求作品的关注度与传播范围，公众追求的是便利的内容获取方式。但这种操作方式在互联网可盈利的模式下被打破，作者开始意识到版权的重要性，作品的受关注与传播开始以授权为基础，这也就在很大程度上限制了作品的传播与公众的接触，而这种矛盾随着互联网的发展不断加剧。互联网不仅加强了版权的控制，同时也在很大程度上加大了盗版作品的传播。正如网络中流行的一种说法："互联网是世界上最大的复印机。在最根本的层面上，它将我们使用它时所产生的一切行为、一切特征、一切想法拷贝成了复制品。"

对于公众来说，这些网络中的"复制品"既方便获得又廉价实惠，因此很多时候，公众会更愿意选择阅读盗版作品或是观看盗版电影，但按照现有法律的规定，版权法中不存在"接触权"，权利人不能控制他人未经许可以阅读、欣赏等方式"接触"作品的行为，因此故意购买盗版电子书阅读、故意购买盗版 DVD 在家中欣赏的行为，并不能构成版权侵权行为。[①] 也就是说，公众可以在网络上获得盗版内容并自己"欣赏"，纵然公众观看盗版没有违背版权法，但在很多情况下，盗版横行是"多次传播"与"二次创作"造成的。

在微信公众号的文章中，很多情况下会遭遇"洗稿"后的再传播。所谓"洗稿"，就是使用技术或手动编辑，对别人的原创内容进行篡改、删减，在不改变文章大致意思的基础上对文章进行分词、文字顺序调整，然后对一些关键词进行删减，或者利用同义词进行替换，只保留文章最有价值的部分段落，实现文章与原文相似但是不相同。有文章指出，"洗稿"逐渐成为一个产业链，无论是通过百度搜索还是 QQ 号添加，都可以发现

---

① 王迁：《论规制视频广告屏蔽行为的正当性——与"接触控制措施"的版权法保护相类比》，《华东政法大学学报》2020 年第 3 期。

大量的洗稿团队，这些洗稿的内容涉及汽车、医疗、娱乐、游戏、影视等领域，这种现象显然已经超越版权法。这是对文字作品的二次创作的违法，对于视频图像主题的作品，同样存在二次创作的版权争议。

近年来，随着短视频平台规模的不断壮大，以微博、微信、B 站、抖音、快手为代表的短视频平台迅速吸引了影视作品的二度创作者，他们对既有的影视作品进行剪接，将 1—2 小时的长视频分割成一个个短视频。此类短视频包括对原版视频的再度演绎，也有带讲解意味的影视作品剪辑，这吸引了许多用户在短视频平台追剧，造成一部分用户的分流。在以“二传”为中心的讨论中，支持的声音认为，数字时代的二次传播，提高了既有影视作品的传播效果，为发布此类影视作品的网站带来流量，而流量的增加意味着广告收入的增加。反对者则指出，短视频替代了既有的影视作品，用户不再进入这些影视作品发布网站，从而大大削减了这些网站的广告收入。①

部分影视行业协会、影视公司和演员抵制短视频侵权的倡议，得到国家相关政府管理部门的回应。国家电影局表示，针对短视频侵权盗版比较突出的“＊＊分钟看电影”等问题，国家版权局将加大对短视频侵犯电影版权行为的打击力度，对于那些未经影视著作权人授权就产生复制、剪辑、传播行为的短视频平台及生产运营者要坚决整治，积极保护广大电影版权权利人的合法权益。

但在对自媒体用户的规范中，无疑忽略了对媒体平台的法律监管。有学者认为平台是基于技术主动的操作模式，在一种以技术为中心的视野下，平台被视为无须担责的业务模式。但在相关盗版视频的传播中，平台是否需要承担相关的监管责任；在自媒体用户违反版权的同时，平台是否需要承担连带责任。如果按照前述的说法，归于技术中心的范式，无疑将传播者的责任窄化，再一次削弱了版权对原创作品的保护。

此外，传播者是否应该在一次触犯版权法后就被处理，还是三番两次后再下违法的最终结论，同样受到学界和业界的争辩。国际社会上存在“三振出局”的制度，“三振出局”制度的核心在于：通过向重复侵权的

① 阮开欣：《欧盟报刊出版者邻接权的成因及启示——以〈数字化单一市场版权指令〉为背景》，《出版科学》2020 年第 4 期。

网络用户持续发出侵权风险警告通知，最终通过一定的惩罚措施阻止对作品的侵权和传播行为，进而保护著作权人的合法利益。[①] 也就是说，侵权者在收到侵权行为第三次警告时，才会真正受到处罚。但该制度在国际社会中一直存在争议，首先，从当前的国际版权潮流来看，“三振出局”制度尚处于尝试阶段。其次，“三振出局”制度无论是在技术层面，还是在立法构建方面，都面临较多尚未解决的难题。比如对言论自由造成威胁或剥夺当事人申诉的权利，造成“一言堂”。不仅如此，还会影响办案质量，加长维权周期，不利于网络版权的保护。[②]

在作品再传播的背景下，还有一种传播形式受到争议，就是一种以公益（非营利性）传播为目的的内容传播。这种是否“以营利为目的”的再创作和二次传播，学界既有支持的声音也有反对的声音。反对者认为科技的发展使得侵权行为更加普遍，因此呼吁加强版权保护，取消“以营利为目的”。[③] 支持者则认为保留“以营利为目的”可满足我国版权发展的现实需求，也与《与贸易有关的知识产权协定》相吻合。[④]

（三）合理使用与法定许可

我国《著作权法》规定著作权的许可使用主要有“合理使用”“法定许可”“明示授权许可”的方式。“合理使用”是以一定方式使用作品，而不需要得到著作权人的许可或者支付任何费用。“法定许可”是在法律明文规定的范围内使用作品，可以不经著作权人许可，但应当支付使用费的一种制度，即需要按照销售额比率计算相关报酬。[⑤] 合理使用包含五层含义：一是使用要有法律依据；二是使用时是基于正当理由；三是不需经作者与著作权人同意；四是不支付报酬；五是不构成侵权，是合法行为。

在合理使用中，最受争议的莫过于对无障碍电影的讨论，在建设无障

① 袁锋：《接入服务提供商版权责任适当性扩张研究》，《北京理工大学学报》（社会科学版）2021 年第 4 期。

② 孙国臻：《网络环境下著作权三振规则引入我国的可能性——三振规则与避风港原则的比较分析》，《山东审判》2013 年第 3 期。

③ 赵秉志：《罪刑各论问题》，北京大学出版社 2010 年版，第 150 页。

④ 管瑞哲：《网络环境下知识产权刑法保护问题》，《江苏警官学院学报》2008 年第 1 期。

⑤ 党玺、王万玉：《数字音乐版权区块链技术保护的相关法律问题研究》，《电子知识产权》2020 年第 4 期。

碍社会的进程中，考虑到残障人群的社会参与度，许多产品会通过更便捷的方式提供给残障群体。比如以视听障碍群体为服务对象的无障碍电影，主要是在不增减原有影片长度的基础上，在电影对白的间隙，描述画面信息及其背后的意义，制作完成满足视障群体观影需求的配有画面讲述的无障碍电影。无障碍电影的制作是为了让视听障碍者能够与健全人同等享受文化滋养，同时分享科技进步的成果。但在无障碍电影的发展过程中，制作者经常会受到版权的限制，导致许多电影无法第一时间制作出无障碍版本供残障人群欣赏。

如2021年4月，北京互联网法院公开开庭宣判了一起案件，对于向不特定用户提供无障碍电影在线播放服务是否构成著作权法规定的合理使用进行宣判。在这一案件中，原告发现被告未经授权，擅自通过其开发运营的App向不特定公众提供涉案影片无障碍版的在线播放服务，原告认为被告行为不符合《残疾人权利公约》和《马拉喀什条约》精神及内容，其行为侵害了原告对影片享有的独占信息网络播放权。而被告辩称，根据《著作权法》，将已经发表的作品改成盲文出版属于“合理使用”，且我国已经加入《残疾人权利公约》。《残疾人权利公约》保障残疾人享有与健全人同等的权利，如参与政治和文化生活的权利等。法院的判定主要基于以下两个方面：其一是对《著作权法》中的“盲文”进行界定，认为“盲文”是作品的文字形式，本案中涉案影片为电影作品，显然不合法；其二是无法保证涉案App中登入的用户为特定的残障人士，综上宣判侵权行为不属于合理使用。

视听障碍人士在政治、经济、文化、社会和家庭生活等方面与健全人士享有同等的权利，国家和社会应当采取多种措施保障他们的权利。而引发无障碍电影版权讨论的问题，无疑成为版权合理使用讨论中最受争议的部分。2020年修订版将现行《著作权法》中“将已经发表的作品改成盲文出版”修改为“以阅读障碍者能够感知的无障碍方式向其提供已经发表的作品”，拓展了权利限制的范围。即使如此，在无障碍电影的制作与传播过程中，同样会遭遇版权限制。较为可观的是，红色主流电影在无障碍电影制作中版权限制较小，但这使得残障人士无法接收到最新的电影，显然背离了平等的观念。贾樟柯导演曾在多个场合提出减少无障碍电影版权限定，这也从侧面反映出无障碍电影制作中合理使用与法定许可间的矛盾。

此外，除去无障碍电影领域内的版权争议，随着互联网技术的发展，各种采集网页端的科技层出不穷，有可以全平台采集，也有定点的网页快照等内容，如歌词快照、以缩略图显示搜图结果、数字图书馆提供图书片段等。这些作品使用行为可能基于媒体融合中其他多元价值而涉及鼓励创造与促进其他公共利益之间的平衡，需要谨慎定性。① 在促进公共平台内容的价值创造与信息交流的互联网，截取片段的内容或者是以搜图的模式，将采集的内容用于被搜索，是否归于合理使用的范畴，这类作品的生产是否可以受到版权法的保护，还需要版权法更加详细和明晰。在早期《著作权法》中，英美法系的版权保护将付出独立的劳动和技能与“独创性”相提并论，但我们也知道，虽然搜集信息要付出大量的时间成本，但是并不一定具有独创性。Feist 案给出了明确答案，尽管需要付出大量成本辛勤收集事实，但由于这些事实不具备最低限度的创造性，因此不具有可版权性。②

四　数字版权保护的热点方案

无论是整体的互联网内容产业，还是以媒体融合为代表的出版业与版权产业，强调法律规制与法治保障的突出作用已成为产业健康发展的共识。③

（一）技术保护

对数字版权的外力保护主要来源于法律保护，内在的防御保护还有赖于数字版权保护技术系统。我国在数字版权保护技术上存在的主要问题是数字版权缺乏统一的标准，兼容性差。④

1. 区块链技术

在多媒体社交网络环境中，用户之间随意篡改和传播受保护的数字内

① 王迁、文棋：《媒体融合中的版权困境与制度革新》，《编辑之友》2021 年第 5 期。

② 陈虎：《论人工智能生成内容的不可版权性——以表现形式为中心》，《重庆大学学报》（社会科学版）2021 年 7 月 5 日网络首发。

③ 丛立先：《〈民法典〉的实施与版权合同的完善》，《出版发行研究》2020 年第 10 期。

④ 张斌：《数字出版版权保护问题与对策研究》，《出版参考》2021 年第 6 期。

容而引发的版权问题尤为严重。区块链技术作为一种分布式的数据库，以其特有的无法篡改、非对称加密、智能合约等技术优势为互联网时代的版权保护与发展困境提供新的契机。区块链技术可以实现“创作即确权，交易即授权，发现即维权”。在源头上就记录创作时间、确定版权所有、追踪流通过程，便捷取证维权。① 借助区块链分布式思维在数字版权资产管理过程中进行数字版权资产存在性证明，所有数据可逆向追溯，各个环节均可确认、举证与追责，从而建立数字版权的信用机制，形成数字版权共治、共享、共建的全生态全生命周期的产业链。特别是区块链版权保护平台，推动实现数字版权确权、监测、侵权取证、诉讼、结算等服务的全流程管理，从而助力版权行业更高效、更健康运转。② 目前，利用区块链进行取证的法律效力已得到知识产权法院、互联网法院等司法机构的认可与采纳。③

为提升社交网络中数字版权管理的服务质量和效率，有研究团队还提出区块链和社交网络传播链“双链融合”的安全传播方案。该方案通过建立一种区块链与社交网络传播链相融合的传播机制，将数字版权内容从上传（确权）、发布（用权）、转发（传播）的整个版权信息生命周期中的传播路径轨迹进行详细记录，为版权信息验证及溯源提供强有力的支撑，支持数字版权保护内容在社交网络的传播过程中以正确的形式传递，并采用数字水印、数字证书等技术为版权信息的安全提供保障。④

鉴于目前区块链技术单纯主要用于数字版权保护，不利于版权价值的开发，有学者还提出了区块链技术与数字版权结合的商业模式运营方案，建议从价值主张、价值创造、价值网络和价值获取等方面采取相应的措施。⑤ 在数字版权保护和商业模式的探索中，已经有部分企业进行了探索，如杭州漫联文链科技有限公司，以版权资产为核心，以区块链数字版权开

① 周美霞、路露：《知识付费平台侵犯版权现象分析》，《传播与版权》2020 年第 8 期。

② 王飙：《数字出版呈现五大发展趋势》，《中国新闻出版广电报》2021 年 6 月 21 日第 8 版。

③ 王飙：《数字出版呈现五大发展趋势》，《中国新闻出版广电报》2021 年 6 月 21 日第 8 版。

④ 吕俊、张志勇、徐艳艳：《基于区块链的社交网络数字版权保护方法》，《计算机工程与设计》2021 年第 6 期。

⑤ 张洁梅、孙浩宇：《基于区块链的我国数字版权商业模式研究》，《出版发行研究》2020 年第 4 期。

发应用，为全球 IP 用户打造了全新场景的版权资产增值体系的生态产业链服务平台。

2. 人工智能技术

数字技术研究领域不断成熟与深化，数字产业发展迅猛，但随之而来的是数字盗版侵权的治理困境，当前单纯以法律伦理和技术为基础的应对策略无法有效规制盗版行为。人工智能技术的融入或能为互联网时代数字版权保护提供有力支撑。

（1）网络盗版行为侦查

人工智能是研究如何利用计算机技术模拟人类思维和行动的一门学科，依托拟人化数字模型，人工智能能够模仿人的行为模式处理相对复杂的问题，且比人工耗费更短的时间。当前，人工智能技术已经可以通过数学建模神经等价物模拟神经网络，实现类似于人脑认知分析的数据处理功能。经过大规模机器学习与模型训练，可以实现汇编、起草、审查、检索、法律咨询、交易谈判、预测犯罪等功能，有效协助处理大量费时费力的重复性法律工作。罗斯智能（Ross Intelligence）、基拉系统（Kira System）、LawGeex 以及 Ebrevia 系统是当今法律市场中顶级的人工智能辅助系统。

文本与图像识别是人工智能技术神经网络学习应用中最基本的功能，也是模型训练应用得最广泛的领域。将其部署在各社交媒体平台或网站，通过对视觉或文本内容的识别与对比，可以有效分析其中的违法内容，已被广泛应用于标记盗播链接、垃圾邮件、色情制品、恐怖主义等内容。该技术同样也可用于盗版侵权行为的监测，机器首先会自动分析各转播端口，识别用于鉴定互联网资源的统一资源标识，以此来鉴别是否存在非法转播链接；其次通过智能图像处理和文本识别模型，分析传播内容中的水印、电子指纹、传播者标识等视觉内容信息，确定原始内容来源；最后针对以上分析做进一步确认，核验疑似侵权终端用户的盗版侵权行为，实现对盗版侵权行为的甄别。

（2）甄别合理使用行为

在版权法中，规定了合理使用的范畴，但如何界定是合理使用还是抄袭成为一大难题。AI 技术可以实现搜索网络侵权链接，过滤非商业行为，并根据深度学习和模型算法辨别该作品的使用是否在合理范围内，进而降低甄别成本，与人工甄别相比，速度快、效率高。最早的AI识别以法律条款规则为模型，以专家的解读为辅助，进行推理判断。虽然法律条款具有高度的提炼性，并且不同的解读具有差异性，但它们之间仍然存在共性，AI能够将其作为文本计算标准进行学习。通过二进制将文本编码，嵌入AI中，可以根据政策、法规、解读进行系统化的判断推理。

美国教授凯文·阿什利研发出了一款人工智能辅助法官进行决策的系统，其基于"遵循先例"的原则进行推理。连接法律文本和智能模型进行系统地判断和解释，适用于模糊规定的情境，成为人工智能法律发展的又一标志性事件。

在无前例判定的案件下，该系统以假设的反例来反驳对方的观点，用补充、删减和改变事实的机械论方法来生成假设。把复杂的问题通过建构模型简单化，也就是通过修正旧论证形成新论证。首先，使用该系统检索出论证思路高度相似的案件；其次，分析和案件的相关程度是相似还是相反；最后，通过类比、对比等方法得出当前案例的判决结果。人工智能给版权法带来了新的跨学科的视野，跳出法律的固定思维，为甄别版权合理行为提供了便捷的辅助维度。

3. 数字水印技术

互联网的交互性、便捷性和即时性等特点造就了网络传播的核心优势，人们偏向于在互联网上进行阅读、复制和传播，文本的可复制性成本降低。虽然在网页中使用了加密技术，但仍然有各种办法突破加密，使得文本可以零成本复制、轻易篡改，引发非法传播和利益纠纷等问题。因此如何保护创作者的产品变得举足轻重、迫在眉睫。解决该问题的一种有效方法即是数字音频水印技术，通过使用数字水印，版权信息被嵌入多媒体数据中，与原始数据相比几乎没有任何差异，更为重要的是，嵌入信息不能够被删除，[①] 适用于新媒体时代下的版权保护场景。在不影响数字作品的阅读和使用体验下，嵌入不易见的信息，对作品进行水印标记工作，当

① Fei Peng et al.，"A Digital Audio Blind Watermarking Algorithm Using SVD in Transform Domain"，*Radio Engineering*，Vol. 51，No. 6，2021，pp. 446 - 452.

产生纠纷时，可以提取信息进行查验。在侵权案件的取证中，从数字作品中提取水印继而可以判定作品所有人、锁定侵权者、检测作品的完整性、认证内容的真实性等，[①] 从而提供侵权证据，降低举证难度，很好地解决了侵权频发的乱象。

（二）国际合作

2020年4月28日，以中国北京命名的、以视听表演权为保护的国际知识产权条约生效，这一条约从签署到实施用了将近8年的时间。按照条约规定，第30个成员国加入后的第3个月，该条约才能生效，印度尼西亚成为该条约的第30个成员国。

《视听表演北京条约》关涉两大概念——表演者和视听作品。表演者为从事对文学作品、艺术作品或民间文化艺术作品进行表演的演员、歌唱家、音乐家、舞蹈家或其他人员；视听作品为可以通过某种装置感受、复制或传播的有伴音或无伴音的活动图像。

《视听表演北京条约》生效，对世界知识产权格局有着重要意义，它弥补了三大涉及表演者权利的国际公约的短板，即《保护表演者、录音制品制作者和广播组织罗马公约》（1961年）、《与贸易有关的知识产权协定》（1994年）、《世界知识产权组织表演和录音制品条约》（1996年），上述三大国际条约只提供了表演者音频作品的保护，将表演者的视频作品排除在保护之外。《视听表演北京条约》对上述两项权利都加以保护。

在互联网环境下，视听表演者的权利极容易受到侵犯，在之前的国际版权框架下，如果有人未经许可将表演者的视频上传互联网供人下载，《世界知识产权组织表演和录音制品条约》的缔约国没有义务向表演者提供保护，但是《视听表演北京条约》生效后，表演者的权利就受到加入该条约的国家的保护。

相比上述三大国际知识产权条约，《视听表演北京条约》有以下几个特点。

首先，它不仅延续了以往对“听”的知识产权保护的问题，而且解决了“看”的知识产权的问题，为视听时代的知识产权维权、确权提供了保

---

① 刘洋：《基于公钥加密的图像数字水印算法研究》，博士学位论文，中国地质大学，2019年。

障。其次，给予表演者复制权、发行权、出租权、提供权、广播权、向公众传播权、现场直播权和首次录制权等广泛的经济权利，给予表演者署名权、作品完整权等精神权利，平衡了创作者、制片人、表演者之间的关系。最后，该条约将《视听表演北京条约》与国际六大知识产权条约的区别和联系做了规定。

（三）法律法规

2020 年推出了与数字版权保护有关的两个重要的法律——《民法典》和《著作权法》，其中《民法典》关于民事权利主体的相关规定对我国《著作权法》规定的专有出版权的合同主体进行了有效规制，也提供了规则完善的可行思路。

1. 《民法典》

随着科学技术的不断发展，我国《著作权法》及配套法律法规对于侵权的构成要件均有落后迹象，不能有效保护版权，尤其是在版权合同方面的条款不够全面。2020 年 5 月颁布的《中华人民共和国民法典》进一步的补充明确了版权保护、版权合同、侵权边界，将知识产权纳入其中，是对既有法律法规的完善和扩充。其作为上位法和补充法，能够对版权合同市场提供更规范的指导性意见，和《著作权法》一起完善版权合同的实践。

具体来说，《民法典》规定了 19 种合同，其中版权合同可以在“合同编”和“物权编”的第二、第三章中找到相应条款，这些规则很好地弥补了版权法的现存漏洞和问题。《民法典》对版权合同的补充说明不仅是版权法的进步，更是国内版权合同规范性提升的表现。它规范了版权市场的交易行为，确保经济价值的良性发挥。虽然法律是强制性的，但版权合同的履行、实践仍然需要合同双方拥有契约精神，秉持着平等、公正、真诚的美好品德。在《民法典》的保护下，解决版权问题、保护作者的著作权、保护商家的售卖权，明确双方的权利和义务，促进版权市场的可持续健康发展。由于版权行业具有天然的经济属性，在市场中要加以规制、保护，这与《民法典》是市场经济的基本法定位吻合，有独特的连接性，因此《民法典》的更新能够指向版权产业的规范化、健康化和可持续化。从世界各国来看，民事立法和商事立法越完善，私权利保护水平越高，版权产业就越发达。①

虽然在法律的加持下，版权保护中蕴含着一定的政治意识形态，部分文化内容会因此被把关，受到限制，但大部分的合法内容在版权市场上仍然是私权性质的，不存在国家的过分干预，文化产业仍然是以商业和文化属性为基本前提。但是商业属性需要宏观调控，因此版权合同需要依靠《民法典》进行根本性的指导，版权法进行补充实践，光靠民法和商法是无法给版权产业带来公平、公正、良性的市场环境的。毕竟，在过去长达十几年的版权保护路上，我国出现了一些问题，而这些问题仅仅依靠民法商法是无法根治的，只有把版权纳入《民法典》才能让市场重视版权保护、降低版权纠纷。

2. 《著作权法》

新《著作权法》已经颁布实施，接下来最关键的是在对核心概念、核心法条、核心条款的解释上取得共识，更需要在应用中进一步完善。一是尽早修改完善《中华人民共和国著作权法实施条例》（以下简称《著作权法实施条例》）。国家应组织专家深入比较研究发达国家有关著作权的法律制度，借鉴其相关立法的成熟经验和做法，进一步细化《著作权法》中关于技术措施的规定，明确数字出版物的属性、数字版权保护的方式，准确界定数字出版行为的含义，妥善安排数字出版涉及的特殊问题，使其具有较强的可操作性。二是将《信息网络传播权保护条例》的相关规定延伸适用、移植到《著作权法实施条例》中，使之覆盖到所有的著作权。三是建立健全数字出版的默示许可制度。默示许可应保证权利人有知悉自己的作品被传播使用的权利，保障权利人的知悉权可采取公告的方式，在版权管理部门明确规定的媒介上登载公告内容；付酬标准可由版权管理部门参照《使用文字作品支付报酬办法》，确定一个公正合理的指导价格。

3. 版权登记

版权登记在部分发达国家已经相对成熟，但我国的版权登记法仍然有待完善。在《著作权法》中没有写明单独的款项，仅有国家版权局发布的

① 丛立先：《〈民法典〉的实施与版权合同的完善》，《出版发行研究》2020 年第 10 期。

《作品自愿登记试行办法》《著作权质权登记办法》，没有纳入法律法规，缺少法律的强制性，更多的是主动、自愿，因此版权登记制度在我国存在一定的空白需要填补。在有的国家已经使用区块链技术进行版权登记，随着我国对区块链技术的支持逐渐完备，中国也突破了版权登记的局限性。2021年中国版权链上线，它是基于区块链、大数据、云计算等技术，集版权认证、版权维护、纠纷调解等服务为一体的版权保护平台，由中国版权协会组织管理。由于区块链技术拥有可追溯和不可更改的特性，能够对版权的流动、登记进行标记，自动追踪版权合同，贯穿版权保护服务的各个环节和流程。将版权登记规则写入区块链之中，能提高版权登记的效率，弥补现有登记规则的缺陷，① 解决版权保护的痛点和难点。

（四）集体管理

在互联网环境下，有很多“小权利”被滥用。所谓“小权利”是指配有或未配相应歌词的音乐作品非戏剧表演权。这些小权利由作家协会或者其他相应的组织来管理，这些组织有权授权表演他们负责掌管的演出节目中的所有作品，只要付费就可以得到许可证。简而言之，著作权集体管理是指享有著作权利的作者或相关人员把版权委托给合法的机构组织管理，并同意以该组织的名义行使版权权利。

著作权集体管理可以实现“抱团取暖”，追求的是权利人利益的实现，帮助版权所有人个体扭转面对大量使用者的谈判劣势，解决维权难的问题。② 集体管理制度自2005年纳入《著作权法》后，经过不断修改，成为版权法中重要的一环。按照《著作权集体管理条例》，权利人可以与著作权集体管理组织以书面形式订立著作权集体管理合同，该组织依法享有管理著作权或者有关著作权的权利。著作权集体管理的模式的形成得益于信息技术的快速发展，为一些小权利人的维权提供了便利。但信息技术的不断更迭，为著作权的集体管理的操作提出了更高的要求，如何在为权利人实现权益的同时，提高集体管理的效率，如何在维护版权与增加透明度之

① 黄保勇、施一正：《区块链技术在版权登记中的创新应用》，《重庆大学学报》（社会科学版）2020年第6期。

② 张斌：《数字出版版权保护问题与对策研究》，《出版参考》2021年第6期。

间寻求平衡，这些都是信息技术时代著作权集体管理需要加以强化的。例如费用标准的公正公开，权利人与管理组织之间互动与交流的透明。

在版权数字化的今天，低复制成本、低传播成本使得电子文化产品的版权受到严重侵害，集体管理制度发挥了很大的作用，在提升版权保护水平的同时，激活文化市场活力，使得文化产业欣欣向荣。2021 年 8 月，中宣部版权管理局在京召开著作权集体管理工作会议，中宣部版权管理局局长于慈珂强调著作权集体管理组织是权利人、使用者和社会公众之间的桥梁纽带，承担着维护权利人权益、便利使用者使用、推动相关产业高质量发展的重要职责。随着国家顶层设计、法律制度的不断完善，集体管理制度在 30 年的发展中影响深远，它使得著作权人由个人维权走向集体维权，平衡作品的保护和传播，促进著作权相关法律体系发挥有效作用。

著作权的集体管理明确了法律性，增加了调解职能，纠纷解决方式更加多元，为维护权利人的权益带去了“后盾”。需要明确的是，著作权集体管理的法定许可条件还需进一步完善，对什么是未经批准擅自从事集体管理的行为进行明确地界定。著作权集体管理作为一种公共管理的场域，兼带有经济属性、文化属性、社会属性，应朝着市场化、法治化、信息化、社会化的方向迈进。① 在形成一种健康的集体管理方式上，文化娱乐行业的企业无疑发挥着举足轻重的作用，权衡好权利人与使用者之间的利益，使集体管理下的版权真正实现市场价值。

参考文献

《12426 版权监测中心发布〈2020 中国网络短视频版权监测报告〉》，2020 年 11 月 30 日，搜狐网，https://www.sohu.com/a/435421088_120054912。

陈白：《短视频版权战反思：数字版权规则亟待厘清》，《经济观察报》2021 年 5 月 3 日第 8 版。

陈虎：《论人工智能生成内容的不可版权性——以表现形式为中心》，《重

① 段海风：《权利与义务的平衡配置——我国著作权集体管理制度的完善方向》，《科技与出版》2018 年第 11 期。

庆大学学报》（社会科学版）2021 年 7 月 5 日网络首发。
丛立先：《〈民法典〉的实施与版权合同的完善》，《出版发行研究》2020 年第 10 期。
丛立先：《网络游戏直播画面的可版权性与版权归属》，《法学杂志》2020 年第 6 期。
党玺、王万玉：《数字音乐版权区块链技术保护的相关法律问题研究》，《电子知识产权》2020 年第 4 期。
段海风：《权利与义务的平衡配置——我国著作权集体管理制度的完善方向》，《科技与出版》2018 年第 11 期。
管瑞哲：《网络环境下知识产权刑法保护问题》，《江苏警官学院学报》2008 年第 1 期。
《聚焦奥运版权保护——依法打击侵权盗版奥运版权行为》，2021 年 8 月 13 日，央视新闻，https://baijiahao.baidu.com/s? id = 1707971955824196822&wfr = spider&for = pc。
刘洋：《基于公钥加密的图像数字水印算法研究》，博士学位论文，中国地质大学，2019 年。
吕俊、张志勇、徐艳艳：《基于区块链的社交网络数字版权保护方法》，《计算机工程与设计》2021 年第 6 期。
秦晓峰：《区块链存证后，能打赢官司吗?》，2021 年 8 月 16 日，36 氪，https://36kr.com/p/1724757557249。
阮开欣：《欧盟报刊出版者邻接权的成因及启示——以〈数字化单一市场版权指令〉为背景》，《出版科学》2020 年第 4 期。
隋明照：《〈2020 年中国网络版权保护报告〉发布多主体齐发力营造网络版权保护良好生态》，2021 年 6 月 4 日，国家版权局网，http://www.ncac.gov.cn/chinacopyright/contents/12639/354457.shtml。
孙国臻：《网络环境下著作权三振规则引入我国的可能性——三振规则与避风港原则的比较分析》，《山东审判》2013 年第 3 期。
汪瑞、李蔚、袁娇娇、宋雯婷：《自媒体侵权行为的损害赔偿体系现状与改进》，《传播与版权》2020 年第 6 期。
王飙：《数字出版呈现五大发展趋势》，《中国新闻出版广电报》2021 年 6 月 21 日第 8 版。

王迁：《论规制视频广告屏蔽行为的正当性——与“接触控制措施”的版权法保护相类比》，《华东政法大学学报》2020 年第 3 期。

王迁、文棋：《媒体融合中的版权困境与制度革新》，《编辑之友》2021 年第 5 期。

《音集协起诉快手侵权索赔 13 万：涉及 6 万多首歌，近 3 亿次播放》，2020 年 11 月 9 日，艾媒网，https://www.iimedia.cn/c460/75147.html。

袁锋：《接入服务提供商版权责任适当性扩张研究》，《北京理工大学学报》（社会科学版）2021 年第 4 期。

张斌：《数字出版版权保护问题与对策研究》，《出版参考》2021 年第 6 期。

张建春：《全面加强版权保护　推动构建新发展格局》，2021 年 6 月 3 日，国家版权局网，http://www.ncac.gov.cn/chinacopyright/contents/12227/354439.shtml。

张洁梅、孙浩宇：《基于区块链的我国数字版权商业模式研究》，《出版发行研究》2020 年第 4 期。

张省、董盈：《基于区块链技术的数字版权保护研究》，《科技管理研究》2020 年第 1 期。

赵秉志：《罪刑各论问题》，北京大学出版社 2010 年版。

周美霞、路露：《知识付费平台侵犯版权现象分析》，《传播与版权》2020 年第 8 期。

Fei Peng et al.,“A Digital Audio Blind Watermarking Algorithm Using SVD in Transform Domain” *Radio Engineering*, Vol. 51, No. 6, 2021.

T.7　人工智能在新闻传播业应用现状及发展趋势研究报告*

赵　磊　张思羽　陈梦杰**

摘　要： 随着技术的发展，人工智能与新闻传播业不断深入融合，碰撞出了许多新闻技术改革的火花。人工智能具有精准分析数据、快速生成内容、个性化定制推荐等功能，逐渐在新闻传播业扮演着不可或缺的角色。本报告旨在分析与探讨当前人工智能在新闻传播业的应用、对新闻与传播业产生的影响以及未来趋势。

关键词： 人工智能；新闻传播业；内容生产；用户体验

一　人工智能及近期进展

（一）人工智能概述

人工智能（Artificial Intelligence，AI），最早于1956年在达特茅斯会议上提出，目的是让日益成熟的计算机系统能够代替人类解决一些感知、认知乃至决策的问题，之后由美国学者麦卡锡引入学术研究领域。① 人工智能作为计算机科学的一个分支，主要指利用计算机科学及技术手段，对于人类固有智力水平进行拓展和延伸，并运用算法等手段模拟人类的思维的应用性科学。当基于人工智能的计算机系统生成媒体内容或负责内容的推

---

* 本报告为国家社科基金重大项目“融媒体环境下互联网平台型企业现代治理模式研究”（项目批准号：20&ZD321）的阶段性成果。

** 赵磊，博士，浙江传媒学院新闻与传播学院讲师，研究方向：数据可视化；张思羽，浙江传媒学院新闻与传播学院硕士研究生；陈梦杰，浙江传媒学院新闻与传播学院硕士研究生。

① 段蕾：《人工智能时代新闻业面临的挑战与对策》，《传媒》2019年第15期。

送时，人工智能就逐渐融入新闻传播的生态系统之中。这不但模糊了新闻传播、计算机科学和统计学之间的界限，更是模糊了人与机器之间的界限。[①] 从哲学层面来看，人工智能的出现模糊了人类社会与人类思维之间的关系，作为人类社会当中一部分的机器人也开始成为具备一定程度人类思维的个体。

人工智能的诞生与应用，改变了原有工业生产的模式和格局，使得人类单纯依靠机械与人类智力结合进行生产的格局被打破。工业革命主要倡导的是生产方式的变革，从手工生产过渡到机器大生产；第二次工业革命主要倡导的是更先进的生产工具以及新能源应用，主要针对劳动生产率的提升；第三次科技革命主要针对的是知识经济和第三产业对于整体经济的拉动作用。人工智能的广泛应用，在对工业生产又一次深刻变革的同时，更对以内容为核心的新闻传播业施加了深入的影响，正在推动着人类的新闻传播业步入智能媒体时代。

（二）新闻传播领域人工智能技术概述

人工智能对新闻传播领域的多层次渗透，已经成为一种现象级的社会存在。[②] 人工智能与新闻传播的结合，是新闻传播业近十余年来开始发展起来的新业态。随着5G技术的发展，人工智能技术与新闻传播领域的融合进一步加强与深化。具体来说，主要是将新闻传播业的内容生产和采、编、播流程环节中的各项工作，尝试交由人工智能功能的机器人进行完成，主要包括选题、采集、编写以及播出和分发等流程。在新闻采集过程中，利用大数据预测将要发生的新闻，通过新闻传感器完成对新闻事件的全天候监控；在新闻生产环节里，利用计算机辅助新闻写作，依照事先编写好的算法和程序，利用填充到数据库当中的相关信息进行标准化、程式化的加工；在新闻分发时，可以依据用户的喜好和使用习惯进行智能化分发，提升内容分发的针对性和效率。

人工智能在语音识别、语言处理与数据处理等方面的持续进步，也不

---

① 徐敬宏、胡世明、陈文兵：《人工智能时代新闻业面临的机遇与挑战》，《郑州大学学报》（哲学社会科学版）2018年第5期。

② 喻国明：《传播游戏理论：智能化媒体时代的主导性实践范式》，《社会科学战线》2018年第1期。

断被应用于新闻内容生产的各个环节，包括虚拟现实场景建构、AI合成主播新闻播报、媒体内容图文音像之间的相互转换、智能灯光和摄影系统构建等。在当前媒体融合的整体大背景下，新闻传播业以人工智能为核心，借助互联网与大数据等新兴媒体技术，在采编与播报流程以及标准化内容生产与媒体运作流程中不断深入应用，进一步提升了新闻传播业的智能化应用率，也极大地推进了媒介融合进程。

二 人工智能在新闻传播业应用现状及分析

（一）人工智能在新闻传播业内容采集中的应用

对于新闻传播业而言，内容数量和质量直接影响媒体的经营和发展，做好内容的生产和管理工作，不仅能够显著提升媒体企业的产品质量，更是传统媒体往新媒体转型的背景，实现媒体融合的治本之策。媒体要做好内容管理，就需要对内容生产的采、编、播各个阶段都进行严格把关，在严格把关中实现自身内容质量的提升。

在传统媒体时代，“把关”角色为自然人与机构，但是在新兴技术发展的今天，“把关”的权利一部分已经过渡给了机器和技术系统。新媒体时代，每个人都可以拥有自己的发声平台。网络和新媒体的广泛普及，极大地改变以往新闻传播行业收集新闻线索、得到新闻素材的运行形态。网民更是可以通过便携式移动设备，快速将其目击到的事件以现场视频、图片以及文字形式向媒体进行曝光，为专业媒体内容生产提供内容。新媒体平台的全时性使得信息量暴涨的同时，海量、冗余、良莠不齐的信息给新闻线索的挑选带来了巨大的挑战。据此，人工智能就可以利用超强的分析能力，在海量的网络消息当中选出需要的新闻线索提供给采编人员进行参考，以此来形成报道的方向。在这种情况下，通常是运用人工智能的学习、自然语言理解分析等技术解析互联网上大量信息与数据，帮助记者发现有价值的新闻线索，再利用多种媒体类型相互融合的方式呈现以吸引用户。

最早的新闻写稿机器人出现在2009年，Stats Monkey通过数据以及固定的模板为美国职业棒球大联盟季后赛独自撰写了一篇新闻稿。Buzzfeed推出的Buzz Bot、路透社推出的Reuters News Tracer和《华盛顿邮报》推出的 Heliograf 等人工智能工具，能够利用网络上的海量信息帮助记者筛选出有价值的新闻线索，同时还能够利用这些数据预测事件发展趋势等。在国内，机器人写稿最早起源于中国地震网，在 2017 年 8 月 8 日的九寨沟地震中，通过实时数据以及人工模板，新闻机器人仅仅用了 25 秒完成了 540 字的地震报道。报道完整，数据清晰，能够极快地向外界传递当时九寨沟的情况。2015 年腾讯发布 Dreamwriter 自动新闻写作机器人，通过对数据的抓取以及早已生成好的模板进行一些基础的新闻稿写作，大大提高了新闻采集和编辑的效率，进一步扩大了报道范围。《人民日报》的小融、《纽约时报》的 Blossomblot 等新闻机器人，也相继开展新闻稿件采写工作。2019 年，新华智云推出了 8 款机器人，用于辅助新闻采集，通过开展突发识别、人脸追踪、安全核查等方面的工作，极大地提升了新闻采集的智能化水平。由《南方都市报》推出的“新闻线索监控机器人”依托自行研发的爬虫及语义识别技术，通过同步微博、百度热点、证券股市公告等信息线索监控采集，进行数据清理语义分析，根据记者设置的监控关键词，及时向记者微信推送对应的新闻线索信息。[①] 基于互联网已有的庞大数据，运用技术进行数据抓取，再从中提取有价值的信息反馈给新闻记者，避免了记者在漫漫信息海中的摸索，留出更多的时间给信息的核实与深度调查。

语音转文字技术引入人工智能以后，可以极大地降低记者编辑人员的劳动强度，被广泛用于新闻采访。科大讯飞推出的“讯飞听见”、新华社“媒体大脑”的“采蜜”等语音文字转换方案，轻松实现录音到文字的转换，极大地提高了记者的工作效率。利用人工智能技术将记者与编辑从一些简单、烦琐的收集整理信息的工作中解放出来，节省了劳动资源与时间成本，提高了生产效率。

除了在后台进行内容采集之外，搭载 AI 技术的机器人甚至可以直接参与现场采访或报道。2017 年两会期间，新华社自主研发的人工智能机器人“爱思”（Inspire），以“记者”的身份参与了全国人民代表大会的新闻报道。2018 年 3 月，《现代快报》推出了“快宝”，“快宝”在 2019 年两

① 杨博文：《运用人工智能发现新闻线索——南都新闻线索监控机器人的实践》，《南方传媒研究》2020 年第 4 期。

会期间，对两会的采访有优秀的表现。2019 年全国两会上，科大讯飞研发团队开发了助理记者机器人“小白”，通过对人声的采集、分析，制造出央视主持人白岩松的合成音库，“小白”以助理记者的身份在全国两会现场采访了诸多参加两会的全国两会代表和委员。

在传统的内容管理上，新闻线索需要记者的社会交往，进而形成对“线人”和相关组织的把握，需要一些权威信源来对新闻线索进行解构和提供。随着大数据与人工智能在新闻与传播行业的广泛应用，新闻传播行业内容生产对记者的依赖性正在不断减弱，其选题和传播领域正在被无限延展。由于智能化机器的介入，新闻的价值取向以及利益诉求将会对社会全体成员开放，在显著提升新闻媒体报道质量的同时，也让网络上的更多声音成为被参考的备选对象，相当程度上增加了新闻报道的客观性。

（二）人工智能在新闻传播业内容生产中的应用

新闻机器人主要是基于已经预设好的特定算法，根据数据库中已经设置好的模板对数据进行加工和处理，同时进行媒体宣发的一种计算机应用程序，其特色包括快速搜集数据、快速发布信息和即时推送新闻消息等。

传统媒体时代之所以被称为传统媒体时代，是因为广播、电视以及报纸等传统媒体掌握着媒体的话语权与新闻资源的垄断权。新闻传播业从业者成为新闻内容的主要生产者，从现场采访到内容编辑再到审核校对以及宣发，其过程都有专业的机构和专门的人员进行，在制度设计上，也以“三审三校”的内容管理和审核模式对新闻生产和传播进行制约。自媒体时代，除了媒体宣传发行渠道的多样化以及新闻资源的非排他性，“人”也不再是唯一的新闻内容生产者，人工智能的应用使得内容生产从以人为核心转化为人与人工智能共同运作，机器也开始融入内容生产，并开始产生其自身独特的影响力。

在传统媒体时代，内容需要被选择性宣发，这种选择性是新闻内容生产者个人因素、政策因素等共同作用的，媒介真相同事实真相之间主要的鸿沟在于新闻内容生产环节。人工智能引入内容生产之后，媒介真相呈现的主动权就由新闻传播业从业人员主导转化为受众与人工智能共同主导。新华社的“媒体大脑”AI 平台就是利用人工智能、传感器等技术进行信息的采集与整理，极速向记者传达新闻线索、极速生成数据新闻等。[①]

在传统媒体时代，媒体抢先发布新闻的关键是新闻报道的即时性，新闻的及时报道代表着新闻报道的主导权。但人工智能引入新闻报道后，各媒体几乎可以同时发现新闻线索并进行自动采编，再加之人工智能的标准化作业流程和量化内容生产，就在相当程度上消解了以往媒体行业“抢时效”的现象。

根据传播学的渠道依赖论，受众对渠道的依赖赋予被依赖渠道的影响力和价值，就是受众所说的“渠道权利”。[②] 随着新媒体时代“人人都是自媒体”理念的不断深入，媒体在原有宣发和渠道上具有的绝对优势逐渐式微，加之人工智能的应用，根据既定模板以及新的新闻要素就能够快速生成新闻并进行自动宣发，这也就使得信息披露有了极快的速度，新媒体通过这种速度上的优势确立并巩固了其在渠道权利方面的地位和话语权。

彭兰指出，未来人与机器的边界将被打破，“人机协同”将成为新的新闻生产方式。[③] 通过人与人工智能共同运作，“人机协同”的新闻生产新模式也成为新闻生产模式的主流，人与人工智能可以在实践当中形成全新的内容生产分工，将需要人进行思考判断的重点要素更加精细化、专门化地分配给人，将简单重复劳动交由人工智能完成，从而使得媒体生产的专业化成为现实。这主要由两条路径实现：一是算法在人的指导下进行简单重复劳动，实现各种新闻内容的短期化实时生产；二是机器人通过数据深度学习形成对于事件的分析报告，进而促进新闻稿件写作向深度化、纵深化发展，为读者提供更多高质量新闻。

人工智能技术在媒体内容修复中也大放光彩。新闻与历史的关系不言而喻，今天的新闻记录着明天的历史。保管不善或时光的流逝等都可能会对一段历史影像造成损害，通过人工智能助力影像帧补、上色、超分辨率的人工智能修复技术能够让这些影像重回“光明”，将过去的岁月与时光重新展现在人们眼前。2020 年 5 月，“大谷 Spiter”在 Bilibili 平台和微博

① 李仁虎、毛伟：《从“AI 合成主播”和“媒体大脑”看新华社融合创新发展》，《中国记者》2019 年第 8 期。

② 喻国明：《当前新闻传播“需求侧”与“供给侧”的现状分析》，《新闻与写作》2017 年第 5 期。

③ 彭兰：《无边界时代的专业性重塑》，《现代传播》（中国传媒大学学报）2018 年第 5 期。

上发布了用人工智能技术修复的百年前的北京影像，随后《人民日报》客户端发布相关资讯并开通话题“人工智能修复百年前北京影像”，引起了广泛关注。在庆祝建党百年的前夕，“大谷 Spiter”发布利用人工智能技术修复的让李大钊、陈延年等革命先烈露出微笑的视频，《人民日报》进行转发，引起受众的情感共鸣。[①]

对信息获取有困难的用户，人工智能也发挥了极大的作用。科技公司 Newsela 研发的阅读水平转换器（Reading Level Converter），能够通过用户选择的阅读水平与习惯，调整新闻报道的词汇和语法的复杂与难易程度，从而提供适应用户的个性化内容。2018 年，阿里智能音箱天猫精灵与《沈阳晚报》《南方都市报》《都市快报》等纸媒合作，联合开发 AI 语音头条，[②] 将各报纸授权的文字内容，利用人工智能技术转换为语音，每日不间断更新，满足了受众随播随听的需求和习惯，实现了传播内容的再生产，重塑和提升了文字内容的传播力。

在视频剪辑与制作领域，人工智能的影响也逐步深入。人工智能通过具备的图像识别能力、镜头语言理解能力等，能够在极短的时间之内完成视频剪辑和制作。2018 年双十一期间，阿里巴巴推出的人工智能视频制作软件“AlibabaWOOD”——一款利用人工智能技术进行视频制作的软件，能够在 1 分钟内制作 200 多个短视频。

在利用人工智能进行主持方面，各国也做了大量的努力。人工智能主播的理念发轫于英国，并在中、韩、日、美等国家率先应用。2001 年，英国报业联会媒体公司推出了世界上第一个虚拟主持人阿娜诺娃（Ananova）并迅速引起世界范围内对人工智能主播的探索。2004 年，国内首位虚拟主持人“小龙”由 CCTV 推出。

2015 年 12 月，微软设计的智能主播小冰登陆东方卫视《看东方》的荧幕。小冰主播在声调、语言、形态等方面表现突出，还能够对信息做出简要的点评，是我国第一位正式上岗的 AI 机器人。2018 年，全球首个完全模拟和仿真的人工智能合成主播新小浩诞生，是新华社将 CCTV 主持人

---

① 周子晴：《人工智能视域下影音档案修复与传播路径探讨——以百年前北京影像修复为例》，《北京档案》2021 年第 6 期。

② 《2019 中国书业大势大事》，2019 年 12 月 31 日，中国出版传媒网，http://www.cbbr.com.cn/contents/502/35655.html。

邱浩的声音与外表进行建模制作而成。当前，AI 主播与真人主播合力进行节目播报已经成为常态。大多数 AI 主播都是以真人主播为原型进行设计，甚至可以模仿人类主播的主持风格来进行互动采访。2019 年全国两会期间，中央广播电视总台利用 AI 技术推出的 AI 主播，能够快速抓取全网相关的热点文章、网友的热搜评论等，通过技术进行充分整合，可精准预测全国两会热词并快速呈现给观众，实现了用户个性化的新闻需求。人工智能合成主播小晴正式参与新闻播报工作，承担了大量的播出任务，标志着人工智能主播进入了实用阶段。小晴能够依托机器翻译技术进行多种语言的实时翻译，使用多个国家的语言完成内容播报。2020 年 5 月，新华社发布的全球首位 3D 版 AI 合成主播新小微，可以自动调用知识库，记者与编辑仅仅只需输入文本内容，AI 合成主播就能够进行实时的新闻播报，给观众带来两会的最新报道，还能及时回答观众提问，将智能采编和播报的优势发挥得淋漓尽致。2020 年新冠肺炎疫情防控期间，在真人主播无法到场工作的情况下，科大讯飞公司的 AI 主播小晴协助百余家媒体开展抗疫宣传工作。

2021 年 3 月全国两会期间，智能主播“爱加”现身“AI 主播说两会”节目，科大讯飞公司为“爱加”引入了自然语义理解技术，使其能够智能理解和决策文字内容，自主生成与观众的对话文本并精确播报，提升用户与虚拟人交互过程中的视觉效果和交互体验。主播机器人具有真人主播不具有的优势，如 24 小时永续播报、播报无差错等，可把真人主播从烦琐的劳动中解放出来。

（三）人工智能在新闻传播业内容分发中的应用

人工智能技术对于新闻传播业务链条有着深入的影响，在智能化浪潮的影响下，用户对内容的观看和使用习惯通过大数据被记录下来，人工智能根据受众的个人特征、上网习惯等数据，为单一受众进行用户画像，从而基于用户的兴趣爱好进行算法分析，进行有针对性地内容推送。

在国外，首先由社交类 App 掀起个性化推荐浪潮。1992 年，GroupLens 对美国兴趣社交网站 Usenet 讨论区里的内容排序后，指引用户去发现他们尚未发现但有可能感兴趣的内容。2001 年，Google 以系统分发的方式向用户推荐新闻。此后，个性推送开始应用于其他渠道。谷歌和 Facebook 将算法技术应用于新闻搜索、分发与推荐等服务，标志着算法推荐直接介入人类编辑把关领域。2002 年，谷歌新闻（Google News）成立，2006 年，Facebook 网页版开始运用边际排名算法的 Newsfeed 项目，开启了用户随时共享好友、实时更新的推荐方式，多次改进之后，这项功能成为风靡社交平台的主流信息呈现模式。随后，各类新闻信息类 App 也都开始采用此类方式，并不断完善，形成了个性化推荐技术。路透社曾推出 Reuters Tracer 程序，将 Twitter 作为全球新闻追踪器，从 Twitter 的海量推文中挑选出最相关的事件，凝炼出推文的主题，再根据点击量排列事件的优先级，模拟真人编辑出标题和新闻摘要，发布在路透社的全球新闻网上。了解用户喜好并通过喜好为用户定制个性化内容已经是当下获取注意力经济最行之有效的方法，各路媒体都在争相研发、引进此类技术。

在国内，各类新闻 App 也开始不断强化算法推荐在新闻分发中的角色。2013 年 7 月，一点资讯上线，根据用户喜好为用户提供私人定制的精准资讯；2014 年 11 月，搜狐新闻 5.0 版更新，推出个性化推荐功能；2015 年 11 月，网易新闻客户端 5.4 版更新，为头条资讯加入个性化算法推荐。人工编辑的角色不断被弱化，大多数媒体甚至希望未来能够将分发的工作完全交给算法。这些产品是个性化推送领域的典型代表，其结合人工智能分析建构起对用户使用习惯的深度学习，从而为用户量身打造满足需求的个性化内容。

相较于传统媒体时代，基于人工智能的个性化推荐更能突出受众的需求，呈现的信息也更能抓住受众的注意力，这种以人为本的技术运用也在当下注意力匮乏时代给新闻媒体带来了不少的关注，实现了传受双方的共赢。

算法推荐、自动化语音识别、云计算、机器学习等技术日渐成熟，人工智能语音技术和个性化新闻推荐的相互结合，催生了新闻机器人、聊天机器人、对话机器人等应用。聊天机器人能够根据预设的程序和回答方式，满足受众对问题的求知需要。聊天机器人本质上是作为一种理性化的机械而存在，但是在开发目的上，除了减少工作人员的工作量的需要，也有提升新闻传播行业服务质量的需要，是新闻传播行业致力于充分提升用户体验、基于市场导向对自身产业内容的一次革新，它使得在过去看似不可能的人机沟通成为现实，也为民众的生产和生活带来了切实的便利。例如，《人民日报》的小融、微软的小冰等都是受众所熟知的新闻机器人。

一种媒介技术或工具的出现与普及，对社会及人的行为产生的冲击和影响是巨大的。[①] 人工智能在当下阶段进行的多是简单重复的劳动，在内容分发方面还显得相对固化，在新闻传播中内容的生产与分发存在浅层化的问题。借助人工智能手段的不断发展与技术进步，新闻传播业的标准化和全球化传播程度会继续加深，语音识别和在线翻译等功能与人工智能的综合应用也有助于消除语言理解的壁垒，人工智能将给新闻传播业带来视觉、语言、体验等多方面尝试融合的深刻变革。

（四）人工智能在新闻传播业内容管理中的应用

事实是新闻的本源。在新闻生产后期流程尤其是新闻事实核查方面，人工智能也有着其独到的优势。在传统媒体时期，新闻事实的核查依靠的是新闻记者的现场调查、走访等手段，时间成本大，效率低下。而人工智能凭借对网络宣发平台的实时监控与内容抓取，形成对基本新闻事实的建构和把握，从而可以帮助技术人员在信息采集、信息源头挖掘与把控等方面取得先机，人工智能以其在信息搜集以及信息资源利用分析方面的优势，为信息源的筛选与排除提供了新路径。

同时，人工智能也在网络谣言以及假新闻的甄别当中发挥着独特的作用。通过大数据的存储以及记忆等功能，每个个体和算法都可以起到"把关"的作用，人工智能将假新闻以及网络谣言通过分类、编码以及存储，在智能学习中形成对假新闻的鉴别能力，在用户接触内容时，人工智能就能通过以往的学习经验对用户形成提醒，进而帮助网络谣言治理向着纵深化发展，形成对新闻事实的实时检测，也能够让管理人员实时找到自身的偏差所在。

当前，国内外很多媒体通过人工智能技术，在海量信息的互联网环境中抓取、核查、验证消息，以确保新闻的真实性。面对假新闻与谣言也能及时删除或者提醒用户，保证用户信息摄入的有效性与健康性。比如，由英国路透社所推出的 Reuters News Tracer，能够通过对互联网数据库进行对比、利用算法查找信息源等方式对新闻事件的可信度进行检测。Facebook

① 郭庆光：《传播学概论》，中国人民大学出版社 2011 年版，第 135 页。

针对文章开发了一些功能，如找第三方机构对信息进行核实，同时还借助用户力量，用户有权对文章信息进行标注，帮助用户在当下巨量的信息海中获取真实、有效的信息。在国内，今日头条通过人工智能技术与用户举报、跟帖评论相结合来分发信息以及鉴别信息的真伪。腾讯网在2017年推出“较真”事实查证平台，平台除去算法之外，借助用户的力量进行信息真假的辨别；微信于2017年推出辟谣助手小程序，用户在查询信息的过程中，一些文章一旦被鉴定成谣言，能够及时地收到信息提醒。[①] 2019年年初，阿里巴巴发布了一款粉碎网络谣言和假新闻的产品——AI谣言粉碎机，其特定场景中的准确率已经达到81%。实践表明，这些功能与产品的上线对互联网环境的清朗化、信息筛选的高效化产生了积极作用。可以说，利用人工智能信息抓取与处理的优点结合人工记者编辑的深度，人机协作将会成为未来新闻与传播业内容生产与把关的重要方式。

在数字出版物版权保护方面，人工智能也发挥着不可缺少的作用。通过构建数据库，同区块链技术进行深度合作，形成数字出版物版权保护的总体体系。人工智能可以通过对作者文稿的风格进行深度学习，形成对作者出版物整体行文风格的把握，在这种把握中对可能出现的侵权出版物进行实时监测。同时通过检测与数据抓取进行取证，为后续的协商以及诉讼环节提供证据层面的支持。这是建立在人工智能独有的深度学习以及数据抓取功能基础上对版权管理及保护的一种重构。通过区块链与人工智能的结合应用，利用区块链去中心化、可追溯以及不可篡改三个特性来对新闻作品跨平台版权贸易以及数字增值服务提供保障，同时建立起一套版权保护与管理专属数据库，利用区块链的底层架构来完成数据库和侵权检测系统的整体构造，推动侵权识别效率的提高。

人工智能与区块链的结合，可以为原创者和版权所有者提供更加多元的保障服务。在人工智能数据库构建的大背景下，利用区块链进行版权确权有效提升了版权管理效率，简化了流程以及运营成本。同时，还可以在人工智能主导下加强智能化版权交易平台建设，搭建网络内容创作者、版权服务商等各方之间的桥梁，使得各方能够在内容生产的全过程中参与，

① 《人工智能推动“媒介生活”》，2007年8月3日，中国社会科学网，http://www.cssn.cn/zx/201708/t20170803_3599544.shtml。

提高交易的实际效率。在整个流程当中，人工智能都以其侵权检测服务提供切实可靠的依据，提供侵权行为预警、证据留存、智能信息提醒以及维权、信息参考等服务，从而使得版权管理当中的管理成本及维权成本都进一步降低。比如，微博云剪在提供剪辑功能和媒体资产管理的同时，还能完成内容版权保护工作。

（五）人工智能在提升新闻传播业用户体验中的应用

传统媒体时代的用户体验是均一化的，采编人员和编辑通过标准化流程生产出均等化的、标准化的新闻产品，受众看到的信息只能是采编人员选择性呈现的部分信息。进入网络时代以后，针对更大的信息量，网络用户可以根据自己的兴趣点和自身需求有针对性地选择内容进行阅读，这就与传统的标准化新闻制作与生产产生了冲突。人工智能的引入，是对这种冲突的有效智能解决方案，在每个个体以及每个采编人员之间进行桥梁的搭建，由人工智能基于用户的使用习惯进行用户肖像刻画，并借助大数据形成数据库，真正实现新闻传播内容生产的定制化与个性化。在新闻分发中，人工智能极大地提升了新闻传播速度，并基于数据生成个性化新闻推荐，极大地满足了用户的阅读需求，提升了用户阅读新闻的体验。

新闻传播业能够利用不同的语料库，人工智能对各种不同的语料库进行深度学习，针对多样化的受众结构有针对性地设计阅读产品，从报道角度、行文风格与逻辑、参考与娱乐价值等不同维度进行有针对性地建构。这种差异化的写作方式是新闻生产整体流程当中的大势所趋。

2015 年 10 月，腾讯旗下的智能写作机器人——梦幻写手（Dreamwriter）专门应用于财经报道写作，在报道当年 9 月的宏观经济走势时，针对不同类型的受众，进行了个性化的稿件定制，分别推出了《常规版：9 月份 CPI 涨幅回落至 1.6%》《精要版：9 月 CPI 涨幅回落降准降息可能性大》《民生版：9 月 CPI 涨幅回落住房租金保持上涨》《研判版：9 月 CPI 涨幅回落货币政策或维持宽松》；[①] 为了适应受众的不同文化水平以及阅读习惯，这几篇文章虽然来自相同的数据源，但是在文字的使用以及行文风

① 王江涛：《机器人新闻写作的局限与不足——基于腾讯财经写作机器人 Dream writer 作品的分析》，《传媒观察》2016 年第 7 期。

格上差别较大。腾讯通过这种个性化文章的写作与推送，建立以人工智能与大数据为核心的个性化推送策略，从而真正实现内容的个性化生产。在国外，Facebook 基于用户之间的互动等形成的大量数据，引入人工智能完成了新闻的精准化分发。同时，利用大数据与人工智能，也能够充分推进新闻传播与统计学、社会学等相关学科的深度融合与综合实践，通过人口统计学手段对用户的个人社交关系、地域分布、年龄、性别、职业和兴趣爱好等信息进行收集，推进新闻的结构设计、语言应用和媒体倾向等与其进行匹配，实现个性化的新闻生产。《纽约时报》与 Verizon 联合成立的 5G 新闻实验室，借助 5G 技术收集更富有沉浸感、立体感更强的新闻，通过照片、视频、音频以及三维模型等形式，以更加直接的方式传递给用户，从而增强用户见证新闻正在发生的体验感。

同时，人工智能还能够促进用户反馈机制的完善。人工智能化的用户反馈机制的特点是即时、快速、个性化，相较于传统的单向的信息传播模式，人工智能带来的用户实时交流反馈自身意见与想法，甚至可以与媒体人员直接进行交流与意见的表达，从而推进媒体行业以观众需求为导向，及时调整自身的传播倾向与传播策略，更好地为用户量身定制信息。

2019 年 6 月，中国广电与三大运营商获得了 5G 牌照，标志着我国正式进入 5G 时代。5G 即第五代通信技术，5G 拥有高速率、高容量、低延时、低能耗的特点。5G 技术的发展，进一步助力了人工智能、云计算、AR/VR 等新兴技术的场景化应用，智能化与场景化成为传媒业内容生产的核心理念。① 沉浸式新闻的概念最早由诺尼·德拉佩纳（Nonny de la Peña）提出，他认为沉浸式新闻是一种能够让观众获得新闻故事中第一人称体验或现场感和真实感的新闻呈现方式。② 在 5G 时代，5G 技术的助力打破了原本的技术壁垒，VR 虚拟现实技术慢慢渗透进新闻报道领域，生产出不少的 VR 新闻，给观众耳目一新的体验感。在 VR 新闻的环境中，观众能够身临其境地感受新闻当时所发生的一切事情，使受众的旁观者角色转变为了目击者角色，能够带给用户更大的视觉冲击力，增加了新闻的

---

① 李良荣、辛艳艳：《从 2G 到 5G：技术驱动下的中国传媒业变革》，《新闻大学》2020 年第 7 期。

② 杜江、杜伟庭：《“VR + 新闻”：虚拟现实报道的尝试》，《青年记者》2016 年第 6 期。

真实感。[1] 2020 年 1 月，封面传媒发布“智媒云 3.0”版本，以视频传播为主要手段，借助算法和数据的驱动，以媒体融合手段提升用户体验。2021 年，央视春晚尝试使用 5G + 4K/8K/VR 进行直播，从二维提升到了三维，这种全方位、沉浸式的表现方式给受众带来了更具真实感、多维度的全新感官体验。

三　人工智能在新闻传播业应用发展趋势

（一）重塑新闻生产流程，人与人工智能共生协作

智能化技术在新闻行业的广泛应用，给新闻行业带来了极大的变革，从信息采集、生产、分发、核查与判断等方面给新闻传播业带来新的变化。人工智能参与到新闻生产的各个环节，在微观上，人工智能技术重新塑造了传媒产业的业务链，在整体上，也改变了新闻传媒业的业态样貌。人工智能与新闻行业的关系变成了相互融合、你中有我、我中有你、无法分割的状态，新闻媒体从业人员与人工智能的人机协同将逐渐成为未来的发展趋势。

随着各种形式搭载新型人工智能化可穿戴应用设备和传感器的智能化物体、写作机器人等技术的发展，人工智能相比于人力，在信息的收集、抓取、整合等方面有天然的优势，甚至可以仅仅花费几秒钟就能完成一篇新闻报道，而且还能够根据用户的喜好进行私人定制化的内容生产。提高新闻生产效率的同时，也大大改变了以往的新闻生产流程，将许多新闻工作从业人员从重复的劳动中解放出来，从事更多而且具有较高创造力的新闻工作。同时也能够在信息的搜索与整合方面帮助新闻从业人员提升写作的质量和效率。

虽然人工智能参与新闻生产流程已经成为各大媒体机构的常态，无论是媒体大脑、虚拟主播，还是增强现实和虚拟现实，人机协同已经成为未来新闻传播业生产的主流模式，但在这一模式中，人仍然处于主导地位。一方面，机器人新闻写作的领域主要集中在财经新闻、体育赛事和突发事故等高数据密度、低语境的报道中，且无法跳脱出算法和模板的窠臼。作

---

① 陈心茹：《VR 新闻与新闻可信度》，《中国报业》2019 年第 11 期。

为主体的人在新闻的议题选择、观点呈现和情感价值方面有着无可替代的优势，深度报道、敏感议题、边缘现象将成为今后新闻传播业从业者的主要工作方向。另一方面，机器生产内容离不开人的把关，由于机器无法独立判断新闻的倾向和新闻价值，多是依靠关键词对内容进行筛选和把关，在内容把关上仍离不开人的作用。

人工智能对现在的新闻传播业在技术方面以媒介融合的形式施加影响，不同信息的流通渠道、应用方式等都产生了广泛而深刻的变化。传媒业进行解构与重构时，离不开人机协同的整体建构，但无论人工智能如何发展，人始终都是新闻生产的核心要素，机器只是人的附属品。[①]

（二）5G驱动下，新闻内容生产革命性变革与媒体融合纵深发展

2019年被称为5G元年，具有高速率、低延迟率的5G技术在新闻传播业得到迅速应用，给新闻内容生产带来革命性变革。2020年，中共中央办公厅、国务院办公厅印发的《关于加快推进媒体深度融合发展的意见》指出，媒体融合纵深发展要以先进技术引领驱动融合发展，用好5G、大数据、云计算、物联网、区块链、人工智能等信息技术革命成果，加强新技术在新闻传播领域的前瞻性研究和应用。[②]

人工智能在5G技术的加持下，能够实现万物互联。万物皆媒推动“云端”操作成为常态，云采访、云录制、云访谈、云直播、云剪辑、云分发等云采编应用层出不穷。新闻制作流程将彻底打破时空上的限制，新闻现场的移动化采编和云端处理及审核将进一步提升新闻生产效率。[③] 基于5G网络的云采编系统还能实现云端信息共享，重构新闻生产流程。在主流价值导向引领、5G技术的驱动下，以AR/VR技术所营造的沉浸式体验将成为新闻传播的新范式。[④] 例如，央视频以5G为支撑对大型活动进行

---

① 喻国明、曲慧：《边界、要素与结构：论5G时代新闻传播学科的系统重构》，《新闻与传播研究》2019年第8期。

② 《中共中央办公厅 国务院办公厅印发〈关于加快推进媒体深度融合发展的意见〉》，2020年9月26日，中国政府网，http://www.gov.cn/zhengce/2020-09/26/content_5547310.htm。

③ 张超：《5G技术驱动下新闻生产转向与主流媒体顶层设计》，《中国出版》2020年第4期。

④ 喻国明等：《边缘计算、5G与传播的未来融合——试论场景视阈下新闻传播过程的重新构建》，《传媒观察》2019年第4期。

5G+8K/VR直播等，丰富了新闻呈现形式，为用户带来更加沉浸式、交互式的体验。这表明新闻生产中人工智能的应用将逐渐影响到整个传播产业乃至与受众之间的互动关系，为用户提供更加沉浸式的体验。同时，计算机视觉、知识图谱、情感计算等关键技术领域将加速突破，推动媒体认知智能升级，人工智能在新闻传播业的应用更加深化。

5G和人工智能的合作也不断推动媒体融合进一步深化，这种融合不仅包括传统媒体与新媒体的融合、主流媒体与其他商业媒体的融合，更包括与物联网、计算机技术的融合，搭建起全媒体传播平台，全媒体融合的内容生产，加上人工智能与大数据技术将实现更高效的精准传播。媒体融合将纵深发展，新闻将无处不在。

（三）新闻传播的个性化趋势与传播格局的分化将更加明显和深入

以数据和算法为主导的新闻生产和分发模式以及终端的“泛媒化”趋势，使新闻的呈现方式越来越趋于个性化，用户的新闻体验不断优化。① 人工智能技术的应用使得新闻生产的内容将更加细化甚至更加碎片化。随着算法推荐等智能技术在新闻传播领域的应用，内容产品的呈现能够更加符合用户的个性化需求，体现出“按需呈现”。

面对当下5G时代信息的指数级增长，用户的注意力成为一种稀缺资源，新闻传播业为了提升信息传播效率，生产贴合用户需求的内容成为关键，将算法分发与内容精准推送引入新闻生产和传播领域。通过人工智能进行算法分发，将提高内容生产和用户喜好之间的适配度。再加上平台的精准化升维等技术，新闻生产方能够更精确地获取用户相关数据，进而使得内容生产和用户需求之间的匹配程度进一步提升。

“人—机”交互和人工智能技术的普及，打破了时间和空间的界限，用户不再受制于时空的界限，能够进行直接的信息交互。终端的定制化传播成为传媒业发展的一个重要方向，终端与渠道融合的趋势进一步显现，传播格局将进一步深化。由“物”即终端所监测或感知的某些信息，如对某个用户或某个群体具有重要价值的信息，也许通过“物—人”信息系

① 夏雨禾：《“智媒化”语境中的新闻传播——对智能技术与新闻传播关系的思考》，《编辑之友》2019年第5期。

统，就能直接到达目标受众，这将进一步削弱专业媒体的中介性作用。[①]此时，也许在传播格局分化下的新闻传媒业将会被重新定义。

（四）人工智能在新闻传播业的相关制度法规将进一步完善

人工智能作为一种新兴科学，有着起起落落的发展过程，当人工智能技术应用于新闻的生产和分发时，为传媒业带来变革的同时也带来了诸多社会伦理和纪律法规上的问题。而目前对于人工智能在新闻传播业当中的监管制度以及法律法规处于空白状态，各个媒体单位对于人工智能的应用也缺乏现成的经验。

一方面，人工智能会出现对数据进行非法采集和过度分析，用户在使用媒体的过程中，平台会根据用户的使用行为等收集大量用户数据，造成用户数据安全和隐私问题的担忧，用户隐私问题被进一步放大。另一方面，算法被纳入新闻的生产和分发之中，推荐算法成为大多数新闻媒体的使用主流，人工智能对新闻价值的判别也主要基于算法。基于公众的偏好进行内容推荐，难免会限制公众的视野，使公众“应知而未知”。因而就有必要通过制定相关制度法，对人工智能在新闻传播业当中的实际应用进行全方位的完善。

首先，要根据人工智能技术使用标准，从立法层面确定人工智能技术在新闻传播业当中所适用的具体领域，在充分保护公众知情权、著作权以及隐私权的前提下，明确人工智能所能够涉及的数据领域和具体的适用场景。其次，加强对隐私性数据的保护，厘清数据挖掘的界限，要合理化使用数据，在提升服务和妥善保护数据安全与隐私之间达到一种平衡关系。在算法层面制定透明的算法规则和问责制，从源头上对算法进行合理的监督，算法的管理将进一步完善。最后，政府应当专门针对人工智能发展，制定相应的政策法规，对于智能新闻创作当中所存在的风险点进行排查，用政策以及法律法规的形式防范可能存在的道德和伦理风险，切实做到为社会负责。

（五）人工智能冲击下新闻职业道德重构

我国新闻传播业道德规范长期以来由政府监管，这种政府主导的模式

① 彭兰：《万物皆媒——新一轮技术驱动的泛媒化趋势》，《编辑之友》2016 年第 3 期。

长期以来缺乏市场的刺激，使得行业自律不足。但是随着新闻传播在技术方面迎来的重大变革以及人工智能相关概念的引入，新闻行业职业道德自律显得越来越重要，甚至在接下来的阶段中，行业自律是同政策以及法律法规同等重要的因素。

人工智能越来越多的应用于新闻生产环节，消解了传统的新闻专业主义，人工智能冲击下，新闻伦理亟待重构，也需要新的新闻传播业职业道德体系来与现在的行业现状相匹配。因此，作为新闻传播业工作者而言，需要坚持新闻的客观性和真实性原则，形成对舆论的正确引导。把关新闻生产中的价值取向，找回“把关人”这一角色，通过“人+机器”、机器帮人、不断迭代的大数据闭环，让人工智能更好地体现人的主导性和价值观。① 同时，也要在不断学习中及时了解最新形式，顺应时代发展的潮流，优化自己的知识结构，提高个人的社会责任感，针对人工智能发展现状积极学习新的新闻传播职业道德准则。

完善对新闻传播业职业道德准则的监督机制，除了依靠从业者自律以及加强制度建设外，还需要上级领导部门、社会舆论、行业协会共同发力，形成综合性监督机制，有必要设立一个独立于媒体机构领域的专门性监督机构，专门从事对新闻工作者的监督工作，规范职务行为，定期对新闻传播业从业者进行职业道德相关教育。

（六）媒介素养和媒介教育程度进一步提升

智媒时代，技术对于传媒业的影响越发深远。人工智能在重塑传媒产业链的同时，也对受众进行重新定义。② 随着传统信息生产和传播方式的改变，受众也参与到新闻生产过程中，新闻从业人员和公众在人工智能技术的推动下重塑了传播图景，也促使媒介素养进一步提升。

对于公众来说，不断提高使用媒介工具的素养，同时面对浩瀚的信息，不断提升鉴别能力。对于新闻从业人员来说，要明确自身的目标定位，着力提升新闻人才的专业技能，坚守新闻价值，对人工智能生产新闻进行严格把

---

① 陈昌凤、石泽：《技术与价值的理性交往：人工智能时代信息传播——算法推荐中工具理性与价值理性的思考》，《新闻战线》2017 年第 4 期。

② 喻国明、侯伟鹏、程雪梅：《“人机交互”：重构新闻专业主义的法律问题与伦理逻辑》，《郑州大学学报》（哲学社会科学版）2018 年第 5 期。

关，关注社会公众利益，深度挖掘新闻。积极同业界进行对接，及时掌握行业整体性的最新业态，拓展人才的国际化视野。同时还需要在课程设置以及课程体系建设上下功夫，结合人工智能的最新发展趋势及未来发展方向，开设匹配大数据和人工智能的相关课程，加强“一专多能”复合型人才的培养和建设。唯有如此，新闻业才能够在智媒时代走得更远。

参考文献

《2019中国书业大势大事》，2019年12月31日，中国出版传媒商报，http://www.cbbr.com.cn/contents/502/35655.html。

陈昌凤、霍婕：《以人为本：人工智能技术在新闻传播领域的应用》，《新闻与写作》2018年第8期。

陈昌凤、石泽：《技术与价值的理性交往：人工智能时代信息传播——算法推荐中工具理性与价值理性的思考》，《新闻战线》2017年第4期。

陈心茹：《VR新闻与新闻可信度》，《中国报业》2019年第11期。

杜江、杜伟庭：《“VR+新闻”：虚拟现实报道的尝试》，《青年记者》2016年第6期。

段蕾：《人工智能时代新闻业面临的挑战与对策》，《传媒》2019年第15期。

郭庆光：《传播学概论》，中国人民大学出版社2011年版。

李良荣、辛艳艳：《从2G到5G：技术驱动下的中国传媒业变革》，《新闻大学》2020年第7期。

李仁虎，毛伟：《从“AI合成主播”和“媒体大脑”看新华社融合创新发展》，《中国记者》2019年第8期。

庞丽媛：《众媒时代内容聚合平台著作权侵权及规制研究》，硕士学位论文，暨南大学，2018年。

彭兰：《万物皆媒——新一轮技术驱动的泛媒化趋势》，《编辑之友》2016年第3期。

彭兰：《无边界时代的专业性重塑》，《现代传播》（中国传媒大学学报）2018年第5期。

《人工智能推动“媒介生活”》，2007年8月3日，中国社会科学网，

http://www.cssn.cn/zx/201708/t20170803_3599544.shtml。
覃宏吉:《批判视野下“算法推送”的技术逻辑与新闻专业主义的反思》,硕士学位论文,华中师范大学,2019年。
王江涛:《机器人新闻写作的局限与不足——基于腾讯财经写作机器人Dream writer作品的分析》,《传媒观察》2016年第7期。
夏雨禾:《“智媒化”语境中的新闻传播——对智能技术与新闻传播关系的思考》,《编辑之友》2019年第5期。
徐敬宏、胡世明、陈文兵:《人工智能时代新闻业面临的机遇与挑战》,《郑州大学学报》(哲学社会科学版)2018年第5期。
杨博文:《运用人工智能发现新闻线索——南都新闻线索监控机器人的实践》,《南方传媒研究》2020年第4期。
喻国明:《传播游戏理论:智能化媒体时代的主导性实践范式》,《社会科学战线》2018年第1期。
喻国明:《当前新闻传播“需求侧”与“供给侧”的现状分析》,《新闻与写作》2017年第5期。
喻国明等:《边缘计算、5G与传播的未来融合——试论场景视阈下新闻传播过程的重新构建》,《传媒观察》2019年第4期。
喻国明、侯伟鹏、程雪梅:《“人机交互”:重构新闻专业主义的法律问题与伦理逻辑》,《郑州大学学报》(哲学社会科学版)2018年第5期。
喻国明、曲慧:《边界、要素与结构:论5G时代新闻传播学科的系统重构》,《新闻与传播研究》2019年第8期。
张超:《5G技术驱动下新闻生产转向与主流媒体顶层设计》,《中国出版》2020年第4期。
《中共中央办公厅 国务院办公厅印发〈关于加快推进媒体深度融合发展的意见〉》,2020年9月26日,中国政府网,http://www.gov.cn/zhengce/2020-09/26/content_5547310.htm。
周子晴:《人工智能视域下影音档案修复与传播路径探讨——以百年前北京影像修复为例》,《北京档案》2021年第6期。

T.8 智能媒体产业区块链应用研究报告

殷 乐 杨 宁*

摘　要： 自2008年“区块链”概念被首次提出以来，其影响日益显著，“区块链+媒体”式应用实践亦未来可期。总体而言，中国区块链技术的发展和其在智能媒体产业中的应用与全球其他正在探索实践的国家呈并行之势。本报告从版权保护与交易、内容共享与协同创新、新闻产制变革等方面探讨了区块链技术为传媒业带来的变革，分析了区块链技术进一步发展的诸多谜题，并给出了相应的初步建议。此外，本报告展望了未来区块链技术在传媒领域的发展趋势，认为其有助于传播生态的治理、新闻市场的重新划分以及智慧城市和智慧社会的建设。

关键词： 区块链；版权；新闻；社交媒体

自日裔美国物理学家中本聪（Satoshi Nakamoto）提出“区块链”（Blockchain）概念以来，[①] 区块链逐渐受到经济、档案管理、新闻传媒等各领域业界和学界的关注。区块链是基于比特币等数字加密货币的发展而兴起的去中心化基础架构与分布式计算范式，具有去中心化、基于时间戳的数据生产排序、基于共识机制的集体维护和编程、基于加密技术的安全保障等特点。[②] 简言之，区块链技术能够保障数据的共同生产、多方验证、

---

* 殷乐，中国社会科学院新闻与传播研究所研究员，广播影视研究中心主任，中国社会科学院大学新闻传播学院副院长、博士生导师；杨宁，中国社会科学院大学新闻传播学院博士研究生。

① S. Nakamoto, “Bitcoin: A Peer-to-Peer Electronic Cash System”, June 20, 2021, https://bitcoin. org/bitcoin. pdf.

② 袁勇、王飞跃：《区块链技术发展现状与展望》，《自动化学报》2016年第4期。

多方维护和不易篡改。总体而言，区块链技术的应用实践正在逐渐深化，并朝着基础设施化发展，例如美国开发银行 LACChina、欧盟 EBSI 以及中国正在探索的多云跨云 BaaS 服务和开放联盟链等。① 就新闻传播相关领域而言，目前区块链技术已被逐渐应用于版权保护及交易、知识共享与协同创新社区创建、新闻内容生产等版块。

一 全球智能媒体产业区块链应用现状

（一）全球区块链技术发展与应用概况

当前，全球多个国家正在紧锣密鼓地推进区块链技术的探索研究及其在经济、政务、医疗等各领域的应用实践。总体来看，全球各地区区块链技术的发展与应用表现出政府带头推进实践、发达国家先行实践、经济领域主导实践等特征。

1. 政府牵头推进，资本投入巨大

各国政府一方面出台政策对区块链的应用发展进行全局规划与战略协调，另一方面积极跟踪推进区块链技术项目落地。据统计，2019—2020 年，全球共有 24 个国家和地区发布了针对区块链行业监管或产业发展方面的法律法规、专项政策等。其中，中国、欧盟、印度、澳大利亚、墨西哥等国家和地区主要发布了针对产业发展制定总体战略的政策，而韩国、俄罗斯、巴西、阿联酋等国家和地区则主要发布了针对行业监管的政策。不仅如此，2012—2020 年，由各国政府部门发起或参与的各类区块链实验项目多达 236 项，且从资本投入方面来看，自 2018 年起，区块链产业投融资金额已连续三年超过 30 亿美元。② 足以见得全球各个国家和地区对推进区块链技术发展与应用的追捧。

2. 地区发展不平衡，发达国家发展势头强劲

如果通过对比全球各个国家和地区区块链企业数量来描摹区块链技术的发展与应用态势的话，美、中两国占绝对优势。然而，从中国信息通信研究院

① 《区块链白皮书（2020 年）》，2021 年 1 月 4 日，中国信息通信研究院，https://www.sohu.com/a/442289282_653604。

② 《区块链白皮书（2020 年）》，2021 年 1 月 4 日，中国信息通信研究院，https://www.sohu.com/a/442289282_653604。

2020年9月的统计数据来看，各个国家和地区间表现出严重不平衡的状态，企业数量排名前9的国家中，只有中国一个发展中国家。就具体数据而言，企业总数中美国占比27%，中国占比24%，英国、新加坡分别占比6%，其余国家占比均不足5%（见图1）。①

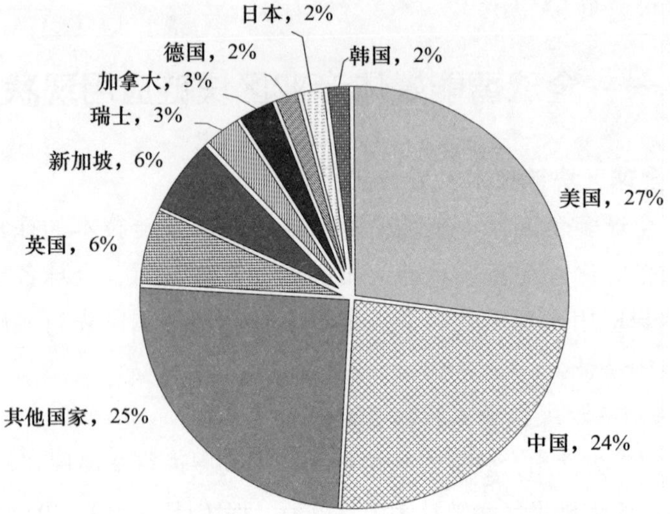

图1　全球各主要国家区块链企业数目比重

资料来源：《区块链白皮书（2020年）》，2021年1月4日，中国信息通信研究院，https://www.sohu.com/a/442289282_653604。

3. 多行业并行探索，经济领域引领实践

普华永道（PwC）发布的2018年关于600名高管的调查显示，84%的行业精英对区块链的发展应用持积极态度，30%的高管将中国视为正在崛起的区块链技术引领者，而金融服务、生产制造、能源与公共服务、医疗健康、政务、零售销售、娱乐传媒被受访的全球行业精英认为是区块链发展与应用中最具前瞻性和推动力的七大领域，其中金融服务被46%的高管认为是对区块链影响最大的领域（见图2）。②

① 《区块链白皮书（2020年）》，2021年1月4日，中国信息通信研究院，https://www.sohu.com/a/442289282_653604。

② "PwC's Global Blockchain Survey", August 27, 2018, https://www.pwc.com/gx/en/industries/technology/blockchain/blockchain-in-business.html.

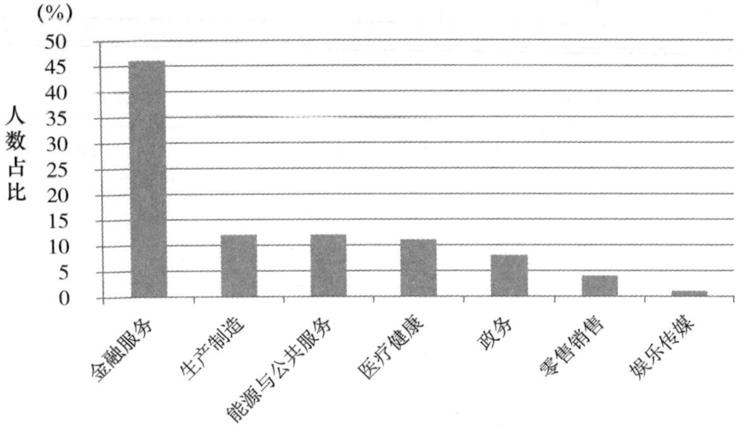

图2　高管眼中推动区块链发展的行业

资料来源：普华永道。

（二）国外智能媒体产业区块链应用特点及案例

区块链技术为媒体行业带来了新的机遇与挑战，它在数据隐私、版权支付与交易、知识产权保护等方面都有巨大的可探索空间。目前，智能媒体产业区块链市场不断扩大，有预测指出到2024年，媒体和娱乐领域的区块链全球市场将达到15.4亿美元。[①] 媒体产业区块链投融资规模也在不断扩大，2018—2024年全球对媒体行业区块链解决方案的投资预测每年平均增长32%。[②] 总体而言，智能媒体产业区块链的应用特点可以概括为三个方面。

1. 从版权保护到版权交易，区块链使音乐版权也走出灰色地带

媒体数字化伴随的是内容与信息的数字化，被“搬运”到线上的内容与线上生产的数字内容极易被广泛复制传播，因而也极易陷入版权保护迷局。区块链技术的时间戳功能以及不易篡改的特点使其被视为数字时代保护版权的利器。当下，媒体公司们纷纷开始运用区块链技术来保护版权与版权交易，甚至在音乐唱片等难以实施知识产权保护的领域也

① Insider Intelligence, “The Growing List of Applications and Use Cases of Blockchain Technology in Business and Life”, March 3, 2020, https://www.businessinsider.com/blockchain-technology-applications-use-cases.

② Innovecs, “Top-Rated Blockchain Use Cases by Industry”, August 12, 2020, https://innovecs.com/blog/blockchain-use-cases/.

不例外。Pixura 平台帮助用户在区块链上创建、跟踪和交换数字不可同质化代币（NFT），并帮助游戏工作室、个人音乐家、艺术家在区块链上创建自己的数字资产，此外，该公司旗下的 SuperRare 网站已成为 NFT 时代购买和销售数字艺术产品的首选网站之一。美国纽约的 Mediachain 使用智能合约技术，为音乐家提供签订去中心化的、透明的合同的服务，使音乐家便于在安全的环境中进行版权交易。索尼环球教育公司（Sony Universal Education）与索尼音乐娱乐公司（Sony Music Entertainment）日本分公司共同开发了以区块链技术为基础的数字版权保护系统。总部位于波士顿的开放音乐协议（Open Music Initiative）非营利组织创建了一个开源协议来识别原创者和音乐版权所有者，并通过将他们的版权数据同步到区块链使作品获得认可和报酬。该计划得到了音乐行业的制作人、广播电台、Netflix 和 Spotify 这类媒体公司等的支持。

2. 从出版平台到线上社区，区块链为用户内容书写与共享赋能

智能媒体时代也是用户生产内容（UGC）时代，由于优质内容生产收益与成本不相匹配、内容版权无法保障、内容变现困难等问题，用户生产内容出现同质化、低质量等缺陷。区块链技术的应用去除了内容生产与消费之间的“中间商”，增加了用户生产的长尾内容变现的可能性，为用户积极投入优质内容生产与共享提供了多重激励。Orvium 是基于区块链技术的科学出版平台，它利用区块链开源分散式框架对科技论文和数据进行管理。该平台主要从三个方面激励用户生产、共享知识：一是给予用户物质奖励，为其提供 ORV 代币；二是提供零延迟即时发表服务，遵循“先发表后评议”原则；三是关于内容的评议具有公开性、持续性、协作性、交互性，有利于用户学术声誉的积累，从而为用户提供了一种精神奖励。基于区块链技术，面向读者、作者、书籍制作人等的平台 Publica 充分延伸了剧本、游戏等发行衍生品的长尾价值，并借此使平台内容不断多元化、异质化。区块链不仅为出版平台的内容书写与共享赋能，也为线上社区的内容生产与共享赋能。由区块链技术支撑的社交媒体平台 Steemit 创建了“大脑证明”社区，该社区以代币的形式激励用户生产、创作原创内容，用户得到由平台提供的代币的数目取决于其发布在社区的原创内容的点赞数。基于区块链的博客和社交媒体网站 Steemit 通过加密货币激励用户发布

和策划内容，该平台内容生产用户所得报酬取决于内容消费用户的支出。Steemit社区可被视为由代币子系统、知识子系统、用户子系统共同构建的知识共享系统，它借助区块链技术去中心化的特征和虚拟货币的交易建构了一种知识共享的协同创新机制。[①]

3. 从广告游戏到新闻生产，区块链使内容创作个人化与专业化并行

区块链技术的去中心化特征使其成为鼓励多元、异质个人内容生产者参与创作的技术驱动力，无论是游戏内容还是新闻内容的生产都逐渐个人化，机构组织的影响逐渐弱化。不仅如此，区块链为长尾内容提供了无须依靠中间平台即可变现的可能，激励着内容创作走向专业化。Izetex为游戏开发者提供了一个可以通过创造新游戏从中获取收益的开放平台，通过创建基于区块链技术的代币概念，该平台为关于游戏内容的协议和代币交易提供了全球可靠性和信任，激励着个人游戏开发者朝着更加专业化的方向发展。纽约布鲁克林的数字新闻媒体Civil致力于借助区块链技术为可持续新闻业提供动能，该数字新闻媒体通过CVL代币使记者能够运行自己的独立新闻编辑室，而不受广告主导模式下的编辑和组织机制的干预。在Civil的这种去中心化新闻生产模式中，新闻业也被改造为去中心化的行业，允许个人社区而不是一个中央实体来报道重要新闻。即使是广告内容的投递，也因为区块链能在收集更加个人化的用户数据的同时保障数据安全而更加专业化。数字媒体MadHive基于区块链技术，面向数字营销人员提供广告和数据解决方案服务。该平台跟踪、存储和生成客户活动报告，并将所有数据保存到私有区块链中。这种生成针对目标受众的全面报告和实时数据监控的方式，既能够使广告商深入了解客户，同时也保护了用户的数据隐私。

二　中国智能媒体产业区块链应用现状

（一）中国区块链技术发展与应用概况

1. 政府大力支持发展应用，中央与地方携手推进实践

自习近平总书记于中共中央第十八次集体学习时提出要“把区块链作

① 方刚、王家辉：《基于区块链技术的协同创新知识共享研究》，《科技进步与对策》（网络首发版）2021年6月15日。

为核心技术自主创新重要突破口，加快推动区块链技术和产业创新发展”以来，我国在区块链技术发展应用方面越来越注重政策支撑。据统计，自2015年以来，国家及各部委区块链相关政策数量逐年递增，仅2020年上半年便出台26项相关政策，超过了2019年全年出台的政策总数。① 而从地方来看，2020年上半年各地政府推出的相关政策约120项。② 2021年5月，国家工业和信息化部、中央网信办联合发布《关于加快推动区块链技术应用和产业发展的指导意见》，从发展原则、目标、任务及保障措施等多方面对区块链技术的应用进行了规划指导。

2. 注重产业园区建设，应用类企业占比巨大

区块链产业正稳步发展，截至2021年6月26日，涉区块链企业数达75672家，2020年12月有3770家企业完成注册，是近20年来区块链企业注册数量最多的一个月。产业的发展不仅体现在企业数量的强势增长，还表现在产业园区的建设上。截至2020年年底，中国区块链产业园数量已经增加到40家，杭州为全国区块链产业园数量之最、产业基金规模之最。③ 据区块链之家统计赋值，在业务形态分布方面应用型企业所占份额最大，其次分别为解决方案、基础设施、底层平台、行业服务。

3. 政策规范逐渐完善，专利数量大幅上涨

2019年1月10日，国家互联网信息办公室发布《区块链信息服务管理规定》。此后，政府不断推进关于区块链技术的应用标准体系，截至2020年年底，已有2个区块链行业标准和10个区块链地方标准在中国实施应用。④ 在政策规范与标准体系逐渐完善的同时，区块链相关专利数量也稳步提升。2019年中国区块链专利申请数量就以高达82.1%的占比占

---

① 《2020年上半年中国区块链行业发展现状分析》，2020年11月11日，智能制造网，https://www.sensorexpert.com.cn/article/18042.html。

② 《2020年上半年中国区块链行业发展现状分析》，2020年11月11日，智能制造网，https://www.sensorexpert.com.cn/article/18042.html。

③ 《2020中国区块链产业园年度报告》，2020年12月28日，CSDN，https://blog.csdn.net/AHsqrv1Y9BOs5kns/article/details/111877857。

④ 《第47次〈中国互联网络发展状况统计报告〉》，2021年2月3日，中国互联网络信息中心（CNNIC），http://www.cnnic.net.cn/hlwfzyj/hlwxzbg/hlwtjbg/202102/P020210203334633480104.pdf。

据全球领先地位,[①] 2020 年专利申请数量较 2019 年增加 5341 个，达到了 14013 个。[②]

（二）中国智能媒体产业区块链应用特点及案例

2020 年中国已进入智能媒体时代，无论是初见端倪的智能媒体收益还是逐渐凸显的智能媒体优势，都在向整个社会昭示智能媒体拥有广阔的发展前景。[③] 而区块链已逐渐成为智能媒体产业发展的技术基础之一，“区块链 + 媒体”模式将为整个传播生态带来新气象。据统计，2020 年上半年“媒体社区”在总的区块链产业链中占比已达 5%。[④] 总体而言，中国智能媒体产业区块链的应用特点可以概括为以下几个方面。

1. “媒体 + 企业 + 法院”，打造智能版权保护链

信息时代数字内容版权确权、保护困难，而进入智媒时代区块链技术的时间戳、不可篡改等特点为版权保护提供了良好前景。我国区块链技术在版权保护方面的应用表现出由媒体、企业、法院多方牵头，协同创建智能化版权保护链的特点。就媒体而言，问世于 2019 年的人民网版权保护管理平台人民版权于 2020 年推出了版权搜索、智能确权等新功能，在视频登记、内容审核以及原创对比等方面有望发挥巨大潜力。该平台通过将文字、图片、音视频等各种形式的内容登记上链，并进一步通过侵权监测、原创对比等进行版权保护。就企业而言，2021 年 6 月 1 日北京枫调理顺科技发展有限公司宣布旨在为全行业提供一站式区块链版权服务的中国版权链上线。自 2019 年 10 月起，百度文库就开始提供基于区块链的全链条版权保护服务，2020 年百度文库荣获“版权突出贡献奖”。就法院而言，2019 年广州互联网法院上线“网通法链”智慧信用生态系统，北京

① 《2019—2020 全球区块链技术布局与商业投资趋势研究报告》，2019 年 11 月 12 日，艾媒网，https://www.iimedia.cn/c400/66735.html。

② 《第 47 次〈中国互联网络发展状况统计报告〉》，2021 年 2 月 3 日，中国互联网络信息中心（CNNIC），http://www.cnnic.net.cn/hlwfzyj/hlwxzbg/hlwtjbg/202102/P020210203334633480104.pdf。

③ 《“2020 中国智能媒体使用研究报告”发布》，2020 年 7 月 1 日，人民网，http://media.people.com.cn/n1/2020/0701/c40606-31766836.html。

④ 《2020 年上半年中国区块链行业发展现状分析》，2020 年 11 月 11 日，智能制造网，https://www.sensorexpert.com.cn/article/18042.html。

互联网法院上线天平链 2.0 版，2020 年 5 月 25 日最高人民法院院长在第十三届全国人民代表大会第三次会议上指出我国已建成国家统一的司法区块链平台。

2. 凸显媒体的社会性向度，促进长尾内容变现

“区块链 + 社交媒体”的模式使媒体内容生产朝着更加去中心化的方向发展，内容交易由专业的组织机构和平台垄断的时代逐渐退出历史的舞台。区块链在知识产权保护方面的便利加剧了社交媒体内容生产的个人化和多元化，也进一步凸显了媒体的社会性向度。基于代币的运营模式去除了平台对用户生产内容的处置权，为智媒时代更为细化的点对点的内容生产与消费模式奠定了基础，发掘出以用户生产的长尾内容为主力军的细分化市场。区块链社交平台 iVeryOne 以 IVO 为代币，用户可通过以下几种渠道获得代币：一是发布诸如文章、音频、电子书等形式的内容；二是参与作品的分销；三是为其他用户或作品提供广告位；四是建立子社区或圈子。[①] 总体而言，这一开放平台具有数字资产保护、内容收益变现、版权融资、广告投放等优势。Today 社交链是由中美跨国团队研发和运营的去中心化职业社交平台，该平台颠覆了社交媒体平台旧有的中心化的内容存储，通过分布式节点和节点之间的实时互连实现点对点的内容共享，可以说区块链技术的应用使数据的决策权由平台重新回归内容生产者。

3. 建设云端新闻编辑部，推动媒体去边界融合

2020 年 5 月 20 日，全国首个区块链新闻编辑部成立。该新闻编辑部由湖北广播电视台融媒体新闻中心筹备，由北京、上海、江苏等 12 个省市的主流新媒体作为首批成员单位联合组建。云端编辑部充分发挥区块链去中心化的特点，以“策划众筹”“传播去核”为运行理念，[②] 充分整合各成员单位的技术和信息资源优势，不仅开展了“跨越山河大海　击破时空障碍”的云端大型联合报道，还推出了全国首个两会主流媒体杂志。可以说，这一尝试帮助新闻业窥见了智媒时代新型新闻生产模式的一角。云

① 《iveryone 是下一个火牛?》，2018 年 10 月 15 日，搜狐网，https://www.sohu.com/a/259525305_99979172。

② 《全国首个区块链新闻编辑部成立》，2020 年 5 月 22 日，人民网，http://media.people.com.cn/n1/2020/0522/c40606-31719434.html。

端化打破了不同媒体组织之间的地理界线，而区块链技术则在保障各成员单位利益的前提下打破了不同媒体组织之间的生产区隔和资源壁垒，为更好地追求共同利益提供了技术支撑。因而，从媒体本身的层面来看，云端区块链新闻编辑部是一次去组织边界的媒体间深度融合尝试；从新闻产制的角度来看，这种实践是一种对智媒时代高效率、高水平、跨界资源整合式的新闻生产新模式的探索。在这个自媒体崛起的时代，区块链技术为专业媒体组织共同探索共生模式提供了技术后盾。

（三）中国智能媒体产业区块链应用谜题

1. 内容激增造成废弃数据垃圾认定处理谜题

区块链技术从经济收益激励与内容版权保护等方面出发，为智媒时代的内容生产赋能，通过激励多元内容生产主体的能动性促进内容市场的繁荣。但总体内容的激增意味着低质量、同质化内容的激增，区块链不可篡改的特点以及其所倡导的共识机制不利于上述数据垃圾的认定处理。正如物质化存在的媒介电子垃圾的判定不仅取决于其自身性能，还取决于技术周期演变规律、消费主义深化、过剩机制、社会文化语境影响下的价值判定等因素。[①] 数据垃圾的判定也相应地受到各种外界因素的影响。换句话说，即便是优质的内容也可能因为技术进步、内容生产周期加速、与社会和文化语境不相契合、成为过剩内容而被认定为数据垃圾。正是由于"垃圾"身份的认定不只取决于内容客体本身，也受到种种主观判断的影响，因而认定过程容易产生分歧。相较于旧有平台，基于区块链的平台数据的修改、删减由共识机制决定，这在无形中降低了数据垃圾认定和处理的效率，尤其是当面对有争议内容时认定与处理都将变成难题。

2. 数据不可篡改造成内容调试与意义纠偏谜题

适当的容错率是传播系统良性运行的必要条件，因为无论是专业的媒体组织还是个人内容生产者，都不能保证在任何情况下所生产的内容始终准确无误。旧有内容发布平台允许内容创作方自主控制内容的分享，在必要的情况下制作方甚至可以自行删除、销毁内容，以新浪微博为代表的部

① 刘于思、赵舒成：《"洁净"亦危险：物质性和废弃社会视角下电子媒介垃圾的理论反思》，《国际新闻界》2021 年第 4 期。

分媒体甚至允许对已经发布的内容进行重新编辑。而区块链技术不可篡改的特点在发挥谣言溯源、保护版权优势的同时，也暴露出内容调试和意义纠偏方面的缺陷。当内容创作者更改错误的难度增加时，他们在发布内容时就会更加保守、小心，这在一定程度上不利于激发内容生产者的生产积极性。

3. 区块链技术与现阶段中心化传播系统兼容性谜题

区块链技术的部分特点既能为传播系统赋能，但同时又与传播系统之间存在较差的兼容性。首先，虽然智媒时代用户已经逐渐成为内容生产主力军，但用户的传播活动依然以平台为基础，且专业媒体组织依旧决定着系统内的主流声音，这些都意味着当下的传播系统依旧是一种以专业媒体组织和平台为圆心的圆形结构，与区块链主导的去中心化、分布式结构兼容性不佳。其次，长期以来媒体和平台主要依靠广告支撑运营，用户尚未形成面向内容的付费习惯，这种盈利模式与区块链注重内容变现的盈利模式兼容性不强。最后，区块链技术对使用者抑或操作者有着较高的专业要求，当下媒体行业区块链人才匮乏，即便让区块链技术立即进入课堂，培养与应用之间也存在一定的“时差”，这意味着媒体组织、媒体从业者与区块链技术之间的兼容性有待提高。

三　发展建议与未来趋势

（一）中国智能媒体产业区块链应用的发展建议

1. 转变现行内容评判机制，以投票机制替代评分机制

尽管区块链平台的内容准入机制对内容是否能进入节点进行了初筛，但并不能完全保证平台的所有内容均准确无误且品质优良。因而，有必要对内容进行二次评价。目前区块链社交媒体平台多采用评分机制、奖励代币机制来鼓励优秀内容生产者，这种形式忽略了对劣质内容的适当惩戒。相较于评分机制，投票机制更有利于公平、公正地筛选优质内容。其一，投票机制下每个用户的决策权都是公平的，不会出现评分机制下分差过大造成的评判失准。其二，非“赞”即“踩”的二元对立选项能使用户在对内容进行评价时抱着更加认真审慎的态度。这种让每一位浏览内容的用户

做出去或留决策的方式也能较为有效地帮助平台判定数据垃圾，当认为某一内容不合格的用户数目达到总节点的一定比例时，便可呼吁全体用户对是否删除该内容进行协商。

2. 探索媒体行业特色应用方式，增设追加内容补丁功能

传媒行业不同于其他行业，它作为完全依托信息传播系统的行业，对信息和内容的容错机制具有更强的依赖性，而区块链技术不可篡改的特点削弱了基于这一技术的传播子系统的容错机制。信息的分布式存储意味着更改、删除有误信息需要经过多方协商，这将大大延长问题处理时间，对新闻这种强调时效性、时间性的内容形式非常不利。如果能在保证信息源头不可篡改的情况下，增加用于更正信息的内容补丁功能，就能既有利于通过保障追溯新闻源头的可能性而治理假新闻，又能确保对一些失误进行及时补救。所谓的内容补丁功能其实就是同一主体对同一内容的二次发布。区块链新闻平台在处理失误问题时，可以对更正内容进行二次发布，并保留问题内容，这样该新闻的首发时间戳依旧得以保留，新闻的版权得到保护，新闻的源头依旧可以追溯。

3. 坚持技术应用试点模式，加大技术人才培养力度

提升区块链技术与现阶段传播系统兼容性的关键在于，不断在实践中进行观察探索并总结经验。当下我国媒体行业区块链技术应用与推进的试点模式有利于寻找媒体、用户、平台三者之间的平衡点，也有利于寻找提升区块链这一新兴技术与逐渐“进化”的旧有传播系统适配性的最优解。区块链人才培养既要注重长期规划，也要注重短期欲求；既要注重为组织机构补充新鲜“血液”，也要注重督促老员工“回炉重造”；既要注重实践技能，也要注重思维改造。具体来讲，人才培养一方面需要让区块链技术相关知识走进高校课堂，“从娃娃抓起”才能有利于长期发展；另一方面也要认识到短期需求，挑选一些媒体员工参加各种相关培训，并鼓励员工在实践中掌握知识。专业化程度较高的区块链核心技术仅依靠跨学科人才培养模式难以掌握，因而还需要引进相关专业的人才，让这些人才成为“常驻”媒体或平台的专业技术人员。最重要的是，传统媒体人应该转变旧有思维模式，主动适应智媒时代的各种新兴技术，在对媒体行业和区块链等技术进行深入了解的基础上，勇于探索

最佳的实践方案。

（二）中国智能媒体产业区块链应用的未来趋势

1. 信息溯源与传播生态治理

区块链技术的时间戳、不可篡改等特点不仅有利于版权保护和交易，也有利于内容和信息的溯源。目前我国在这方面的应用主要是经济领域针对产品进行的溯源，而传媒行业运用区块链技术对发布的新闻等内容进行溯源，并进一步进行假新闻治理的实践尚在初步设想和探索阶段，还未实现大范围的技术应用。除假新闻、谣言等的治理外，区块链技术也将为舆情监测赋能，人民网在这方面已进行实践探索。未来，区块链技术在信息溯源方面的进一步应用，不仅能拓展“区块链＋智能媒体产业”的应用面和深度，还能为建构更加良性的传播生态夯实基础。

2. 细分化、小众化新闻的崛起

区块链技术的分布式存储功能意味着平台的去中心化和各个节点在信息传播能力上更趋平等。因而，基于区块链技术的新闻平台也具备了去中心化的特征，信息的决策权和保有权不再由平台垄断，新闻的生产和消费由原本“点—面—点”式的模式转变为“点—点”式的模式。也就是说，过去由专业媒体组织和平台决定哪些新闻能被看到，而区块链去中心化的模式以及各个节点拥有平等发布内容的机会的模式将权力重新赋予用户，用户将有权决定哪些信息于自身更有价值。尽管区块链技术在真正的实践案例中并不能完全做到去组织化和去中心化，但它在一定程度上削弱了大众新闻占据绝对市场优势的地位，为新闻消费的利基市场提供了技术支撑。

不仅是新闻生产消费模式的变化为细分化市场带来了新的机遇，新闻媒体盈利模式的变化也有利于小众化新闻的崛起。过去新闻媒体主要以广告为经济来源，因而需要生产能够吸引最大量受众的新闻，不仅如此，新闻媒体不断的兼并，媒体所有权越来越集中于大型跨地区媒体巨头的手中，也造成了新闻生产的标准化和对新闻内容跨地区适应性的非理性追求。基于区块链技术的新闻实践以用户付费为盈利模式，以平台上的各个节点为内容生产制作者，保障了新闻生产的异质化，为细分化、小众化新闻提供了市场。

3. 从智慧城市到智慧社会

分布式存储、非对称加密等技术使区块链技术能够保障所存储数据的稳定性和安全性。对基于大数据和云计算的智慧城市而言，区块链为万物皆媒、万物互联提供了更加便捷和安全的技术保障。具体而言，区块链技术通过协助打造智慧金融、智慧传媒、智慧交通、智慧医疗等基础部门和全场景智慧管理体系从而进一步协助打造智慧城市。不仅是物质化的智慧城市，非物质的、更为宏观的智慧社会也得益于区块链技术的发展与应用。如果人工智能的普及应用象征着一种生产力革命的话，那么区块链技术的推广则象征着一种生产关系革命，它使价值体系的“天平”向内容的生产者倾斜。[①] 区块链技术在建设去中心化、分布式结构平台的同时将价值归还了生产者，在经济方面相较于价值被平台垄断是一种进步。而其智能合约机制则有利于解决社会决策中的集体行动难题，为共同探讨、共同决策提供一种技术前提。

参考文献

《2019—2020 全球区块链技术布局与商业投资趋势研究报告》，2019 年 11 月 12 日，艾媒网，https：//www.iimedia.cn/c400/66735.html。

《2020 年上半年中国区块链行业发展现状分析》，2020 年 11 月 11 日，智能制造网，https：//www.sensorexpert.com.cn/article/18042.html。

《2020 中国区块链产业园年度报告》，2020 年 12 月 28 日，CSDN，https：//blog.csdn.net/AHsqrv1Y9BOs5kns/article/details/111877857。

《“2020 中国智能媒体使用研究报告”发布》，2020 年 7 月 1 日，人民网，http：//media.people.com.cn/n1/2020/0701/c40606-31766836.html。

《第 47 次〈中国互联网络发展状况统计报告〉》，2021 年 2 月 3 日，中国互联网络信息中心（CNNIC），http：//www.cnnic.net.cn/hlwfzyj/hlwxzbg/hlwtjbg/202102/P020210203334633480104.pdf。

① 高奇琦：《区块链在智能社会中的政治经济意义》，《上海师范大学学报》（哲学社会科学版）2021 年第 1 期。

方刚、王家辉：《基于区块链技术的协同创新知识共享研究》，《科技进步与对策》2021 年 6 月 15 日网络首发版。

高奇琦：《区块链在智能社会中的政治经济意义》，《上海师范大学学报》（哲学社会科学版）2021 年第 1 期。

刘于思、赵舒成：《“洁净”亦危险：物质性和废弃社会视角下电子媒介垃圾的理论反思》，《国际新闻界》2021 年第 4 期。

《区块链白皮书（2020 年）》，2021 年 1 月 4 日，中国信息通信研究院，https：//www. sohu. com/a/442289282_653604。

《全国首个区块链新闻编辑部成立》，2020 年 5 月 22 日，人民网，http：//media. people. com. cn/n1/2020/0522/c40606 - 31719434. html。

《iveryone 是下一个火牛?》，2018 年 10 月 15 日，搜狐网，https：//www. sohu. com/a/259525305_99979172。

袁勇、王飞跃：《区块链技术发展现状与展望》，《自动化学报》2016 年第 4 期。

治丹丹：《区块链技术在科技期刊出版中的应用与制约——以 Orvium 平台为例》，《中国编辑》2020 年第 12 期。

Innovecs, “Top-rated Blockchain Use Cases by Industry”, August 12, 2020, https：//innovecs. com/blog/blockchain-use-cases/.

Insider Intelligence, “The Growing List of Applications and Use Cases of Blockchain Technology in Business and Life”, March 3, 2020, https：//www. businessinsider. com/blockchain-technology-applications-use-cases.

“PwC’s Global Blockchain Survey”, August 27, 2018, PwC, https：//www. pwc. com/gx/en/industries/technology/blockchain/blockchain-in-business. html.

S. Nakamoto, “Bitcoin：A Peer-to-peer Electronic Cash System”, June 20, 2021, https：//bitcoin. org/bitcoin. pdf.

T.9 中国 AR + 内容产业发展报告*

曹月娟　刘祥　赵艺灵**

摘　要： 2020—2021 年是 AR + 内容产业高速发展的时期，基于国家"十四五"规划指导，各省市详细制定了推动 AR 在各领域应用的规划和规范文件，为 AR + 内容产业发展提供了政策支持，AR 终端设备的进一步研发也为 AR + 内容产业提供了技术环境上的支持。在产业发展环境向好的条件下，AR + 内容产业的场景应用延伸取得了丰富的成果，AR 技术与教育、运动健康、信息通信、文旅文创、视听出版、AR 游戏、营销等领域实现广泛融合，AR 内容渠道平台建设功能不断完善。随着 5G 技术的推进，AR 技术将在未来 5 年持续高速发展，使 AR + 内容产业更上一层楼。

关键词： AR + 内容产业；技术发展；实践应用

增强现实（Augmented Reality，AR）指将文字、图片、视频、3D 模型等数据叠加在现实世界之上，增强现实技术是一种介于现实与虚拟之间的混合现实技术。增强现实与虚拟现实（Virtual Reality，VR）技术的区别是虚拟现实可以独立于现实世界，而增强现实主要是在现实基础上叠加信息。

中国信通院在《2021 年虚拟（增强）现实白皮书》中认为，广义上来看虚拟现实技术包含增强现实技术，两者随着技术的进步共同发展，并认为 2020—2021 年将成为虚拟现实驶入产业发展快车道的关键发力时期。

---

* 本报告为国家社科基金重大项目"'双循环'新格局下中国数字版权贸易国际竞争力研究"（项目批准号：21&ZD322）的阶段性成果。

** 曹月娟，浙江传媒学院新闻与传播学院讲师，博士；刘祥，浙江传媒学院新闻与传播学院讲师，博士；赵艺灵，浙江传媒学院新闻与传播学院数字媒体与智能传播方向硕士研究生。

目前全球 VR/AR 技术正处于部分沉浸/成长培育期，有望在未来 5 年迈入完全沉浸期，实现 VR/AR 技术的成熟应用。①

随着内容与科技的深度融合，内容产业与各行各业融合共生特征日益明显，AR+内容产业是内容与 AR 技术在融合基础上培育的共生产业形态，AR+内容具有“泛内容”特征，与各平台、行业、产业融合发展趋势明显，AR+内容产业将会随着 5G 技术的应用而快速发展，2020—2021 年是 AR+内容产业迅速成长时期。

一 AR+内容产业的发展环境

2020 年中国 AR 市场增长迅速，据 IDC 发布的《IDC 全球增强与虚拟现实支出指南》，中国在 2020 年年底 AR/VR 相关产品和服务市场规模达到 66 亿美元左右，较 2019 年同比增长 72.1%，份额约为全球的 55%，在规模和涨幅方面均位列全球第一。② 其中，AR 市场前景广阔，AR 技术广泛应用在 B 端行业中，在内容领域聚焦文化娱乐、教育培训、商贸等行业，展现了强大的发展潜力，扩展了诸多应用场景。中国 AR+内容产业的发展环境包括政策环境和 AR 终端设备的使用发展情况两个方面。

（一）政策环境加持 AR+内容产业发展

国务院从“十三五”规划开始将 AR/VR 视为构建现代信息技术和产业生态体系的重要新兴产业，这标志着 AR/VR 相关技术和服务的发展正式成为国家现代信息和产业发展的战略之一。2019 年，中国各省市如广东、湖北、江苏、山东、广西、吉林、昆明、成都等相继出台了有关 AR/VR 产业的扶持政策，中国各省市对 AR/VR 产业的布局正在稳步推进。③ 2020 年，国家“十四五”规划政策的支持将进一步利好国内 AR/VR 市场

① 虚拟现实内容制作中心：《2021 年虚拟（增强）现实白皮书》，2021 年 4 月 1 日，199IT 中文互联网数据资讯网，http://www.199it.com/archives/1224154.html。

② 《IDC 全球增强与虚拟现实支出指南》，2020 年 11 月 5 日，IT 产业网，http://www.citmt.cn/news/202011/73530.html。

③ 曹月娟：《中国 AR+内容产业发展报告》，载漆亚林主编《智能媒体发展报告（2019—2020）》，中国社会科学出版社 2020 年版，第 326 页。

的发展，“十四五”规划中将虚拟现实和增强现实产业列为中国未来数字经济的重要产业，指出要注重 AR/VR 技术与产业应用的融合，使 AR/VR 产业拥有更重大的使命，有望加快其产业发展。

2021 年 5 月 18 日，国家发改委在新闻发布会上表示支持 AR/VR 产业发展，指出要支持发展超高清视频终端、虚拟现实/增强现实设备、可穿戴设备等面向消费升级的电子产品，加快推广高效终端用能设备和产品。这意味着行业将加快对 C 端产品的研发和降费，终端 AR/VR 市场规模将进入快速爆发期。

在 AR/VR 技术具体应用层面，国家出台了相关行业政策来促进和规范产业发展。2020 年 9 月，《关于开展“网上重走长征路”暨推动“四史”学习教育的工作方案》指出线上活动要充分利用 AR/VR 技术，搭建网络竞答、虚拟体验等新媒体平台。2020 年 12 月，《关于推动公共实训基地共建共享的指导意见》指出要鼓励在公共实训基地开展新技术、新业态培训，加快 AR/VR、人工智能和电子商务的应用。2021 年 2 月，《关于加强网络直播规范管理工作的指导意见》规定，利用基于深度学习、虚拟现实等技术制作的非真实直播内容，需要以显著方式予以标识。2021 年 3 月，《关于开展全国供应链创新与应用示范创建工作的通知》指出要加快 AR/VR 供应链新技术应用，推进数字化供应链发展。2021 年 5 月，《关于开展出版业科技与标准创新示范项目试点工作的通知》强调要重点聚焦虚拟现实/增强现实、大数据、人工智能等新技术在出版领域的创新研究。

各省市为响应国家“十四五”规划中对虚拟现实和增强现实的产业规划，出台了大量相适应的产业发展规划，将 AR/VR 产业与自身区域优势相结合，使 AR/VR 技术的产业应用彰显出一定区域特色。

如广东深圳和长三角地区，AR/VR 技术被鼓励应用到智慧城市建设、城市管理和电子商务中。上海市为推动新城“数字孪生城市”试点建设，出台《关于本市“十四五”加快推进新城规划建设工作的实施意见》，提出要积极搭建数字化基础设施，满足基于 AR/VR、8K、大数据等技术的应用需求，构建新城物理世界与虚拟空间相互映射和协同交互的数字系统。广东深圳为推动智慧城市和数字政府建设，也出台相关方案推进 5G 和新兴技术与医疗、物流、金融、文化、能源等领域的融合。江苏在《关于促进全省跨境电子商务高质量发展的工作意见》中指出要组织线上贸易促进活动，充分将5G移动通信技术、AR/VR技术、大数据等现代通信技术运用到支持企业开展线上推介、网络直播、供需对接、线上交易中，以线上线下融合开拓国际市场。

对于河北、山东、北京、广东等工业、制造业发达地区，政策鼓励将AR/VR技术应用在工业制造和研发中。例如，北京发布的《推进国家服务业扩大开放综合示范区和中国（北京）自由贸易试验区建设工作方案》要求加强工业自动化控制、工业AR、数字孪生等技术研发和示范应用，推进工业级网络操作系统、工业App平台技术的研发和产业化。

四川、云南、海南则与当地文旅优势结合，鼓励将AR/VR技术布局在文化旅游业中。以较为突出的昆明市为例，昆明市以力争到2023年将AR/VR产业打造成为百亿级产业为目标，制定了如《昆明市VR/AR产业发展规划（2021—2025）》《昆明市VR/AR产业园认定管理办法（试行）》等政策对产业进行布局，同时成立昆明市VR/AR产业发展联盟，举办产业发展论坛，并首批挂牌云上小镇等4家VR/AR产业园区。海南在《黎族传统纺染织绣技艺保护发展三年行动计划（2021—2023年）》中要求加强AR/VR等技术在黎锦文创产品创新中的应用。

随着虚拟现实和增强现实行业的快速发展和政策总体规划的加持，相关行业更加具体的规划和规范会不断跟进，持续为AR+内容产业的健康快速发展助力。

（二）终端设备完善AR+内容产业应用

相比VR终端设备，AR终端设备更体现出轻量、简洁、高效的特征。AR终端设备大致可以分为三个类型及应用阶段：以微软HoloLens2为代表的一体机形态，主要以头显设备形式存在；需要连接智能手机等设备使用的分体式形态；算力要求较高的AR云化终端。

对AR市场来说，一体机是目前AR终端的主流形态，以微软HoloLens2为例，其为头戴式的光学投射式设备，算法的稳定性会受到光线和环境复杂程度的影响。AR头显主要用于B端如军事、医疗、工业等领域，终端定价较高。目前消费者所接触的AR主要是以智能手机为中介，通常通过手机App中AR功能进行体验，AR已经被广泛应用于导航、教育、零售和健康等领域。AR与手机场景复用度高，因此手机厂商较为重视AR

技术的开发，将其作为手机生态的配件。在未来，AR 甚至可能成为下一代智能手机级别的终端。① 短期来看，绑定智能手机使用的 AR 头显已成为主流形态。AR 云化终端则需要较长的过程，其主要依靠连接 AR 云，可以做到形似眼镜的轻薄终端。AR 云是 AR 大规模应用的关键技术支撑，目前还处于早期研发阶段，它能够为智能终端提供信息索引服务，具备融合虚拟信息的能力。AR 云化终端能够承载和适配各类云化 AR 业务，成为连接 AR 业务和现实世界的桥梁，提升消费者的使用体验。

AR 相比 VR 来说，其拓展空间更大，2020 年吸引了诸多巨头的目光，科技巨头华为、苹果、Snap 等纷纷入局 AR 眼镜。国内手机厂商在近两年也积极对 AR 眼镜进行布局，如 OPPO 在 2019 年未来科技大会上推出了旗下首款 AR 眼镜，小米在 2019 年 12 月获得了颈带式 AR 眼镜外观专利。2020 年 7 月 28 日，酷派发布了旗下首款 AR 眼镜 Xview，将产品分为行业定制版本和消费者版本，消费者版本的首发价为 2999 元。2021 年 1 月，由商汤科技联合中国电子技术标准化研究院、浙江大学、OPPO、小米、百度、爱奇艺等诸多企业和研究机构共同起草的业内首个 AR 技术标准正式获批发布。② 此标准为 AR 行业制定了统一的生产和使用标准，有利于开发者和终端厂商统一接口，快速实现多平台的 AR 内容开发，从而降低开发成本并缩短开发周期。

AR 头显目前已经在军事、工业、教育、营销等领域广泛应用，也出现了许多消费端 AR 眼镜产品。随着 5G 商用的推进，AR 消费端产品将会更加轻薄并迅速普及。

二 AR + 内容产业的发展现状

AR 内容建设的重要性已经得到了业界的普遍认同，虽然 AR 内容生态的建设是长期课题，但是 2020—2021 年 AR + 内容在应用场景和渠道平台方面都得到了迅猛发展。

---

① 《VR 行业专题研究：VRAR 趋势已现，奇点将至》，2021 年 5 月 17 日，发现报告，https://www.fxbaogao.com/pdf? id = 2683374。

② 《商汤 AR 多场景落地，联合发布业内首个 AR 技术标准》，2021 年 1 月 19 日，第一财经，https://m.yicai.com/news/100920317.html。

（一）AR + 内容多行业应用场景齐发展

AR 目前已经被广泛运用于创新型的教育、导航、健康、文旅、视听和营销等领域，本报告将主要从与内容结合最紧密的教育、运动健康、信息通信、文旅文创、视听出版、AR 游戏、营销等领域阐述 2020—2021 年 AR + 内容的应用场景。

1. AR + 教育内容

AR 在教育领域的快速布局主要受到教育信息化 2.0 的推动。近年来国家发展和改革委员会与教育部文件中明确要求将 AR 和 VR 技术列入教育重点发展规划中，也有越来越多的电信厂商和头部厂商与教育部进行教材合作，AR 技术可以运用在创新教材、更新学校硬件设施配置等方面，帮助学生获得更多交互式的学习机会。例如，天文学的教学需要展示星系运行系统和轨迹，而传统的静态教材很难理解，利用 AR 动态展示可以帮助学生更好地理解天文知识。2020 年 10 月 19 日，世界虚拟现实产业大会开幕，其中中国教育图书展区吸引了大量观众，江西红星传媒集团有限公司和中国科学院网络科普联盟科教创新专业委员会联合打造的“嘟嘟科技”系列出版产品，将短视频、AR/VR、人工智能、动漫等集于一体，将教材通过三维立体呈现，实现趣味科学。在教学设备应用中，讯飞幻境研发的幻境 AR 智能课桌是一款增强现实产品，主要为了打破实验课程中场景和教学用具的限制，为教学课堂提供交互式内容，通过二维码扫描将实验的操作过程与人工智能交互桌面结合，帮助学生更好地学习实验过程。AR 还广泛地运用于教学应用 App 和早教产品中，与线上教育结合，推进教学融合产品的开发。

2. AR + 运动健康内容

AR 在运动健康领域有着非常丰富的应用方式，除了通过 AR 穿戴装置感知心率、监测疲劳等身体健康状况和记录运动数据外，AR 还能提供游戏化的运动训练、个性化的训练方式和个人化教练等应用场景。AR 通过在现实生活中叠加数据，可以在运动空间中创造虚拟空间，记录运动数据，展示全方位的教学视频，并通过游戏化的方式将运动内容纳入任务中，制定具体目标，通过任务层层解锁、设立好友排行榜的方式增进运动的社交属性，甚至在空间中创造一个虚拟的全息个人教练，进行个性化的交互。ARXfit是深圳奥非科技有限公司开发的国内首个使用AR技术的运动App，在2020年3月正式上线，旨在通过AR技术打造一个拥有超强趣味的社区，可以实现与真人教练的在线互动，在不同场景中健身，感受深度沉浸式运动带来的快乐。消费者对自身健康的日益重视启发了厂家对AR技术应用场景的设想，出现了将AR应用于调节饮食的应用软件中。

3. AR+信息通信内容

AR技术在信息通信方面的应用主要指运用在工作场景和社交场景中，帮助人们对信息进行更高效地接收、展示、处理，以及在通信方面的人与物和人与人之间更加真实化呈现。在工作场景中，日常工作内容如浏览工作进度、会议召开、项目管理都能够通过AR形式展现，用户还能够将自己的信息制作成AR简历，推送给合作方或公司，进行自我营销。在社交场景中，AR可以使距离遥远的亲朋好友宛如真实见面，一同进行游戏或观看电影。华为开发的“趣AR”可以根据用户的脸部表情搭配3D虚拟动画表情头像，在视频通话中为用户提供3D动画头像滤镜，遮盖本人真实面貌，受到年轻用户的欢迎，TikTok等社交软件也集合了此种AR功能。2020年8月，北京新势界科技打造了一款沉浸式的AR社交应用“物布空间”，“物布空间”将现实时空和信息数据有机结合，用户可以在现实和虚拟叠加的“物布空间”中自由刻画生活镜像，发布分享AR生活作品，记录生活时空中的温暖和感动。AR甚至可以运用在社交训练中，比如对用户进行情商训练和移情训练，通过实时和真实还原交流场景，感受眼神、距离、性别等差异来提高人们换位思考的能力。

4. AR+文旅文创内容

AR在旅游和博物馆等场景中已经得到了非常广泛的应用，AR对展示地标导航信息、了解博物馆展品和文化背景有着重要作用。2020年以来，国内诸多著名景点开发了许多AR旅游App，如“游云南AR”“神奇鼓浪屿”“掌上西湖”等，都运用了大量AR功能，为用户提供AR景点导航和文化背景信息介绍。2021年7月，升级版良渚遗址公园AR眼镜体验正式进入旅游项目中，只要将AR眼镜对准参观景点，屏幕便能立刻显示文物的背景信息，给用户带来生动的旅游体验。旅游周边文创产品如门票、纪念物等，通过扫描二维码的方式，获取更真实的文化体验。除了旅游景点外，红色文化教育也将AR技术作为红色文化资源开发和传播的重点，各类红色教育博物馆与信息技术公司合作打造AR+5G+红色资源馆，通过云端内容、5G传输、本地陈列的方式将数字化的红色文化内容在教育展厅中呈现。

5. AR+视听出版内容

AR技术在视听和出版领域的应用，主要是将平面的视听信息转化为3D的动画效果，主要体现在AR影视、AR出版以及AR直播应用中。目前由于技术限制，AR在影视中的应用还处于探索阶段，随着5G技术的推广，长视频AR影视内容将会得到发展。在视听领域，场景级的直播AR效果技术应用值得一提，如央视春晚连续9年使用AR技术制作节目，AR制作质量逐年提高。2021年春晚节目《天地英雄》，运用AR打造山林云层、瀑布、长城场景，首次使用摇臂机和自由视角展示AR效果，使AR镜头具有360度视角转换的环绕感。2020年，天擎数字运用AR、VR和春晚同款“次时代”引擎技术，打造出高质量的场景和特效，为和平精英、英雄联盟总决赛等重大电竞赛事提供直播。在出版领域，AR+出版的场景应用已经广泛布局，特别是在儿童出版领域，AR卡片科普书、AR绘本等大量产品的产出，可以帮助儿童培养感知能力，如2020年奇趣科普3D立体发声书《恐龙世界》《打开故宫（纪念紫禁城建成600周年）》《宝宝学说话有声书》等受到广泛欢迎。

6. AR+游戏内容

AR和VR技术在游戏场景中的应用潜力和前景极大，VR游戏的发展已趋于成熟，与VR游戏相比，AR游戏的内容研发发展较慢，国内AR游戏的数量和普及度较低。AR在游戏中的应用主要是将现实世界和虚拟世界结合起来，通过现实世界的游戏化来为玩家创造游戏体验。AR游戏有一个突出的特点是探索，玩家可与真实世界的好友相约出行，体现出AR游戏的线下社交潜力。除了制造游戏以外，AR可以运用于现实世界中，让事物形成游戏竞争机制，如运用在运动健康等领域。随着AR技术和终端设备的进步和普及，用户可以基于AR眼镜设备在任意地点创造虚拟显示屏，实现PC端游戏和主机游戏移动化。

7. AR + 营销内容

AR + 营销内容场景的延伸主要体现在购物领域和广告领域。在购物领域，具有 AR 效果的商品信息已经在家装、汽车、服装、美容等行业广泛应用，比如在各大垂直的电商平台或应用中，用户可以通过增强现实技术 360 度地观看自己想了解的商品外观，自己尝试不同的发型、妆容和服装搭配。AR 技术在营销方面已经有大量丰富的应用。比如在短视频领域，快手在 2021 年 6 月推出“好物种草橱窗”，通过“AR 沉浸式商品体验 + 达人视频种草传播”方式，与完美日记、滋色美妆品牌合作，吸引了超过 10 万名用户。其主要是运用 AR 技术为用户提供试妆特效，活动引发上万名用户发布试妆作品和超过 25 万的互动量，实现了品效结合。[①] 在广告领域，除了为用户提供更具有视觉效果的画面以外，企业能根据用户信息个性化推送 AR 广告，用户可以直接在 AR 广告中选择自己想要观看的部分。AR 技术可以说是已成为品牌和产品体验的工具，提供更多交互方式和传播策略，如可口可乐、安慕希等企业在 2020 年新年与支付宝合作推出 AR 扫一扫广告，也提高了广告的趣味性。

（二）AR + 内容渠道平台广泛布局各大产业

AR 平台的开发是 AR 技术场景普及的关键，AR 内容平台的建设主要是为了提供 AR 内容的制作与审核、云端数据的存储和共享，以及 AR 内容的分发，提高 AR 技术在各行业中的应用效率和转化。观察 AR + 内容渠道平台的发展情况，能够更加深刻地认识 AR 内容在技术平台搭建中的发展情况和业界对 AR 内容产业的构架。目前国内 AR 内容平台较突出的有上海视辰信息科技有限公司制作的“视 + AR”平台、百度 DuMix AR 内容平台、网易洞见 AR 平台以及华为的 AR Engine 应用软件和 Reality Studio。

“视 + AR”平台创立时间较早，于 2012 年成立，视辰信息科技有限公司业务布局全球多个国家和地区，目前与支付宝、汽车之家、小米、联合利华和肯德基等国内外知名企业保持长期合作关系。“视 + AR”内容平台拥有简洁方便的编辑器和模板工具，针对不同行业的特性，为用户提供

① 《AR 技术赋能快手内容营销，效果收割实现品销双赢》，2020 年 7 月 5 日，磁力引擎商业洞察微信公众号，https://mp. weixin. qq. com/s/IYwFqgJVGikAWqAXumQs5w。

多样化的AR解决方案。百度的DuMix AR内容制作平台开发也较早，目前平台可以提供免费的在线体验，提供技术讨论社区供开发者参与讨论，平台完成度较高，2020年6月已发布DuMix AR 6.0版本，在人像感知、空间感知和虚拟与现实融合渲染等技术领域持续深耕。网易洞见也是国内较为先进易用的AR内容创作管理平台，目前没有开放体验，是网易团队自主研发的移动端AR平台。近两年与国内美的、戴森等家电品牌进行合作，取得了较为可观的效果，与戴森合作推出的AR广告，成为国内多平台投放AR广告的先例。华为的AR Engine是一款用于Android系统的软件应用，这款软件能够提供AR基础能力，如运动跟踪、手势识别、全身动态跟踪、平面检测、光照估计、图像和环境识别等功能。为了解决AR Engine应用的内容开发问题，华为还配套推出了Reality Studio，其主要提供3D交互场景的编辑和动画特效制作，能够帮助AR用于教育培训、电子商务、通信社交等行业的内容开发，帮助开发者更好地制作3D场景。

2020年10月16日，AR远程协作开放能力正式在华为AR创新平台上架，其面向开发者，主要提供视频通话、AR空间识别技术，通过远程共享手机屏幕的方式为对方提供AR箭头标注、AR涂鸦、故障诊断等功能，远程帮助求助者，同时还能实现故障定位与排查，帮助研发者解决问题。同时，AR创新平台还具备亲子游戏互动功能，能够远程辅导孩子的作业并进行交流。① 华为AR创新开放平台旨在整合行业开发者的力量，提升行业效率，同时希望平台能够为数字内容创作者提供资源渠道，为媒体开发者提供广阔市场。华为2020年9月发布的报告表示，华为未见AR创新平台已率先实现了虚拟融合数字世界完整解决方案，对AR行业提供了360度真实世界融合数字信息的全功能支持。②

可以看出，AR内容平台的建设一方面是为了向研发者提供资源丰富、可操作性强的内容制作平台，并有向普通大众开放的趋势；另一方面是为了促进资源流动，为研发者提供技术交流渠道，帮助研发者解决在AR内容开发过程中遇到的问题，提高AR内容创新效率，从而促进产业的快速发展。

---

① 《华为AR远程协作能力上线，助力开发者高效打造AR创新体验》，2020年10月23日，环球网，https://baijiahao.baidu.com/s?id=1681283063474259474。

② 《见所未见 华为AR创新平台白皮书于HDC2020正式发布》，2020年9月12日，36氪，https://36kr.com/p/878706102895877。

通过AR+内容产业2020—2021年产业发展现状的应用场景和渠道平台分析可以看出，AR+内容产业在这期间得到了迅猛发展，AR已经广泛布局于各产业的各大场景，出现了大量AR融合产品，且已经建立了较为丰富完备的AR内容开发平台。在未来5年，AR+内容的发展将致力于终端设备AR眼镜的C端开发，实现AR的大众化普及和AR+内容产业的爆发性发展。

三 AR+内容产业在发展中存在的问题

虽然AR+内容产业在2020—2021年快速发展，在各行业中的布局覆盖逐渐全面，AR内容平台建设丰富、功能齐全，但是AR+内容在场景应用方面还处于初步应用阶段，许多AR内容产品并没有真正获得市场的认可，AR与各行业内容应用的适配性和功能性探索还需要各行业继续深耕，虽然内容平台开发的数量和功能充足，但是平台市场还不够成熟，仍缺乏标准。

（一）AR+内容产业整体质量与创新不足

近几年，AR产业的发展已经基本攻克了技术上的难题，但AR内容产业的发展还处于起步阶段。目前，虽然AR技术广泛应用于诸多行业场景中，但是AR内容产品的质量参差不齐，并没有体现出AR内容所应该具备的3D立体感，视觉效果仍显不足。比如在AR视频内容中，大部分视频的呈现效果粗糙，不如传统拍摄手法，很难吸引用户的注意，因此在AR视频上的应用还需进一步开发创新。AR技术与场景应用的融合需要注意AR技术的适配性，在出版、旅游、文创等诸多领域，不能简单叠加，否则会使AR内容产品失去长久吸引力，用户在使用过后可能就会失去新鲜感。除此之外，AR技术的应用会受到现实环境的制约，可能与产业的预期不符。比如疫情发生之后，用户居家隔离，会对AR游戏产业造成影响，以至于AR游戏厂商需要迅速开发室内场景，但是AR游戏厂商也需要考虑用户是否愿意外出进行AR游戏，AR游戏的探索性特点是否能与用户的惰性相协调，是否会影响交通出行情况等，都需要慎重考虑。最后，AR应用的商业模式需要创新，比如在营销和云演唱会直播等领域，AR体验感如何能够与商业运作有效结合，需要更加明晰 AR 内容应用的模式。

（二）AR + 内容产业应用碎片化严重

AR + 内容产业应用碎片化主要体现在内容呈现的碎片化、AR 终端设备的碎片化和平台功能的碎片化，这是产业形成早期一般都会具备的特点，主要是内容应用还处于探索阶段、各方投资大量进入抢占市场、缺乏完整产业链与行业标准等原因导致的。

目前 AR + 内容场景延伸触角虽然广，但是 AR 融合产品整体的系统性不足，AR 技术的应用五花八门，产品缺乏整体概念和创新性，这容易导致内容碎片化呈现，给用户造成 AR 技术刻意堆叠于产品之上的感觉。由于 AR 终端设备和平台在近两年处于高速研发和落地阶段，国内各大中小企业纷纷对 AR 软硬件进行布局。终端设备和平台虽然大量增加，但庞杂的功能也呈现出碎片化特点，这需要行业进一步对 AR 的应用进行探索和规范，也需要行业投资进一步整合。

（三）AR + 内容产业缺乏行业建设标准

2020 年 5 月 6 日，虚拟现实和增强现实国家级行业标准征集发布会召开，征集公告内容主要包含一系列基础技术标准、产品标准、应用标准和评测标准。其中有专家在征集会上指出 AR/VR 行业标准应该从头显设备的舒适性等六个方面进行制定。① 这表明行业已经开始重视 AR + 内容行业标准的制定。AR + 内容产业应该根据行业发展情况，召集技术提供商、技术研发专业人员和各大厂商共同探讨行业规范，加快 AR 及相关行业标准的确立。

四　AR + 内容产业的发展趋势

（一）AR + 内容技术与产业不断融合发展

在终端设备方面，C 端产品分体式 AR 眼镜已经投入市场，外观已较

① 《VR/AR 产业征集国家及行业准备》，2020 年 5 月 29 日，中国经济网，http://www.ce.cn/culture/gd/202005/29/t20200529_35000072.shtml。

为轻薄，可以连接智能手机等电子设备，未来厂家将致力于更加轻薄化、增效降费的 AR 眼镜开发，C 端 AR 眼镜价格将持续降低，为推动 AR 眼镜大众化努力。同时，为了推动 C 端设备的轻薄化，AR 终端大部分的算力会移向云端，使复杂的场景渲染等功能转向云端进行处理，所以 AR 云端建设会与 C 端设备增效降费同步进行，AR 云化应用模式转向是未来 AR 内容应用的趋势之一。相比于 VR 的娱乐性，AR 在生活中的工具属性更加明显，基于 AR 对现实生活的信息增强特性，“空间互联网”概念应运而生，具体指用户可以通过访问现实生活中的地点获取信息和服务，而不是依靠用户浏览网站等途径获取。一旦“空间互联网”所需技术落地，AR 终端设备将会成为人们日常生活所需，AR + 内容产业的各场景如 AR + 旅游、AR + 购物和营销等将会得到蓬勃发展。除此之外，厂商也正在进行 AR 和 VR 融合终端产品的研发，目的是在一个终端设备上实现 AR 与 VR 的自由切换，AR 与 VR 技术的互补也是未来几年的主要趋势。随着巨头布局 AR 领域，一些小型 AR 设备制造商可能会寻求并购或破产，行业会进一步整合。

（二）AR + 内容应用场景多元化发展

AR + 内容产业自 2020 年以来，进入高速发展阶段，内容场景应用拓展十分迅速，与各产业之间的融合日益深入。随着 5G 通信技术的推广，AR 技术与行业应用的融合将进入爆发期，AR 市场空间将迅速扩大。在场景应用方面，随着 AR 技术的进步，AR 与智慧交通、医疗、城市建设等 B 端行业的合作将走向成熟，AR 眼镜的普及将使 AR 游戏、AR 社交、AR 教育、AR 出版、AR 营销等领域的应用拓展更加深入和丰富，可以实现真正意义上的虚拟移动。从具体场景来看，在教育领域，AR 教育将会随着政府政策的推动逐渐普及；在运动健康领域，其场景应用较为明晰，可能是发展最早、促进 AR 终端早期销售的领域之一；在信息通信领域，企业端的 AR 信息通信发展较早，随着社交场景应用的丰富，AR 将成为用户进行线上线下交友和互动的工具；在文旅文创领域，AR 将会实现物理空间实物与虚拟背景信息的无缝对接，融合渲染特效将会更加精致；在视听出版和游戏领域，AR 的应用将会促进行业转型升级，淘汰一批传统企业；在广告推销领域，用户在现实生活看到喜欢的商品后，就可以立即生成商品信息和购买选项。AR 内容有着独特的营销优势，其自然的沉浸感吸引用户进行长时间体验，用户与内容交流时间越长，品牌和产品与用户交流的机会就越多，再加上 AR 的互动性和游戏性，体验乐趣增加，用户主动接触营销和广告的次数便会增多，所以 AR 内容在广告营销领域有着强大的发展潜力，会助推各行各业 AR 内容场景的应用。增强现实功能将会改变现有的生活方式，让人们随时随地感受数字时代信息对生活的影响。

（三）5G 技术提升 AR 内容体验感

5G 高速率、低时延的信息传输特点对 AR + 内容产业的演进起重要作用，可以为消费者提供更加精致的使用体验。首先，5G 能够使 AR 高清视频普及，对 3D 模型、视频渲染等提供技术支持，其快速的传输速率能让用户与网络数据库连接起来，加快上行流量和下行流量的传输速率，通过与边缘计算结合起来以降低时延，从而使用户在 AR 内容产品使用中不产生眩晕感。其次，5G 能够提供厘米级精度的定位，助推 AR 在导航、旅游和游戏等领域的应用。最后，5G 能够帮助 AR 进行云平台建设，降低行业成本，优化 AR + 内容产业生态系统。

参考文献

曹月娟：《中国 AR + 内容产业发展报告》，载漆亚林主编《智能媒体发展报告（2019—2020）》，中国社会科学出版社 2020 年版。

《VR/AR 产业征集国家及行业准备》，2020 年 5 月 29 日，中国经济网，http：//www. ce. cn/culture/gd/202005/29/t20200529_35000072. shtml。

《华为 AR 远程协作能力上线，助力开发者高效打造 AR 创新体验》，2020 年 10 月 23 日，环球网，https：//baijiahao. baidu. com/s? id = 1681283063474259474。

《AR 技术赋能快手内容营销，效果收割实现品销双赢》，2020 年 7 月 5 日，磁力引擎商业洞察微信公众号，https：//mp. weixin. qq. com/s/IYwFqgJVGikAWqAXumQs5w。

《见所未见　华为 AR 创新平台白皮书于 HDC2020 正式发布》，2020 年 9 月 12 日，36 氪，https：//36kr. com/p/878706102895877。

IDC：《IDC 全球增强与虚拟现实支出指南》，2020 年 11 月 5 日，IT 产业网，http：//www. citmt. cn/news/202011/73530. html。

《商汤 AR 多场景落地，联合发布业内首个 AR 技术标准》，2021 年 1 月 19 日，第一财经，https：//m. yicai. com/news/100920317. html。

《VR 行业专题研究：VRAR 趋势已现，奇点将至》，2021 年 5 月 17 日，发现报告，https：//www. fxbaogao. com/pdf? id=2683374。

虚拟现实内容制作中心：《2021 年虚拟（增强）现实白皮书》，2021 年 4 月 1 日，199IT 中文互联网数据资讯网，http：//www. 199it. com/archives/1224154. html。

行 业 篇
Report on Industry

T.10 中国智能媒体产业发展报告

王婷瑜　杜智涛*

摘　要： 智能媒体的诞生与人工智能的发展密切相关，也是媒体融合的产物。国家各项鼓励政策、人工智能市场规模的扩大、AI 基础层的技术突破以及 AI 开放平台的建立等因素直接决定着智能媒体的发展基础。同时，智能媒体产业的形成也受多方面因素的影响，新基建的建设水平、人工智能产业链的完善情况、智媒商业化情况及商业平台的搭建状况都会对智能媒体产业的发展产生重要影响。当前智媒存在的原始创新不足、应用场景不丰富和隐私风险等问题，应通过多方面协调解决，如提出鼓励创新政策、完善相关法律、创新传播价值、加强人机协同等。

关键词： 人工智能；智能媒体；产业链

人工智能最早于 1956 年在达特茅斯会议中提出，其本质是在借助数字计算机的基础上，模仿、延伸和扩展人的智能，通过使用计算机语言，形成人类特有的抽象思维。智能媒体是人工智能在新闻媒体领域的一个分支，具体指通过智能技术改造和重新定义媒体。目前随着新基建浪潮下互联网的不断发展，人工智能技术逐步落地，与媒体不断深度融合，智能媒体的发展也步入了快车道。

随着 2017 年人工智能发展被确立为国家战略，中国人工智能的商业化开始发力，产业发展前景广阔。根据 Iimedia Research（艾媒咨询）的数据，2020 年人工智能行业核心产业市场规模超过 1500 亿元，产业融资规

* 王婷瑜，中国社会科学院大学新闻传播学院硕士研究生；杜智涛，中国社会科学院大学新闻传播学院副院长、教授。

模为1402亿元，预计2025年中国智能核心产业规模将突破4000亿元。[①]中国有成为全球最大人工智能市场的巨大潜力。

当前，智能媒体的发展与人工智能发展情况高度相关，并已深度融入每个人的日常生活，智能化已成为媒体行业未来转型的风向标，人的媒介化和媒介人格化是媒体未来发展的必经之路。了解智能媒体发展现状及产业布局，对把握智能媒体的发展趋势、发挥智媒效用具有重要意义。

一　智能媒体发展现状

我国智能媒体目前处于扎实推进及快速发展时期，一是由于中国近些年来在科技革命方面的亮眼表现，人工智能领域方面随之不断崛起；二是在互联网时代的背景下，媒体由过去以人为主导的传统媒体向万物皆媒的智能化媒体过渡，技术是媒体不断智能化的重要基石。在此基础上，智能媒体发展具有扎实的基础和广阔的前景。

（一）国家推动智媒发展，各项政策助力媒体深度融合

智能媒体是人工智能的分支，人工智能作为未来我国经济发展的基石，受到从国家到地方的大力支持。宏观经济政策决定着政府对媒体的经济政策，中国2020年的GDP总值达到101.59万亿元，虽然在新冠肺炎疫情的影响下增速放缓，但依然是全球唯一实现经济正增长的主要经济体。经济环境对传媒产业的发展至关重要，但由于我国依然还是发展中国家，与发达国家相比，我国的文化产业GDP占比还有很大的提升空间。根据国家统计局的数据，2019年我国文化产业GDP占比为4.5%，而发达国家占比大多超过15%，美国占比高达31%，我国的文化产业依然是未来需要着重关注和发力的重要产业。[②]

2015年《国务院关于积极推进“互联网+”行动的指导意见》中将发展人工智能作为重点任务，积极促进智能产业业态的形成；2017年发展人工

① 《2020年中国人工智能产业研究报告（Ⅲ）公开版》，2020年12月25日，艾瑞网，https://report.iresearch.cn/report/202012/3707.shtml。

② 《2019年全国文化及相关产业增加值占GDP比重为4.5%》，2020年1月5日，国家统计局，http://www.stats.gov.cn/tjsj/zxfb/202101/t20210105_1812052.html。

智能便全面上升为国家战略，国家对人工智能发展提出了三步走战略，对其国际竞争力和产业的规模提出了明确的战略目标。2020年中共中央办公厅、国务院办公厅印发的《关于加快推进媒体深度融合发展的意见》中明确指出，技术是媒体融合发展的引领和基础，应用好人工智能等科技成果，加强新技术在新闻传播领域的应用，推动媒体的融合发展是时代的需要。从现阶段的国家战略和行业布局来看，智能与融合是媒体未来发展的必经之路，政策的积极引导和地方大力配合对智能媒体发展至关重要。

根据CNNIC数据，截至2021年6月，我国的网民规模已经达到10.11亿人，手机网民规模为10.07亿人，互联网普及率达到71.6%，庞大的网民基数是我国数字经济发展的强大内驱动力。① 2020年的新冠肺炎疫情使得线下活动受限，但由于国民生活和娱乐的需求依然客观存在，疫情倒逼产业进行数字化智能化转型，由此线上数字经济获得蓬勃发展。根据中国信息通信研究院的数据，我国数字经济规模已扩张到39.2万亿元，成为国民经济的核心增长方向，产业数字化进程也将持续推进。② "十四五"规划中指出要加快数字经济和实体经济的深度融合，实现创新突破，提高经济社会的社会化与智能化水平，打造数字经济的发展新优势。目前来看，数字经济的持续向好发展是推动传统媒体智能化转型的重要动力。在媒体融合作为重要国家战略的前提下，经过中央进一步明确和深化战略部署，以人工智能技术赋能媒体产业的深度融合，未来媒体将持续以技术驱动为导向融合纵深发展。从加强新基建入手强调顶层设计，推动人工智能与传媒业的垂直融合。

（二）人工智能市场规模扩大，智媒行业成为投资热点

中国人工智能产业的融资规模自2014年起不断扩大，2020年融资规模达到1402亿元，资本持续看好中国人工智能产业的前景和发展。图1为2014—2020年人工智能产业融资规模的走势，2017年人工智能被确立为国家战略之后融资规模呈爆发式增长，2019年有所回落，2020年遭遇

① 《第48次〈中国互联网络发展状况统计报告〉》，2021年9月15日，中国互联网络信息中心（CNNIC），http://www.cnnic.net.cn/hlwfzyj/hlwxzbg/hlwtjbg/202109/P020210915523670981527.pdf。

② 《中国数字经济白皮书》，2021年4月23日，中国信通院，http://www.caict.ac.cn/kxyj/qwfb/bps/202104/t20210423_374626.htm。

新冠肺炎疫情，线上产业需求扩大，人工智能产业的融资逆势增长，规模呈继续扩张的态势。中国有望在2025年核心产业规模达到4000亿元，超过美国成为全球最大的人工智能市场。①

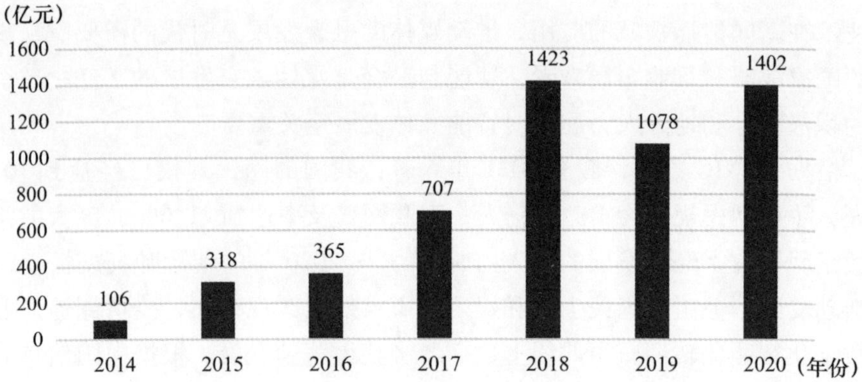

图1　人工智能产业融资规模

资料来源：艾媒数据中心。

新冠肺炎疫情的出现让许多线下媒体及文娱活动转移到线上，新形势、新业态的文娱产业在智能媒体的助力下为市场提供了更多的活力和潜力。在线视频、网络游戏、云文旅等方面多点开花，各细分领域在各消费业态中都有亮眼的表现。截至2021年6月，中国网络视频用户规模达到了9.44亿，占网民整体的93.4%。中国的短视频行业市场规模也一直保持着高速增长的态势，艾媒咨询预测2021年将接近2000亿元，市场前景广阔。② 2020年，我国人工智能与传媒投资的内容主要集中于深度融合的交叉领域，如AI+直播、AI+VR/AR、AI+游戏等交叉领域，与其相关的技术公司受到资本投资的青睐。媒体与多个行业相融合，在智能化的趋势下，媒介人体化和人的媒介化是不可逆转的趋势，媒介未来会越来越能满足人的各项感官需求。视频化、可视化、沉浸式等内容呈现的方式也会融

① 《2020中国人工智能发展现状、产业规模及未来发展趋势分析》，2021年2月21日，艾媒网，https://www.iimedia.cn/c1020/77086.html。

② 《2020—2021年中国短视频头部市场竞争状况专题研究报告》，2021年1月23日，艾媒网，https://report.iimedia.cn/repo13-0/39293.html?acPlatCode=IIMReport&acFrom=recomBar&iimediaId=76765。

入各行各业，成为个人生活的一部分。

（三）AI 基础层技术突破，促进智能媒体新应用落地

人工智能产业包括算力、算法、数据三大要素。由此，人工智能基础层涵盖 AI 算力、算法平台和数据资源模块，主要包括提供 AI 模型开发的智能计算集群、实现 AI 生产的智能模型敏捷开发工具和实现 AI 应用所需的数据资源。2020 年人工智能基础层市场规模为 497 亿元，占 AI 产业规模的 33%，AI 芯片的增长与突破是产业规模扩张的主要动力，预计 2025 年将达到 2475 亿元。[①] AI 基础层是支撑应用模型开发及落地的必要资源，人工智能基础层的技术突破是全球战略竞争的新焦点，基础层技术水平与国家发展水平呈正相关。在此基础上，计算机视觉、传感器、语音识别等技术会随着基础层技术突破获得显著提升，该领域的技术突破为智媒应用创新提供了基础和条件。

在新冠肺炎疫情全球蔓延的背景下，2020 年我国算力保持 55% 的高位增长，高于全球平均增速近 16%。算力作为数字时代的新生产力，它是打造我国数字经济优势的重要保障。[②] 疫情的出现催生了新文娱和新消费，将闲暇的生活和需求转为线上，例如云娱乐、云旅游、云展览等在疫情期间带动云市场逆势增长，依托云资源，加快业务创新。这些都实现了人工智能与业务场景的深度融合，智能媒体技术向 AI 中台化发展。数据显示，在已搭建中台体系的企业中，搭建 AI 中台的企业占 53.8%，还有 41.7% 的企业将规划建设 AI 中台。[③]

（四）AI 开放平台百花齐放，生态协作进一步加深

后疫情时代催化了“智媒 + 行业”，新的消费场景商业模式逐步铺开，传统传媒业向移动化、数字化、泛媒体化过渡，重塑了传媒业态。传媒的

---

① 《中国人工智能基础层行业发展研究报告》，2021 年 7 月 20 日，艾瑞网，http://report.iresearch.cn/report_pdf.aspx? id = 3817。

② 《中国算力发展指数白皮书》，2021 年 9 月 18 日，中国信息通信研究院，http://www.caict.ac.cn/kxyj/qwfb/bps/202109/t20210918_390058.htm。

③ 《中国智能媒体发展报告（2020—2021）》，2021 年 3 月 25 日，199IT 中文互联网数据资讯网，http://www.199it.com/archives/1221544.html。

概念在不断地深化和丰富，媒介新形态和新业态的涌现，重建了以数字为载体的传媒新生态系统。

新冠肺炎疫情推动了线上活动，直播和电商趋于普及化，智能媒体深入电商、在线教育、线上办公、游戏等热门领域，传媒机构在积极探索多元化的商业模式。在“宅经济”的刺激下，云消费也走入大众生活，线上电影、演唱会、博物馆游览层出不穷，在后疫情时代中，以云消费为基础的线上活动也将逐步过渡到常态化，利好在线文娱事业。腾讯、字节跳动等头部企业也加强了对在线文娱行业的融资，尤其体现在游戏和综合类视频方面。在未来的发展中，企业、生态、市场之间的壁垒会逐渐消解，构建成更大的生态圈层，整合调动资源。

在目前我国的智能媒体生态中，两股最重要的力量分别是新型主流媒体和头部互联网商业平台，二者未来将通过长期竞争合作维持国内媒体生态格局。对于新型主流媒体，AI 与 5G 技术结合，形成 AI + 5G + 4K 的技术平台，为智慧广电的发展提供了技术保障，新技术促进了广电行业内的自我革新。5G + 4K 的内容形式一是直播，二是节目生产，5G 的高带宽、低时延的技术特点可以保障直播的流畅度和高清显示，与 AI 的结合保证了内容制作的智能化。从平台层、算法层、服务层再到应用场景，智慧广电建构起了完整的智能媒体应用体系。从新闻的制作、分发、监管、维护全流程创新应用，《人民日报》成立智慧媒体研究院、中央广播电视总台央视网依托“人工智能编辑部”联合高校成立央视网智慧媒体学院，主流媒体齐发力，打造新的智能媒体生态平台。

二　智能媒体产业发展现状分析

（一）新基建推动人工智能产业化

2018 年年底的中央经济工作会议首次提出了“新型基础设施建设”的概念，随后 5G 商用和人工智能等新型基础设施建设等步伐加快，2020 年以来习近平总书记多次强调要加快 5G 网络等新型基础设施建设。相比传统的基础设施建设，新基建主要面向新产业、新业态和新模式。具体来说，新基建包括信息基础设施、创新基础设施和融合基础设施，涵盖了从基础的算法、算力到智慧城市、能源等多个领域。新基建的概念一经提出，便得到了传媒产业的高度关注，从其内容、价值和未来的发展方向来看，均与传媒业结合紧密，有助于升级传媒产业新的内容服务和创立新的商业模式，推动数字经济发展。①

数字经济的发展需要以 5G、大数据、云计算等新型基础设施建设为支撑，5G 作为新基建之首，不断丰富的创新力是其推动新基建的不竭动力。根据 ETSI 数据，全球 5G 必要专利簇数量前十的公司有一半来自中国，其中华为位列第一。② 5G 在新兴产业方面起到了智能化催生的作用，数据是在智媒时代连接人与人、人与物、物与物之间的桥梁，贯穿全产业链周期，打造出智能的信息底座。在云服务方面，2020 年在新冠肺炎疫情的影响下，国内线上办公和娱乐的需求增大，中国云服务市场总体实现了逆势增长，最终达到 2256.1 亿元，规模呈持续扩大的趋势。③ 在新基建政策的号召下，各地政府加快数字政务媒体的建设，企业加快数字化转型，私有云市场在云建设的推动下增量扩大。我国的工业互联网在新基建的推动下获得进一步发展，将工业互联网建设纳入新型基础设施建设的范畴，未来也将推动我国工业领域的数字化转型，赋能工业经济发展，以互联网等新技术为驱动力加速产业链的升级。

信息的基础建设是保障信息终端实现创新的基石，新基建为日后的人工智能业态发展奠定基础，让“一切在云端”的想法变为现实。新基建的开展将推动科技势能转为产业动能，加速形成智能化社会。尤其是目前我国正处于工业经济转型阶段，从传统的工业向智能化转型，要逐步解决高污染、低效益的工业发展问题，就必须依靠智能化基础设施建设和高级技术，让工业互联网成为新兴技术效率化和智能化应用的基地，实现“5G +”互联网应用。

（二）人工智能产业链逐步完善

人工智能是渗透性非常强的技术，可以运用到各个领域。随着技术的

---

① 《“新基建”背景下中国工业互联网与工业智能研究报告》，2021 年 8 月 25 日，艾瑞网，http://report.iresearch.cn/report_pdf.aspx? id = 3831。

② 《给力！ETSI 最新 5G 标准必要专利排名出炉，中国企业强势领先》，2020 年 2 月 27 日，腾讯网，https://new.qq.com/omn/20200227/20200227A0OF1400.html。

③ 《中国基础云服务行业数据报告》，2021 年 5 月 24 日，艾瑞网，http://report.iresearch.cn/report_pdf.aspx? id = 3782。

不断完善，人工智能制造产业链也日渐丰富。从基础硬件层来看，其包括CPU、FPGA、ASIC的芯片和毫米波雷达、激光雷达、3D传感器在内的视觉感受器，还包括云平台和大数据。随着人工智能芯片架构的完善，作为基础层的智能计算产业也渐成规模。在技术层面，其涉及计算机视觉、语音识别、机器学习和知识图谱等方面。在应用层面，人工智能目前覆盖了泛安防、医疗、教育、零售、金融、政务等多个领域。[①] 全球人工智能产业的热度近年来都在不断攀升，根据中国信息通信研究院测算的数据，2020年美国人工智能企业占比38.3%，中国占比24.66%。中美两国人工智能企业数量超过全球人工智能企业总数的60%，牢牢占据着领先地位，具有绝对的竞争优势。我国人工智能产业规模，核心企业数量居全球第二，在应用算法、芯片等关键技术上也取得局部突破。2020年，我国人工智能产业规模达到434亿美元（合3031亿元人民币），同比增长15%。[②]

产业链主要集中在AI+垂直领域，据统计占比为41.26%。除垂直领域外，全球人工智能产业技术产品分布位列前五的分别与视觉、大数据、自然语言处理、智能机器人及人机交互有关。新冠肺炎疫情的暴发释放了市场数字化转型的需求，人工智能融合信息技术逐步与三大产业实现深度融合，驱动企业及政府数字化转型，推动数字经济发展的同时又向智能经济加速迈进。

中国市场规模大，目前的人工智能产业优势集中于产业链的中下游，一旦国内外人工智能在某些应用场景得到用户的肯定和期待，国内的生产规模将迅速扩大并抢占市场份额。上游技术基础层曾经一直是国内产业链上的弱势环节，但随着发展人工智能升级为国家战略，新基建的铺开和各项政策的大力扶持，目前该领域也在不断地寻求进步和突破。由于中国产业链中下游生产效率高、市场需求大，较高的回报率会助推产业升级，促进上游优化创新，以应用层带动基础层，实现人工智能产业链日趋完整，产业链上下游协同布局，产业格局不断优化。人工智能作为朝阳产业，在形成产业链的基础上，商业模式还处在不断探索阶段。

---

① 中国电子技术标准化研究院：《人工智能标准化白皮书（2021版）》，2021年7月1日，洞见研报，https://www.djyanbao.com/report/detail?id=2648399&from=search_list。

② 中国互联网协会：《中国互联网发展报告（2021）》，2021年7月6日，数字经济联合会微信公众号，https://mp.weixin.qq.com/s/H-Zl9avqjJp_zYBcwwuvEQ?。

（三）智能媒体成为商业化热点

随着人工智能产业链的升级完善，智能媒体在此基础上走向商业化是必然趋势。根据微软对大中华区人工智能成熟度的调研报告，中国大陆的人工智能投资数整体不断增加，信息技术与媒体行业是获得投资最多的行业。全球传媒的市场与世界经济是同步波动的，根据普华永道的预测，在新冠肺炎疫情的影响下，2020 年全球娱乐及传媒产业较 2019 年萎缩了 5.6%，对 2021 年的发展情况呈乐观态度。① 根据艾媒数据，2021 年上半年中国文娱传媒行业融资达到 319.29 亿元。虽然全球的传媒行业受疫情影响有所震荡，但在"十三五"时期，我国的传媒产业总值年均复合增长率达到 8%，互联网接入流量、图书出版、游戏用户及电影屏幕等均呈现上升趋势。②

人工智能对于媒体行业的渗透率较高，智能媒体被业界看好并成为投资热点主要有以下几方面的原因：第一，政策支持，"十三五"时期传媒产业表现喜人，"十四五"规划中对媒体作为信息传播的中枢，推进文化、社会和政治建设做出了展望，对媒体融合及全媒体传播做出部署。政策利好智能媒体的发展，在顶层设计的导向下，智媒前景可期。第二，智能媒体的技术革新，5G 和 AI 联手引发的智能传播和物联热潮，对未来的传播格局有深远影响。第三，智媒的商业化也是媒体行业的发展需要，先进技术和应用端大量涌现，推动着融媒体 + 真正落地，对于企业而言，找到自己的商业模式和持续发展的路径尤为重要。新型主流媒体在网络数字媒体技术的加持下逐步形成规模，全媒体的新闻生产平台和各地的融媒体中心百花齐放。

新冠肺炎疫情影响着传媒各行业的发展，"宅经济"带动了线上传媒产业。智媒时代，广播电视等传统媒体需要转型以顺应时代潮流。在新兴的传媒业业态中，沉浸式拓展现实、云消费、电子游戏和语音社交等产业发展迅速，成为新的商业化热点。如图 2 所示，2020 年传媒产业结构中传统的业务领域受到疫情冲击较大，线上的网络媒体表现亮眼。与 2019 年

---

① 《2021—2025 年全球娱乐及媒体行业展望——中国摘要》，2021 年 8 月 1 日，199IT 中文互联网数据资讯网，http://www.199it.com/archives/1288548.html。

② 《文娱行业数据分析：2021 上半年中国文娱传媒行业融资额为 319.29 亿元》，2021 年 8 月 30 日，艾媒网，https://www.iimedia.cn/c1061/80671.html。

的数据相比，网络广告、移动数据及互联网、网络游戏、网络视听短视频及电商收入都有明显增加，其中网络广告的增幅最大；其他业务都有不同程度的下跌，其中电影行业受到的影响最大，收入仅为2019年的38%。在疫情防控的各项要求下，线下电影也被搬上云端，与互联网相关的业务未来依旧会蓬勃发展，有更多的资本涌入。媒体的转型发展依赖产业环境，在目前的政策环境中，数字产业化和产业数字化经济发展都利好于智能媒体商业化的未来发展。①

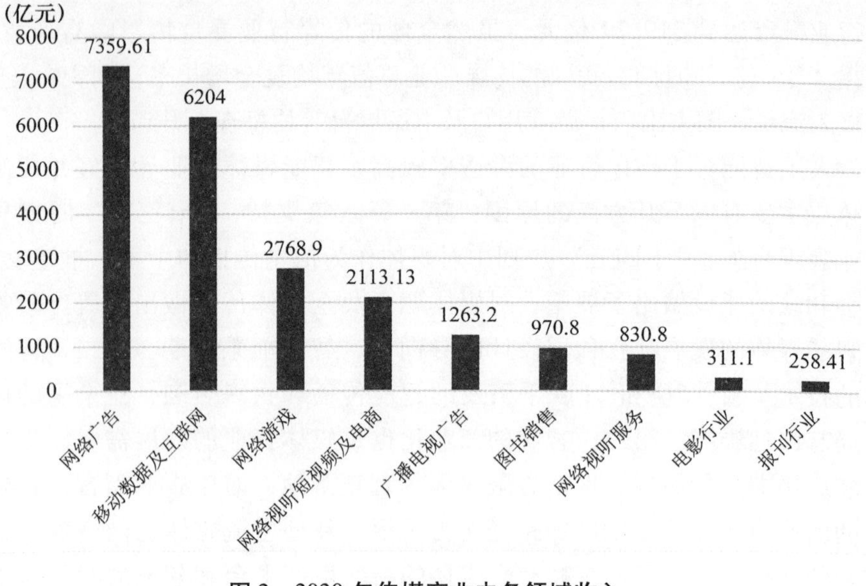

图2　2020年传媒产业中各领域收入

资料来源：《传媒蓝皮书：中国传媒产业发展报告（2021）》。

（四）商业平台助推智媒布局

阿里巴巴以大数据和云计算为核心搭建底层技术支撑，不断强化数据技术能力，并通过资本运作的方式来实现公司的媒体业务布局。阿里巴巴的融合性数据技术赋能其媒体产业，通过架构底层算法并配合AI技术，使得媒体应用广泛落地，实现了阿里旗下媒体产业的智能升级。具体表

① 《〈传媒蓝皮书：中国传媒产业发展报告（2021）〉成果发布》，2021年8月24日，网易传媒研究院，https://www.163.com/news/article/GI5V0PTE00019F28.html。

现：首先，通过大数据整理和分析用户需求，借助文娱大脑实现智能化内容生产；其次，公司协助品牌整理用户数据，实现了用户的精确定位，推动营销实现快速落地；最后，阿里助力媒体机构之间实现深度融合，优化媒体机构的运营能力。①

字节跳动截至2020年年底，公司旗下产品全球月活用户约为19亿人次，这次也是字节跳动首次向外界披露公司的业绩。② 作为在媒体行业内具有重要影响力的独角兽企业，字节跳动对自己的定位为技术公司，深耕算法。既从内容生产者的角度通过算法的应用提升视频内容生产输出的效率，也关注用户角度的内容匹配、精准匹配、精准分发。字节跳动的立身之本是技术，其通过短视频入局媒体行业。随着规模的不断扩大，字节跳动已经扩充到超过400条业务线，深刻影响着传媒格局，在行业内举足轻重。

传媒业越来越认识到智能技术对其转型的重要性，从底层的技术逻辑到应用产品的设计都离不开智能技术。随着媒体行业对智能战略的认识进一步深入，在主流媒体寻求智能化转型的同时，互联网巨头也都在搭建自己的智媒平台，媒体集团与互联网公司的合作也推动了媒体生态向智能化转型，平台化速度不断加快。目前，多家商业媒体通过先进的技术体系搭建起了完整的智能媒体应用方案，从生产、发布、管理等方面全方位赋能。头部的智能媒体公司已经意识到智能技术和传统行业的融合要构建出新的发展模式，既要注重研发创新，也要构建出场景化的综合生态，形成新的媒体格局。

三　智能媒体产业发展存在的问题

（一）原始创新能力不足

创新始终是一个行业发展的核心源动力，我国智能媒体目前在创新发展方面存在瓶颈主要可以归咎于两方面：第一是缺乏创新意识，第二是终

---

① 刘晓：《阿里巴巴：数据技术驱动媒体深度融合转型》，《国际品牌观察》2021年第24期。

② 《字节跳动首次披露公司业绩：2020年营收2366亿元，全球月活19亿》，2021年6月17日，亿欧网，https://baijiahao.baidu.com/s?id=1702801879396001263&wfr=spider&for=pc。

端应用的原始创新能力不足。

美国学者凯文·曼尼（Kevin Maney）提出了大媒体产业的概念，这个概念是指在数字技术的推动下，媒体产业内部先进行融合，再进行平台融合，最后实现终端融合。从经济学的视角来看，大媒体产业的价值在于融合创新。中国的传媒产业 2020 年总产值达到 25229.7 亿元，同比增长 6.51%，但增长率较 2019 年略有下跌，受到新冠肺炎疫情的影响，传统媒体行业领域各项业务的开展都受到不同程度的打击，疫情带来的种种变化还将在很长一段时间内继续影响人们的生活。在这种黑天鹅事件的影响下，“宅经济”风行，媒体行业的发展节奏被打破，寻求突破的核心在于创新。

长期以来，欧美国家媒体产业在创新和输出上都处在领先地位，在媒体融合和社会融合的过程中，国外媒体融合的发展路径更为成熟，我国学习与借鉴了国外的技术和发展方式。2014 年是中国媒体融合元年，因为发展起步晚，前期发展不可避免地存在“拿来主义”与人才技术短缺等问题，而这导致了媒体发展难以实现真正的创新。谷歌在 2012 年发布了 Project Glass，尽管这一款产品最终归于沉寂，但它的诞生是可穿戴设备应用的起点，是一次突破性的智能革命。我国对于原创性的人工智能算法的创新程度不够，习惯性地停留在优化技术的阶段。终端应用的底层逻辑最终还是技术。5G 时代，中国领先的 5G 技术以及全球最多的 5G 基站使得世界移动通信领域的话语权悄然发生变化，在这样的世界格局中，国内技术人员和媒体人员都需要把握住机会，真正实现终端应用的创新突破。

从用户角度出发，在智能媒体方面还需要继续突破。在 5G 的基础上实现真正的万物互联，搭载智能设备和传感器的智能化物体成为内容生产的全新信源。在人的感官还不能达到的层面，借助“物力”获取更多的信息，用智能化的物品来更好地理解人的行为和状态，服务于人的需求，这将是未来媒体进行新闻生产或信息传递的发展趋向，借助智能化设备实现终端应用创新迫在眉睫。

（二）应用场景有待丰富

人工智能的商业化目前从场景落地层面来讲非常有限，智能媒体与个人化的场景适配间也还存在一定的问题。在感知用户场景方面，场景分为实体场景、虚拟场景和增强现实场景。随着物联网和5G将万物逐渐连接在了一起，人与人、人与世界的互联上升到心理和生理两方面的互联互通，场景之间的壁垒也随之消解，通过VR、AR等移动设备可以实现“沉浸式体验”，但目前来看智能媒体的应用场景还有待丰富，具体表现在以下几个方面。

第一，基于个体的空间移动定位变化，场景匹配首先要借助大数据进行定位和信息收集，最终再准确适配到用户。大数据的收集和处理是实现场景适配的核心驱动，但目前广泛存在的问题是，相较于城市，城镇的数据采集和场景适配还不能满足大众的需求，城镇及农村的场景构建不够完全，无法精确地实现匹配，实现个人化的场景适配。

第二，“沉浸式体验”的构建目前大多应用于文化娱乐的相关场景中，VR、AR和MR构建出的场景形成了可以实现价值变现的平台，成为以个体为单位的离散式传播中心。视频化浪潮下用户对不同生活场景的体验产生期待，因此大火的VR旅游、VR娱乐等都具有较好的市场前景，沉浸式体验的目的是实现人的“在场化”，即在无法实现即时在场的情况下也能获得身临其境的体验。但由于设备硬件成本高、用户体验后会产生眩晕症状等技术瓶颈的客观存在，沉浸式设备的普及困难重重。虚拟现实技术真正应用于日常的家庭生活，适配于广大的普通群众，实现场景的移动化和内容生产场景化还有很长的道路要走。

第三，虽然随着智能化媒体的出现，新闻的产品形态发生了一定的改变，出现了5G与全息视频、沉浸式视觉体验的产品，但智能媒体在新闻报道时制作的新闻类型受到很大限制。媒体目前制作的VR新闻主要是纪录片类型的360度全景电影及简短的360度全景视频，然而由于技术和人才储备问题，通常制作周期较长，复合型人才供不应求，导致呈现形式单一，新闻时效性较差。

（三）数据安全与隐私问题

随着人工智能和媒体的深度融合，媒体越发了解人的需求，也为用户提供了更加高效和全面的使用体验。但与此同时，算法对于生活的不断入侵也产生了如侵犯公民权利及违背伦理等诸多问题。

第一，数据智能采集使得用户在不知情的情况下被迫让渡隐私权，挖掘了用户匿名或模糊的信息，将个体的行为和偏好完全数据化。数据主体有权要求数据控制者永久删除主体的个人数据，但在目前的网络环境中，数据主体在数据的使用和流向中并未拥有完全的自主权，个体合理的权益受到侵犯。欧盟在2018年通过的《通用数据保护条例》中表明，只要处理了个人数据，信息控制者和处理者就有义务保护个人信息安全。然而目前国民对于个体隐私保护的意识还不够，对信息泄露的危害认识不足，同时国内还没有对隐私保护出台完善的法律措施，被迫让渡的隐私权还属于法律中的灰色地带。

第二，目前智能媒体的技术依赖于算法，而算法本身并不是中立的，在信息筛选及推送中最明显的弊端就是圈层化的传播方式容易让用户陷入信息茧房当中，算法为每个个体创造了独特的全局信息，这样的信息环境主导了人的价值，让个体始终沉浸在自己所偏好的信息世界。

第三，算法将人们在网上的足迹转化为了对个体的预测和评估，算法决定了个体能看到何种新闻和信息，但也通过评估的方式决定了个体能否得到外界的认可和优待。这其中就涉及算法歧视，数据自带的歧视导致整体决策和表现的歧视，个体的隐私因为算法歧视而公开，信息差逐渐拉开，而目前对于算法的审查和问责是非常困难的，花费的成本远超过效益。

四　面向未来的智能媒体发展策略与建议

（一）鼓励创新并完善监管

技术是发展的基础，鼓励技术平台创新是智能媒体长远发展的关键。2020年人民日报智慧媒体研究院研发出“创作大脑”，推动媒体智能化转型，具体体现在建设智能新闻编辑部，为媒体机构提供全媒体生态智能的参考及解决策略等功能，是一站式的智能创作平台。在智媒基础层搭建完成之后，终端和应用层面应继续加大创新整合的力度，制造出更多能进行信息处理、视频制作、数据可视化、实时监测等符合用户需求的媒体平台。作为一个新兴的交叉领域，培养理论和技术人才也至关重要，让更多AI+传媒的复合型人才进入行业，将理论和技术结合起来，利用最新的量子计算、脑机接口等技术，在更多交叉领域中实现突破。

在鼓励技术创新的基础上，制定智能生产原则规避伦理风险也至关重要。信息数据化让信息安全成为人们关注的焦点，智能生产的过程中要尽量规避一些侵犯权利和有悖伦理的问题。

其一，保证用户的知情权，在新闻生产和权益涉及方面尽量做到公开透明，可查、可控、可追溯，智能媒体在构建用户画像进行定制化推送上需要获取用户的信息，但所有信息的捕捉要保证在合理合法的范围内，选择可靠的信息来源。

其二，注重构建合理的法律环境和监管体系。目前我国的法律制度相较于飞速发展的技术存在一定的滞后性，技术的安全性以及用户的隐私权都需要健全的法律予以重视和保护。将算法纳入监管的范围，消除算法歧视与偏见所带来的社会问题，促进算法决策的公平公开，防止算法权力控制话语权的情况发生，一旦发生了侵权事件能进行合理的维权，满足用户诉求。加之5G高速率、高带宽、低时延的特点会进一步促进视频行业的蓬勃发展，关于视频内容原创保护的法律也不完善，各平台之间视频内容相互搬运，严重侵犯了创作者的权益，内容制作及维权方面也需要加强问责和监管。

（二）提升智能媒体的传播价值

随着时代的发展，媒体已经由原来的单纯传播信息的媒介工具变成了一种生活方式，融入了现代每个人的日常生活。人对于信息始终都有获取的需求，传媒业的快速发展打破了信息之间的壁垒，专业的信息开始变得大众化。行业间的边界正在逐渐消融，随着传媒业与其他行业的深度融合，海量的用户及不同行业的人员都会涌入传媒业，实现UGC和PGC的井喷式增长。在此基础上，智能媒体不能只停留在单向单一的内容传播时代，提升智能媒体的传播价值，由传播走向“传播+”显得尤为关键。

首先，智能媒体是文化和意识形态输出的重要工具。长期以来，国际的传播格局始终是“英美垄断，西强东弱”，西方利用政治优势掌握着国际舆论话语权，歪曲中国形象。而随着媒体的发展，国际的社交媒体上也有越来越多的中国声音，如李子柒在YoTube发布反映中国田园生活的视频等，各类输出文化的视频及文创产品在海外引起了广泛关注，成为民间文化输出的重要力量。2009年，中央明确提出把我国重点媒体国际传播能力建设纳入国家经济社会发展总体规划，主流媒体也开始利用媒体平台在国际上重塑中国形象。全球首个智能化新闻编辑部在中国投入运营，同时，占领5G技术高地有助于中国在全球传播中地位和影响力的提升，推动传播平台的更新换代，为第三世界国家提供5G方案，促进全球信息传播秩序公开与平衡。

其次，智能媒体的发展有助于政务服务和公共文化事业的发展。电子政务的崛起是建立智慧政府的重要支撑，目前应用最广泛的是通过构建智能媒体平台来提高信息传播效率，打通政府和民众之间沟通的通道，县级融媒体的建立成为连接好群众的“最后一公里”，信息的传播范围和传播力度都大大增加。未来还需要在内容和用户体验等方面继续深挖，利用智能媒体为民众提供更好的服务。

最后，要注重内容创新，将智能媒体延伸到新的产业领域。融合是不可逆转的发展趋势，提升传播价值的核心在于内容，智能电视、智能音箱、智能手表等终端产品日后将会有更加明显的增长。从硬件到应用，丰富终端产品，带动产业发展。

（三）人机协同满足受众需求

在技术不断革新的背景下，人机交互的方式会日近趋于以人为中心的自然交互。人工智能的本质是生产力的升级，用技术服务人的生活。人工智能的三个阶段分别是计算智能、感知智能和认知智能，以目前人工智能工业化的水平，已经可以达到计算智能的标准。而感知智能最终呈现出的是一种弱人工智能的形式，弱人工智能也是目前人工智能发展的阶段，到了认知智能阶段，人工智能就具备了和人类一样的学习及决策能力，甚至可以替代全部的人类工作。面对这样的发展趋势，未来人工智能最重要的是做到“此长彼不消”，实现真正的人机协同。

在媒体领域，人机协同的新闻生产与传播模式应用广泛，传统的新闻生产方式随着人工智能深入新闻业逐渐被颠覆。机器人新闻提高了新闻的生产速度，能更好地满足新闻价值的时新性，真实、准确、完整地传递信息，实现了工具理性，但机器人新闻目前还存在诸多问题，例如应用领域非常有限，报道缺乏人文主义关怀，在话语表达和文本结构上趋于公式化和同质化；同时，机器人新闻的产生核心逻辑依然是数据，数据的过度采集存在侵犯隐私权等问题。由机器完全代替人进行新闻生产是不现实的，在新闻生产方面要实现机器与人的深度融合。AI 对于传统媒体和记者的冲击不容小觑，但它同时也是媒体更新迭代的最佳助力。机器新闻的制作离不开媒体人的把关审核，从素材的选取到内容的把关，记者对于机器新闻的宏观把控有助于实现新闻服务于人的新闻价值，呈现的就不仅仅是冷冰冰的内容。机器人新闻倒逼传统记者的转型，复合型人才的缺口加大，记者入职门槛更高，服务意识更强，更有利于新闻业的良性发展。另外，人工智能向人机协同的方向发展，在基于机器学习的基础上，获取并分析数据，更高效地实现信息与个体的智能化匹配，产出更有价值的内容，人机协同共同实现新闻的发现、创作与传播。

参考文献

《2020 年中国人工智能产业研究报告（Ⅲ）公开版》，2020 年 12 月 25 日，艾瑞网，https://report.iresearch.cn/report/202012/3707.shtml。

《2019 年全国文化及相关产业增加值占 GDP 比重为 4.5%》，2020 年 1 月 5 日，国家统计局，http://www.stats.gov.cn/tjsj/zxfb/202101/t20210105_1812052.html。

《第 48 次〈中国互联网络发展状况统计报告〉》，2021 年 9 月 15 日，中国互联网络信息中心（CNNIC），http://www.cnnic.net.cn/hlwfzyj/hlwxzbg/hlwtjbg/202109/P020210915523670981527.pdf。

《中国数字经济发展白皮书》，2021 年 4 月 23 日，中国信息通信研究院，http://www.caict.ac.cn/kxyj/qwfb/bps/202104/t20210423_374626.htm。

《2020 中国人工智能发展现状、产业规模及未来发展趋势分析》，2021 年 2 月 21 日，艾媒网，https://www.iimedia.cn/c1020/77086.html。

《2020—2021 年中国短视频头部市场竞争状况专题研究报告》，2021 年 1 月 23 日，艾媒网，https://report.iimedia.cn/repo130/39293.html?acPlatCode=IIMReport&acFrom=recomBar&iimediaId=76765。

《中国人工智能基础层行业发展研究报告》，2021 年 7 月 20 日，艾瑞网，http://report.iresearch.cn/report_pdf.aspx?id=3817。

《中国算力发展指数白皮书》，2021 年 9 月 18 日，中国信息通信研究院，

http://www.caict.ac.cn/kxyj/qwfb/bps/202109/t20210918_390058.htm。
《中国智能媒体发展报告（2020—2021）》，2021年3月25日，199IT中文互联网数据资讯网，http://www.199it.com/archives/1221544.html。
《"新基建"背景下中国工业互联网与工业智能研究报告》，2020年8月25日，艾瑞网，http://report.iresearch.cn/report_pdf.aspx? id=3831。
《给力！ETSI最新5G标准必要专利排名出炉，中国企业强势领先》，2020年2月27日，腾讯网，https://new.qq.com/omn/20200227/20200227A0OF1400.html。
《中国基础云服务行业数据报告》，2021年5月24日，艾瑞网，http://report.iresearch.cn/report_pdf.aspx? id=3782。
中国电子技术标准化研究院：《人工智能标准化白皮书（2021版）》，2021年7月1日，洞见研报，https://www.djyanbao.com/report/detail? id=2648399&from=search_list。
中国互联网协会：《中国互联网发展报告（2021）》，2021年7月6日，数字经济联合会微信公众号，https://mp.weixin.qq.com/s/H-Zl9avqjJp_zYB-cwwuvEQ?。
《2021—2025年全球娱乐及媒体行业展望——中国摘要》，2021年8月1日，199IT中文互联网数据资讯网，http://www.199it.com/archives/1288548.html。
《文娱行业数据分析：2021上半年中国文娱传媒行业融资额为319.29亿元》，2021年8月30日，艾媒网，https://www.iimedia.cn/c1061/80671.html。
《〈传媒蓝皮书：中国传媒产业发展报告（2021）〉成果发布》，2021年8月24日，网易传媒研究院，https://www.163.com/news/article/GI5V0PTE00019F28.html。
刘晓：《阿里巴巴：数据技术驱动媒体深度融合转型》，《国际品牌观察》2021年第24期。
《字节跳动首次披露公司业绩：2020年营收2366亿元，全球月活19亿》，2021年6月17日，亿欧网，https://baijiahao.baidu.com/s? id=1702801879396001263&wfr=spider&for=pc。

T.11　智能媒体营销模式发展报告*

陆朦朦　肖　谦**

摘　要： 2021 年，新冠肺炎疫情影响下不断向互联网转移的媒体营销进一步加快了数字化、智能化的步伐，广告营销预算继续向数字化渠道和互联网媒体倾斜，消费者触媒习惯逐渐改变。同时，随着智能媒体技术的不断成熟，营销模式呈现出多样化和专业化的趋势。当前，平台流量红利趋于尾声，广告铺设满载，智能媒体新的营销模式是什么？本报告通过整理多家研究机构和智能营销服务提供商的资料和数据，对当前智能媒体营销模式做出总结，分析存在的问题并提出可行的治理路径，以此来展望未来智能媒体营销模式发展的新趋势

关键词： 智能媒体；营销模式；数字化营销；广告形态

为了能够快速响应新冠肺炎疫情防控期间的各类民生需求，各大行业加快数字化转型节奏，用户和消费行为迅速往线上迁移。为了适应新的消费模式，2020 年互联网广告投放同比强势增长 34.2%，其中传统行业和互联网行业投放分别同比增长 26.2% 和 55%①。基于大数据和算法推荐的信息流广告，基于 VR 技术的全新广告形态，都在改变着受众的广告接收方式。网络电商直播、短视频平台销售闭环、社交媒体“种草”式营销模

* 本报告为国家社科基金重大项目“‘双循环’新格局下中国数字版权贸易国际竞争力研究”（项目批准号：21&ZD322）的阶段性成果。

** 陆朦朦，浙江传媒学院新闻与传播学院讲师，博士；肖谦，浙江传媒学院新闻与传播学院数字媒体与智能传播方向硕士研究生。

① 《〈2021 中国媒介概览〉——媒体与内容市场核心观察》，2021 年 6 月 16 日，群邑智库微信公众号，https://mp.weixin.qq.com/s/7TZ-aLvj89j4HYtovB-EwQ。

糊了广告和娱乐的边界，潜移默化地改变着人们的生活方式。

“数据+技术”双驱动，媒体营销模式正在由粗放型向集约型发展，从而实现营销效率的全面提升。[①] 目前，智能营销已经形成了相对完整的技术体系，覆盖了消费者洞察、内容创作自动化、智能精准投放、实时营销互动和营销效果分析等关键节点，实现营销传播前、传播中、传播后全流程智能化。智能媒体营销正在逐步形成新的全域营销模式。

一 智能媒体营销的时代特点

如何定义智能媒体营销？在营销活动的客户获得、投放推广以及效果监测等关键环节通过机器学习、自然语言处理以及知识图谱等相关技术，智能化用户管理、优化投放策略、增强投放针对性。其核心在于帮助营销行业节约成本、提高效率、挖掘更多营销渠道。智能媒体营销依托信息化时代庞大的用户数据，以服务换数据、以数据换流量已经成为当前智能媒体实现营销目的主要模式。

（一）主体统一：内容与营销的边界模糊

新的营销生态下，互联网媒体平台往往既是内容生产者，也是广告经营者，主体边界的模糊让内容与营销混杂在一起。智能时代的营销强调广告内容化，通过隐藏明确的商业诉求来实现营销的内容融合，媒体平台也不再是单纯的推送工具，而是直接介入广告的运作中。[②] 广告主开始注意到技术的重要性，将人工智能技术运用到营销活动全流程。由此，用户在智能媒体平台浏览互联网信息时，无差别地接收内容和营销，尤其在社交媒体平台的内容生产过程中，营销活动更难辨别。

（二）技术入股：营销数智化趋势明显

信息智能化时代，传统营销模式被改造，营销传播逐渐迈入一个被人

---

① 《中移智库：2021年数字化营销现状与趋势》，2021年6月4日，199IT中文互联网数据资讯网，http://www.199it.com/archives/1256823.html。

② 唐英、黄娟：《智能时代的广告生态困境及其治理》，《当代传播》2021年第2期。

工智能赋能的时代。5G 信息传输和大数据技术的发展为智能媒体营销传播提供了数据基础，用户触达和管理变得更加简单。另外，新的营销形式如智能穿戴设备、OTT 智能大屏、物联网营销等都在颠覆传统营销模式的终端特性。

智能算法的加入可以识别不同用户在不同平台、不同场景下的差异化需求，实现实时精准识别。平台间差异会造成用户消费行为和消费习惯的场景化和碎片化，但是人工智能技术能够将消费者在不同时间和场景下的行为转化成可整合的数据，并且跨越时间和平台维度进行重新连接，从而实现对用户行为的精准把握。珍岛集团推出的 Marketingforce（全球营销力赋能）体系，涉及各个分支层面的能力聚合，支持跨平台异构数据的整合，为智能营销带来跨平台的数据整合及数据透视能力。[①] 阿里巴巴以 OneData 方法论为智能营销的核心，统一数据建设、数据管理、实体连接、数据服务，能够实现全链路智能数据建构及管理，打造全域营销体系。借助智能营销技术，内容、广告、用户和场景完美匹配，内容不再单独作为传播的一部分存在，呈现方式也更加多样化，这也在一定程度上成为当下“私人定制”营销模式的先决条件。

（三）千人千面：个性化、定制化成为常态

随着千禧一代和 Z 世代逐渐成为社会消费主力军，定制化服务的社会需求度越来越高，消费者的个性化特征也越来越明显。根据阿里巴巴平台的数据，2020 年双十一家装整体定制成交额同比增长 143%，用户个性化消费比例明显提升。2020 年，易观数科发布了全球智能用户运营系统，提炼出 ARGO 模型，以用户为中心，通过量化用户旅程中关键场景的关键行为，对用户进行人群的细分。基于以上系统，用户运营不仅能够体系化运作，保证持续的用户增量和稳定性，与此同时，大数据能够跨平台掌握用户信息与行为，用户场景效率提升，个性化与定制化效率进一步提高。

---

① 《如何看待珍岛集团提出的“Marketingforce”概念?》，2020 年 12 月 31 日，知乎，https://www.zhihu.com/question/437261448。

（四）沉浸+互动：交易链路进一步缩短

在后疫情时代，新出现的互动娱乐方式可以快速吸引消费者，多元的交互形式能够给用户提供不同的感受。短视频营销、电商直播、互动游戏等让用户拥有沉浸式的消费体验。根据中国互联网络信息中心发布的第47次《中国互联网络发展状况统计报告》，中国电商直播用户规模为3.88亿，占网民整体的39.2%，[①] 电商直播成交额呈爆发式增长。与此同时，各大平台正在加紧铺设营销闭环，减少用户触达与消费之间的步骤，模糊消费者沟通与购买交易之间转化链路的边界。抖音、快手围绕各自的平台的优势加速短视频生态电商布局，构建营销闭环体系，品牌直达用户。微信、知乎等社交平台正在发力打造视频号+直播生态。社交元素的融入让更多的消费者选择相信来自KOL或者亲朋的口碑传播。

二　智能媒体营销的热点趋势

（一）智能媒体营销技术前沿

智能营销技术的发展催生了不同的智能营销体系，囊括了从用户管理到反馈收集的全过程。营销服务提供商不断深耕营销各环节技术，为广告主和渠道方提供更加专业的技术支持。头部智能媒体平台也在开发新的营销手段，并向营销需求方供给服务。

1. 一体化营销力赋能平台

智能媒体营销大致已经形成了较为完整的技术体系，随着广告需求的增多和要求的提高，为了解决营销痛点，智能营销服务正在逐步由单一服务提供商向一体化营销云平台转变，智能媒体营销力赋能平台正在逐渐增多。作为营销服务提供商，基本运作模式是通过大数据和人工智能技术，打造独特的数智化营销服务能力，从而赋能企业与媒体营销全过程的数智化。字节跳动打造全局智能营销体系，能够利用AI算法识别主体、物体

---

① 《第47次〈中国互联网络发展状况统计报告〉》，2021年2月3日，中国互联网络信息中心（CNNIC），http://www.cnnic.net.cn/hlwfzyj/hlwxzbg/hlwtjbg/202102/P020210203334633480104.pdf。

和场景，基于个性化推荐算法分析三者之间的关系，做到真正地理解用户，实时精准推荐，同时满足自动文案生成、图片制作、视频制作、自动化脚本等全媒介智能策划发布。在用户反馈方面，智能营销体系实时监测流量表现，衡量营销效果。不仅在消费者感知方面实现全渠道用户行为数据挖掘和分析，还能够实时监测用户互动情况，掌握个体用户互动轨迹。

2. 跨媒介全链路营销

营销活动跨媒介平台铺设逐渐成为标配，这得益于社交营销的可移植性。以强社交属性的KOL营销为例，同一个KOL往往拥有多个平台的不同账号和身份，能够在不同媒介平台之间转移并且游刃有余，这也就保证了KOL在营销的不同平台、不同场景、不同环节都能发挥作用。在微博和微信这一类社交媒体上，KOL营销能够持续导流，全方位影响用户心智；在小红书和知乎这一类偏向专业内容生产的社交平台上，营销活动能够带来更大的影响力；而抖音这一类的视频平台已经形成电商营销闭环，KOL营销能够明显提升成交转化率。不同平台的用户群体不尽相同，跨平台的内容生产相互引流，用户增长速度明显加快。QuestMobile数据显示，存量竞争时代到来之后，内容、KOL、品牌、平台之间，基于数据驱动的“循环体”已经形成，抖音、快手上活跃用户数在百万以上的KOL占比分别为46.5%、59.4%，其他平台则主要为中长尾玩家，微博、微信公众号50万活跃用户数以内KOL占比均在九成以上。① 在KOL营销策略逐渐成熟的大趋势下，跨平台的多生态组合营销已经成为当前主流智能媒体平台热衷的营销模式。

3. 全域营销万物智联

无论是传统营销时代还是智能媒体营销时代，营销的本质都是注意力经济，只不过是衡量标准不同而已。当前，中国经济已经进入存量时代，网络消费者也基本触顶总体网络用户。在流量营销的基础上，场景营销可以成为营销活动新的增长点。5G让万物互联变为现实，基于AIoT技术，场景营销可以全方位获取用户碎片化的注意力，实现营销全覆盖。

人工智能物联网AIoT，可以通过任何终端触达用户并对其产生影响。

① 《2021年跨平台KOL生态研究报告》，2021年6月8日，QuestMobile，https://www.questmobile.com.cn/research/report-new/157。

2020 年，小米发布手机 × AIoT 全新战略——“米智联”全新营销阵地，以手机等移动设备为基础，通过各类智慧终端完成万物互联的布局。必胜客携手小米，以“多人聚餐”的订餐场景作为切入点，依托小米“AIoT + OTT”的技术能力打造大屏智能语音点餐服务，通过万物智联开启家庭订餐、分享欢乐的新玩法。[①] 2019 年，华为在开发者大会上正式发布鸿蒙操作系统（OS），后来又发布并且向华为终端推送了全新的鸿蒙 OS 2.0。华为官方称鸿蒙 OS 是首个真正为全场景时代打造的分布式操作系统，能够为跨设备智能互联提供统一的操作网络，小到 KB、大到 GB 的设备都可以搭载，让所有搭载鸿蒙 OS 的设备实现互联互通，从而打造全景布局。2020—2021 年，IPTV 和 OTT 的联合市场规模突破 6 亿元，OTT 开机广告满载率达到 90%，OTT 广告投放正从开机向开机后的系统层和内容场景延展，未来大屏媒体营销将持续升级。

（二）智能媒体营销形式

后疫情时代，消费场景继续线上迁移，用户触媒习惯改变，智能媒体营销模式也随之改变。营销活动围绕社会热点话题不断扩展新的边界，重大节点仍然是各大平台的营销发力点。B 站“后浪”之后，年轻化营销开始成为趋势，主张年轻人的个性，针对年轻消费者的营销模式也越来越多。下沉市场进一步被挖掘，智能设备的普及让营销有了触达任何智能设备拥有者的能力，各大平台也在布局“极速版”应用抢占下沉市场。

1. 互动营销：唤起大众参与感

电视时代就有了互动短信、电视答题的营销方式，即使是这种原始的互动方式，也能唤起大众的参与感。进入移动互联网时代，互动营销的案例更加普遍，H5 作为一种“新鲜玩意”有极高的用户接受度，互动营销的效果逐渐被重视。互动性是社交媒体时代网络营销最重要的特征，也是网络营销最具革命性的优势。[②] 数字技术的进步和普及使得消费者也可以参与到媒体营销的创造过程中。

---

① 益普索：《2020 营销创新趋势洞察》，《中国广告》2021 年第 2 期。

② 杨元龙：《4I 营销原则在网络营销活动中的应用——以 O2O 电商为例》，《今传媒》2014 年第 10 期。

新的互动营销形势下，视频平台开始推出互动视频的全新形态，2021年5月，网易云音乐推出了H5小测试——测试你的人格主导色，给你8个片段音乐，以此选择你联想到的场景以及感受，从而得出人格分析结果。7月，《人民日报》新媒体联合B站推出建党百年主题互动微电影《抉择》，剧情中设置选项，每一次点击都可能改变剧情走向。新的互动营销模式已进入游戏领域，据部分广告平台的数据，相同广告位置下，互动广告比视频广告转化率高300%。

2. 情感营销：理性转向感性

智能媒体时代，铺天盖地的营销信息包裹其中，情感营销的价值在于有效地洞察并击中消费者内心，使其产生共鸣。情感营销多以视频叙事的手法讲述品牌故事，传递理念和价值观。快手十周年宣传片《快手十年，为更好的生活》，邀请来自不同领域的从业者讲述自己对于美好生活的向往和追求，在传递品牌价值观的同时，呼应时代主题。情感营销不仅需要精准地叙事，更需要考虑消费者的审美和情感共鸣。在社交媒体时代，成功的情感营销能够产生病毒式传播的效果。2020年5月3日，Bilibili联合央视新闻等主流媒体发布《奔涌吧后浪》宣传片，一经发布就受到B站1.3亿用户的追捧。不难看出，智能媒体时代的年轻化营销更加偏向于唤起情感共鸣。围绕青年节、毕业求职等话题展开的营销模式呈现出年轻化的态度，更能触达和打动年轻人。近年来，“她题材”的影视综艺作品也在不断地引起社会讨论。2021年妇女节，珀莱雅与《中国妇女报》联名发起的“性别不是边界线　偏见才是”话题讨论，引发社交平台热烈讨论并成功出圈。

3. 联动营销：重构消费者记忆

基于社会心理学中的“可得性启发”理论，新的交互模式下，内容或IP之间的联动使得一些内容在未来的某种购买场景中更容易被这些顾客联想到，从而让顾客产生购买倾向。故宫IP近年来热度持续上升，营销圈流行“得故宫IP者，得天下”的说法。通过商业化的运作和故宫IP的深度开发，品牌的识别度和知名度明显提升，国潮文化的兴起、新消费群体的加入促成了故宫联名的热度。传统文化与新消费品牌、新传播手段相结合的营销模式在直接提升品牌商业价值的同时，也能重新建构消费者对特定内容的记忆结构，形成联动。当内容营销成为新时代营销模式新的增长点，IP 联动营销内容生产继续释放新的增长动能。

4. 下沉营销：消费市场分级

华与华方法对于广告创作有个最基本的原则：降低传播成本。一个是降低认知成本，一眼要看懂；另一个是降低扩散成本，就是看一眼就记住，而且乐于介绍给别人。[①] QuestMobile 数据显示，截至 2020 年 10 月，下沉用户已经占据中国移动互联网大盘的 58%（6.69 亿）。[②] 2020 年新年，快手的《在快手点赞可爱中国》广告片借助央视黄金时段触达更多群体，通过记录普通人的方式吸引普通人。2020 年 6 月，蜜雪冰城也凭借着一首主题曲成为曝光超过百亿的现象级营销案例。在这些案例的背后，是营销模式的下沉。近年来，"营销下沉" 的概念越来越频繁地被提及，新冠肺炎疫情防控期间的线上消费增长也带动了下沉市场的发展。尽管下沉用户已经在互联网市场占据了不小的份额，其移动网络使用程度仍然还有较大的发展空间。除了布局下沉应用市场以外，智能媒体平台的营销模式也对下沉市场进行了适配。

三 智能媒体营销的问题梳理及矫正路径

人工智能和大数据赋能媒体营销过程，实现更加精准化个性化的消费者触达，广告主能从中获得更大的利益，而消费者则不然。尽管大数据时代是一个以数据换服务的时代，但只有不到一半的人相信移动应用程序和服务会尊重他们的隐私并保证数据安全。[③] 人工智能为营销传播带来大规模定制化营销沟通可能的同时，个人数据隐私保护和数字广告欺诈是人工智能营销传播无法规避的挑战。[④]

① 华杉、华楠：《超级符号就是超级创意：席卷中国市场 14 年的华与华战略营销创意方法》，天津人民出版社 2014 年版，第 90 页。

② 《2020 下沉市场营销洞察报告》，2020 年 12 月 8 日，QuestMobile，https://www.questmobile.com.cn/research/report-new/135。

③ 《MEF：2021 年消费者信任调查报告》，2021 年 5 月 24 日，199IT 中文互联网数据资讯网，http://www.199it.com/archives/1247986.html。

④ 王佳炜、陈红：《人工智能营销传播的核心逻辑与发展挑战》，《当代传播》2020 年第 1 期。

（一）个人隐私保护的不确定性

智能媒体时代，营销生态繁荣多样，效果显著。智媒营销热背后，存在不少风险和危机。数据对智能媒体营销活动而言是最基础最重要的存在，营销活动关键节点都需要数据的支撑。在人工智能产业链中，消费者数据是产业发展的核心力量，5G 传输技术的发展与普及，逐渐形成了一个万物互联的智能生态，用户信息一触即达让数据的获取轻而易举。2020 年 5 月 15 日，工信部通报了 16 款存在私自收集用户信息并共享给第三方的 App，包括当当、e 代驾等用户常用软件。2020 年十三届全国人大三次会议表决通过了《中华人民共和国民法典》（以下简称《民法典》），《民法典》纳入了个人信息保护的相关内容。工信部、公安部等出台了一系列政策，对数据的安全使用规范提出了严格的要求。

（二）营销传播算法的偏见

算法作为人工智能的核心技术，已经深入人们的日常生活，并俨然形成"算法社会"。[①] 在实际应用过程中，因算法本身因素或突发性错误等瑕疵使算法在运行过程中出现偏差，即为算法偏见（Algorithmic Bias）。[②] 在营销领域，算法偏见主要表现为对特定群体的刻板印象，比如算法推荐往往会把女性与家庭、婴幼儿、厨房类商品进行关联，而其他比如职位信息的推荐则远少于男性。商业决策者有意识地制造偏见信息，从而提升商业利益。如果消费者有过购买低价商品的经历，那么算法会根据用户搜索关键词持续推送低价商品，形成一个封闭的空间，使消费者无法察觉。算法的偏见多数时候是因为商业决策者和开发人员的偏见，这些偏见正在悄然左右着人们的认知习惯和消费偏好。另外，"算法杀熟"极大地损害了特定消费主体的个人利益。互联网平台为了优化预期收益，通过大数据描绘用户数字画像，掌握消费者的消费习惯，根据消费者的价格敏感程度进行

---

① Jack M. Balkin, "Sidley Austin Distinguished Lecture on Big Data Law and Policy: The Three Laws of Robotics in the Age of Big Data", *Ohio State Law Journal*, Vol. 78, No. 5, August 2017, p. 1217.

② Anupam Chander, "The Racist Algorithm?", *Michigan Law Review*, Vol. 115, No. 6, 2017, pp. 1023 - 1045.

定价，对价格敏感度低的顾客则推荐高价产品。这种做法不仅损害了消费者的隐私权和知情权，也扰乱了正常的商业运作秩序。

（三）广告审核标准不够统一

智能营销的渠道大多是移动互联网，平台既是广告经营者又是广告发布者，同时由于广告和内容的融合，每个人都可以是广告主。现行广告监管制度下，没有对智能广告的统一审核标准，审核流程往往由制作方或平台执行。这些广告行为主体没有被要求办理、登记从事广告业务的资格，相应管理制度也不完善，这就导致了虚假、违法、欺诈性的广告出现。

（四）流量造假成智能营销行业难题

智能媒体时代，数字广告投放比例不断提升的同时，不透明的媒体供应链中，存在广告欺诈的情况。智能营销模式下，流量多少已经成为衡量营销效果的重要因素之一，流量本身也存在巨大的经济价值和财产价值，通过非法手段提升流量值已经发展成为一种“产业”。5G 技术、区块链技术的升级，虽然能够实现对无效流量的甄别，但流量造假者也在将人工智能技术应用到广告欺诈中，造假越来越“真实”。智能营销传播面临缺少足够信任和充分透明度的考验。

（五）智能媒体营销的问题矫正

技术加持下，营销活动变得更加智能可控，但往往伴随着行业自律性差、监管力度不到位、审核标准不够完善等方面的问题。尽管各个国家都在针对智能时代的营销进行行业规制，但效果不佳。智能技术在赋能媒体营销的同时，也让不法者有了可乘之机。要构建一个平衡的营销生态，具体举措大致如下。

第一，重视保护用户隐私，智能媒体时代的广告营销想要获取用户信息易如反掌，这就要求平台方做好数据需求和用户隐私保护之间的平衡。同时，用户也应提升自我防范意识，注意在使用互联网平台时的信息泄露隐患。同时加强立法管理，规避技术黑箱对用户权利的隐形伤害，维护用户隐私权利。

第二，厘清广告审核标准，发布主体的多样性及互动性造成责任追查的不确定性，厘清广告审核标准、落实责任主体有助于促进营销行业的良性发展。加速布局区块链等智能技术在广告审核方面的应用，实现营销路径的可溯源。

第三，建立闭环的监管联盟以实现行业理性自律。[①] 智能媒体时代，单一的监管手段无法对多种广告发布者和分发平台同时奏效，通过人工智能将广告主、平台、媒体等组成一条闭环的监管联盟以实现行业的理性自律。

四　智能媒体营销模式的发展

技术加持下，营销行业的变化速度有目共睹。在营销领域，想要通过新的技术建立一套完整的营销体系相对容易，但是想通过市场经验来建立一套立体化的营销理论，找到一套具有普适性的营销策略十分困难。通过现有的智能媒体营销模式，本报告大致预测未来智能媒体营销的应用趋势。

（一）技术升级

技术应用方面，智能技术的发展造就了一个万物互联的时代。作为万物互联的基础，线下场景将会实现“时空穿越”、跨越时空的联动，形成线上线下场景营销闭环。AIoT 和 5G 等技术的普及与应用，让软硬件结合的媒介融合新趋势成为可能，媒介摆脱了“屏”的限制，以交互为载体，将消费者置于营销价值管理的核心。[②] 在 AI 技术的支持下，程序化广告将迎来爆炸式增长。

（二）内容细化

营销内容方面，针对年轻消费者的营销规模将会进一步增大。中信证券发布的研究报告中提到，Z 世代人口规模约 2. 64 亿人，约占我国总人口的 19%。在互联网行业整体渗透见顶的背景下，年轻人市场是互联网用户

---

① 唐英、黄娟：《智能时代的广告生态困境及其治理》，《当代传播》2021 年第 2 期。

② 益普索：《2020 营销创新趋势洞察》，《中国广告》2021 年第 2 期。

流量渗透饱和下的少数结构性流量红利。[①] 他们更乐于接受新鲜事物，对个性化的需求更大。新的营销模式更加注重以消费者为中心，提升营销效率。抖音、快手、微博这一类拥有大量年轻用户的平台，是新营销的主要阵地，小红书这一类社交互动性更高的“种草”平台则更受年轻消费者青睐。除此之外，儿童经济也将成为未来营销的重要增长领域，针对不同消费群体的软硬件升级将成为新的发展方向。

（三）形式变化

从 H5 到 AIoT 互动形式的升级，交互永远是营销活动吸引用户的制胜法宝。在一项名为“互动式交互内容营销”的调研中，有 2 万多名专业人士参与其中，其中 87% 同意非静态内容能够带来更好的用户体验。利用 AR 技术将原本静态的内容变成 3D 动态图像，更加真实可感。家装服务中借用增强现实技术，让用户能够看到实际的装修效果。交互性的内容往往更能让消费者买单。未来，虚拟和现实的边界将会越来越模糊，人体上将会有越来越多的“机器”，可穿戴设备、传感器甚至是可以植入人体的芯片，将造就一个人机合一的生态。未来的智媒形态将会继续向神经系统延伸，营销模式也会随之变化和发展，催生出更加直接的人—媒交互形式。

结　语

智能媒体时代，充分理解媒介即讯息的理念，才能掌握智能媒体营销的新特性。新营销模式的本质和目的在于提升营销的连接功能，优化连接的效率，进而增强连接的效果。当前，头部平台着力将人工智能技术融入自身营销链条，市场上已经出现了一批相当有竞争力的平台级智能营销产品。尽管当前营销生态存在一些问题，但是我们仍可以期待一个人机友好、商业互利的智能媒体营销生态圈。

① 《从 B 站、小红书、得物看 Z 世代内容营销与渠道变化》，2021 年 6 月 2 日，199IT 中文互联网数据资讯网，http://www.199it.com/archives/1255834.html。

参考文献

《2020 下沉市场营销洞察报告》，2020 年 12 月 8 日，QuestMobile，https://www.questmobile.com.cn/research/report-new/135。

《2021 年跨平台 KOL 生态研究报告》，2021 年 6 月 8 日，QuestMobile，https://www.questmobile.com.cn/research/report-new/157。

《〈2021 中国媒介概览〉——媒体与内容市场核心观察》，2021 年 6 月 16 日，群邑智库微信公众号，https://mp.weixin.qq.com/s/7TZ-aLvj89j4HYtovB-EwQ。

《从 B 站、小红书、得物看 Z 世代内容营销与渠道变化》，2021 年 6 月 2 日，199IT 中文互联网数据资讯网，http://www.199it.com/archives/1255834.html。

《第 47 次〈中国互联网络发展状况统计报告〉》，2021 年 2 月 3 日，中国互联网络信息中心（CNNIC），http://www.cnnic.net.cn/hlwfzyj/hlwxzbg/hlwtjbg/202102/P020210203334633480104.pdf。

华杉、华楠：《超级符号就是超级创意：席卷中国市场 14 年的华与华战略营销创意方法》，天津人民出版社 2014 年版。

《如何看待珍岛集团提出的"Marketingforce"概念?》，2020 年 12 月 31 日，知乎，https://www.zhihu.com/question/437261448。

唐英、黄娟：《智能时代的广告生态困境及其治理》，《当代传播》2021 年第 2 期。

王佳炜、陈红：《人工智能营销传播的核心逻辑与发展挑战》，《当代传播》2020 年第 1 期。

益普索：《2020 营销创新趋势洞察》，《中国广告》2021 年第 2 期。

《中移智库：2021 年数字化营销现状与趋势》，2021 年 6 月 4 日，199IT 中文互联网数据资讯网，http://www.199it.com/archives/1256823.html。

Anupam Chander, "The Racist Algorithm?", *Michigan Law Review*, Vol. 115, No. 6, 2017.

Jack M. Balkin, "Sidley Austin Distinguished Lecture on Big Data Law and Policy: The Three Laws of Robotics in the Age of Big Data", *Ohio State Law*

Journal, Vol. 78, No. 5, August 2017.
《MEF：2021 年消费者信任调查报告》，2021 年 5 月 24 日，199IT 中文互联网数据资讯网，http://www.199it.com/archives/1247986.html。

T.12 中国智能出版发展报告*

王武林　王一宁　王雅梦**

摘　要：智能媒体时代，5G、VR/AR、人工智能、大数据等新兴技术赋能数字出版行业，迎来数字出版的智能化转型。与此同时，在政策支持和行业发展趋势下，各出版机构也积极探索和找寻各种智能技术在出版业的应用场景，试图重塑行业格局与生态。本报告主要从人工智能与数字出版融合发展政策、数字出版与新技术的运用、数字出版行业的经典案例、数字出版行业融合创新发展前景四个维度回顾2020年以来智能技术介入出版领域的发展历程，从而对数字出版融合发展情况进行梳理和解读。

关键词：数字出版；融合性发展；智能化；技术

一　智能融合出版政策基础

随着智能媒体时代的到来，大数据、5G、人工智能、虚拟现实和增强现实等各种智能技术的成熟与突破，掀起了人类社会的“智能化”革命。2016年11月，国务院发布的《“十三五”国家战略性新兴产业发展规划》指出，推动人工智能技术在各领域应用，鼓励各行业加强与人工智能融合，逐步实现智能化升级。自2017年3月政府工作报告中首次出现人工智能开始，直至2021年连续5年在政府工作报告中都有提出并强调促进人工智能发展的指导

* 本报告为国家社科基金重大项目“‘双循环’新格局下中国数字版权贸易国际竞争力研究”（项目批准号：21&ZD322）的阶段性成果。

** 王武林，博士，浙江传媒学院新闻与传播学院副教授，研究方向为新媒体传播、数字出版；王一宁，浙江传媒学院新闻与传播专业研究生，研究方向为数字媒体与智能传播；王雅梦，浙江传媒学院新闻与传播专业研究生，研究方向为数字媒体与智能传播。

条例。2017 年提出加快人工智能技术研发和转化；[①] 2018 年强调加强新一代人工智能应用研究；[②] 2019 年提到拓展“智能 +”，赋能制造业转型升级；[③] 2020 年建议推进智能制造，培育新一代科技产业集群；[④] 2021 年主张推动产业数字化智能化改造，[⑤] 从“加快”“加强”“拓展”到“推进”再到“改造”说明我国人工智能的发展经历了萌芽阶段、新兴阶段、稳健阶段、蓬勃阶段、改造阶段，一步步更加注重人工智能技术与其他行业领域的融合。除了政府工作报告外，国家也相继发布一系列专门针对人工智能发展的政策文件，如 2019 年的《关于促进人工智能和实体经济深度融合的指导意见》、2021 年的《中华人民共和国国民经济和社会发展第十四个五年规划和 2035 年远景目标纲要》等，其中所涉及的针对性策略在为人工智能与其他行业创新性融合提供指导的同时，也促进了中国人工智能领域持续健康发展。

在国家政策的大力推动下，出版界积极探索出版领域与人工智能技术的融合发展之路。相关部门也相继出台一系列促进出版与人工智能融合发展的指导性文件。其中，中央文化体制改革领导小组办公室在 2020 年 5 月发布的《关于做好国家文化大数据体系建设的通知》（以下简称《通知》）中提出，运用 5G、区块链、大数据、云计算、物联网等新技术，建设国家文化大数据体系的中枢系统和分平台，汇聚文化大数据信息，为文化生产和文化消费的终端用户提供云服务。[⑥]《通知》在“国家文化大数据云平台建设”版块所提出的办法有助于尽快落实智能出版技术的研发与应用，智能技术与出版领域的结合，为实现智能媒体时代出版产品的跨领域、跨平台、跨媒体传播提供巨大助力。为深化广播电视和网络视听供给侧结构性改革，国家广

---

① 《2017 年政府工作报告》，2017 年 3 月 5 日，中华人民共和国中央人民政府国务院，http://www.gov.cn/guowuyuan/2017zfgzbg.htm。

② 《2018 年政府工作报告》，2018 年 3 月 5 日，中华人民共和国中央人民政府国务院，http://www.gov.cn/guowuyuan/2018zfgzbg.htm。

③ 《2019 年政府工作报告》，2019 年 3 月 5 日，中华人民共和国中央人民政府国务院，http://www.gov.cn/guowuyuan/2019zfgzbg.htm。

④ 《2020 年政府工作报告》，2020 年 3 月 5 日，中华人民共和国中央人民政府国务院，http://www.gov.cn/guowuyuan/2020zfgzbg.htm。

⑤ 《2021 年政府工作报告》，2021 年 3 月 5 日，中华人民共和国中央人民政府国务院，http://www.gov.cn/guowuyuan/2021zfgzbg.htm。

⑥ 《关于做好国家文化大数据体系建设的通知》，2020 年 6 月 30 日，中央文化体制改革领导小组办公室，https://www.gujianchina.cn/news/show-9194.html。

播电视总局办公厅2020年8月下发了有关互动视频、沉浸式视频、VR视频和云游戏等5G高新视频系列技术白皮书，打造视频领域新服务新业态。[①] 2020年9月，中共中央办公厅、国务院办公厅印发的《关于加快推进媒体深度融合发展的意见》指出，要以先进技术引领驱动融合发展，用好5G、大数据、云计算、物联网、区块链、人工智能等信息技术革命成果，加强新技术在新闻传播领域的前瞻性研究和应用，推动关键核心技术自主创新。[②] 2021年3月，十三届全国人大四次会议审议通过了《中华人民共和国国民经济和社会发展第十四个五年规划和2035年远景目标纲要》，明确指出要充分发挥海量资源数据和丰富应用场景优势，促使传统产业转型升级，催生新产业、新型态、新形式。[③] 2021年6月3日，中央宣传部副部长张建春在由国家新闻出版署主办的以“创新赋能高质量发展”为主题的2021年中国报业创新发展大会上提出，要创新传播技术，充分利用5G、大数据、云计算、区块链、人工智能等新技术新手段，对内容、产品、体系、服务等进行转型升级、提质增效，推动实现采编流程、内部管理、竞争能力的重塑。[④] 这些政策在壮大数字出版、网络视听等产业，推进智能传播，国家文化大数据体系和出版融合发展工程等方面做出了重要指导，表明“出版融合”由分散化发展走向一体化工程构建。[⑤]

二 智能融合出版技术应用

目前，在数字出版领域应用的智能技术主要包括VR/AR技术、5G技术、区块链技术、智能语音技术和智能创作技术等。VR/AR技术增加了受众使用出版物的体验感和沉浸感；5G技术使出版流程自动化和精准化

① 《国家广播电视总局办公厅关于印发5G高新视频系列技术白皮书的通知》，2020年8月25日，国家广播电视总局，http://www.nrta.gov.cn/art/2020/8/25/art_3713_53728.html。

② 《中共中央办公厅 国务院办公厅印发〈关于加快推进媒体深度融合发展的意见〉》，2020年9月26日，中国政府网，http://www.gov.cn/xinwen/2020-09/26/content_5547310.htm。

③ 《中华人民共和国国民经济和社会发展第十四个五年规划和2035年远景目标纲要》，2021年3月13日，中国政府网，http://www.gov.cn/xinwen/2021-03/13/content_5592681.htm。

④ 张建春：《构建符合时代要求和受众需求的新型主流媒体》，2021年6月4日，国家新闻出版署，http://www.nppa.gov.cn/nppa/contents/719/76111.shtml。

⑤ 周蔚华、陈丹丹：《2020年中国出版融合发展报告》，《科技与出版》2021年第6期。

的同时使服务更加便捷化；区块链技术主要应用于版权保护，为创作者版权保驾护航；智能语音技术促使消费者和出版产品形成互动关系；智能创作技术一方面提高 PGC 内容质量，另一方面为 UGC 创造降本增效。总的来说，智能融合出版发展的过程也意味着技术应用创新的过程，传统出版与智能技术相结合，促进出版业向交互化、自动化、智能化方向发展。

（一）VR/AR 技术与数字出版

虚拟现实（Virtual Reality，VR）是指利用计算机模拟出一个三维空间的虚拟世界的技术，在这个虚拟世界里受众能够在视觉、听觉、触觉等感官基础上享受身临其境般的模拟呈现，同时使用者也可以对三维空间内的事物进行查看和操作。[①] 增强现实技术（Augmented Reality，AR）就是指在真实的场景中展现出电脑模拟出的虚拟场景、事物或者信息，从而达到对“强化”真实场景目的的技术。[②] 2016 年被称为 VR 元年，虚拟现实（VR）和增强现实（AR）技术呈井喷式发展。随着国家政策的大力支持和各种智能技术的迅猛发展，各出版单位应时而动，积极整合优化资源，充分利用 VR/AR 技术为数字出版的发展注入新的活力源泉，进入“出版 + VR/AR”融合发展新时代。

当前，VR/AR 技术的呈现需要相应的设备作为补充，如眼镜、头盔、手机、平板等。VR/AR 技术与出版行业融合的具体应用主要表现在三个方面，即 3D 立体展示、实例演示、虚拟操作互动。3D 立体展示就是借助 VR/AR 技术，出版物的内容会以 360 度三维立体的形式展示，同时可以切换到任一角度；实例展示是指在 VR/AR 技术的应用下，能够对一些出版物中所提到的例子，如数学公式、化学方程式以及物理运动过程等，进行动态拆解演示，帮助受众深刻理解；虚拟操作互动即借助 VR/AR 设备模拟出虚拟场景，受众仿佛身临其境，做出操作和互动行为，增加其体验感和沉浸感。目前 VR/AR 出版物仍然是以呈现为主，即单方面向受众传递信息。VR/AR 技术在出版行业的应用也恰恰印证了麦克卢汉（Marshall

---

① 李国光：《VR 和 AR 在图书出版领域的应用探析——以教育培训类图书和童书类出版为例》，《青年记者》2019 年第 11 期。

② 赵志靖、周静：《中外 VR/AR 图书比较研究》，《中国现代教育装备》2021 年第 13 期。

McLuhan）的媒介即人的延伸的观点，借助 VR/AR 设备，增加了出版物的“可视”“可感”，如吉林科学技术出版社所出版的身临其“镜”系列套装书，在 2020 年获得优秀科普作品奖，作为少儿科普类 VR 图书，满足了少儿对场景的多维感受，增强了少儿的阅读兴趣。①

（二）5G 融入数字出版

5G 作为第五代移动通信技术，其所具备的低时延、高速率、大储备容量等特性，给人们的生活带来了巨大改变的同时被广泛应用于各个行业。在智能媒体时代，思考如何促进 5G 技术与出版行业的融合发展，优化用户体验，满足用户需求，具有重要的现实意义。5G 技术的快速发展在出版界带来的影响主要表现在出版流程、用户体验和盈利模式三个方面。

首先，重构出版流程。在 5G 的高速网络支持下，用户可以直接或间接参与内容生产，机器也可以根据一定的算法优化抓取相应数据自动生成可读性较强的内容。内容呈现不再局限于文字形式，出现了语音、视频等动态出版产品。依据 5G 技术，出版机构获取数据也更加便捷，用户画像的构建使得内容分发也更加精准。

其次，优化用户体验。5G 网络所具备高速率和低时延特性将在提升用户有关 VR/AR 体验方面发挥作用，各类传感器设备接入网络对大数据进行采集分析，促进多向度数据的可视化呈现。② 同时，VR/AR 产品内容也更加清晰流畅，用户体验愈加个性化和沉浸化。

最后，革新盈利模式。传统出版的盈利模式中，出版社与客户往往是一种简单的物品交易关系，即售卖纸质书籍或者电子书籍。随着 5G 技术的发展，出版社的盈利模式有了更多的选择，例如知乎、得到等知识付费型平台，既有以音视频为主的动态出版产品，也形成了一定的付费社群，为用户提供精准垂直的内容、增值服务和会员服务，出版机构和单位也可以在出版产品基础上配备搜索引擎和相关知识点超链接服务。③

① 袭旺：《VR 技术应用科普类童书内容适配问题研究——以身临其“镜”系列套装书为例》，《新闻研究导刊》2021 年第 12 期。

② 陈璐颖、宋建武：《打造智能出版平台——5G 时代下出版行业的变革》，《编辑之友》2021 年第 4 期。

③ 陈思：《结合 5G 技术谈数字出版 3.0 模式的构建要点》，《中国传媒科技》2021 年第 6 期。

（三）区块链与数字出版

区块链就是一种按照时间顺序将数据区块以顺序相连的方式组合成的一种链式数据结构，以密码学方式保证的不可篡改和不可伪造的去中心化分布式账本。① 与传统技术相比，区块链所具备的去中心化、不可随意改变、追本溯源等特点在版权保护方面发挥着巨大作用。“去中心化”是指在整个区块链之中并不存在一个中心，而是每一位参与者都是各自所在区块的中心，它们之间的关系是平等的，同时，各个区块之间的交易可以直接进行，不再需要第三方或者中介间接参与；“信息不可随意改变”和“数据可追溯”则是因为区块链中的每一个区块在生成时都被赋予了唯一的“时间戳”，在各自“时间戳”的标识下数据不可以被随意更改，并且通过“时间戳”也可以对数据源进行追溯。

区块链技术在版权保护方面的作用主要表现在以下三个方面：第一，去中心化激励创作，活跃版权市场。区块链技术所采取的是一种点对点的分布式存储，各节点之间是平等的。创作者与消费者之间的交易可以点对点进行，不存在第三方中介或者平台机构，降低版权交易成本的同时提高版权人的收益，激发创作者的创作积极性。第二，信息不可篡改为版权提供证明。由于区块链中节点众多且采用虚拟化技术，要想篡改区块链中的版权数据必须攻破网络中51%以上的节点，版权数据、交易信息一旦上链记录，便极难篡改，其不可篡改性为版权交易提供了证据。② 第三，出版物交易的信息可追溯。区块链中的每一区块对应的“时间戳”可以实时记录作品的上链时间和交易时间点，如果产生版权纠纷时，可以利用“时间戳”跟踪作品生成和交易信息，为版权保护保驾护航。目前区块链技术正逐步应用于安存、墨链、版权印等数字出版领域，例如知识产权保护平台“微版权”，利用区块链技术对作品数据进行确权以及进行实时侵权检测，实现了对侵权现象的快速取证和在线公证。此外，中国于2020年成立了首个区块链新闻编辑部，新闻出版领域也正积极借助区块链等技术手段去

---

① 费硕：《区块链技术在数字版权市场的运用研究》，《法制与社会》2020年第6期。

② 徐素萍、李文全：《区块链对云环境下版权保护的效用研究》，《法制与社会》2021年第17期。

维护和实现信息的真实性。

（四）智能语音与数字出版

近几年，以智能语音技术为基础，以喜马拉雅、荔枝 FM、猫耳 FM 等 App 为主要载体的有声读物广受欢迎。智能语音是在数字出版技术共享的基础上形成的新的语音集聚效应产业，通过语音读播调动受众听觉刺激，形成线上和线下互动的内容投送新模式。[①] 智能语音出版解放了人类的双眼，创造出一种新的“听读”模式。

智能语音技术在出版领域的应用主要包括人机交互、语音识别和语义合成三种。人机交互，即人类和机器可实现智能对话，如安徽淘云科技有限公司出品的智能语音与教育相结合的阿尔法蛋，在交互过程中，成为儿童的学习好伙伴；语音识别，即声音和文本的智能转化，如科大讯飞推出的语音输入法可自动识别语音转化成文字，节省稿件编辑时间，提高效率；语义合成，即将声音收入数据库进行分析归类，刻画用户画像，对受众进行有声读物的精准分发。此外，用户也可以制作属于自己的语音素材库，形成个人定制的有声读物，增强参与感与体验感。

（五）智能创作与数字出版

智能创作技术在 5G 赋能下迎来了视听内容生产和传播链的革命性发展，不仅实现了与人工智能、大数据、虚拟现实等技术的交叉融合，而且进一步提升了创作内容的便捷度、内容呈现的多元性和内容分发的精准度，推动数字出版向短视频领域全新发展。

智能创作对数字出版行业的影响主要体现在两个方面。一方面是智能创作技术提高了专业生产内容（Professional Generated Content，PGC）的内容质量，使得专业的内容采集、编写、呈现、分发更加高效，一定程度上也解放了人力，使得更多的专业人才投身于具有深度性和人文性的内容创造中。例如在 2021 年的两会上，《人民日报》采用的“智能创作型机器人”集 5G 智能采访、AI 辅助创作、新闻智能追踪和智能视频一键生成于体，实现了新闻出版行业采、编、发的全流程一体化管理。另一方面，智

---

① 李国光：《智能语音在数字出版领域的应用探析》，《科技传播》2021 年第 13 期。

能创作创造技术一键生成的操作机制和一键分享的传播机制为用户生产内容（User Generated Content，UGC）的内容创造降本增效，在人人都能成为短视频的创作者和传播者的浪潮下迎来了短视频时代，同时也逐渐消弭着数字出版行业的边界。

三　智能融合出版典型案例

2020 年以来，智能技术逐渐应用到数字出版领域的实践中，以 5G、区块链、增强现实和虚拟现实等技术为动力源泉的智能融合出版逐渐成为“新常态”，重塑了出版行业的格局与生态。在当下复杂的出版环境中，智能融合出版在技术助力下，创新出版模式和提高服务能力，以满足受众多样需求，扩大市场范围，从而实现出版业的价值创新。结合各种智能化手段，出版界在一步步探索中催生了一些新现象和新实践。因此，后文将对近两年智能融合出版领域出现的典型案例进行阐述。

（一）“5G＋云平台”助力云书展

由于 2020 年新冠肺炎疫情暴发，通过对“互联网＋云平台”和 5G 等新兴技术的运用，第 27 届北京国际图书博览会迁至线上举办。这也是创办 34 年以来，国际图书博览会首次以“云书展”的形式举办。博览会运用 BIBF 云平台 WEB 端和移动应用端，提供不同办法的搜索功能，如出版类型、首字母或者是国家地区，为每个参展的出版单位开通独立的展览口，最终使 97 个国家和地区的 30 余万种图书成功以线上“云”形式登记参展。在博览会中，主办方还通过开发 3D、VR、360 度全方位陈列等形式，呈现出版界的最新成果。另外，BIBF 云平台通过开发线上图书版权贸易平台 Rights Link，强化版权洽谈与交易等核心功能，满足了客户全年交易永不落幕的服务需求。5G 技术的广泛运用，使即时通信的效率更高，再结合 360 度全方位展厅、在线实时播放、现场陈列等方式，实现了创作者版权跨国界、跨时空、跨领域地无障碍“屏对屏”沟通。[①]

---

① 韩寒：《第二十七届北京国际图书博览会云书展开幕》，2020 年 9 月 27 日，中国网，http://cul.china.com.cn/2020-09/27/content_41311791.htm。

（二）区块链技术为音视频内容版权保驾护航

抖音、快手等短视频平台的迅速崛起，虽然在鼓励 UGC 创作、拉动就业、文化传播等方面起到了积极作用，但也给版权保护带来了严峻挑战。因此，如何保护版权，维持创作者的积极性，促进短视频行业健康发展与文化繁荣，成为业界需要慎重考虑的问题。随着区块链技术不断成熟，它逐渐被应用到版权保护领域。区块链具有去中心化、防篡改性、追本溯源等特点，对云计算环境下的版权保护有一定的技术优势。中国在线 UGC 音频社区与互动音频娱乐平台荔枝与蚂蚁链达成合作，荔枝旗下播客平台"荔枝播客"进驻蚂蚁链版权服务平台，利用区块链技术的信息不可篡改、数据可追溯、去中心化等特征强化荔枝播客上原创内容的版权保护。区块链技术在音视频领域的运用能从根本上规避侵权风险，实现"发布即确权"；当创作者遇到侵权问题时，相关部门可以根据蚂蚁链上信息直接提取证据，提升审判效率。先进的版权保护技术是推动内容创作者不断产出优秀作品的重要前提之一，荔枝与蚂蚁链的合作将为内容创作者提供更好的创作环境，增强"荔枝播客"在行业中的竞争力，进而实现共赢。①

（三）"中国版权链"上线

在国家版权局主办的主题为"技术创新与版权保护"的论坛上，中国版权协会宣布版权保护服务平台——"中国版权链"上线。"中国版权链"是在具备去中心化、信息不可篡改和数据可追溯等特性的区块链技术的基础上，融合物联网、大数据、云计算、人工智能等新兴技术，围绕"版权存证""版权维权""版权交易"三大核心场景，打造包含作品存证、侵权监测、在线取证、侵权下架、纠纷调解、诉讼维权六大功能模块为一体的全流程版权保护方案，其服务能力贯穿版权保护全生命周期。②"中国版权链"通过科技手段解决版权保护中的痛点、难点问题，在有效打击侵权行为、提升版权保护效率的同时，降低了维权成本，实现整个版权认证时

① 《荔枝发力播客版权保护，与蚂蚁链进行区块链技术合作》，2021 年 4 月 9 日，中国 IDC 圈，http://blockchain.idcquan.com/185680.shtml。

② 赖名芳：《"中国版权链"上线》，《青年记者》2021 年第 11 期。

长缩短至一分钟以内、费用降到数十元，[①] 从而为网络版权的存证、交易和维权提供了新途径，促进了中国数字内容生态的良性发展。

（四）AR 图书爆款频出

随着增强现实（AR）技术的成熟与突破，AR 技术逐渐在出版行业被广泛运用。其中，山东省地图出版社近两年出版的《藏在地图里的国家地理》AR 系列图书受到大家的热烈追捧，如《藏在地图里的国家地理·世界》《藏在地图里的中国历史》《藏在地图里的国家地理·中国》等。以《藏在地图里的国家地理·中国》为例，该套书一共四册，作为全面了解中国地理的入门图书，以精美的地图与插画、生动传神的文字、完整的知识谱系，再加上 84 厘米的大拉页把整个中国立体地呈现在读者眼前，保证其大开页平铺 180 度的翻阅体验。另外，这套书附赠自研的 AR 互动软件——AR 地理探索，按指示下载 App 后，可以呈现 3D 地球，向读者传递科技的力量。AR 地理探索 App 包括全景中国、中国地理、世界地理、地球地图、自然地理五大互动版块。其中，全景中国能以 360 度全方位无死角的技术使读者零距离感受中国，同时，点击相应小喇叭会有语音讲解当地状况。而中国地理、世界地理、地球地图、自然地理这四个版块，则通过 3D 动态演示、语音讲解、文字解说等形式，使洋流分布、地质活动、天气现象活灵活现地呈现在眼前。除此之外，对 34 个省级行政区进行实景立体展示，同时搭配专业教师语音讲解，地球公转示意虚拟还原，手指滑屏进行放大缩小，使得众多地理知识更加形象立体，深受读者欢迎。

四　智能融合出版管理与规范

在新一代互联网、大数据、人工智能和 5G 等技术的迭代更新和不断发展成熟下，传统的出版行业逐步开始向数字化、智能化方向转型，与之相伴的是出版活动和出版产业的变革式发展。在这样的背景下，数字出版更是面临着机遇与挑战。一方面，根据第十届中国出版博览会发布的

① 袁璐：《中国版权链发布上线》，2021 年 6 月 4 日，中国经济网，http://www.ce.cn/culture/gd/202106/04/t20210604_36617630.shtml。

《2019—2020 中国数字出版产业年度报告》,[①] 2019 年中国的数字出版产业整体收入规模达 9881.43 亿元，较 2018 年增长 11.16%。其中，互联网期刊、电子图书、数字报纸的总收入为 89.08 亿元，较 2018 年增长 4.0%。不难看出，出版企业的数字化整体取得了一定的成绩。另一方面也出现了相应的问题亟待解决，如出版企业在智能化进程中面临的资源浪费现象、数字出版质量良莠不齐、高度智能化下版权归属的矛盾、专业人才不足等问题，后文将基于上述智能融合出版中存在的阶段问题进行分析探讨并提出相应的对策。

（一）加强智能融合出版的顶层设计

目前出版融合已经成为众多出版企业在战略调整上的必然选择，其纷纷加入数字化、智能化转型的浪潮当中。受中国出版企业体制的影响，不少出版企业在政策和市场的推动下开始进入数字化进程。在盲目入局的趋势下，出版企业不可避免地出现了管理效率低下、转型进程不一、缺少合力以及重复建设带来的巨大资源浪费等问题。出版行业作为文化传播的重要载体，应该坚持高质量发展，努力深化转型，强化出版智能化的顶层结构。

根据目前的宏观环境，加强出版行业的顶层设计可以从政治管理和产业融合这两个维度进行。其一是政治管理维度的顶层设计，出版行业自始至终应以国家的意志为中心，强化国家在出版管理方面的权威和职能，积极构建数字出版管理体系，并逐步形成出版融合发展体系、数字出版精品建设体系和文化科技融合创新体系,[②] 努力开创“十四五”时期出版行业的新局面。其二是产业维度下融合路径的顶层设计，一是需要集中资源技术攻克如智能化编辑、智能化生成、智能化精准营销等技术难题，建立和完善国家出版技术创新实验室体系；二是需要出台相应的政策法规，鼓励支持大型出版企业的智能化发展，通过发挥自身综合实力的优势进行智能出版技术的研发和创新，引领出版行业智能融合的发展；三是要积极发挥辐射效应，做到“由强带弱”扶持中小出版企业完成基础性工作的智能化

① 张莉婧、张新新：《基于人工智能技术的出版流程智能再造——智能出版研究述略》，《出版与印刷》2020 年第 3 期。

② 卫敏：《构建“三体系五工程”，全面推进出版融合发展——以时代出版传媒的数字出版为例》，《出版广角》2021 年第 8 期。

发展，减少不必要的资源浪费和重复建设，从而有效提升整个出版行业的资源整合力，促进全行业的信息数据化和有效化，形成一定的产业集群效应，打造出版行业的智能化传播闭环。

（二）坚持数字出版的质量把控

数字时代下，出版行业由原先的单向出版转变为双向出版，信息以前所未有的速度传播着，在技术的推动下信息出现的形式更是多种多样，给数字出版行业的把关工作带来了极大的挑战，影响着数字出版产品的质量。同时，部分数字出版企业“劣币追逐良币”，内容把关的意识淡薄、缺乏社会责任感，为了提高出版物的发行时间而压缩生产周期、审读次数，导致网络空间中充斥着大量良莠不齐的信息，影响出版行业对内容为王这一原则的坚持。

想要实现数字出版行业的良性发展，提高其数字产品的内容质量，需要从两个方面进行管理和规范。一方面是相对于宏观而言，出版企业要坚持责任至上与内容为王的原则，坚持把社会效益放在首位，做到社会效益与经济效益相统一。另一方面是相对于微观而言，出版企业要积极落实相应的法律法规和完善自身的内容把关流程。一是要严格执行国家新闻出版署所规定的三审制，严格审查所有的数字产品；二是要建立技术合作联盟，借助大数据、人工智能、区块链技术等技术，提高把关人员对数字产品的甄别能力和甄别效率；三是要加快建立和完善数据筛查机制，对海量信息数据进行筛查和核实，及时过滤处理虚假信息，努力实现数据处理的标准化；四是要对把关人员进行专业化和数字化培训，增强把关力量，以“技术 + 人工”为主的模式进行。总的来说，不论未来数字出版发展得如何，数字产品发展成何种形态，坚持内容为王，严把质量关，自始至终都应该是出版行业该做的。

（三）界定智能化作品的著作权

当下，出版行业逐步从数字化向智能化迈进，智能化的采编发、智能交互甚至是智能跟进学习等技术应用也不再罕见，广泛应用于出版行业。但随着高智能化的运用，人工智能生成的产品比例大大提高，关于智能化生成物是否具有著作权这一问题被广泛关注，也引发了较多争议。

根据我国《著作权法实施条例》第二条，智能化生成物被判定为作品需要具备以下三个条件：一是作品具有独创性，二是所属领域为文学、艺术和科学，三是能够被有形复制。显然，人工智能生成物符合第二、第三点，所以判定的标准应重点放在“独创性”上。[①] 但关于人工智能生成物是否具备“独创性”一直以来都备受争议，一方面争议于智能生成物是在算法机制运作下生成的模板化成果，例如关于体育赛事、地震新闻、财经新闻等报道，虽然做到了实时高效，但是内容形式缺乏创新，多为机械化的模板，难以反映作者的思想和情感，不应被判定为作品；另一方面则争议于应该客观地判断其独创性，例如微软小冰等智能创作的作品，在不辨明其来源出处时，几乎与人类的作品一致，在客观的表达上具有独创性，应该被判定为作品。关于这一系列的问题和争议，笔者很难给出完整的解答，但可以肯定的是未来随着出版业智能融合的不断成熟和相关法律法规在司法的实践下不断完善，智能化作品的著作权也会有一定的界定边界，或许我们能做的就是在这样一个技术快速变革发展的时代，秉持客观的态度正视智能技术，努力实现法律和技术的良性互动，提高智能时代下优质内容的传播力和影响力。[②]

（四）保障数字出版安全

在出版行业智能化发展的同时，关于“出版安全”这一话题的探论也逐渐被关注，其中值得思考的是在智能化的应用下，智能化生成的内容与编辑初衷是否一致。如果智能机器人偏离或背离编辑的意见进行内容生产，那么就会改变出版的本质，影响出版安全。此外，在尚未完全实现高智能化的情况下，仍有可能存在人为的算法偏见。倘若出版的智能化内容被人为的、出于某种商业目的利用，不仅会影响用户的知情权和信息的选择权，还会对出版安全造成极大的挑战，甚至会出现一定程度的“数字集权”，解构社会共识，加剧人们意识形态的两极分化。因此，当下既要从法律法规的角度去制约算法的设计者和使用者，还要积极地以技术的力量抗衡技术的风险，并始终秉持技术中立的态度，加快研究适用于智能化时

① 顾熠男：《人工智能生成内容的版权问题探讨》，《东南传播》2021 年第 2 期。
② 初萌：《人工智能对版权侵权责任制度的挑战及应对》，《北方法学》2021 年第 15 期。

期的内容生产机制、内容传播机制和内容反馈机制，努力强化行业内的责任意识和自律意识，坚定不移地捍卫出版安全最后的底线。①

（五）培养复合型人才

人才是第一资源，人才兴则企业兴。随着出版行业数字化、智能化的发展，出版行业对人才的需求不仅仅在停留于传统意义上的策划和编辑，更多的是转向技术制作、产品策划、数据分析、视频拍摄剪辑等专业领域，与之相伴的是对复合型人才的急需。因此，在融合智能出版的进程中，培养能够熟练从事数字技术和内容制作、融媒体出版与传播、网络营销等工作的复合型人才已然成为如今人才供给侧改革的重难点。当下关于数字出版复合型人才的培育存在些许不足，包括人才培养的数量和质量与行业需求不符，存在供不应求、高校的培养方案仍停留于传统理论、缺乏实操等。② 此外，智能化出版的应用也意味着简单的稿件编辑、校对、版式设计、发行等环节都将被机器人或智能化程序替代。未来，一方面要建立全面的学科培育制度，加快高校、企业、科研机构之间的合作，共建人才培育基地，提高人才的有效供给；另一方面，出版行业要创新自身的人才激励制度、人才培养体系、人才管理机制，③ 落实人才的“引、育、留、用”，增强企业自身的人才资源储备，从而更好地适应数字化、智能化发展，为该行业提供智力支撑。

五　智能化融合与数字出版行业创新发展前景

在各种智能技术赋能之下，再加上政府政策的助力，我国智能化融合和数字出版行业的发展呈现出新格局，充满各种机遇。其发展前景主要表现在多样化媒体融合模式涌现、智慧化体验平台建设、标准化体系重塑、

① 王光海：《迎接智能出版时代——正确认识和处理智能出版的五个关系》，《科技与出版》2021 年第 4 期。

② 朱军、张文忠：《产教融合背景下数字出版应用型人才社会化培养探究》，《新闻世界》2021 年第 2 期。

③ 张凌云：《加强顶层设计，推动数字出版高质量发展》，《中国新闻出版广电报》2020 年 9 月 21 日第 8 版。

立体化新媒体传播矩阵构建四个方面，其中，多样化媒体融合模式在提高出版内容的影响力和传播力方面有所助力；智慧化体验平台为践行“以用户体验为中心”的原则提供支持；标准化体系重塑促使出版业创建扁平化、开源化和平等化的管理标准；立体化新媒体传播矩阵有助于提升出版机构品牌文化知名度和影响力，为数字出版智能化转型提供新建设思路。

（一）多样化媒体融合模式涌现

智能媒体时代，文字、图片、视频等二维内容媒体已经不再是令人耳目一新的出版内容呈现形式，相反，5G、VR/AR、AI、智能语音等新兴技术的涌现使得内容媒体界限逐渐模糊，文字、图片、短视频、3D动画等多样媒体形态相互融合，动态实时性内容可随时随地在手机、平板、电脑等终端显示，可视可感的三维立体交互式内容呈现在受众眼前。不同类型的智能出版形式应运而生，其中包括采、编、发智能一体化，实时推送的实时型智能出版；在大数据以及人工智能等技术的基础上，结合立体化传播矩阵实现公共信息传播、场景推送和精准推送的伴生型智能出版；基于AR/VR/MR等技术，创新出版内容呈现形式的交互型智能出版；终端媒介的智能响应与智能跨屏，并提供无缝连接的跨媒介出版服务的联动型智能出版。另外，在5G技术低时延、高速率特性的加持下，任意形式的内容呈现都将更加清晰流畅。如在5G、人工智能、虚拟现实等技术赋能之下，浙江摄影出版社推出的《诗意栖居——在“浙”里看见美丽中国》，以云讲解、超高清视频构建的虚拟环境向受众展示浙江“千万工程”的壮阔图景。[①] 大众个性化阅读需求已经无法被单一的媒体形态满足，融合创新型出版产品将成为未来的发展趋势。因此，出版机构和单位在坚持内容为王的基础上，还需要不断探索内容创意的呈现形式，提升出版内容的传播力和影响力。

（二）智慧化体验平台建设

5G时代，用户需求向场景化、多样化和个性化倾斜，为应对这一改

① 陈宏伟：《5G与人工智能技术赋能下VR图书的内容设计研究》，《出版广角》2020年第12期。

变，出版机构与时俱进，充分发挥技术与资源优势，基于大数据服务体系，建设智慧化体验平台，打通公共文化服务的最后一公里。首先，由于移动端受众规模不断扩大，出版机构将手机阅读 App、社交媒体等新媒介纳入智慧化体验平台建设中，满足受众"短、平、快"阅读需求；其次，引入智能技术，建立智能化受众服务咨询中心，优化读者服务的同时实现自助服务；最后，基于算法推荐技术，充分利用数据管理平台（DMP）、需求方平台（DSP）、供应方平台（SSP）三方平台的数据资源，满足用户个性化垂直领域的私人定制需求。如新冠肺炎疫情防控期间，中国图书馆学会联合相关企业和数字资源提供商开通的"读联体·数字共享阅读服务平台"，基于微信小程序向广大受众提供电子书、电子期刊、音视频等各类数字资源，实现"宅阅读"。此外，中国图书馆学会专门在其平台的"学会专栏"向消费者免费推送学习资源，践行了"以用户体验为中心"的原则。①

（三）标准化体系重塑

出版行业与各种新兴技术的融合发展，使原有的标准体系不再完全适用，需要重新制定与完善。第一，在人才标准方面，不再仅强调"精""专"的纵向单一型人才，而是着重培育专业多功能的横向复合型人才，尤其是在 VR/AR、5G、AI、大数据等新兴科技领域。第二，在技术标准方面，这些技术都是新兴事物，其制作标准和使用标准都还没有一个统一的规范，使得众多高科技出版产品在制作与使用方面出现成本高、研发不足、资源浪费等问题。因此，技术标准的重塑也势在必行。第三，在管理标准方面，受众的个性化需求使得出版行业的管理标准体系出现一种新的结构形式——"去中心化"结构。也就是说，出版单位未来管理形式将出现一种新的现象，即不再设置管理层级和部门，而是以项目为团体，团体中的每个人都成为一个中心，可以连接并影响其他人，每个人需要充分做好自己的工作，保证项目顺利进行。这是一种扁平化、开源化和平等化的管理标准。

① 《读联体·数字共享阅读服务平台在微信公众号上免费向读者开放》，2020 年 2 月 26 日，陕西图书馆，http://www.sxlib.org.cn/hd/hdbd/202002/t20200226_1029648.html。

（四）立体化新媒体传播矩阵构建

随着受众线上意识的强化，去中心化的内容生产机制成为出版单位未来的主要转型趋势。基于这一趋势，出版单位需要构建新的传播体系——立体化新媒体传播矩阵。[①] 在出版行业和技术相互融合创新发展的过程中，出版机构逐渐转变为集内容供给、分销与传播为一体的服务型文化企业。为了提升品牌知名度和扩大品牌文化影响力，出版单位应利用各种媒体或者平台的融合优势，构建以网站、微博微信等社交媒体账号为主体，线上线下相结合的立体式新媒体传播矩阵，实现全方位触达受众与精准内容的个性化推荐。通过对用户大数据资源的分析整合和算法推荐技术的运用，再加上新媒体传播矩阵的扩散与转发，向目标受众推荐和分享品牌传输的价值观以及文化内涵和特点，形成强互动关系。

参考文献

《2017 年政府工作报告》，2017 年 3 月 5 日，中华人民共和国中央人民政府国务院，http://www.gov.cn/guowuyuan/2017zfgzbg.htm。

《2018 年政府工作报告》，2018 年 3 月 5 日，中华人民共和国中央人民政府国务院，http://www.gov.cn/guowuyuan/2018zfgzbg.htm。

《2019 年政府工作报告》，2019 年 3 月 5 日，中华人民共和国中央人民政府国务院，http://www.gov.cn/guowuyuan/2019zfgzbg.htm。

《2020 年政府工作报告》，2020 年 3 月 5 日，中华人民共和国中央人民政府国务院，http://www.gov.cn/guowuyuan/2020zfgzbg.htm。

《2021 年政府工作报告》，2021 年 3 月 5 日，中华人民共和国中央人民政府国务院，http://www.gov.cn/guowuyuan/2021zfgzbg.htm。

陈宏伟：《5G 与人工智能技术赋能下 VR 图书的内容设计研究》，《出版广角》2020 年第 12 期。

陈璐颖、宋建武：《打造智能出版平台——5G 时代下出版行业的变革》，

① 陈思：《结合 5G 技术谈数字出版 3.0 模式的构建要点》，《中国传媒科技》2021 年第 6 期。

《编辑之友》2021 年第 4 期。
陈思：《结合 5G 技术谈数字出版 3.0 模式的构建要点》，《中国传媒科技》2021 年第 6 期。
陈思：《结合 5G 技术谈数字出版 3.0 模式的构建要点》，《中国传媒科技》2021 年第 6 期。
初萌：《人工智能对版权侵权责任制度的挑战及应对》，《北方法学》2021 年第 15 期。
《读联体·数字共享阅读服务平台在微信公众号上免费向读者开放》，2020 年 2 月 26 日，陕西图书馆，http://www.sxlib.org.cn/hd/hdbd/202002/t20200226_1029648.html。
费硕：《区块链技术在数字版权市场的运用研究》，《法制与社会》2020 年第 6 期。
顾熠男：《人工智能生成内容的版权问题探讨》，《东南传播》2021 年第 2 期。
《关于做好国家文化大数据体系建设的通知》，2020 年 6 月 30 日，中央文化体制改革领导小组办公室，https://www.gujianchina.cn/news/show-9194.html。
《国家广播电视总局办公厅关于印发 5G 高新视频系列技术白皮书的通知》，2020 年 8 月 25 日，国家广播电视总局，http://www.nrta.gov.cn/art/2020/8/25/art_3713_53728.html。
韩寒：《第二十七届北京国际图书博览会云书展开幕》，2020 年 9 月 27 日，中国网，http://cul.china.com.cn/2020-09/27/content_41311791.htm。
赖名芳：《"中国版权链"上线》，《青年记者》2021 年第 11 期。
李国光：《VR 和 AR 在图书出版领域的应用探析——以教育培训类图书和童书类出版为例》，《青年记者》2019 年第 11 期。
李国光：《智能语音在数字出版领域的应用探析》，《科技传播》2021 年第 13 期。
《荔枝发力播客版权保护，与蚂蚁链进行区块链技术合作》，2021 年 4 月 9 日，中国 IDC 圈，http://blockchain.idcquan.com/185680.shtml。
王光海：《迎接智能出版时代——正确认识和处理智能出版的五个关系》，《科技与出版》2021 年第 4 期。

卫敏：《构建“三体系五工程”，全面推进出版融合发展——以时代出版传媒的数字出版为例》，《出版广角》2021 年第 8 期。
袭旺：《VR 技术应用科普类童书内容适配问题研究——以身临其“镜”系列套装书为例》，《新闻研究导刊》2021 年第 12 期。
徐素萍、李文全：《区块链对云环境下版权保护的效用研究》，《法制与社会》2021 年第 17 期。
袁璐：《中国版权链发布上线》，2021 年 6 月 4 日，中国经济网，http://www.ce.cn/culture/gd/202106/04/t20210604_36617630.shtml。
张建春：《构建符合时代要求和受众需求的新型主流媒体》，2021 年 6 月 4 日，国家新闻出版署，http://www.nppa.gov.cn/nppa/contents/719/76111.shtml。
张莉婧、张新新：《基于人工智能技术的出版流程智能再造——智能出版研究述略》，《出版与印刷》2020 年第 3 期。
张凌云：《加强顶层设计，推动数字出版高质量发展》，《中国新闻出版广电报》2020 年 9 月 21 日第 8 版。
赵志靖、周静：《中外 VR/AR 图书比较研究》，《中国现代教育装备》2021 年第 13 期。
《中共中央办公厅 国务院办公厅印发〈关于加快推进媒体深度融合发展的意见〉》，2020 年 9 月 26 日，中国政府网，http://www.gov.cn/xinwen/2020-09/26/content_5547310.htm。
《中华人民共和国国民经济和社会发展第十四个五年规划和 2035 年远景目标纲要》，2021 年 3 月 13 日，中国政府网，http://www.gov.cn/xinwen/2021-03/13/content_5592681.htm。
周蔚华、陈丹丹：《2020 年中国出版融合发展报告》，《科技与出版》2021 年第 6 期。
朱军、张文忠：《产教融合背景下数字出版应用型人才社会化培养探究》，《新闻世界》2021 年第 2 期。

技 术 篇
Report on Technology

T.13 智能媒体新闻生产现状及未来展望*

李 欣 刘汀芷**

摘 要： 本报告从新闻生产的全链条入手，分析人工智能技术应用对新闻生产流程的重构和再造作用，主要体现在新闻信息收集的可供性增强、新闻生产主体的技术化赋能、新闻信息分发方式的时空双向延伸以及新闻呈现方式的具身化体验这四个方面。智能媒体除了在微观层面对新闻生产、新闻信息的流通产生影响之外，还对新闻信息传播渠道和新闻生产主体的参与逻辑产生功能影响和价值再造。人工智能技术的发展正处于螺旋式上升的过程，在未来的新闻生产格局中，人机关系将更加协调，智能设备在新闻信息领域的应用将走向更加多元化的领域，加快新闻业的整体重塑和升级。

关键词： 人工智能；新闻生产；智能化新闻

智能媒体并不是一个孤立的概念，它更多是对当下众多前沿技术的全方面汇集和应用，所达到的是 1 +1 >2 的效果。智能媒体或者智能化的新闻生产，一方面需要运用逐渐成熟的人工智能技术，不断延伸机器学习的能力；另一方面也与大数据、云计算等技术形成互补、助推的关系。所以从某种程度上来说，智能化的新闻生产是智能化技术背景下数据新闻的延

* 本报告为国家社科基金重大项目“融媒体环境下互联网平台型企业现代治理模式研究”（项目批准号：20&ZD321）的阶段性成果。

** 李欣，浙江传媒学院教授，研究方向：媒介社会学；刘汀芷，浙江传媒学院新闻与传播专业研究生，研究方向：媒介与社会。

伸。[①] 随着人工智能技术的不断成熟和发展，该技术正在逐渐嵌入媒体新闻生产的全过程链条当中，不仅体现在新闻生产流程的微观层面（如新闻信息的收集、新闻生产流程的全方位再造以及新闻分发底层逻辑的重塑），还体现在更加宏观的层面。因此，可以说人工智能技术融入新闻生产流程，并非简单的技术叠加，而是深层次的范式革命，是对新闻生产方式的颠覆，也是对传统新闻生产理念的重塑。本报告从新闻信息收集的可供性增强、新闻生产主体的技术化赋能、新闻信息分发方式的时空双向延伸以及新闻呈现方式的具身化体验四个微观的角度出发，探讨智能技术对新闻生产的全流程改造，并且从较为宏观的角度探讨、反思智能技术所带来的新闻生产传播渠道的重构和新闻生产主体参与逻辑的再造，梳理并探讨在智能技术加持下，媒体新闻生产的变革趋势，以期为智能媒体时代的新闻生产与实践提供参考。

一　智能媒体新闻生产环节变革

在传统媒体时代，新闻生产的流程和模式在多数情况下是线性且封闭的，新闻的采集、写作、排版都是在专业的新闻机构内部进行。[②] 而当大数据、云计算、人工智能等技术全方位地介入媒体新闻生产时，传统的线性逻辑被颠覆，微观的新闻生产流程发生变革。

（一）新闻信息收集的可供性增强

智能技术给新闻生产环节带来变革，最明显地体现在新闻信息的收集环节。在传统的新闻信息收集环节当中，往往依赖专业的新闻从业者，且收集的信息以文字、音视频等传统形式为主。而在当下智能媒体技术的加持下，新闻信息收集的可供性不断增强，不仅体现在信息收集主体的延伸、手段的多样化，而且体现在信息收集来源的扩张、呈现形式的多样化。

信息收集的主体从传统的“人类记者”走向“机器人记者”，从依赖

① 孟笛、柳静、王雅婧：《颠覆与重塑：人工智能时代的新闻生产》，《中国编辑》2021 年第 4 期。

② 刘义昆、赵振宇：《新媒体时代的新闻生产：理念变革、产品创新与流程再造》，《南京社会科学》2015 年第 2 期。

"以人为媒"的信息采集走向作为具有主体性的记者与传感器、无人机等智能设备的相互依赖，从单向、封闭、地域空间限制的有限化新闻信息采集走向在智能设备加持下信息采集的可供性不断增强，由此，智能媒体新闻生产的主体在不断延伸，信息收集的手段也不断走向多样化。

智能技术对个人生活的渗透以及在与人体的深度融合过程中，创造了巨大的用户信息数据库并且缔结了深刻的关联，[①] 而这同时也带来新闻信息来源的扩展和呈现模式的生态化。在人工智能技术的协助之下，新闻生产主体可以通过对社交媒体、智能终端的海量用户数据进行数据分析和新闻价值点的挖掘，从而生成具有深度的新闻报道，而这一类新闻报道仅依赖记者的肉眼观察无法实现，在智能分析技术、数据等加持下才能变为现实。

除了借助数据手段拓展信息收集的渠道和方式之外，借助智能穿戴设备也能够大大增强记者在采集过程中的信息可供性。例如"5G + AR"智能眼镜在信息采集过程中的应用便能够大大减少传统摄像采访设备的负重，其便于携带、解放双手的优势能够协助记者进行全方位的信息采集，而且还能够协助编辑从所采集到的庞大的数据中提炼新闻价值，促进数据信息呈现方式的生态化。

（二）新闻生产主体的技术化赋能

传统媒体时代的新闻生产主体更多是记者，记者依赖自己前期的信息采访所得、新闻现场实地考察所得进行新闻报道。而当下在智能媒体的加持下，新闻生产的主体在技术赋能的背景下不断走向泛化，机器学习、算法等前沿的新闻生产手段正在再度布局新闻生产主体，"人机协作"共同完成新闻生产成为智能时代新闻生产的新样态。

机器人新闻是人工智能与传播业联姻的产物，它将内容生产范式从媒体精英式的内容产出和用户内容生产转换到算法生成内容。[②] 机器人新闻写作是建立在算法程序的基础上，对数据等信息素材进行抓取和分析，从而形成新闻报道。美联社开发的 Wordsmith 软件最早使用了机器人新闻写

① 彭兰：《数字时代新闻生态的"破壁"与重构》，《现代出版》2021 年第 3 期。

② 喻国明、刘瑞一、武丛伟：《新闻人的价值位移与人机协同的未来趋势——试论机器新闻写作对于新闻生产模式的再造效应》，《新闻知识》2017 年第 2 期。

作，并且其应用领域主要集中在财经类的新闻报道。目前，我国的机器人新闻写作的运用不断走向深化，其应用的领域也从传统的数据新闻、财经新闻走向更加广泛的新闻报道领域，例如由新华社研发的 Star 机器人借助生物传感技术对媒体融合发展进程中的重大课题进行新闻报道①，今日头条的新闻写作机器人“张小明”在里约奥运会开始后的 13 天内完成了 457 篇报道，发稿速度可以与现场直播相媲美②。值得关注的是，机器人新闻写作以算法为底层逻辑，算法逻辑也由基于模板的静态算法技术不断走向基于上下文的动态算法技术，③ 后者能够通过上下文语法和语义结构来动态地创建句式，借助技术发展的力量不断摆脱过去机器人写作新闻的单向性、模板化、重复度高、缺少人情味等劣势。

目前，针对机器人新闻写作的大量研究正在着眼于将人类经验与写作模型相结合，减少人类在信息写作方面的干预，从机器学习走向深度学习，推动机器人新闻生产出更加人性化的新闻报道。

（三）新闻信息分发方式的时空双向延伸

如果说最初将智能媒体应用在新闻生产领域是出于新闻生产效率的考量的话，那么当下随着智能技术的进一步发展，它在新闻生产环节中所能够发挥的张力绝不仅是提升效率那么浅层和简单。在智能技术的加持下，新闻信息的分发方式将赋予其跨越时空的意义和价值，实现双向延伸。

在时间层面，新闻信息的发布常常被赋予报道及时、信息传递到位等功能期待。在技术的加持下，新闻信息生产的时间被不断减少，从事件发生到新闻发布之间的周期被压缩，新闻生产逐渐从“及时”走向“实时”乃至“全时”。在智能技术的运用下，大数据技术、物联网和人工智能技术的运用将缔造全新的新闻报道时间观，新闻报道的实时性价值将逐渐全

---

① 曹滢、刘胜男、郭思苇：《新华网研发的 Star 机器人如何融入新闻生产》，《中国记者》2020 年第 6 期。

② 赵禹桥：《新闻写作机器人的应用及前景展望——以今日头条新闻机器人张小明（xiaomingbot）为例》，2017 年 1 月 11 日，人民网，http://media.people.com.cn/n1/2017/0111/c409691-29014245.html。

③ 陈昌凤、张舒媛：《新闻生产中算法运用的技术路径与价值逻辑》，《现代出版》2021 年第 3 期。

面释放。并且，智能技术将进一步释放其在新闻报道中的数据收集、数据分析以及趋势预测的能力，开辟全新的叙事维度和时间观。[①] 预测性报道的出现便是对这一发展趋势的注解，预测性报道是基于特定的数据收集和分析维度，对将会发生但未发生的事件进行前瞻性报道。和传统的新闻报道“当下”不同，预测性报道更着重于分析“明日”。预测性报道对人工智能技术的依赖程度较高，高度依赖智能设备对海量数据内容的抓取和分析，但并非完全脱离媒体记者。预测性新闻将如何改变个人行为，它可能会影响哪些个体作出决定，以及其中可能会误导某人进行错误预测的具体含义是什么，记者需要仔细思考这些预测中所蕴含的社会学动力。[②]《纽约时报》所发布的文章《图表来告诉你新冠病毒传播为何会变得严重》便是一则典型的预测性新闻报道，这则报道通过动态图表的方式展现美国社会的感染人数、新冠肺炎感染者的死亡人数等数据的变化与政府采取干预的时间之间的关系，并在此基础上预测新冠肺炎感染的未来趋势。

除了时间层面的延伸之外，新闻信息还在空间层面实现延伸，主要体现在信息的场景化推送上。借助智能设备，新闻媒体生产者真正实现了传统媒体时代所无法企及的“耳听六路，眼观八方”，并且实现对物理空间的突破，完成场景化、定制化的新闻信息分发。随着大数据、移动设备、智能家居、传感器等智能终端对用户个人信息的数据化监测和收集，位于信息传播终端的用户与前端的新闻信息产生实际的联动，基于用户特定场景下的新闻信息发布成为趋势，新闻发布不再是广而告之的播撒，而是针对特定需求的点对点传播。有学者认为，未来理想状态是任何一个带有传感器的物体都能够成为信息传播的终端。[③]

（四）新闻呈现方式的具身化体验

具身性强调身体在信息传递、交流、互动中的重要作用，认为在信息传

---

① 刘彦鹏、毛红敏：《人工智能重塑新闻生产：量化转向、价值扩展与体验升级》，《中国出版》2020 年第 20 期。

② 王茜、[美] 尼古拉斯·迪亚科波洛斯：《预测性新闻中的伦理问题探讨》，《青年记者》2020 年第 13 期。

③ 喻国明、程思琪：《从“连接”到“场景”：互联网发展的重要进阶——试析微信小程序的价值逻辑与市场版图》，《新闻大学》2018 年第 1 期。

播过程中，人的身体和心智处于同等重要的水平。当人工智能技术全方位介入新闻生产、呈现、传播的链条时，虚拟现实技术凭借凸显身体的知觉、为身体感官带来全新体验的特点再度进入新闻信息传播的视野，这种趋势反过来也说明信息传播过程中身体的地位越来越凸显。随着在虚拟呈现技术的不断发展和其在新闻媒体行业的不断渗透，真实和虚拟的边界逐渐模糊。当然，虚拟呈现新闻背后的权力逻辑关系也不容忽视。[①] 虚拟现实或增强现实不仅仅作为技术，而且具有信息传递载体和渠道等功能，也就是扮演着媒介的角色。[②] 在技术力量的加持下，新闻信息呈现过程的具身化体验逐渐走向感官沉浸式和互动对话式。

在沉浸式新闻中，随着 VR、AR、MR 等虚拟呈现技术不断融入新闻生产、制作的过程和轨道，新闻信息呈现融入了多重媒介因素，旨在激活新闻用户的多重感官体验。沉浸式新闻不再仅仅强调新闻信息的传递，而是关注新闻用户的身体体验在新闻传授过程中的作用，新闻信息的生产者角色被隐藏，新闻信息接收者或者用户的主体地位被推至台前，增强其在新闻事件中的角色参与和情感共鸣，从而获得绝佳的具身体验。有学者指出，虚拟呈现新闻的优点在于通过激活用户的多重感官，增强信息输入的情景化，从而使得新闻信息的记忆能够更为持久。[③]《纽约时报》在 2020 年公布了一则新闻作品《地铁上的病毒颗粒》，利用 3D 建模技术虚拟化还原了地铁车厢里的空气是如何流动的，并且模拟了乘客不戴口罩或戴口罩打喷嚏的场景，虚拟建模技术真实地还原了地铁空间中空气流通的方式，为用户带来了从视觉上更加直观、可感的新闻产品体验。

除了 VR、AR、MR 等虚拟呈现技术之外，互动对话式的新闻信息呈现过程也能够为受众带来交互式体验，增强新闻信息的接受度和参与感。目前互动对话式的新闻呈现主要体现在虚拟主持人领域。虚拟主持人也称智能主播，是目前人工智能技术在播音主持领域的一种新尝试，凭借着全天候和多语种

---

① 常江、徐帅：《非虚构的“浸入转向”：虚拟现实与影像纪实》，《新闻大学》2019 年第 3 期。

② 喻国明、曲慧：《VR/AR 技术对媒体场景构建的三度拓展》，《传媒观察》2021 年第 6 期。

③ ［美］斯凯·奈特：《虚拟现实：下一个产业浪潮之巅》，仙颜信息技术译，中国人民大学出版社 2016 年版，第 56 页。

的优势，打破真人主播一统天下的局面。[①] 从以往的虚拟主播到当下的人工智能新闻主播，主持人呈现样态的变革背后是智能技术的不断发展和加码。虚拟主持人虽然试图离开真人主持人具象化的身体进行新闻信息的传递和播报，但它本质上依赖真人配音，尚未实现完全独立的对话和互动；而人工智能主播则采用全新的动画人物形象，在采集真人主播语音的基础上，运用智能语音合成技术进行新闻播报。2018 年，新华社发布世界上首位以真人男主播为原型的人工智能合成主播“新小浩”；在 2020 年 11 月的进博会现场，虚拟新闻主播申苏雅凭借活力元气的形象气质，成为我国首位在大型新闻直播现场中亮相的二次元虚拟主播，并且与进博会现场的展商人员进行实时采访和流畅的线下互动，并在 B 站和抖音等社交媒体平台上和青年粉丝群体分享自己的日常工作与生活，着力打造年轻化、多样化的新闻气质。有学者认为，当前的人工智能新闻主播在数据库、算法以及合成技术的加持下，初步实现了包括离身认知、具身认知在内的一定程度上的认知交互和人机交互。[②]

二　智能媒体新闻生产价值逻辑重塑

（一）新闻生产传播渠道发生重构

数字时代和智能时代的新闻生产受到其传播模式的影响，随着数字媒体和智能媒体的不断演变，公共信息的传播模式也被再度重构，这种重构是对传统大众传播模式的颠覆。[③] 这也是智能媒体时代新闻生产系统在更加宏观的层面所经历的变化。

当下，各种新兴社交媒体正在逐渐改变信息传播的模式，社交媒体用户成为信息传播网络上的一个又一个节点，并且扮演着信息消费者、信息生产者和信息传播者的角色；未来，随着 5G 通信技术的普及和大数据、云计算等智能技术的成熟，智能技术将大规模应用到新闻信息的传播和生产当中，新闻生产传播的渠道将彻底重构。与物联网、人工智能技术深度

① 陈卫华、潘中康：《人工智能时代虚拟主持人发展困境及策略研究》，《传媒观察》2021 年第 5 期。

② 於春：《传播中的离身与具身：人工智能新闻主播的认知交互》，《国际新闻界》2020 年第 5 期。

③ 彭兰：《数字时代新闻生态的“破壁”与重构》，《现代出版》2021 年第 3 期。

融合的新闻信息增值服务是未来个性化定制新闻的发展方向，[①] 从当下新闻信息传播的现状便可以洞悉这一趋势。在如今的新闻信息分发渠道当中，除了以社交媒体用户作为传播的节点之外，算法分发技术也发挥着举足轻重的作用，两者相互合作完成新闻信息内容流动的布局。

当前应用在新闻信息传播领域的算法主要依靠两种逻辑来布局信息，一种是基于平台用户画像，分析用户个性化的新闻信息需求，进而为其推荐关联度较高的内容，或者通过关联与用户联系密切的其他用户，推荐他们共同关注的话题；另一种是从整体出发，从平台自身的利益考量或者政策引导层面出发，进行新闻信息内容的调节，按照特定的规则调度内容的流量和流向。

由此可见，在传统媒体时代，专业的媒体机构能够把控新闻信息传播的渠道，对新闻信息的流向有较大的决定权；而当逐渐进入数字媒体时代和未来全面抵达的智能媒体时代之后，新闻传播的渠道逐渐脱离了专业媒体机构的把控，算法分发具有其本身的黑箱，算法的权力不断跃升，[②] 形成对媒体机构自有渠道的冲击，新闻信息的生产和传播逐渐分离。

针对这一发展趋势和现状，有学者指出，新型主流媒体的价值呈现和功能实现的范式需要脱胎换骨式的转型。[③] 也就是说，未来在智能媒体时代的新型主流媒体，需要从最前线的内容生产者转型为优质内容的提供者和支持者，同时进行新型社会资源的整合，并且借助自身的影响力整合关系资源以此积累粉丝，以内容为本实现基于场景的价值引领。

（二）新闻生产主体参与逻辑发生再造

传统意义上的新闻信息传播、交流、流通都是以人类为核心的，虽然在社交媒体时代，专业的新闻生产机构不再只是新闻信息内容生产的主体，在很大程度上也不再对新闻信息资源起绝对的把控作用，但是在新闻

---

① 喻国明、侯伟鹏、程雪梅：《个性化新闻推送对新闻业务链的重塑》，《新闻记者》2017年第3期。

② 张淑玲：《破解黑箱：智媒时代的算法权力规制与透明实现机制》，《中国出版》2018年第7期。

③ 喻国明：《新型主流媒体：不做平台型媒体做什么？——关于媒体融合实践中一个顶级问题的探讨》，《编辑之友》2021年第5期。

信息传播的过程中，其主体依旧是人，各类传播技术仅发挥中介或者工具的作用。在即将全面到来的智能媒体传播时代，新闻信息生产主体的参与逻辑将发生再造。随着智能媒体传播技术的兴起，智能机器将逐渐全面介入新闻信息的生产过程，例如“机器人新闻”“自动化新闻”“计算机生成内容”等，形成一种“人机共生”的场景。[①] 如何理解智能机器的逻辑、如何建构新闻生产者和智能机器之间的关系、智能媒体时代的媒介伦理应该如何划分以及如何合理认知智能机器介入新闻信息生产流程中的功能价值，成为我们当下需要迫切思考的问题。

当美联社、新华社等国内外媒体机构广泛运用智能机器进行新闻信息内容的快速生产时，当 Facebook 和今日头条等平台型社交媒体通过智能算法为用户进行个性化内容定制时，当智能技术逐渐全面介入新闻信息传播领域并且释放出精准、高效的信息生产力和信息处理能力时，与智能技术相关的一系列问题也逐渐暴露在信息生产、流通的链条当中，例如智能机器“黑箱式”的信息处理中隐藏的算法偏见问题、信息茧房问题以及对用户个体隐私泄露的问题等。因而，如何恰到好处地运用智能机器为信息生产、传播带来的优势，同时规避上述伦理问题成为未来智能媒体时代需要在实践中加以解决的问题。新闻信息生产主体参与逻辑发生重构和再造的背后，是对以新闻传播者为核心的新闻生产、传播机制的再思考，也是对智能媒体时代媒介伦理关系的再认知。

人类作为新闻生产者的主体，其重要特征在于能够认知和反思技术工具和智能手段的局限性。因而，厘清在智能媒体时代新闻伦理主体的构成、地位和责任，防止工具理性凌驾在价值理性之上的负面影响的出现和单向度的新闻信息生产，在此基础上把握“媒介的尺度”，才具有重要的意义和价值。[②]

三　智能媒体新闻生产的未来展望

正如前文所探讨的，当人工智能技术全面介入新闻信息的生产、传播

---

① 邓建国：《机器人新闻：原理、风险和影响》，《新闻记者》2016 年第 9 期。

② 薛宝琴：《人是媒介的尺度：智能时代的新闻伦理主体性研究》，《现代传播》（中国传媒大学学报）2020 年第 3 期。

和反馈的全流程时，既带来了新闻信息生产效率和精准度的提升、新闻产品用户体验的提升等优势，又不可否认地裹挟着种种新闻传播伦理问题以及对新闻生产者主体作用的反思。

智能化应用是进行时，而非完成时，新闻与技术总是在融合的有机运动中相互完善。[①] 当下随着智能化的新闻信息生产所暴露出来的问题，终究只是在智能技术的不断介入下，新闻信息产业所出现的“阵痛”和具有主体性的新闻生产者的能动调适。站在当下技术发展的特殊阶段和时间节点，本报告对未来智能媒体新闻生产可能发展的图景做出以下展望。

（一）从“人机互斥”到“人机调适”

当下，机器人新闻写作给新闻生产传播方式以及新闻传播观念所带来的范式革命，让不少学者隐忧由智能技术带来的智能新闻伦理风险问题，诸如侵权风险、算法权力滥用等，其中不乏反思人类作为新闻生产主体，其价值何去何从的问题。刘易斯·芒福德（Lewis Mumford）的媒介技术思想中体现了“人是媒介的尺度”，他主张实现人与技术的协调发展。[②] 这些考量触及智能媒体时代所反映的现实问题，能够从中窥探出作为价值主体的人所具有的主体性反思。未来也将从“人机互斥”走向“人机调适”，在新闻信息生产的过程中相互补益，既能够发挥智能机器人数据处理、运算、整合的理性能力，又能够发挥记者作为价值新闻生产主体的感性思考作用，如长期的跟踪报道、文学艺术等独特的新闻品味，共塑智能媒体生产的美好图景。

（二）从“窄领域机器写作”到“宽领域智能应用”

如果说当下在新闻信息生产领域的智能机器应用仍处于“弱 AI”时期，存在机器人新闻应用领域有限、同质化严重和稿件缺乏逻辑等问题，[③] 智能机器人新闻写作应用在新闻生产领域更多是出于效率和精准度的考量，那么随着人工智能技术的成熟、机器学习的进步，未来的智能机器人

---

① 李欣、许泳佳：《再造流程：新闻生产智能化应用现状及前景分析》，《中国出版》2021年第2期。

② 黄欣荣：《论芒福德的技术哲学》，《自然辩证法研究》2003年第2期。

③ 许志强、汪洋、张森：《人工智能时代机器新闻写作的原理、现状与未来》，《电视研究》2021年第1期。

在新闻传播领域的应用将迎来高级阶段，为新闻传播注入新鲜“血液”，突破以往仅应用于突发类新闻报道、体育或者财经类新闻事件当中，涉足其他更加多元化的领域。随着机器学习能力的提升，智能机器人还能生产出更加生动和更多维度的语言表达，在新闻报道中展现情感共通和人文关怀，而非只是呆板化、模式化的语言处理。

结　语

人工智能技术是人类社会发展的重要成果、人类智慧的结晶，并且对推动社会生产力的发展具有重要作用。当人工智能技术全面介入新闻信息生产时，传统的新闻信息生产格局将发生重构。新闻信息的生产活动进入人工智能时代，这意味着对海量信息的处理能力得到前所未有的提升，信息的生产效率得到全面释放，信息的呈现方式获得多元化发展，新闻信息生产的全过程链条获得重塑。

当下人工智能技术对新闻生产系统的应用和改变可以总结为以下几个方面：新闻信息收集的可供性增强，信息收集主体的延伸、手段的多样化，信息收集来源扩张、呈现形式的多样化；新闻生产主体的技术化赋能，新闻生产的主体不断走向泛化，机器学习、算法等前沿的新闻生产手段正在再度布局新闻生产主体；新闻信息的分发方式赋予跨越时空的意义和价值，实现双向延伸；虚拟现实技术凸显身体的知觉，为身体感官带来全新体验，信息传播过程中身体的地位越来越凸显。人工智能技术对新闻生产系统的影响不仅体现在新闻生产流程的微观层面，更是凸显在较为宏观的层面，从而影响新闻信息传播的渠道和新闻信息生产主体的参与逻辑。未来，随着智能媒体技术的不断成熟，它对新闻生产的意义和影响将更为深远，具有主体性的新闻人和智能机器之间的关系、协作将更加和谐，并且智能设备在新闻传播领域的应用也将走向更加智能化、宽领域的应用场景中。

参考文献

曹滢、刘胜男、郭思苇：《新华网研发的 Star 机器人如何融入新闻生产》，《中国记者》2020 年第 6 期。

常江、徐帅：《非虚构的“浸入转向”：虚拟现实与影像纪实》，《新闻大学》2019 年第 3 期。

陈昌凤、张舒媛：《新闻生产中算法运用的技术路径与价值逻辑》，《现代出版》2021 年第 3 期。

陈卫华、潘中康：人工智能时代虚拟主持人发展困境及策略研究，《传媒观察》2021 年第 5 期。

黄欣荣：《论芒福德的技术哲学》，《自然辩证法研究》2003 年第 2 期。

李欣、许泳佳：《再造流程：新闻生产智能化应用现状及前景分析》，《中国出版》2021 年第 2 期。

刘彦鹏、毛红敏：《人工智能重塑新闻生产：量化转向、价值扩展与体验升级》，《中国出版》2020 年第 20 期。

刘义昆、赵振宇：《新媒体时代的新闻生产：理念变革、产品创新与流程再造》，《南京社会科学》2015 年第 2 期。

孟笛、柳静、王雅婧：《颠覆与重塑：人工智能时代的新闻生产》，《中国编辑》2021 年第 4 期。

[美] 斯凯·奈特：《虚拟现实：下一个产业浪潮之巅》，仙颜信息技术译，中国人民大学出版社 2016 年版。

彭兰：《数字时代新闻生态的“破壁”与重构》，《现代出版》2021 年第 3 期。

王茜、[美] 尼古拉斯·迪亚科波洛斯：《预测性新闻中的伦理问题探讨》，《青年记者》2020 年第 13 期。

许志强、汪洋、张森：《人工智能时代机器新闻写作的原理、现状与未来》，《电视研究》2021 年第 1 期。

於春：《传播中的离身与具身：人工智能新闻主播的认知交互》，《国际新闻界》2020 年第 5 期。

喻国明、程思琪：《从“连接”到“场景”：互联网发展的重要进阶——试析微信小程序的价值逻辑与市场版图》，《新闻大学》2018 年第 1 期。

喻国明、侯伟鹏、程雪梅：《个性化新闻推送对新闻业务链的重塑》，《新闻记者》2017 年第 3 期。

喻国明、刘瑞一、武丛伟：《新闻人的价值位移与人机协同的未来趋势——试论机器新闻写作对于新闻生产模式的再造效应》，《新闻知识》2017 年第 2 期。

喻国明、曲慧：《VR/AR 技术对媒体场景构建的三度拓展》，《传媒观察》2021 年第 6 期。

喻国明：《新型主流媒体：不做平台型媒体做什么？——关于媒体融合实践中一个顶级问题的探讨》，《编辑之友》2021 年第 5 期。

张淑玲：《破解黑箱：智媒时代的算法权力规制与透明实现机制》，《中国出版》2018 年第 7 期。

T.14 新闻生产流程智能化应用现状及前景报告*

刘　畅　潘秋艳**

摘　要： 智能化技术在新闻传播领域的应用改变了传统的新闻生产方式，在新闻采集方面，技术赋能下的量化采集拓宽了新闻源；在新闻生产方面，机器人写作、智能化视频编辑、AI 虚拟主播等，使新闻生产自动化、拟人化和高效化；在新闻分发方面，算法和大数据满足了受众个性化的需要，使内容精准分发；在新闻反馈方面，计算机能及时反馈用户体验，精准监测传播效果。尽管智能技术在飞速发展，但人仍是新闻生产流程中重要的行动者。未来 5G 和 AI 技术继续赋能，新闻业将朝着数据可视、文字可听、界面可触的具身新闻方向发展。

关键词： 新闻生产；智能化；媒介技术

一　媒介技术下新闻生产的再定义

传统的新闻生产流程是新闻从业者根据各自媒介机构的组织框架，将日常的生活事件通过新闻工作者加工后变为新闻呈现给观众。这一生产过程是在新闻编辑部内部进行，这种新闻生产模式是封闭的、线性状的。

科技的发展对传媒业产生了冲击。回望媒介技术史可以发现，技术是媒体发展的重要推力。物联网阶段，技术开始替代人工获取数据和信息，

---

* 本报告为国家社科基金重大项目“融媒体环境下互联网平台型企业现代治理模式研究”（项目批准号：20&ZD321）的阶段性成果。

** 刘畅，温州商学院讲师，研究方向：网络与新媒体；潘秋艳，浙江传媒学院新闻与传播专业研究生。

用户由被动的信息接收者转变为新闻生产的参与者，开始出现公民新闻。在新媒体背景下，用户生产内容（UGC）和专业生产内容（PGC）共同作用，新闻生产行为在公民框架和媒体框架中共同协作完成。

人工智能参与内容生产是媒介融合的表征，彭兰认为，这一阶段的技术创新体现为新闻生产的智能化和移动化。[①] 新闻生产通过计算机对海量数据进行抓取、筛选和处理，数据新闻可视化成为新闻报道中常见的手法，相较于传统新闻来说，这是一种新颖的新闻叙事方式。随后机器人写作兴起，它依靠计算机算法程序和人工智能技术，可以快速地获取信息并自动完成新闻写作。从公民新闻到机器人写作，技术在新闻生产过程中的作用越来越大。随着5G技术的出现和普及，智能技术从后端应用走向前台，AI新闻主播、AI云剪辑等出现，新闻生产朝着人机交互扩展，新闻社交属性增强，可穿戴设备开启了具身传播的大门，出现了万物互联的媒介景观。

二　新闻生产流程智能化应用现状

（一）新闻采集：量化信息采集，拓宽新闻源

麦克卢汉认为媒介是人的延伸。人工智能技术的出现，让人类的感官向更广的范围延伸，大大拓宽了信息来源的途径。刘彦鹏、毛红敏指出，人工智能技术在新闻采集阶段发挥的作用主要体现在两方面：支撑与发现。[②]

其一，人工智能技术在获取信息源方面提供了技术支撑。2015年，新华社全媒体报道平台开始正式使用，整合了全国42家中央和地方的媒体资源，提供了强大的新闻信息渠道。2017年新华社和阿里巴巴共同投资的新华智云成立，提出了机器生产内容（MGC）的概念，“媒体大脑”扮演新闻生产基础设施的角色，用人工智能技术赋能内容行业，为记者提供更多的内容资源。传感器和新闻机器人的应用，弥补了传统新闻采集中的不

---

① 彭兰：《移动化、智能化技术趋势下新闻生产的再定义》，《新闻记者》2016年第1期。

② 刘彦鹏、毛红敏：《人工智能重塑新闻生产：量化转向、价值扩展与体验升级》，《中国出版》2020年第20期。

及时和无法到达现场的不足，信息采集不再有时间和空间上的障碍，开始进入万物互联、万物皆媒的时代。传感器是一种监测装置，通过获取被监测对象的数据，再根据算法加工从而获得新闻信息。在重大突发事件中，无人机帮助记者进入条件恶劣的环境中，利用传感器识别目标对象，快速高效地完成新闻信息采集。VR、AR 等智能可穿戴设备，可以帮助记者全面获取多方信息，增强信息的准确性。除此之外，传感器通过对实时数据动态的监测，可以对未来发展趋势进行预测，拓宽了新闻的时间维度。传感器和人工智能的结合应用，让新闻采集由原来单向度的人与人协作转为多向度的人机协作，新闻生产更高效、更精准。

在新冠肺炎疫情发生后，由于地理空间的限制，互联网成为信息源平台。在纷繁复杂的信息环境中，数据挖掘和精准的信息采集是关键。封面新闻利用大数据，在线上推出了 6 项云服务产品。实时疫情地图，每 5 秒钟更新一次，全国各省市的新增、治愈和死亡病例都在一张地图上呈现。同时还开设了防护信息和辟谣专栏，科普疫情防控知识，让谣言无处遁形。在智媒技术的加持下，封面新闻的战疫报道获得了全国用户的关注，2020 年 1 月 27 日站内阅读量就已经突破 1.7 亿次。

清华大学人工智能研究院在疫情防控期间推出了“新冠肺炎疫情 AI 话题分析平台”，利用人工智能技术 + 传感器对互联网中的海量信息进行快速抓取和筛选，帮助相关部门实时获取疫情的最新话题，减少在突发重大公共事件中谣言的产生和传播，有效引导舆论。

其二，人工智能技术帮助记者在海量数据中发现隐秘的新闻价值，将新闻源二次利用。通过对获取来的数据进行分析、挖掘，可以发现常规新闻中不能发现的意义与价值，从支离破碎的信息中发现规律和趋势。[①] 在如今信息化浪潮中，数据即新闻，新闻即数据。传统的数据信息需要记者用过往的工作经验加以辨别，如今的数据新闻是以计算机思维为导向，整合了人类认知的逻辑、算法、科学和创新维度，[②] 可以对复杂的数据进行抽解和分析，剖析出数据背后容易被忽视的新闻价值，为记者提供新的新

① 许向东：《大数据时代新闻生产新模式：传感器新闻的理念、实践与思考》，《国际新闻界》2015 年第 10 期。

② Astrid Gynnild, “Journalism Innovation Leads to Innovation Journalism: The Impact of Computational Exploration on Changing Mindsets”, *Journalism*, Vol. 15, No. 6, August 2014, pp. 713 – 730.

闻源。

例如，在新冠肺炎疫情暴发后，各路媒体都加以报道，像澎湃新闻的“湃客·有数”、财新网的“数字说”、新华网的“数据新闻”、网易的“数读”等在社交媒体上被广泛传播。从疫情初期的病例追踪到中后期的疫情预测，数据新闻在帮助大众提高认知和消除恐惧上起到了非常重要的作用。数据新闻中的“数读”思想渗透到更多的新闻报道中。同时利用计算机爬虫技术对数据进行深度挖掘和分析，又为新闻记者提供更为独特的新闻视角，二者相辅相成、相互协作。数据与人文的思辨结合，让数据新闻充满人情味。

（二）新闻生产：全方位自动化编辑

2016年是人工智能元年，人工智能从幕后走向台前，进入各领域中，传媒行业已经进入人机共生、万物皆媒的智媒时代。从机器人写作到智能视频编辑，再到AI主播，2020年人工智能技术在新闻生产领域继续发挥着更重要的作用。

国外，美联社、路透社、《纽约时报》等媒体机构率先实现了“采编流程智能化”；国内，搜狗明医联手政府机构推出了新冠肺炎疫情智能机器人；上海报业集团打造了“智媒体矩阵”，包括新闻内容可视化、沉浸式新闻体验、虚拟主播与互动式新闻、舆情监测系统等20个单元，涉及新闻生产与分发的各个环节。新闻生产逐渐向专业化和智能化并重的方向迈进。

1. 机器人写作

麦克卢汉认为媒介即人的延伸。随着技术的进步，人工智能机器人的学习能力也在不断提升，机器人写作是新闻生产环节的一个新突破。2015年腾讯发布“Dreamwritter”，开启了国内机器人写作的先河，此后新华社推出“快笔小新”，阿里巴巴联合第一财经推出“DT稿王”，今日头条推出“xiaomingbot”，南方报业推出“小南”等各种写稿机器人。

过去机器人写作是“人工模板+自动化数据填充”的结构化新闻写作模式，[①] 因此“速度”是机器人最显著的表征之一，它们通过深度学习自然语言——数据，即可快速生成稿件，几乎一秒就可以自动生成内容。在

① 彭兰：《移动化、智能化技术趋势下新闻生产的再定义》，《新闻记者》2016年第1期。

地震、财经、体育等方向被广泛使用，主要生成的是文字新闻。随着机器人的深度学习，新闻稿件不再局限于文字符号，还出现了图片、动图、海报等可视化符号，不仅丰富了机器人写作的稿件呈现形式，也扩大了机器人写作的边界。

例如，“小明写作 AI 实验室”在疫情期间成立了《云南新冠肺炎疫情可视化专题》，进行 24 小时播报，其中绘制了云南省确诊患者病例关系图谱，随意拖动可查看确诊患者信息。机器人写作的时间不仅加快了，也被延长了，可以及时更新、及时报道，极大地降低了成本。

在 2020 年全国两会上，新华社利用“两会机器人”进行大数据分析，将政府工作报告中的数据和历年数据进行对比，智能生成报告词云。“两会机器人”发布的报道，如《AI 数读两会》《MAGIC 带你看政府工作报告有哪些变化》等，累计获得 300 万次的点击量。

目前，《人民日报》“创作大脑”的 AI 写作已超过 200 万篇，内容可以汇聚全网文本、视频、图片、语音等海量信息，构建具备语义关系的主题图谱，通过关联分析实时发现热点，智能化地构建事件脉络、通稿知识的关联与扩展等支持专题深度挖掘的功能，进行每日的选题策划。

2020 年，智能写作有了新的突破，不仅可以实现文本输出，还能实现选题策划、数据可视化等功能。智能机器人可以 24 小时工作，输出的新闻又快又准，一定程度上是人脑的延伸。在媒介环境发生变化时，智能写作可以实现新闻报道对“速度”的追求。[①] 智能写作已经实现了从海量信息中智能化筛选、预测等深度学习，未来，机器人写作会进一步发展，人机协作将更加紧密。

2. 智能视频编辑

如今，视频符号是人们获取新闻信息的主要形式，人工智能也在视频自动化生产应用中有所作为。AI 可以提供字幕配音、字幕提取、文字视频化等多种智能辅助编辑功能。以往人工剪辑视频是非常耗费时间和精力的，现在人工智能却可以在极短的时间内完成同样的工作，这对视频行业产生了前所未有的影响。

---

① 王悦、支庭荣：《机器人写作对未来新闻生产的深远影响——兼评新华社的“快笔小新”》，《新闻与写作》2016 年第 2 期。

机器人将编辑记者从枯燥的制作和校对工作中解放出来，使他们能去从事更有创造力的内容生产。对于视频来说，目前人工智能可以做的工作有字幕提取加工、视频渲染、数据新闻的制作、直播自动剪辑、智能会话等。例如，新华智云推出的音频转文本工具“采蜜”，可以帮助记者将采访音频转换成文字。过去做一个3分钟的视频，可能需要花30分钟编辑同期声字幕，现在只需几秒钟就能完成。

在2020年两会上，《江西日报》用“两会机器人”制作了425条短视频，在抖音上开辟“两会连连看”系列栏目，播放量累计超过2亿次。媒体大脑统计数据显示，新冠肺炎疫情暴发后的18天里，来自全国31个省（自治区、直辖市）的992家媒体机构在媒体大脑MAGIC平台上合成疫情相关的视频内容达20万条。

人工智能让新闻生产自动化、拟人化、高效化。相较于传统的视频编辑软件，AI视频编辑工具大大简化了视频编辑的工作。[①] 人工智能是传媒生产力提升的一次技术革新，是对传媒人的一种解放，[②] 一站式剪辑服务、视频自动配音等人工智能技术在传媒领域的运用，极大地解放了记者，媒体融合朝着“AI+媒体”的道路发展。[③]

3. 虚拟主播

2018年，AI合成主播开始应用，这为新闻媒体行业开辟了一条新的发展路径。“AI合成主播”也就是所谓的机器人主播，是用人工智能技术合成的新闻主播，捕捉真人主播在新闻播报时的口型、表情和语言等叙事体系，高度还原主持人身形、神态和话语风格。[④] AI主播是通过建模技术，人工合成的与真人无差异的虚拟主播模型，能够代替传统主持人完成出镜报道。传播主体从掌握工具的自然人转变为技术嵌入身体的赛博人，[⑤] 技术嵌入的主播所处的时空是虚拟的，可以随时随地、跨空间完成出镜报

---

① 谭乐娟：《人工智能技术在视频编辑中的应用实践》，《中国传媒科技》2020年第8期。

② 张洪忠、石韦颖、刘力铭：《如何从技术逻辑认识人工智能对传媒业的影响》，《新闻界》2018年第2期。

③ 沈浩、袁璐：《人工智能：重塑媒体融合新生态》，《现代传播》（中国传媒大学学报）2018年第7期。

④ 朱丹青：《智媒时代下AI合成主播的发展探讨》，《出版广角》2020年第2期。

⑤ 孙玮：《赛博人：后人类时代的媒介融合》，《新闻记者》2018年第6期。

道，降低了电视新闻生产的成本。

2020年5月20日，新华社联合搜狗公司推出了人工智能驱动的3D版AI合成主播——“新小微”。两会期间，“新小微”在新华社客户端进行新闻播报。只需要在机器上输入文本内容，“新小微”就能播报新闻，并根据语义生成相应的面部表情和肢体，还能一键变换发型、更改服装，穿梭于演播室的不同虚拟场景中。

随着虚拟合成技术和学习技术的更迭，目前已经出现了手语AI主播、英文AI主播，他们的表情、语言也越来越自然流畅。有些AI主播甚至能讲方言。因此，传媒从业者特别是主持人需要重新反思“身体之重”，充分发挥身体“在场”的优势及特色，并努力构建人机互嵌的合理通道和整体“传播平台”。①

（三）新闻分发：个性化精准分发

以往传播什么内容是由记者、编辑根据新闻价值和媒体定位来进行把关筛选的，这种大众传播强调的是满足大众的基础需求，而非用户的个性化需求。互联网技术使人类从信息匮乏时代步入信息过载时代，为降低信息消费者的决策成本和信息生产者的送达成本，若干种信息过滤机制被提出，② 算法应运而生。越来越多的媒体平台基于算法分发内容。

算法新闻具有个性化、效率高、定位精准等优势，能够根据每一个用户日常浏览新闻的喜好、习惯留下的印记而实现智能化、个性化推荐。③施拉姆（Wilbur Schramm）提出选择或然率=报偿的保证/费力的程度，也就是满足程度越高，获取信息的费力程度越低，受众就越容易选择这种媒介或信息，因此算法推荐生成的用户画像比编辑更懂用户，计算后的内容被算法精准分发，确保用户看到的是自己想关注的内容，获取信息更便捷，降低了选择或然率，满足分众化用户需求。

以今日头条为例，内容被贴上标签进行归类，通过算法让内容主动找到对它感兴趣的用户，实现内容的有效传达。抖音、淘宝等商业平台都应

① 邵鹏、杨禹：《AI虚拟主播与主持人具身传播》，《中国广播电视学刊》2020年第6期。

② 陈昌凤、师文：《个性化新闻推荐算法的技术解读与价值探讨》，《中国编辑》2018年第10期。

③ 张潇潇：《算法新闻个性化推荐的理念、意义及伦理风险》，《传媒》2017年第11期。

用算法，“猜你喜欢”抓住了消费者的需求。而新闻本质上也是一种文化产品，各媒体运用算法技术满足不同用户的需求，提升传播效果。

今日头条、趣头条、抖音、快手等社交媒体和新闻聚合类 App 都广泛地使用了算法推荐，凭借内容分析、用户标签、评估分析和内容安全四大运作逻辑，降低了受众的阅读成本，提高了信息搜集效率，加速了商业变现价值进程。[①] 因此，新闻媒体要了解各个平台的算法规则，找准用户的兴趣点，构建新的传播观念，引导用户思考的同时满足分众化用户需求。

如今聊天机器人加入互动的环节，增强了新闻分发的精准性。新华智云推出的对话机器人，用户可以像和人聊天一样获取信息内容。微软小冰将新闻变成对话，形成了“你问我答”的趣味互动关系。用户可以根据新闻人物、地点和事件等信息进行询问，聊天机器人会迅速给出回答。聊天机器人实现了信息分发环节的趣味性、互动性和丰富性。

（四）新闻反馈：对传播效果精准监测

任何传播行为都是一种双向的互动过程，新闻反馈是由新闻决策、传播实施、信息收集、信息分析等工作组成的过程。基于 AI 建立新闻反馈运行机制，由信息分析机构为决策机构提供新闻决策依据乃至决策建议，根据反馈信息来检验决策的科学性。[②]

过去编辑仅仅是靠经验大致推断受众的偏好，在智媒时代通过用户的点击、评论等数据，分析出不同用户类型的通用画像和阅读偏好，计算机反馈的数据使媒体对用户研究有新的认知，按照受众的接收习惯、地理位置、阅读兴趣等策划选题、生产内容，这是对传统媒体过去反馈线单一的弥补，使传播行之有效。

迈尔—舍恩伯格（Victor Mayer-Schonberger）在《大数据时代》中说，大数据时代开启了一场寻宝游戏。值得注意的是，它也把用户的数据隐私推向更危险的境地，这是未来面临的挑战。但我们要相信，技术赋能下的

---

① 张瑜烨、郑幼东、张诗琪：《信息茧房：智媒时代个性化推荐系统运作逻辑与反思——以今日头条 APP 为例》，《现代视听》2018 年第 11 期。

② 李雨桐：《基于 AI 的媒体融合思考》，《新闻传播》2020 年第 8 期。

新闻业可以发挥李普曼（Walter Lippmann）所说的“聚光灯”和“探照灯”功能，更好地为大众提供优质内容。

三 嬗变与反思：从传媒走向智媒，谁是核心行动者？

随着人工智能技术在新闻业的全面应用，研究技术对新闻生产和新闻消费所发挥的作用受到学者的关注。在行动者理论中，新闻生产被视作“发生在特定地点，因特定行动者（记者、管理者、技术人员）的决策而演化的历史性的嵌入过程”。[①] 在具体的新闻实践中，除记者和编辑等专业的新闻工作者外，用户、商业平台和智能技术等作为新的行动者也加入新闻生产中，共同构建了一个媒介网络。在新的媒介网络中，各行动者的角色在转译中发生了变化。

（一）新闻从业者：执行者变成管理者

智能化新闻打破了原有的新闻生产组织方式，传感器采集信息、机器人写作、智能化分发减少了新闻工作者的工作量，让新闻生产仿佛流水线一般，这过程中似乎看不到人的踪迹。技术的发展让新闻工作者从台前走向了幕后。事实上，新闻除了要满足用户对信息的需求外，还具有文化属性，需要价值引导。不能让智能化技术受控于商业逻辑和流量思维，否则会导致内容生态的恶化。因此，新闻专业主义精神在智能化技术中不能缺位，而多元化的内容生产主体加大了审核的难度。这就要求新闻从业者成为最后一道内容的“把关人”，利用数据的辅助来核查内容，确保新闻的真实性。比如，新华社的现场云和“媒体大脑”平台上的审稿流程也都加入了人工审核的环节，确保发布内容的质量。

（二）用户：接收者变成参与者

传统媒体时代大众是信息的接收者，更不会参与到新闻生产的环节中

---

① Amy Schmitz Weiss, David Domingo, “Innovation Processes in Online Newsrooms as Actor-networks and Communities of Practice”, *New Media & Society*, Vol. 12, No. 7, 2010, pp. 1156 – 1171.

来。但在人工智能时代，用户拥有了更多自主权利，开始转向内容的生产者。有实证研究证明，公众使用算法推荐类 App 对其意见表达和社会参与的正向效应较为显著。[①]

智能技术也让受众的阅读方式从离身阅读转变为具身阅读，带来极佳的体验效果。新华社在 2020 年还推出了新闻互动微纪录片，沉浸式体验 + 交互式传播的形式让每一位观看者都变成了“导播”，通过不同按钮的选择触发不同的剧情，让用户主动沉浸在新闻视频中。

（三）商业平台：中介者变成传播者

在传媒阶段，商业平台只起到了信息汇聚的功能，需要用户根据各自的需求获取信息。在智媒阶段，“个人定制新闻”成为每个商业平台的撒手锏。数据是不同商业平台竞争的核心，如一点资讯、今日头条等，它们所拥有的用户数据是不相同的，对不同的用户推送的新闻内容也不相同。平台中的用户数据一直处于动态变化的过程中，因此商业平台可以算作一个“非人类行动者”，它根据用户兴趣给每个人推送不同的新闻，却也让用户“沉迷”在媒介营造的“信息茧房”之中。

（四）智能技术：“非人”的新行动者

智能化技术正在对新闻生产进行变革。技术赋能下的新闻业正朝着快捷、高效、创新的方向发展，特别是机器人写作解放了记者的双手，[②] 因此，有学者认为智能技术在一定程度上已经具备了传播内容的主体性，应该被当作新闻生产的主体之一来看待。诚然，“体力”工作已经被机器替代，但人工智能技术在新闻生产中所带来的“算法偏向”、“算法黑箱”、隐私泄露等伦理问题一直被诟病，还需要人类行动者靠“脑力”去把关。智能技术只是人类工作的补充，而不是替代。[③] 机器的行为基础是命令、数据和程序逻辑，

---

① 周葆华：《算法推荐类 APP 的使用及其影响——基于全国受众调查的实证分析》，《新闻记者》2019 年第 12 期。

② 别君华：《智媒传播中的人机融合关系及其实践维度》，《现代传播》（中国传媒大学学报）2019 年第 11 期。

③ 陈昌凤、石泽：《价值嵌入与算法思维：智能时代如何做新闻》，《新闻与写作》2021 年第 1 期。

依然在人类设定的框架中运行，因此人类依然处于核心行动者的位置。未来，技术不只是辅助工具，新闻工作者要把社会价值和新闻价值融入技术之中。人工智能技术赋予了新闻专业主义更多的内涵。媒体人必须提高自己在新闻生产流程中的各项技能，才能发现和修正智能技术可能产生的错误，从人机协作转向人机耦合。

四　未来展望：媒介智能融合

哈佛大学尼曼新闻实验室曾在一份报告中指出："新闻的未来是人与机器的对话。"① 未来，人工智能与大数据的深度融合，将在图像识别、视频处理、场景再现等方面丰富新闻生产体系，媒介智能融合朝着纵深方向发展。

（一）技术上："5G + AI" 赋能新闻

一些研究者曾断言，新闻技能和视觉思维的融合将成为未来新闻业发展的必然趋势。随着科技的发展更新，5G 技术时代的到来，已经到了感知层面的信息爆炸时代。AI 技术的全面发展使人工智能在新闻采集、生产、分发和反馈中进行深度学习，未来将会进入"强人工智能"阶段。新闻生产不仅要追求"智"，更要追求"质"，以"智"为核心、"质"为导向推动媒体认知智能化升级。

表 1　人工智能价值创造的三个层次

	自动化	智能化	创新化
含义	机器执行，提升业务的自动化程度；感知智能技术的单点应用	机器分析与决策，能力跃迁；认知智能技术，深入业务流程	智能化应用改变传统业务流程，重塑产业链；技术与产业深度融合

资料来源：智研咨询发布的《2019—2025 年中国人工智能行业市场深度调研及未来发展趋势报告》。

中央广播电视总台率先尝试，设立了"人工智能编辑部"，目前确立了三条智能主线，分别是国内首个 AI 时政产品"I 学习"，为总台的时政

① Trushar Barot, "The Future of News is Humans Talking to Machines", September 18, 2017, Nieman Lab, https://www.niemanlab.org/2017/09/the-future-of-news-is-humans-talking-to-machines/.

编辑部服务，可以对素材进行统计和提取；智能传播效果评估系统“智晓”，对热点事件的相关数据进行可视化呈现；AI 内容风控平台“融媒智控云矩阵”，利用机器学习集合了总台十余年的内容审核经验，将信源分类完善。[①] 5G 和 AI 的深度融合，为新闻生产提供了强有力的支持，未来人机融合会朝着更高效、更准确的方向发展，让机器人更好地辅助新闻生产者。

（二）内容上：“去身体化”的具身新闻

在人工智能时代，技术被嵌入身体之中，为用户打造了沉浸式的体验，甚至创造出新的“身体”来丰富人们的在场方式。如 AI 虚拟主播的学习能力超越了原型主播，实现多语言、多场景的新闻播报。在虚拟现实中，我们拥有的既不是一个主动身体，也非图像身体，而是一个被彻底技术化的被动身体。最近几年的全国两会报道，就是一场具身新闻的盛宴。依托于5G 技术和 VR 全景直播，用户足不出户就能在移动端感受到会场热烈的氛围。在电子媒介时代，人的身体被信息符号解构，知觉在场替代了身体在场，增强现实技术仿佛一把打开虚拟世界的钥匙，使得人的感官被无限延伸，让人沉浸在多维度打造的虚拟空间。新冠肺炎疫情防控期间，对火神山、雷神山建造过程的慢直播，让屏幕前的受众化身“监工”，随时可以沉浸其中。新华社已经建立“智能化编辑部”，用 3D/VR/AR/MR 技术呈现沉浸式、体验式、交互式的新闻报道，实体空间和虚拟空间互嵌，让受众具身性地参与到新闻实践中去。在未来的新闻生产流程中，数据可视、文字可听、界面可触的具身体验将成为一项标准。

（三）政策上：建立智媒伦理规范

人工智能技术已经很好地应用在了新闻生产流程之中，但是智能新闻是纯客观视角，对数据可收集、算法可测量的新闻有效，而在新闻中存在一些“非量化”的道德性因素，需要人类行动者去规范和矫正，需要为智媒建立新闻伦理规范。杜骏飞说：“新闻的本质就是人，它应该报道人，

---

① 庞俊：《人工智能在创新新闻流程中的应用分析——以中央广播电视总台“人工智能编辑部”为例》，《传媒》2021 年第 9 期。

并且基于人性来报道，必须基于事实报道来关怀人。只有当我们抵达了人，我们才可能真正地抵达新闻。”① 过分依靠人工智能来生产内容会降低新闻工作者的积极性，也会让新闻失去温度。我们不能被技术裹挟，要保持理性的态度，让其更好地为人类服务，实现工具理性和价值理性的融合。我们需要在用户的数据保护、机器人立法、平台监管上制定更为详尽的规则。未来人类将继续探索将新闻专业主义、新闻伦理规范嵌入智媒的路径，让人工智能更好地体现人的主导性和价值观。

参考文献

别君华：《智媒传播中的人机融合关系及其实践维度》，《现代传播》（中国传媒大学学报）2019 年第 11 期。

陈昌凤、师文：《个性化新闻推荐算法的技术解读与价值探讨》，《中国编辑》2018 年第 10 期。

陈昌凤、石泽：《价值嵌入与算法思维：智能时代如何做新闻》，《新闻与写作》2021 年第 1 期。

杜骏飞：《新闻是人，新闻学是人学》，《国际新闻界》2018 年第 2 期。

李雨桐：《基于 AI 的媒体融合思考》，《新闻传播》2020 年第 8 期。

刘彦鹏、毛红敏：《人工智能重塑新闻生产：量化转向、价值扩展与体验升级》，《中国出版》2020 年第 20 期。

庞俊：《人工智能在创新新闻流程中的应用分析——以中央广播电视总台“人工智能编辑部”为例》，《传媒》2021 年第 9 期。

彭兰：《移动化、智能化技术趋势下新闻生产的再定义》，《新闻记者》2016 年第 1 期。

沈浩、袁璐：《人工智能：重塑媒体融合新生态》，《现代传播》（中国传媒大学学报）2018 年第 7 期。

邵鹏、杨禹：《AI 虚拟主播与主持人具身传播》，《中国广播电视学刊》2020 年第 6 期。

孙玮：《赛博人：后人类时代的媒介融合》，《新闻记者》2018 年第 6 期。

① 杜骏飞：《新闻是人，新闻学是人学》，《国际新闻界》2018 年第 2 期。

谭乐娟：《人工智能技术在视频编辑中的应用实践》，《中国传媒科技》2020 年第 8 期。

王悦、支庭荣：《机器人写作对未来新闻生产的深远影响——兼评新华社的“快笔小新”》，《新闻与写作》2016 年第 2 期。

许向东：《大数据时代新闻生产新模式：传感器新闻的理念、实践与思考》，《国际新闻界》2015 年第 10 期。

张洪忠、石韦颖、刘力铭：《如何从技术逻辑认识人工智能对传媒业的影响》，《新闻界》2018 年第 2 期。

张潇潇：《算法新闻个性化推荐的理念、意义及伦理风险》，《传媒》2017 年第 11 期。

张瑜烨、郑幼东、张诗琪：《信息茧房：智媒时代个性化推荐系统运作逻辑与反思——以今日头条 APP 为例》，《现代视听》2018 年第 11 期。

周葆华：《算法推荐类 APP 的使用及其影响——基于全国受众调查的实证分析》，《新闻记者》2019 年第 12 期。

朱丹青：《智媒时代下 AI 合成主播的发展探讨》，《出版广角》2020 年第 2 期。

Amy Schmitz Weiss, David Domingo, “Innovation Processes in Online Newsrooms as Actor-networks and Communities of Practice”, *New Media & Society*, Vol. 12, No. 7, 2010.

Astrid Gynnild, “Journalism Innovation Leads to Innovation Journalism: The Impact of Computational Exploration on Changing Mindsets”, *Journalism*, Vol. 15, No. 6, August 2014.

Trushar Barot, “The Future of News is Humans Talking to Machines”, September 18, 2017, Nieman Lab, https://www.niemanlab.org/2017/09/the-future-of-news-is-humans-talking-to-machines/.

T.15　智能媒体内容消费状况发展报告*

郭雅静**

摘　要： 2020—2021 年，在新冠肺炎疫情防控的新命题下，智能媒体的内容消费亮点频出。智能媒体的应用场景不断迭代更新，内容消费正在向旅游、教育等多垂直领域渗透扩散，呈现出强力“出圈”的新态势。本年度智能媒体内容消费的主要特征是超越“打通技术壁垒、提升内容传播力、争夺注意力”的传统范式，转移赛道，以内容优势为入口，探索多样化经营和变现模式。本年度学界和业界较多关注智能媒体时代的内容生态发展，认为接下来智能媒体内容消费的实践探索，重点在于把握实践逻辑，加紧调整和构建促进智能媒体内容消费的体制框架与机制体系，使智能技术、内容供给与媒体发展深度融合。

关键词： 智能媒体；内容消费；市场化格局；传媒新生态

2020 年 9 月，中共中央办公厅、国务院办公厅印发《关于加快推进媒体深度融合发展的意见》，强调要发挥市场机制作用，增强主流媒体的市场竞争意识和能力，探索建立“新闻 + 政务服务商务”的运营模式，创新媒体投融资政策，增强自我造血机能。① 在媒体融合发展的政策指引下，各级各类媒体纷纷探索特色路径，以智能技术为引擎，构建市场化格局，

---

* 本报告为国家社科基金重大项目“融媒体环境下互联网平台型企业现代治理模式研究”（项目批准号：20&ZD321）的阶段性成果。

** 郭雅静，博士，浙江传媒学院新闻与传播学院讲师，研究方向：新闻理论、数据新闻、消费社会学。

① 《中共中央办公厅、国务院办公厅印发〈关于加快推进媒体深度融合发展的意见〉》，2020 年 9 月 26 日，中国政府网，http://www.gov.cn/xinwen/2020-09/26/content_5547310.htm。

积极与技术和资本平台合作，扩大智能媒体内容消费的宽度与广度。

本报告认为，在内因和外因的共同作用下，2020—2021 年智能媒体的内容消费发生了本质上的变化。内容消费不再局限于广告营收的资本价值定位，而是不断创新，为政务、服务、商务领域的信息化、智能化发展服务。智能媒体的概念认知与内容消费的意义和内涵需要被重新界定。本报告认为，智能媒体是以高级文本分析技术、图像及视频识别技术、智能语音播报技术和精准推荐技术为主要技术后台，可以提供垂直信息的组织化互联网媒体平台。内容消费指人们对互联网信息内容的消费。受众付出注意力和点击率，使用和体验媒体数字化内容，媒体获得流量，同时实现价值观传播和自身创收的需求。内容消费包括图文、音频和视频三种主要消费形式。

本报告分为四大板块：变化与趋势板块介绍 2020—2021 年智能媒体内容消费的主要特征，以及与 2019—2020 年相比发生的主要变化；技术与生态板块介绍本年度在智能技术上实现的重要突破，以及给智能媒体内容消费生态带来的改变；案例与创新板块主要介绍本年度在智能媒体内容消费创新方面做出有效探索的案例；预测与对策板块主要汇集了相关领域的专家，针对本年度智能媒体内容消费发生的变化发表的重要观点。

一　变化与趋势：内容依然是智能媒体发展的蓝海

（一）内容为王：获知信息是人们使用媒体的主要诉求

随着数字化和智能化的快速普及，内容消费者已经从最开始享受“万花筒”般的信息盛宴转移到追求更加垂直、更有效的信息内容。根据企鹅智库的研究数据，移动端新闻资讯消费者更倾向于把资讯消费看作是自己了解世界的媒介。① 同时在消费新闻资讯内容的时候，并非把这一消费过程严肃化，而是更倾向于把消费过程趣味化，认为新闻资讯信息的消费也是一种愉悦身心的体验。本年度智能媒体积极考察消费者内容消费的诉求升级，全力以赴增加好内容的供给。

① 《企鹅智酷：2020—2021 年中国消费互联网新趋势报告》，2021 年 1 月 21 日，199IT 中文互联网数据资讯网，http://www.199it.com/archives/1194967.html。

（二）广告增速放缓：符号消费向共情消费转场

2020 年，互联网广告市场规模达 4966 亿元，同比增长 14.4%。[①] 受到国内外新冠肺炎疫情的影响，人们的消费习惯已经发生变化。互联网广告的增速变缓一方面意味着广告主正在把握新消费趋势，以更加有效的方式提升广告传播的效果；另一方面也意味着互联网内容的主要消费者趋于年轻化，其消费观念也在发生变化。传统的广告模式是渲染产品可能带来的附加值，例如身份、名誉、美貌等。对于年轻一代的消费者而言，他们更关注的是自我感受，对社会评价的关注度降低。关键意见消费者正在重构互联网营销传播链条，增加广告及营销的变现方式。抖音、快手、小红书、微博平台上聚集了大量关键意见消费者，内容消费正在替代传统广告完成品牌推广营销，关键意见消费者不一定是具有明星光环的推荐官，更多普通推荐者以商品性能、价格优势、活动参与引导的方式提供商品信息，内容消费的过程充满趣味性。不同于以往的是，娱乐消费的核心是商品而不是单纯的符号化 IP。本年度随着商品消费快速向互联网转场，商业平台纷纷推出直播卖货，同时头部短视频平台也围绕教育、健康、居家美食等主题推出直播带货。主播经验丰富、专业能力强，吸引大批垂直粉丝。短视频内容消费正在改变广告的营销模式，更关注商品使用功能，更容易受到垂直信息的影响。

（三）重获信任：新闻资讯内容消费发生进化

根据企鹅智酷的调研数据，新闻资讯用户每天人均在手机上消费资讯的时长，2019 年为 69.5 分钟，2020 年增长到 80.7 分钟，高收入群体更是增加到了 114.2 分钟。[②] 对于资讯生态而言，新闻类内容消费时长的增加意味着用户对优质内容的整体需求在提高。高收入群体也是高质量内容消费的主要群体。这些用户更加关注最新变化，关注教育、养老、安全和发展议题。与迅速增长的内容消费需求相比，目前智能媒体平台供给好内

---

① 《第 47 次〈中国互联网络发展状况统计报告〉》，2021 年 2 月 3 日，中国互联网络信息中心（CNNIC），http://www.cnnic.net.cn/hlwfzyj/hlwxzbg/hlwtjbg/202102/P020210203334633480104.pdf。

② 《企鹅智酷：2020—2021 年数字内容产业趋势报告》，2020 年 12 月 9 日，199IT 中文互联网数据资讯网，http://www.199it.com/archives/1166462.html。

容的能力显得不足，配套的发展机制体制也不够完善。进化的内容生态是稳定提供好内容的动力源，完善的内容生态可以提升用户内容消费的价值感，智能媒体也可以实现内容供给、价值观传播和自身经营协同发展。本年度新闻资讯消费的习惯逐渐沉淀下来，新内容生态建设的思路逐渐清晰。

1. 打破“算法万能”的迷思

智能媒体内容消费的一个核心机制是通过机器学习来识别用户需求，并且进行千人千面的推荐。本年度的算法推荐不再是万能的神奇力量。企鹅智酷公布的调查数据显示，对比平台的算法推荐，有着明确身份的媒体主编、专家和各领域达人推荐的内容更容易获得用户的信任。[①] 同时，社区网友推荐的信息内容以及具有真实关系的亲友推荐也在内容消费中发挥重要作用。

2. 超越“时间粘性”的标准

长久以来，在判断媒体内容传播能力的标准时，最重要的评判指标是用户注意力停留的时长。笔者认为，时长作为一种量化指标，不能被机械而简单地计算，否则会化约时间维度产生效果的丰富性，“信任度”应该成为精确价值评估的关键指标。在信任度金字塔中，资讯类内容丰富而多元化，但是新闻热点成为用户记忆时间最长的类型。相比较而言，娱乐消遣类资讯的记忆时长最短，基本上处于“阅后即忘”的状态。从内容生态上来看，新闻类资讯内容消费成为未来的“蓝海”。

二　技术与生态：智能媒体内容消费升级

（一）技术应用：资本平台助力智能媒体转型

本年度智能媒体内容供给能力提升，主要得益于智能媒体技术的发展。智能媒体技术在内容生产、互动传播和与受众的情感共鸣等方面继续发挥作用。

① 《企鹅智酷：2020—2021 年数字内容产业趋势报告》，2020 年 12 月 9 日，199IT 中文互联网数据资讯网，http://www.199it.com/archives/1166462.html。

1. 高级文本分析技术的应用

本年度高级文本分析技术的应用和发展主要指以自然语言处理（NLP）技术来辅助新闻生产。以大数据挖掘与采集为技术前提，从文本中分析变量关系，提供解释意义，使计算机对事件与关系的呈现更具思辨特征，更有问题追踪与呈现能力。在智能媒体的应用方面，NLP 被应用到新闻生产的全流程，以提供解释为记者赋能，记者的经验与智能系统的强大分析能力相互配合，重点在于提升新闻表达能力。本年度对于高级文本技术的探索打破以往为了智能而智能的狭窄思路，不只是把内容套上智能的包装，而是切实探索智能化的效果，让自然语言分析为提供高质量内容分析服务。

2020 年 12 月，《人民日报》举办“2020 智慧媒体高峰论坛”，在论坛上正式发布了《人民日报》“创作大脑”。《人民日报》获得百度公司的技术支持，主流媒体和技术平台合力打造优质内容。

《人民日报》“创作大脑”的全媒体内容生产工具覆盖了全媒体策划、采集、编辑、传播效果分析等各环节和业务场景，可以大幅提高新闻产品的生产效率，能够进行视频直播关键人物、语句识别、全网热点数据自定义监测预警、批量生成可视化大数据报告等多种智能化生产，并依托智慧云盘系统全面提升协同办公水平，有效解决媒体智能技术应用的“最后一公里”问题。《人民日报》“创作大脑”背后，是百度智能云提供领先的云 + AI 技术支持，基于百度智能媒体中台，助力新闻生产的策、采、编、审、发全流程。智能媒体中台的基础是媒体云，包括存储、计算、网络等基础设施，提供 EB 级别数据的稳定存储、云边端一体的网络接入能力，百度自主研发的云端 AI 通用芯片提供适配语音、语言、视觉算法的算力。通过媒体知识中台、智能创作平台和智能视频平台，开放知识图谱、自然语言处理、视觉等 AI 能力，将人工智能技术应用于新闻策划、采编、审校、分发等各个环节，构建全媒体智能新生态。

2. 图像和视频识别技术的应用

本年度智能媒体对图像和视频识别技术的应用，主要基于深度学习并进行大规模数据训练，实现对图片、视频中物体的类别、位置等信息的识别。图像主体检测可以识别图像的场景、图像中主体的位置、物体的标签等。人工智能视频技术则能够分析视频内容，对视频中的物体和场景进行识别并能够输出结构化标签。图像和视频技术进一步支持智能媒体的内容消费升级。

银川市新闻传媒集团大力发展社交短视频内容生产相关业务。通过语音识别、人脸识别、OCR 识别、视频分析、视频内容审核和物件识别引擎，将业务进行智能化关联与整合，抓住视频新闻内容生产与受众需求之间的连接点，集中精力生产适合平台风格的好内容。银川市新闻传媒集团旗下有三个抖音号，分别是银川新闻网、直播银川和《银川日报》。银川新闻网抖音号推出的“我为群众办实事”和“听医生的话”等专栏实现了媒体内容和政务服务的有效对接。直播银川抖音号推出“鸿胜说交通”栏目，粉丝遍布全国。《银川日报》抖音号开通半年时间后，总播放量就突破了 1 亿次。

3. 智能语音播报技术的应用

人工智能语音技术主要包括语音识别和语音合成两种。语音识别是指自动完成物理音频识别，把音频的相关信息转化为计算机可以识别的结构化信息。语音合成技术是通过机器学习，使计算机模拟人的声音。本年度智能语音播报技术快速发展，在识别的准确性和对复杂信息的处理能力上都有很大提升。

以科大讯飞联合央视网推出的《2021 年两会邀你来阅卷》H5 为例，通过这款 H5 产品，用户可以和虚拟两会 AI 助手爱加进行实时互动。这款产品的仿真性和高带入性可以帮助使用者更直接地触达两会重点内容。用户无须录入文字，就可以直接发送语音消息，向虚拟助手爱加进行提问。爱加可以即时进行语音—文本自由转换，向用户提供准确信息。

4. 精准推荐技术的应用

精准推荐技术让信息分发更加垂直。将用户群体性特征的判断指标继续降维，信息传播的受众具有个性化指征。通过更多维度的特征标签发现目标对象，并把相应的内容准确传达，进一步减少搜索相关内容所花费的时间。

以本年度抖音“为你推荐”算法技术为例，抖音的“为你推荐”算法改变了以往信息的传播模式，将内容进行标签化处理，而不是依托更容易设定标签的发布者特征来标记内容。使用者可以更加快速地获取感兴趣的视频内容，不会受到视频发布者的粉丝数量、活跃度等因素干扰，而是根据视频内容的标题、声音、标签和受赞情况获得推荐。新算法的支持下，"好内容"不再有统一的标准，而是"内容为上"，和用户产生情感共鸣的内容就是值得推荐的好内容。新算法一方面鼓励新加入的内容生产者，另一方面也丰富了用户的内容消费体验。

761 万条视频关于"放弃"

也有 6913 万次评论关于"坚持"

220 万条视频关于"怀疑"

也有 1.3 亿次评论关于"相信"

1491 万条视频关于"太难了"

也有 18 亿次评论关于"加油"

图 1　抖音算法与内容消费背后的情感共鸣

资料来源：《2020 抖音数据报告》，2021 年 1 月 5 日，199IT 中文互联网数据资讯网，http://www.199it.com/archives/1184841.html。

（二）生态建构：智能媒体深度融合引流内容消费

本年度智能媒体在增强自身造血功能的目标下，积极进行内容消费的生态化建设。内容消费以新闻资讯为载体，与政务、服务、商务全面融合。创新内容消费模式，寻找发展的关键点，形成智慧广电系统、智慧报业系统和综合新闻集团系统三大内容生态圈。

1. 智慧广电系统

2020 年，智慧广电获得政策的大力扶持，迅猛发展。人工智能技术充分融入广电系统当中，应用场景包括选题策划、媒体资源管理、内容生产、产品传输、平台运营、终端维护、检测审核、评价反馈、网络安全等全环节。在人工智能的加持下，智慧广电系统的内容消费能力快速提升。人工智能技术当前已被应用到广播电视各环节，形成较为完善的应用生态。目前落地的应用场景主要包括选题策划、媒资管理、生产制作、分发传输、运营管理、智能终端、监测监管、服务评价、运行维护、网络安全。

以广东省广播电视网络股份有限公司的“基于新型直播电商生态的支持多终端视频融合的广电特色商城平台”为例，在“广电+”战略指导下，广东省广播电视网络股份有限公司佛山分公司自主研发了“U点购物”商城平台。基于自主研发的融合视频平台技术，提供可以覆盖移动端、PC端和电视端的商城消费服务系统。电视端提供真实稳定的消费场景，手机端提供方便安全的消费支付保障。“U点购物”支持省、区、市三级运营，可以将各地的政策支持统合进来，增加平台的关注度。分级管理增加了平台的可扩展性和快速定制化开发，在平台的基础上实现广电与教育、旅游、农业、日常消费的业务合作，探索跨地区、跨行业、跨平台的合作发展，成为智慧化广电生态体系建设的样板案例。

2. 智慧报业系统

报业系统的智能化转型紧跟广电系统，本年度取得突出进展。从信息生产赋能到采编全环节智能化，再到中台驱动，本年度各家报业集团纷纷牵手互联网技术资本，依靠自身优势积极引入智能产品，通过自主研发、合作采买以及创投孵化等方式在相关领域有序突围。逐渐形成头部引领、中尾部跟进的生态格局。

以大众报业集团开发“齐鲁智慧媒体云”为例，大众报业集团推进媒体深度融合，形成了“内容+后台+终端”的新型传播格局。其中，“中央厨房”在移动端完成策划、采写、投稿、审稿、编辑等采编的全流程工作。“5G短视频智能生产平台”通过人工智能技术优化和改造短视频生产模式，实现积木拼搭形式的内容生产。同时开创虚拟主播、语音识别、一键转视频等创新内容获取功能，操作流程不断简化、人性化。“端媒统一生产管理平台”则打通集团各端口内容生产壁垒，实现内容的中台管理。深度改变绩效考核机制，将生产好内容作为中心工作，进一步发挥优势，让智能技术赋权好内容。

3. 综合新闻集团系统

在传统媒体全面转向新媒体的背景下，很多地区整合当地广电、报社资源，合并组建新闻集团，实行事业单位企业化管理。同时进一步开发

“两微一端一抖”和大数据中心等。由平台相加到各部门之间融合升级。原有的县级媒体在内容供给创新方面具有得天独厚的优势，可以将集团运营和民生服务、生产生活与社会治理全面融合。将经营创收、舆论宣传、便民服务融为一体，打造新型内容消费生态圈。

以安吉广播电视台打造县域数字化媒体综合服务平台为例，“爱安吉”移动融媒体客户端是浙江安吉传媒集团自主研发的平台。在新闻方面，囊括县域范围内原有的电视、广播、报纸的新闻资讯。在服务方面，设置了借车扫码、安吉美食等20余个便民服务板块。2021年，“爱安吉”App下载用户超过20万人，每日活跃用户达到5万人次以上，活跃度高达40%。在政务方面，集团承建“美丽乡村建设云平台”，研发并运营“智慧社区”平台系统项目，“游视界网”平台参与县域社会治理。在商务方面，集团依托淘宝安吉特色馆、“美丽E家”农村电商等分销平台，以资讯为依托，打开互联网消费市场，每年客户端收入超过2000万元。

三　案例与创新：智能媒体内容消费新生态

本年度智能媒体内容消费呈现出生机勃勃的新生态，多形式的内容创新加上多平台的各显身手，共同演绎了万树开花、各显神通的发展格局。

（一）万树开花：多种形式内容消费群雄逐鹿

本年度智能媒体内容消费的风口出现在视频消费、知识消费和公益助农直播消费三个赛道。多种内容消费方式有坚守有创新，成功的模式逐渐稳定成熟。

1. 视频消费

本年度受众对于视频内容消费的需求继续增长，移动端的视频内容消费频率和次数都有显著提升。各垂直领域的内容创作者被全网视频内容消费的热情吸引，积极参与视频内容生产。社交平台和在线视频网站已经取代传统消费终端，视频内容的盈利模式随之发生改变。以年轻人为主体的消费群体稳定了特有的消费需求和消费模式，原创内容和创新构思受到青睐。越来越灵活开放的付费模式让内容消费更有趣、更有料，内容生产者的创作动机更强烈，好内容层出不穷。UserTracker 的数据显示，从 2019 年第一季度到 2020 年第三季度，我国在线视频移动端渗透率保持增长的态势，始终处于 75% 以上；短视频的渗透率从 65.4% 上涨到了 74.3%。[①] 特别是受到新冠肺炎疫情的影响，短视频迎来了发展风口，渗透率快速增长。同时，在线视频与短视频的用户高度重合，随着视频内容的不断丰富，用户特征难以用传统指标进行描述，人们的兴趣被极大激发，用户消费诉求不断泛化、垂直化。视频内容消费更加准确地再现了当代人的内心诉求。

2. 知识消费

2021 年 3 月，中国最有代表性的在线知识问答平台知乎在美国上市。同样作为垂直领域的知识分享社区，在新内容消费趋势下，相比于短视频、长视频、公众号文字类自媒体，知乎更注重内容和用户体验，忽视对市场的开发，一直难以打开运营局面。截至 2020 年 12 月 31 日，知乎累计拥有 4310 万内容创作者，贡献了超过 3.53 亿条内容，其中包括 3.15 亿个问答。2020 年第四季度，知乎平均月活跃内容创作者达 330 万人，他们在 2020 年 12 月创作 1200 万条内容。因为专注内容，知乎的商业化水平不高。知乎的月活数据约为快手的 1/7，但是收入只相当于快手的 1/20。2020 年知乎推出商业内容解决方案“知 +”，当年营收达到 1.36 亿元。未来知乎的竞争优势在高质量的内容，内容消费是维持社区吸引力和价值的根本。

3. 政务助农直播消费

本年度政务助农直播逐渐成熟。2020 年快手直播电商助农被评为年度中国应用新闻传播十大创新案例。借助直播的热度和普及率，直接应用直播平台的内容风格，在内容端保持原汁原味，在效果端增加以消费助力地方经济的正能量意义符号。消费内容既有各地新鲜特产，又有为中国经济贡献一份力量的爱国情怀。助农直播模式为政府机构增添了人情味，国资小新是国务院国有资产监督委员会新闻中心的新媒体统一平台，以“严肃卖萌”，兼具党性、理性、人性等特征。2020 年 5 月，国资小新和中央企

① 《艾媒咨询：2020 年度中国视频内容全产业链发展研究报告》，2021 年 1 月 27 日，199IT 中文互联网数据资讯网，http://www.199it.com/archives/1189214.html。

业媒体联合成立“小新带货”融媒体。“小新带货”逐渐成长为直播消费的品牌项目，形成了长效发展机制。平台不断挖掘整合资源，让政务直播好看有料，让消费者听到故事、看到景色、学到知识。

（二）各显神通：各家媒体纷纷开发自身潜力

本年度各家媒体平台立足自身优势，充分借助智能技术和市场模式，探索出内容消费领域的新势能。

1. 《南方周末》内容付费探索

本年度《南方周末》内容付费工程获得中国应用新闻传播十大创新案例、中国报业深度融合发展创新案例等称号。这一探索的目标是转换传统内容生产模式，以用户为核心，以内容付费为纽带，以付费会员为方向，再造《南方周末》品牌的新消费场景。此项工程包括创建计量式软性“付费墙”，打造知识付费产品线，销产并举，将知识付费产品打造成支柱业务。

2. 《三联生活周刊》原创数字内容产品

本年度《三联生活周刊》在抗击新冠肺炎疫情的报道中表现突出，多篇深度报道成为网红级内容产品。舒竞认为，这些报道形式多样，多渠道发布；内容兼顾现实批判与人道主义关怀；打造“三联生活市集”微信小程序商城，采用购买商品赠送杂志的线上营销方式。[①] 加上一系列深度和原创内容产品，《三联生活周刊》在本年度取得了社会效益和经济效益的双丰收，积累了内容消费领域的经验。

3. 新浪以“智能 +”为资讯内容生产赋能

本年度新浪继续精耕“智能 +”移动资讯全过程媒体生态。在信息采集上，通过机器深度学习与实时计算，以鹰眼系统帮助采编团队对新闻热点进行建模，并监测热点变化；在内容编辑上，AI 写作、云剪辑技术更加成熟；在内容审核上，使用深度学习模型，完善敏感内容的过滤机制；在内容分发上，业务拓展到智能穿戴、智能家居、车联网等领域。

---

① 舒竞：《新媒体时代突发公共卫生事件的新闻策划创新探析——以〈三联生活周刊〉的“新冠肺炎”系列报道为例》，《新闻前哨》2020 年第 6 期。

4. 封面传媒构建“科技+传媒+文化”内容消费生态体

2020年10月，封面传媒发布智媒云4.0方案，从“技术服务媒体”迈向“智慧文博、数字文旅”新领域。新场景下，整个内容生产的传播过程都会重构和再造，智能化的技术将成为内容生产新的底层支持。

5.《北京日报》推出AR融媒体智能眼镜

2020年两会期间，《北京日报》《北京晚报》的记者戴上了AR融媒体智能眼镜进行现场报道。在新采访设备的辅助下，记者可以做到“所见即所得”。不需要摄像机简化直播程序，记者可以用最快速度将现场实时视频传回直播间。

6. 界面·财联社向金融科技复合型企业方向探索

界面·财联社是上海报业集团重点打造的主流财经媒体和新型财经资讯服务提供商。本年度界面·财联社推出风险早期发现产品“红岸风险预警系统”、舆情监控产品“信鸽情报分析系统”和券商底层数据接入服务产品“犀牛数据分发系统”等。未来将以打造“中国自己的彭博”为目标，致力于完成“媒体+资讯+数据+服务+交易”战略闭环，从媒体信息消费向金融服务消费转型。

四 预测与对策：智能媒体内容消费生态圈建设须充分释放潜能

本年度智能媒体的内容消费呈现出明显的“出圈”特征。[①] 以“人类社会的价值尺度为本”,[②] 重视“数据思维和方法论”,[③] 各家媒体分别结合自身优势创新提升内容消费水平，实现内容消费升级。在发展中，一些成功的探索留下了宝贵的经验，但也表现出市场化运作不充分、不彻底等问题。媒体内容产品的消费的确存在舆论安全、传播规律等多方面的制约，很难完全走市场化道路，那么如何探索可行性路径，完成“新闻+政

① 周葆华：《出圈与折叠：2020年网络热点事件的舆论特征及对内容生产的意义》，《新闻界》2021年第3期。

② 陈昌凤、张程喆：《资讯定制型平台媒体的商业、技术与媒体的理性协同》，《中国编辑》2021年第1期。

③ 栾春晖：《内容的复兴》，《天涯》2020年第6期。

务服务商务”的运营模式再造，增强自我造血机能呢？这是接下来各家媒体都要面对的紧要问题。本报告提出，未来应该着重理解新传播格局特征与趋势，研讨智能媒体内容市场化运营的有效模式，同时释放生产力，让内容的价值得到充分体现。

（一）加快构建完整的发展格局

张志安等提出，人工智能技术对信息传播业格局变化产生四个方面的影响：一是重构了媒体格局；二是重塑了核心资源；三是变迁了传播权力；四是带来了移动碎片传播。① 最明显的趋势是互联网平台媒体将迅速崛起，而平台媒体拥有强大的内容生产能力。平台经济将在全世界兴起，视觉传播和智能传播将成为传媒发展的主流趋势。目前，传统媒体生产的运营机制已经无法满足新环境的要求，需要以新的视角和格局对媒体要素进行重构，打造“信息＋技术＋基础设施＋思想＋社会治理＋经济生活”的跨界融合新生态。喻国明团队认为，未来要重点激活核心用户，将优质内容纳入平台。② 谢新洲等提出，未来要更加关注内容、技术和用户逻辑之间的互动关系。③ 尽快建设起完整的智能媒体内容发展生态格局。

（二）打造平衡的内容消费模式

未来智能技术对内容消费的影响主要体现在三个层面：一是辅助实现精准服务；二是提供信息传播路径分析，更加精准地获取内容的传播效果；三是建立强大的知识链接，由点状知识扩展为知识网，着重打造内容消费的风格属性、区分度和丰富性。未来人工智能将会深度参与内容创作全流程，参与的方式也将从简单的数据处理变成提供创作灵感的智能型参与。“新闻＋政务服务商务”的运营模式之下，智能媒体发展内容消费应该平衡多方利益，平衡自身与政务、服务和商务的关系，找到合作的新机

---

① 张志安、谭晓倩：《媒体深度融合进程中的智媒体运营创新》，《新闻战线》2020 年第 12 期。

② 喻国明学术工作室、刘淼、韩婷：《新媒体用户的内容消费特征与媒介使用模式——以百度百家号的调研分析结论为例（2）》，《传媒观察》2020 年第 5 期。

③ 谢新洲、朱垚颖：《技术、内容、用户：中国网络视频发展逻辑》，《出版科学》2020 年第 6 期。

遇。在智能媒体内容消费市场与价值引领的辩证关系方面，有学者认为，内容消费正在快速向专业化、年轻化方向发展。[①] 既要关注年轻一代内容消费的巨大市场潜力，又要关注青少年价值引领的契机。[②] 采取多样化措施保障智能媒体内容消费均衡发展。

（三）在市场化发展的道路上无须畏首畏尾打太极

虽然是万树开花，本年度智能媒体在内容消费的探索方面依然表现出畏首畏尾的特点。这与中国媒体在发展经营的过程中重价值观轻市场盈利的传统认知有关。作为一家媒体，自然要以专业的新闻生产为核心，但是与传统媒体不同，新媒体的发展更大程度上依赖市场和资本，因此当新闻资讯全面转向新媒体端，智能媒体的发展也必定要将自身纳入市场化模式当中。不断探索市场化发展路径，不意味着完全像资本平台一样只保留技术人员，无须记者编辑，而是要充分尊重新传媒生态下的新传播规律、新受众需求。然后大刀阔斧搞改革，把正确的模式找出来，并大胆而自信地执行下去。

参考文献

《艾媒咨询：2020年度中国视频内容全产业链发展研究报告》，2021年1月27日，199IT中文互联网数据资讯网，http://www.199it.com/archives/1189214.html。

陈昌凤、张程喆：《资讯定制型平台媒体的商业、技术与媒体的理性协同》，《中国编辑》2021年第1期。

《2020抖音数据报告》，2021年1月5日，199IT中文互联网数据资讯网，http://www.199it.com/archives/1184841.html。

《第47次〈中国互联网络发展状况统计报告〉》，2021年2月3日，中国互联网络信息中心（CNNIC），http://www.cnnic.net.cn/hlwfzyj/hl-

① 孙萍、翟秀凤：《MCN崛起：内容消费专业化时代到来》，《社会科学报》2020年12月31日第6版。

② 路爽、田诗雨：《Z世代视频内容消费行为研究》，《经济管理文摘》2020年第20期。

wxzbg/hlwtjbg/202102/P020210203334633480104. pdf。
路爽、田诗雨：《Z世代视频内容消费行为研究》，《经济管理文摘》2020年第20期。
栾春晖：《内容的复兴》，《天涯》2020年第6期。
《企鹅智酷：2020—2021年数字内容产业趋势报告》，2020年12月9日，199IT中文互联网数据资讯网，http://www. 199it. com/archives/1166462. html。
《企鹅智酷：2020—2021年中国消费互联网新趋势报告》，2021年1月21日，199IT中文互联网数据资讯网，http://www. 199it. com/archives/1194967. html。
舒竞：《新媒体时代突发公共卫生事件的新闻策划创新探析——以〈三联生活周刊〉的“新冠肺炎”系列报道为例》，《新闻前哨》2020年第6期。
孙萍、翟秀凤：《MCN崛起：内容消费专业化时代到来》，《社会科学报》2020年12月31日第6版。
谢新洲、朱垚颖：《技术、内容、用户：中国网络视频发展逻辑》，《出版科学》2020年第6期。
喻国明学术工作室、刘淼、韩婷：《新媒体用户的内容消费特征与媒介使用模式——以百度百家号的调研分析结论为例（2）》，《传媒观察》2020年第5期。
张志安、谭晓倩：《媒体深度融合进程中的智媒体运营创新》，《新闻战线》2020年第12期。
《中共中央办公厅、国务院办公厅印发〈关于加快推进媒体深度融合发展的意见〉》，2020年9月26日，中国政府网，http://www. gov. cn/xinwen/2020-09/26/content_5547310. htm。
周葆华：《出圈与折叠：2020年网络热点事件的舆论特征及对内容生产的意义》，《新闻界》2021年第3期。

T.16 生物传感技术在智能媒体的应用发展报告

高慧敏*

摘　要： 生物传感技术为智能媒体带来深刻变革，尤其是新冠肺炎疫情的暴发，加速了技术的应用，这对于整个传播生态也将产生涟漪效应。疫情语境、国家政策与技术驱动的共同作用为智能媒体时代媒体融合纵深发展提出了新方向与新要求，即人机融合，而生物传感技术在其中至关重要。虽然整体应用还未成规模，但对智能媒体已产生影响，如理解人类智能、定制化服务与公共性服务并存、跨界合作并争夺数据话语权、智能传播研究路径的物质化转向。如此，智能传播在媒介、传播主体、传播方式及传播效果方面亦呈现新特征。本报告从个人、媒介、传播三个层面对当前现状进行反思，并结合业界与学界的前沿性研究对生物传感技术在智能媒体中的应用进行展望与想象。

关键词： 生物传感技术；新冠肺炎疫情；智能媒体；智能传播；人机融合

近年来，在5G、大数据、云计算、物联网、人工智能等新兴技术的驱动下，智能媒体已经初现雏形。整个媒体行业正经历深刻变革，媒体生态与用户的触网体验亦发生改变，重塑了人、媒介及传播之间的关系，媒体融合纵深发展。尤其是新冠肺炎疫情的常态化，为信息传播领域带来历史性挑战及新可能，加速了万物皆媒、万物互联时代的到来。传感器技术作

* 高慧敏，上海大学新闻传播学院博士后，主要研究领域：媒介技术与新闻传播、智能传播、建设性新闻。

为底层核心技术之一，触发了信息生产的深层变革，打破了人与物之间的边界。通过测量生理信号来反映用户感知与行为变化，有助于实现信息自由，[①] 这为智能传播图景的描绘提供了可能。

一　新冠肺炎疫情背景下生物传感技术在智能媒体应用的必然性

在新兴技术革命的推动下，传感器作为物联网系统的核心构件，早已遍布于人们日常生活的方方面面。2020 年，新冠肺炎疫情的突如其来使人们的智能化需求高涨，这也驱动生物传感技术市场的发展。近期一些研究显示，新冠肺炎疫情的暴发促使患者的医疗保健观念发生转变，对家庭医疗保健的需求增加，生物传感器的市场份额也相应提升。2021 年全球生物传感器市场规模为 244 亿美元，预计到 2028 年可能会达到 418 亿美元，复合增长率达 7.9%。[②] 其中，可穿戴生物传感器设备的表现较为突出，预计 2030 年该设备的市场规模将达到约 250 亿美元，[③] 值得关注的是，中国的生物传感器市场涨幅最大。[④] 透过生物传感技术市场指标，我们可以观察到具有感测、观察和反馈等功能的生物传感器，为人们更全面、更精确地认知自我与世界提供了更多契机，这也将推动智能媒体社会的纵深发展。生物传感技术在智能媒体应用中的拓展并非偶然，而是多种因素驱动的必然结果。

2020 年是不平凡的一年，新冠肺炎疫情的常态化为信息传播领域带来

---

① 殷乐、于晓敏：《国外物联网应用案例解析》，《新闻与写作》2016 年第 11 期。

② "Biosensors Market Size, Share & Trends Analysis Report by Application (Medical, Agriculture, Environment), by Technology (Thermal, Electrochemical, Optical), by End-use, by Region, and Segment Forecasts, 2021 – 2028", 2020, https://www.grandviewresearch.com/industry-analysis/biosensors-market.

③ "Lux Research Predicts a $25 Billion Market for Wearable Biosensors by 2030", 2021, https://www.prnewswire.com/news-releases/lux-research-predicts-a-25-billion-market-for-wearable-biosensors-by-2030-301318977.html.

④ "Biosensors Market with COVID-19 Impact by Type, Product (Wearable, Non-wearable), Technology, Application (POC, Home Diagnostics, Research Lab, Environmental Monitoring, Food & Beverages, Biodefense) and Region-Global Forecast to 2026", 2021, https://www.marketsandmarkets.com/Market-Reports/biosensors-market-798.html.

历史性挑战，病毒疫情衍生“信息疫情”，病毒为人类身体的移动设置时空限制，人们无法科学、及时地认知疫情真相，这是“信息疫情”出现的关键，这为媒体在疫情防控方面提出了新命题。对此，习近平总书记在考察疫情防控科研攻关工作时强调，人类同疾病较量最有力的武器就是科学技术，科技工作者要为打赢疫情防控阻击战提供强大科技支撑。这也为疫情时代智能媒体的发展指明了方向，加速了国内媒体智能化的进程，拓展了智能化技术在传媒领域的应用场景。国家从顶层设计层面为智能媒体的发展提供政策支持，先后出台“新型基础设施建设”“媒体深度融合”等重要政策，特别提出以先进技术引领驱动融合发展，彰显了在新兴技术驱动下“培育更高技术格式、更新应用场景、更美视听体验的高新视听新业态”[①] 的重要性，也突出了满足人民群众美好生活新需求，以全面提升用户体验。用户智能化体验的满足离不开高质量的技术支持，如果说从1G到4G是解决人际传播问题，5G则实现除人与人之外的人与物、物与物之间的沟通，即实现万物互联。2020年年底，中国开通的5G基站超过了70万个，已实现全国地级以上城市及重点县市的覆盖。[②] 5G网络的广泛布局是物联网技术发展的动力，有报告显示，截至2021年，全球共有358.2亿台物联网设备，到2025年将安装754.4亿台，其中每个家庭平均拥有50台设备。[③] 这也确保人们借由嵌入生物传感器的智能手机、机器人、无人机、穿戴式设备、定位系统等媒介而处于永久在线与永久连接的状态，这也为视频直播、虚拟现实与增强现实等拓展人类感知体验的沉浸式技术带来利好，从而满足了用户全天候、全方位、多感知触网的体验。物联网设备无处不在，从智能手表到语音助手，正在塑造我们工作、交谈和相互交流的方式。

综上所述，疫情背景、国家政策与技术驱动的共同作用为智能媒体时

---

① 《国家广播电视总局印发〈关于加快推进广播电视媒体深度融合发展的意见〉的通知》，2020年11月26日，国家广电总局，http://www.nrta.gov.cn/art/2020/11/26/art_113_53991.html。

② 《2021年中国5G个人应用发展研究报告》，2021年7月28日，界面网，https://www.jiemian.com/article/6414372.html。

③ “The Ultimate List of Internet of Things Statistics for 2021”, July 18, 2021, https://findstack.com/internet-of-things-statistics/.

代媒体融合纵深发展提出了新方向与新要求，即人机融合，而在这一阶段主要体现于人机在感知层面的融合与共振。作为信息时代的感知层，传感器是海量数据接收和传递信息的入口，是万物互联的重要基础，可以获取人类感官无法获取的信息，这为生物传感器技术在传媒领域广泛应用创造了条件。

二　生物传感技术驱动下的智能媒体发展现状

生物传感技术延展了人类感知（视觉、听觉、嗅觉、触觉）并赋予机器以“感知”，从而获得人、物、世界中细颗粒的海量数据与信息。如果说智能媒体是人类的“电子器官”，传感器则成为其“神经网络”，增强了人机的互动性，这将对智能媒体业态与社会交往形态产生深远影响。生物传感技术在我国媒体中的应用还处于初级阶段，相关案例整体较少。新华社是我国智能化技术应用较为成熟的媒体，专门成立融媒体未来研究院，将生物传感技术在媒体中的应用作为研究课题。此外，其他媒体也有将生物传感技术融入各自的智能媒体平台中（见表1）的趋势，结合其他应用来梳理当前发展现状。

表1　　生物传感技术在智能媒体中的应用

媒体平台	应用成果	底层技术	时间
新华网融媒体未来研究院	新华网生物传感智能机器人“Star”	生物传感、机器学习、语音智能	2015年
新华网融媒体未来研究院	疲劳驾驶监测服务系统	生物传感、图像智能识别分析技术	2017年
新华网融媒体未来研究院	“蓝星球”智能评测系统	情绪感知传感器、智媒传感评测管理系统	2019年
新华网融媒体未来研究院	“蓝星球”视频智能评测系统	情绪感知传感器、智能传感评测管理系统	2019年
新华网、一汽集团	“情绪流”车媒体智能新闻推荐系统	生物传感、情绪识别、情感计算、语音转译、面部识别、图像识别	2020年
华数	智慧安防小区系统	人脸识别、物体识别、车牌识别	2020年

续表

媒体平台	应用成果	底层技术	时间
吉视传媒	热成像人体测温信息化识别	生物识别、热成像测温、视频智能分析	2020 年
广西广电网络	智能测温系统	无感人脸识别、精准红外热成像	2020 年
新华网、北京零重力实验室、区县融媒体	天空地态势感知机器人系统	遥感技术、异动识别、数据挖掘、数据融合、数据协同	2021 年

资料来源：根据新华网融媒体未来研究院官网资料、《广播电视人工智能在新冠肺炎疫情防控期间的应用调研报告》等整理而得。

（一）生物传感器作为智能媒介从拓展人类感知到理解人类认知

麦克卢汉“媒介即身体的延伸”的观点同样适用于作为媒介的生物传感器，但也不止于此。早在 2011 年，传感技术在新闻领域中的探索就开始出现，在业界与学界还掀起了传感器新闻（Sensor Journalism）热潮。梳理文献发现，传感技术在新闻领域中的应用主要体现于数据采集，即通过穿戴式设备、智能音箱、智能手机、GPS 等传感设备来收集不同现实场景中的非结构化数据。新闻工作者可以从中突破身体的时空限制并延展感知能力，从而也丰富了信息采集的维度，更为立体地呈现新闻事实。其主要以环境新闻为主，这与物联网设计中环境传感器作为主流（见图 1）不无关系。生物传感技术在媒体中的应用则更侧重于人类生理与心理数据的感测与反馈，如京报集团推出 AR 智能眼镜，借助传感技术让采访者“所见即所得”，提升新闻生产效率，并根据感知数据来阐释认知行为。这在智能媒体中的应用多体现于智能传播效果评估，通过身体元数据来监测用户体验，以将内容与消费无缝衔接。如新华网“蓝星球”视频智能评测系统通过智能设备来采集观众观看视频内容时的生理数据，并从中了解用户对视频内容的评价与认知，[1] 透过用户的生理反馈来调整视频内容。

---

[1] 《“蓝星球”视频智能评测系统亮相全球网络峰会引起关注》，2019 年 11 月 8 日，新华网客户端，http://www.xinhuanet.com/info/2019-11/08/c_138539586.htm。

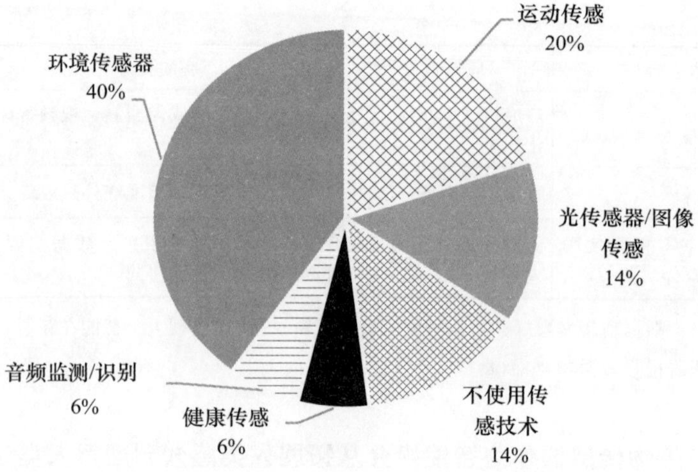

图 1　物联网设计中传感技术的应用情况

资料来源：《2021 年全球互联网趋势报告》。

（二）智能媒体的定制化服务与公共性服务并存

新冠肺炎疫情加速了数字化生存时代的到来，作为媒介的生物传感器与用户形成“强连接”，并且比用户更了解自己，从而也让基于身体数据的智能媒体在提供服务时产生张力，即定制化服务与公共性服务并存，这在疫情语境中更为凸显。从个人生活场景来看，人们通常与智能手机、智能手表、智能眼镜、智能音箱等媒介形成互动，用户的生理传感数据也随之产生，大数据的积累为用户画像，并推荐满足用户需求的个性化内容，如 Facebook 的 Aria 项目正在构建可穿戴设备，并在现实世界中测试它们，从而确定当设备与用户的感官相结合时的意义、实效性及相关性。因此，用户体验并不局限于屏幕尺寸，而在于针对用户的专属定制。在公共生活中，新冠肺炎疫情拓展了智能媒体的无接触场景，体温测量成为一种公共行为，特别是在人流密集的车站、机场、商场、地铁站等公共场景中，通常会使用智能测温系统，以生物传感器为核心并结合生物识别、热成像测温、视频智能分析等技术，以人机交互代替人人交往，从而即使在口罩遮面的情况下也能够实现无感测温，这规避了面对面接触时感染病毒的风险。

（三）主流媒体积极跨界合作，争取传感数据的话语权

物联网数据源头的话语权将成为生物传感器在智能媒体中应用的一个竞争点。[①] 在智能传播时代，健康数据、环境数据、生理数据等传感器数据成为一种具有核心意义的媒体资源。然而，传统媒体通常并不是这些数据的拥有者，为了在这场技术革命中站稳脚跟，它们纷纷通过“媒体 + 行业”模式来积极寻找合作伙伴，以促进媒体深度融合发展。新华网就是一个典型案例（见表 1），以融媒体未来研究院为依托，开展多个生物传感技术应用项目，从而形成一些经验性做法，主要体现于以下方面：一是与国内外多家高校、研究所、企业建立长期合作机制，共同开发传感系统，通过合作机构导入流量，从而实现媒体资源与用户资源互通、共享；二是以人机融合为核心理念，在媒体内部打造跨学科、跨领域的科研团队，拥有人机互动、通信工程、电子工程、软件工程、生理计算、材料科学、神经科学、认知心理学、管理学和传媒等领域的数十名海内外研究人员；三是与高校科研机构建立产学研交流机制，侧重于应用研究，将实验成果转化为产品，从而重塑媒体在新传播生态中的权威性。

（四）智能传播研究路径的物质化转向

生物传感技术的本质在于对感官系统的模拟与测量，因此具有心理学、生物学、认知神经学等跨学科特征，而生物传感技术在传播领域中的应用，亦将改变传统传播的经验性做法，分别从思辨与实证的研究视角来挖掘传播中身体的潜能，这也是研究范式物质性转向的体现，初步形成两类研究范式。一是认知神经传播范式，即在传播效果研究中引入基于传感技术的心理生理数据测量方法，将“神经反应作为心理和行为反应的生物机制”。[②] 该研究范式最早于 20 世纪 80 年代在国外兴起，而在中国则于 2011 年才开始得到学界关注。在国内，喻国明等[③]最早提出认知神经传播学的理论尝试，但囿于技术局限一直处于不温不火的发展状态。随着海量

① 彭兰：《移动化、智能化技术趋势下新闻生产的再定义》，《新闻记者》2016 年第 1 期。

② 晏青：《认知传播的研究取向、方法与趋势》，《南京社会科学》2020 年第 5 期。

③ 喻国明、欧亚、李彪：《瞬间效果：传播效果研究的新课题——基于认知神经科学的范式创新》，《现代传播》（中国传媒大学学报）2011 年第 3 期。

数据的涌现及技术的更新迭代，近年来认知神经传播学作为正统学科才初现雏形。北京师范大学新闻传播学院的认知神经科学与传播学创新实验室作为该领域的带头研究团队，运用认知科学领域内研究范式、分析工具与技术设备来研究传播学领域的问题，研究视野更侧重于用户在传播中的潜意识层面及瞬时传播效果。二是具身传播范式，即从哲学、现象学的身体路径出发，关注生活世界中的身体经验。身体—媒介维度的传播研究脉络也日渐清晰，作为知觉的身体，延续本雅明（Walter Bendix Schoenflies Benjamin）的碎片化、个体化社会中感官传播的文化意义，① 梅洛—庞蒂（Maurice Merleau-Ponty）提出的“身体主体”，维利里奥（Paul Virilio）消失的美学中大众化感官效果的追寻，② 孙玮提出的“赛博人”③ 等理念；作为物质的身体，无论是彼得斯（John Durham Peters）的身体缺席，④ 还是刘海龙等的“网络身体”，⑤ 都聚焦于与媒介物质性对等的切实存在的身体。

三　生物传感技术驱动下的智能传播特征

生物传感技术在智能媒体中的应用已然不局限于新闻生产底层逻辑中的数据收集、分析与反馈，而是作为人机传播的界面延伸身体感知并赋予机器智能。这为新冠肺炎疫情中“无接触场景”的拓展提供了可能，重塑媒体融合生态与传播逻辑。人、媒介和社会三个核心要素之间的关系亦发生改变，进而呈现新的智能传播特征。

（一）智能媒介域：媒介场景化 + 媒介反馈的伴随性

生物传感技术在智能机器媒介中被广泛应用已成为不争的事实，头戴式设备、入耳式耳机、智能眼镜、智能手环、智能手表、智能鞋、智能口

---

① ［韩］康在镐：《本雅明论媒介》，孙一洲译，中国传媒大学出版社 2019 年版，第 29—34 页。

② ［英］约翰・阿米蒂奇：《维利里奥论媒介》，刘子旭译，中国传媒大学出版社 2019 年版，第 42 页。

③ 孙玮：《赛博人：后人类时代的媒介融合》，《新闻记者》2018 年第 6 期。

④ ［美］彼得斯：《交流的无奈——传播思想史》，何道宽译，华夏出版社 2003 年版，第 251 页。

⑤ 刘海龙、谢卓潇、束开荣：《网络化身体：病毒与补丁》，《新闻大学》2021 年第 5 期。

罩、智能手套与智能音箱等各种生物传感设备涌入人们的日常生活，这加速了智能媒介域的形成。一是生物媒介具有场景性，生物传感技术为媒介赋能。媒介不仅可以传递信息，而且还能通过生物传感技术实时捕捉人类身体的各种特征并通过对其解码反馈信息。每次数据的收集都是身体场景的数字折射，媒介记录了身体此时此刻存在的状态。如哈尔滨工业大学与宾夕法尼亚州立大学共同研发的新型皮肤界面传感器可以捕捉新冠肺炎患者的身体信号，[①] 以电脑、手机等终端为载体，收集体征参数并分析其规律，实时监测用户的新冠病毒感染情况，从而有效传播风险信息。二是媒介反馈的伴随性特征凸显，这主要在于测量与反馈的实时共在，这也将改变媒介的时空逻辑。随着传播速度的加快，人们的心理延时正逐渐缩短，媒介时间带来了瞬时时间，[②] 加剧了人们对事物即时满足的需求，他们更期待与他人及机器的信息交换的瞬时性与共时性。生物传感器为身体与媒介即时互联提供渠道，这改变了人们的传播方式及交往方式。这种互动与连接是更为直观的身体经验，如 2020 年 3 月，上海公共卫生临床中心通过使用连续温度可穿戴传感器 VivaLNK 实时远程自动监测病人的体温变化，[③] 所收集数据以电子方式从患者传输到医院护理站，从而实时观察用户是否有患新冠肺炎的风险。

（二）智能主体新表征：身体量化 + 感知流动

媒介的可感化、智能化的一个直接体现就是人机互动现象的频繁出现，这也促使身体与媒介边界消融，形成了新型智能主体。一方面体现为身体量化，生物传感技术的注入为智能媒介更深入地“理解”身体提供了可能，与此同时身体以一种独特的方式存在，即随时随地被测量，以可视化的“数据身体”出现，具体表现为脑电波、虹膜、指纹、脉搏、体脂等方面。智能媒介正将用户身体量化为数据碎片，抑或建构一个数据身体。如 2020 年亚马

---

① 《新型健康神器！中美科学家联合研发，可跟踪新冠病情及多种疾病》，2020 年 10 月 24 日，DeepTech 深科技，https://baijiahao.baidu.com/s?id=1681442413740494661&wfr=spider&for=pc。

② 瞬时时间是指一个不连贯的、不合常规逻辑的时间，瞬时意味着直接的、立即的枯竭和衰退。

③ 《上海采用可穿戴传感器来抗击肺炎病毒疫情》，2020 年 3 月 6 日，电子发烧友网，http://www.elecfans.com/yiliaodianzi/202003061175113.html。

逊推出智能手环 Halo，这是一款可以解码用户感受的声控可穿戴设备，可以通过传感器记录用户的健康状态、心率、睡眠状态等数据，还能够“听情绪”，从用户的语气来分辨其情绪状态，以及利用所收集的身体数据建构身体的 3D 渲染模型。[①] 另一方面体现为感知流动，身体量化是感知外显的一种途径，感知可以脱离身体经验系统而存在，并在不同空间流动。就媒体行业而言，这种身体量化对内容生产与用户消费会产生联动式影响。当媒体内容被“注入”部分用户感知流时，将会引发其他用户产生共情，从而对内容传播产生正向反馈效应。如新华网与一汽集团共同推出的“情绪流”车媒体智能新闻推荐系统，就是将新华网的媒体资源与一汽集团的用户资源无缝衔接，通过“小唛”智能指环来收集司乘人员的生理数据、行为习惯数据，并通过算法训练来分析数据，向用户精准推送个性化信息内容。[②] 这增强了对用户体验及行为的理解，从而可能会产生用户自身及之间的感知流动及情绪感染，进而形成一种共鸣。上述表征是身体在物质性与虚拟性的一体两面，共同建构了技术嵌入后的新型智能主体。

（三）智能传播方式嬗变：人机具身互动趋势凸显

虽然生物传感技术在传媒领域还较为小众，但是随着媒介自主性的增强，这也对智能传播方式产生潜移默化的影响。媒介在传播中不再仅仅是提升效率的工具，而是以若隐若现的方式与人形成具身互动，其核心本质为媒介、身体及环境之间的融合与互动。其一，媒介即世界，人机互动也是人与世界的互动。生物传感技术为媒介赋予生物智能，媒介所获取的数据成为用户感知世界的信息源，尤其在身体无法到达的环境中更是如此。如 2021 年新华社首次将天空地态势感知机器人系统嵌入区县融媒体建设的智能模块，[③] 这是将卫星新闻和 5G、生物智能融合的一次尝试。通过遥感技术采集信息并进行侦测，实时对特定区域进行异动识别，为突发事件

① Dieter Bohn, “Amazon Announces Halo, A Fitness Band and App That Scans Your Body and Voice”, Aug. 27, 2020, The Verge, https://www.theverge.com/2020/8/27/21402493/amazon-halo-band-health-fitness-body-scan-tone-emotion-activity-sleep.

② 王晨等：《“情绪流”车媒体智能新闻推荐系统》，《中国传媒科技》2020 年第 9 期。

③ 《“蓝星球”号遥感卫星成功发射　新华网“源数据”科研平台再添利器》，2021 年 4 月 21 日，新华网客户端，https://baijiahao.baidu.com/s? id = 1698194369913479102&wfr = spider&for = pc。

或环境报道提供溯源分析，同时也可以对风险与趋势进行预判与预警。在这个过程中媒介处于“上手”状态，以透明的方式为人与世界建立连接。其二，媒介即身体，具有“感知”能力的媒介比以往任何时候都了解人，与人的身体在感知觉层面形成共振。媒介以独立于身体或者模拟身体的形式与用户产生互动，智能音箱就是一个很好的案例。Strategy Analytics 最新发布的报告显示，2020 年全球智能音箱和带屏音箱共售出 1.5 亿台，其中亚马逊的 Alexa 使用响应式识别技术，以一种既自然又实用的方式加入对话，更加灵敏、主动和人性化；① 同年 11 月 5 日，小米公司发布小爱同学 5.0 版本，结合个性化动态语音识别技术、就近唤醒技术，实现全场景智能协同，主动识别用户所处情境，加入手势控制、人脸识别等多模态交互技术，针对不同用户主动提供定制化情感声音，可以感知、理解及预测用户需求，根据数据分析适时主动提醒用户并给予关怀，更为人性化的人机互动方式受到广大用户青睐。截至 2020 年 6 月 30 日，激活小爱同学设备数达到 2.28 亿台，小爱同学累计唤醒次数达到 617 亿次。②

（四）社会化智能传播效果：媒体积极参与社会治理

党的十九届四中全会强调，“必须加强和创新社会治理，完善党委领导、政府负责、民主协商、社会协同、公众参与、法治保障、科技支撑的社会治理体系。③ 生物传感技术在媒体中的应用就体现了“科技支撑社会治理体系”的视角，这亦是智能传播的表现，因此智能传播也是为了追求更大的社会价值。生物传感技术被广泛应用于新闻传播、医疗保健、环境监测、智慧家居、空间探测等不同领域，随着社会的融合发展，各领域之间相互交叉，传感技术助力组织、个人直接获得“数据源”，打通用户与元信息之间的通道。与之相随，媒体的中介性作用日渐式微，其社会效应

① “Strategy Analytics: Global Smart Speaker Sales Cross 150 Million Units for 2020 Following Robust Q4 Demand”, March 3, 2021, Business Wire, https://www.businesswire.com/news/home/20210303005852/en/Strategy-Analytics-Global-Smart-Speaker-Sales-Cross-150-Million-Units-for-2020-Following-Robust-Q4-Demand.

② 《小米发布小爱同学 5.0 版本，实现五大突破》，2020 年 11 月 5 日，搜狐科技，https://www.sohu.com/a/429666581_115565?spm=smpc.author.fd-d.1.1604546464019N21RuXJ。

③ 《为社会治理提供有力科技支撑》，2020 年 2 月 19 日，《中国青年报》账号，https://baijiahao.baidu.com/s?id=1658942703111357161&wfr=spider&for=pc。

也随之减弱。为了突破这种尴尬局面，主流媒体也在挖掘新兴技术的价值，采用“媒体+行业”模式，打通数据壁垒，重新掌握话语权的同时，也在积极参与社会治理。新冠肺炎疫情、地质灾害等重大突发事件就是媒体利用智能化技术积极参与社会治理的尝试，例如，广西广电与吉视传媒以大数据、物联网、人工智能等技术为依托，纷纷推出智能热成像体温测试系统，能够在地铁、车站等地第一时间发现病例，从而实现有效管控疫情或上报预警信息，及时提供疫情实况报道；又如，中国地震台网中心自主设计“地震信息播报机器人”，以提升地震信息生产与公共服务能力，这种“互联网+地震”的工作模式已取得成效，目前1秒钟可以全自动产出5大类26项公共服务新闻产品，[①] 提升了应急传播效能。

四 生物传感技术在智能媒体中应用的悖论性反思

生物传感技术在智能媒体中的应用虽方兴未艾，但在5G、人工智能、物联网等技术的融合驱动下，开源数据拓展了生物传感器的应用范围与场景，从采编数据转向人机共情。显然，这已经对智能传播产生一定的影响，这种无时无刻的测量与反馈会让人们产生“全景敞视监狱”的感觉，由此引发一些悖论性思考。

（一）个性化体验需求VS个人隐私与让渡

生物传感技术的优势在于能够全天候、自动化记录用户的认知、心理及行为变化，并向用户揭露其规律，以及做出决策或预判。用户可以比以前更了解自己，而且在算法的加持下，媒体能够满足个人体验并提供定制化内容。各种智能化媒介以“收集数据—制订计划”为主的核心功能也逐渐介入人们的日常生活中，各种“运动指标”“健康指标”成为用户追逐的对象。然而，这些个性定制化内容是以让渡个人隐私为前提的。因为生物传感器的数据源于个人的生理与心理变化，睡眠模式、卡路里、血压、

① 《中国智能媒体发展报告（2020—2021）》，2021年3月25日，中国传媒大学新媒体研究院、新浪AI媒体研究院，http://www.cuc.edu.cn/_upload/article/files/4a/d4/8a0c687947e19d96c97394809de4/1fe7e5d9-50b9-4de0-971f-58a6c30490b8.pdf。

心率等私人化的数据在传感器装置面前一览无余，而且这也成为媒体、企业等争取话语权时的核心竞争目标。如2019年亚马逊的儿童设备Echo Dot Kids版上线，遭受到倡导组织与立法者的隐私保护批判，他们认为该设备在未经父母同意的情况下收集与转录13岁以下儿童的姓名、家庭住址、社会安全号码和其他私密信息数据，这侵犯了儿童的隐私权。① 此外，也有资料表明Alexa设备与其他服务的交互所产生的隐私风险也不局限于录音。显然，目前生物传感技术的应用并不成熟，还处于野蛮生长的阶段，因此对这些个人化数据缺少伦理性的思考。如何在数据使用与隐私保护之间做出权衡，成为生物传感技术应用需要深思的问题。除了媒体与企业在物理技术中嵌入隐私之外，政府及相关部门还有责任针对新兴技术应用制定强有力的数据保护政策，明确政府、媒体、企业在数据保护中的职责。

（二）媒介的强感知VS个人的钝感力

生物传感技术广泛应用的一个重要体现就是媒介的智能化与强感知特征的凸显，智能手机、穿戴式设备等各种智能设备提供的指标在不间断地“解释”用户的身体，这突破了测量与身体之间的边界。媒介在延伸身体的同时，也形成了对人类自我的“截肢”，人们越来越不习惯利用自身感官经验系统来了解身体，而是愿意相信智能化媒介所提供的数据，甚至产生“无数据不生存”的技术依赖性。显然生物传感技术在数据采集与反馈阶段的作用日益凸显，这种媒介强感知与个人钝感力的悖论性存在，也在向媒体提出更高的要求。其一，在收集数据时要保证传感设备的成熟与完善，从而确保所收集数据的准确性，实现机器真正了解用户。其二，依据数据反馈向用户提供定制化内容时，应该注入正确的价值导向，坚持“以人文本”“科技向善”等核心原则，从而确保用户能够客观、科学、理性地认知自己、管理生活及认识世界。

（三）数据结构化表达的局限VS价值的非结构化挖掘

人、媒体与世界三个要素之间的互动与融合关系是智能传播的核心。

① Natasha Singer, “Amazon Flunks Children's Privacy, Advocacy Groups Charge”, May 9, 2019, The New York Times, https://www.nytimes.com/2019/05/09/technology/amazon-childrens-privacy-echo-dot-kids.html.

生物传感技术的嵌入重构了三个要素的关系结构，为用户营造一个更为立体、清晰的感知环境，一定程度上重塑了新闻产制与传播流程，使其更趋自动化与智能化。传感器所收集数据通常以可视化、3D 模拟仿真的数据结构呈现，这些数据的结构化表达与价值也存在局限，与新闻社会价值的非结构化相悖，主要体现于以下方面：一是所收集的皮电数据虽然可以揭示用户在内容刺激下的生理与心理变化规律，但就这些变化原因的阐释方面，技术却力所不及，因此数据仅仅是作为辅助工具，仍需要记者挖掘更深层次的因素，才能实现新闻的价值；二是囿于技术的局限，佩戴装置的不适感并没有达到理想的传播效果与用户体验，如 VR、AR、MR、XR 穿戴式智能设备也仅仅是呈现有限空间的真实，所谓的真实再现世界也是摄影师镜头下的有限空间，而且越接近逼真的新闻拟态环境，从长久来看可能越会局限用户的认知。由此观之，上述悖论性现象的出现关键在于人机关系的失衡，因此在迎接技术狂欢的同时更应该审慎思考，在新闻生产与传播中有效平衡人机关系。

五　人机融合：生物传感技术在智能媒体中应用的数字想象

新冠肺炎疫情可能是暂时的，但是生物传感技术的媒体化应用却成为一种趋势，而人机融合成为主要方向。虽然目前生物传感技术在传媒领域中的应用还并不广泛，但是一些前沿性的学界研究与业界实践已放飞了人们对于未来的数字想象。

（一）作为界面的身体：交互人

可穿戴设备是生物传感器的重要形态之一，在人们的日常生活中已经无处不在。目前，用户可供选择的可穿戴设备达 1000 多种，[①] 包括手表、耳塞、传感器、发带、织物等，人们正在经历从随身携带设备到佩戴设备的过渡。尤其随着设备价格的下降和 5G 网络的广泛布局，可穿戴设备在智能媒

① “14th Annual Tech Trends Report”, March 28, 2021, The Future Today Institute, https://www.dropbox.com/s/fm5c9mlmnwy9kgd/FTI_2021_Tech_Trends_Volume_All.pdf? dl =0.

体中的应用将成为主流，而且逐渐独立于智能手机等终端设备，甚至与身体融合。我们从2018年美国咨询公司Reply借助SONAR趋势平台对人机界面领域现状及发展趋势的分析报告窥见其变迁趋势（见表2）：人机交互界面将从键盘鼠标转向“脑机接口”，身体与媒介的距离也越来越近，媒介设备趋于融合并整合进日常身体实践。由此可见，已经从用手来操作按钮的“手和触觉”时代，过渡到了将身体作为用户界面的“思维与身体”时代，未来身体从部分知觉参与将转向全身心浸入。例如，Facebook正在研发的非侵入性头戴设备，尝试读取人们的想法；哈佛大学威斯生物工程研究所的科学家正在研究传感器如何从柔软的外套过渡到植入神经界面，设想在皮肤下佩戴微型传感器。未来人们可以即时访问世界各地的信息，而且还可以将专有技术下载到我们的大脑中，甚至可以将其与人工智能系统融为一体。由此观之，人类将以“技术具身”而存在，身体与交互设备融为一体，“脑机接口”将这种融合发挥到极致，人类也将可能转向“交互人”。

表2　人机界面领域现状及发展趋势

	交互界面	身体参与
1960年	键盘鼠标	手和触觉
1980年	桌面计算机和图形用户界面	手和触觉
2014年	移动计算多点触控	手和触觉
2018年	对话界面	语音
2020年	可穿戴式设备	手势
2030年	脑—计算机接口	身心

资料来源：笔者根据人机交互界面相关资料梳理。

（二）作为身体的媒介：智能机

传播学者西皮尔·克莱默尔（Sybille Kraemer）早在20世纪90年代末就做出预判，机器人或虚拟行为者不仅会越来越聪明，而且会越来越具有自主性。[①] 这在当时还是一种预测性的说法，但是在智能传播时代，这个

① ［德］西皮尔·克莱默尔编著：《传媒、计算机、实在性——真实性表象和新传媒》，孙和平译，中国社会科学出版社2008年版，第136页。

观点却充分揭示了生物传感技术驱动下媒介的身体转向趋势。媒介不仅可以传递信息，还能实时捕捉身体的生理、心理及行为特征并通过对其解码给予反馈信息。这类似于人与人之间的沟通，这也将重构媒介角色，即“智能机”，指具有人的意图表达和感知能力的智能计算机，自主性特征显著。可以感知环境并通过调整自身而做出反馈，这是现代技术进化的结果。智能机的自主性主要体现在两个方面：一是智能机在身体与媒介互动中更为主动，这种主动交互以对用户心理、行为及所处情境的综合识别与评价为基础，如2021年Apple Air Pods推出新功能，即根据语境或位置来调整音量，同时可以通过手势与语音来进行控制；[①] 二是智能机能够做出情绪分析，即通过用户表情、语音及生理信号来识别情感变化，并对此做出智能反馈，这与美剧《别对我撒谎》中Cal Lightman博士在核查人们是否说谎时主要关注其身体动作和面部表情的运作原理基本相似，未来，“脑机接口”这种基于计算机视觉、生物传感、脑电波分析的交互技术可以通过实时跟踪人们的面部表情来调整视频内容的难度及剧情走向。

（三）重塑媒介记忆：以生物钟为媒介时间

2020年成为5G加速发展的一年，全面覆盖人、机、物的连接，加速了智能媒体的转型。与此同时，6G也正在酝酿中。根据2019年10月发布的白皮书《6G无线智能无处不在的关键驱动与研究挑战》，到2030年，6G将实现物理世界与虚拟世界的深度融合。6G的大多数性能指标相比5G将提升10倍到100倍，[②] 这加速了传感器设备的性能，网络延迟也可能从毫秒降到微秒级，这将会对新闻传播领域产生较大影响。在新闻领域中，当前生物传感器在传播效果实证研究中的应用是规定时间内的数据收集与反馈，如新华网曾多次在两会与国庆盛典等重大事件中应用生物传感系统来测量传播效果。随着永久在线、永久连接时代的到来，人类身体测量与反馈将由瞬时性转为历时性，生物钟可能成为新的媒介时间，因为未来传

---

① “14th Annual Tech Trends Report”, March 28, 2021, The Future Today Institute, https://www.dropbox.com/s/fm5c9mlmnwy9kgd/FTI_2021_Tech_Trends_Volume_All.pdf? dl = 0.

② Matti Latva-aho, Kari Leppänen eds., “6G Research Visions 1 Key Drivers and Research Challenges for 6G Ubiquitous Wireless Intelligence”, September 2019, 6G Flagship, University of Oulu, Finland, http://jultika.oulu.fi/files/isbn9789526223544.pdf.

感器的运行将呈现永久性，而这种无缝衔接的瞬时性记录与反馈不仅可以让我们对未来做出预判与预测，还会重塑媒介记忆，如 OrCam MyEye 的名为“生命记录”[①] 的专利，就是通过传感器来记录与保存个人做过什么、去过哪里、见过谁等细节，以便日后回忆，媒介记忆也将会成为人生记忆。

（四）人机融合文化：真实自我与数字自我的共存

随着身体的数字化与机器的身体化，人机融合将从想象变为实践，这也将会重塑新的媒体融合文化。随着 3D 传感器的快速普及、多种生物特征的融合，生物识别技术已经日臻成熟，摄像头、扬声器和许多其他智能设备已经在我们的日常生活中无处不在，识别系统使用数百个不同的数据点来识别和跟踪用户并预测其在网上和现实世界中可能的未来行为，这也将在多个场景中衍生出除真实自我之外的多元数字身份，进而形成新的数字自我。从手机解锁、小区门禁、机场安检到健康码，数字自我在媒介化社会中已成为一种常态，成为用户的数字身份，这是技术对身体规训的结果，如人们会根据运动 App 的数据来调整自己的生活习惯、运动节奏等行为，但是这时的用户行为很难说得清是“自律”还是“他律”。未来，人类的思想与计算机联系起来，可以存储由神经元传输的任何形式数据，即思想、记忆或感觉，这也形成了自己的虚拟身体，从而创建永生的数字自我。由此可见，智能化技术的出现使得自我开始分裂，这突破文字隐喻中的想象身体，而建构人类与机器在物理场景、数字场景及文化场景的多重自我，那么基于物质身体的真实自我与基于传感数据形成的数字自我的和解与共存将成为未来人机融合文化的发展态势。

参考文献

刘海龙、谢卓潇、束开荣：《网络化身体：病毒与补丁》，《新闻大学》2021 年第 5 期。

① “14th Annual Tech Trends Report”, March 28, 2021, The Future Today Institute, https://www.dropbox.com/s/fm5c9mlmnwy9kgd/FTI_2021_Tech_Trends_Volume_All.pdf?dl=0.

彭兰：《移动化、智能化技术趋势下新闻生产的再定义》，《新闻记者》2016 年第 1 期。
孙玮：《赛博人：后人类时代的媒介融合》，《新闻记者》2018 年第 6 期。
王晨等：《“情绪流”车媒体智能新闻推荐系统》，《中国传媒科技》2020 年第 9 期。
晏青：《认知传播的研究取向、方法与趋势》，《南京社会科学》2020 年第 5 期。
殷乐、于晓敏：《国外物联网应用案例解析》，《新闻与写作》2016 年第 11 期。
喻国明、欧亚、李彪：《瞬间效果：传播效果研究的新课题——基于认知神经科学的范式创新》，《现代传播》（中国传媒大学学报）2011 年第 3 期。
《小米发布小爱同学 5.0 版本，实现五大突破》，2020 年 11 月 5 日，搜狐科技，https://www.sohu.com/a/429666581_115565?spm=smpc.author.fd-d.1.1604546464019N21RuXJ。
《国家广播电视总局印发〈关于加快推进广播电视媒体深度融合发展的意见〉的通知》，2020 年 11 月 26 日，国家广电总局，http://www.nrta.gov.cn/art/2020/11/26/art_113_53991.html。
《2021 年中国 5G 个人应用发展研究报告》，2021 年 7 月 28 日，界面网，https://www.jiemian.com/article/6414372.html。
《为社会治理提供有力科技支撑》，2020 年 2 月 19 日，中国青年报，https://baijiahao.baidu.com/s?id=1658942703111357161&wfr=spider&for=pc。
《“蓝星球”视频智能评测系统亮相全球网络峰会引起关注》，2019 年 11 月 8 日，新华网客户端，http://www.xinhuanet.com/info/2019-11/08/c_138539586.htm。
《新型健康神器！中美科学家联合研发，可跟踪新冠病情及多种疾病》，2020 年 10 月 24 日，DeepTech 深科技，https://baijiahao.baidu.com/s?id=1681442413740494661&wfr=spider&for=pc。
《上海采用可穿戴传感器来抗击肺炎病毒疫情》，2020 年 3 月 6 日，电子发烧友网，http://www.elecfans.com/yiliaodianzi/202003061175113.html。

《"蓝星球"号遥感卫星成功发射 新华网"源数据"科研平台再添利器》，2021 年 4 月 21 日，新华网客户端，https://baijiahao.baidu.com/s?id=1698194369913479102&wfr=spider&for=pc。

《中国智能媒体发展报告》，2021 年 3 月 25 日，中国传媒大学新媒体研究院、新浪 AI 媒体研究院，http://www.cuc.edu.cn/_upload/article/files/4a/d4/8a0c687947e19d96c97394809de4/1fe7e5d9-50b9-4de0-971f-58a6c30490b8.pdf。

［美］彼得斯：《交流的无奈——传播思想史》，何道宽译，华夏出版社 2003 年版。

［韩］康在镐：《本雅明论媒介》，孙一洲译，中国传媒大学出版社 2019 年版。

［德］西皮尔·克莱默尔编著：《传媒、计算机、实在性——真实性表象和新传媒》，孙和平译，中国社会科学出版社 2008 年版。

［英］约翰·阿米蒂奇：《维利里奥论媒介》，刘子旭译，中国传媒大学出版社 2019 年版。

Dieter Bohn, "Amazon Announces Halo, A Fitness Band and App That Scans Your Body and Voice", Aug 27, 2020, The Verge, https://www.theverge.com/2020/8/27/21402493/amazon-halo-band-health-fitness-body-scan-tone-emotion-activity-sleep.

Natasha Singer, "Amazon Flunks Children's Privacy, Advocacy Groups Charge", May 9, 2019, The New York Times, https://www.nytimes.com/2019/05/09/technology/amazon-childrens-privacy-echo-dot-kids.html.

"Lux Research Predicts a $25 Billion Market for Wearable Biosensors by 2030", 2021, https://www.prnewswire.com/news-releases/lux-research-predicts-a-25-billion-market-for-wearable-biosensors-by-2030-301318977.html.

"Biosensors Market Size, Share & Trends Analysis Report by Application (Medical, Agriculture, Environment), by Technology (Thermal, Electrochemical, Optical), by End-use, by Region, and Segment Forecasts, 2021 – 2028", 2020, https://www.grandviewresearch.com/industry-analysis/biosensors-market.

"Biosensors Market with COVID – 19 Impact by Type, Product (Wearable, Non-wearable), Technology, Application (POC, Home Diagnostics, Research Lab, Environmental Monitoring, Food & Beverages, Biodefense) and Region-Global Forecast to 2026", 2021, https://www.marketsandmarkets.com/Market-Reports/biosensors-market-798.html.

"14th Annual Tech Trends Report", March 28, 2021, The Future Today Institute, https://www.dropbox.com/s/fm5c9mlmnwy9kgd/FTI_2021_Tech_Trends_Volume_All.pdf?dl=0.

"Strategy Analytics: Global Smart Speaker Sales Cross 150 Million Units for 2020 Following Robust Q4 Demand", March 3, 2021, Business Wire, https://www.businesswire.com/news/home/20210303005852/en/Strategy-Analytics-Global-Smart-Speaker-Sales-Cross-150-Million-Units-for-2020-Following-Robust-Q4-Demand.

"The Ultimate List of Internet of Things Statistics for 2021", July 18, 2021, https://findstack.com/internet-of-things-statistics/.

国　际　篇

Report on Intellectual Communication Abroad

T.17　美国智能媒体发展报告*

俞雅芸**

摘　要：人工智能技术已成为数字时代新闻业不可或缺的一部分，被认为是数字时代新闻业的附加值。人工智能技术与媒体的深度融合，在智能化发展的同时也产生了一系列社会问题，引起伦理及法理反思。本报告围绕美国人工智能技术发展现状，探讨其有关新闻行业实践以及受众的自主性、隐私等个人权益以及社会公共利益的伦理挑战，并关注美国近年来有关人工智能技术监管指令、政策的出台现状及其重点领域的实施效果。此外，在对美国智能媒体产业发展的分析与反思的基础上，期待为中国智能媒体产业的规范发展提供参考依据。

关键词：智能媒体；人工智能；算法

近年来，人工智能技术的飞跃使媒体行业呈现智能化、个性化发展趋势。如研究报告《人工智能时代媒体变革与发展》所述，人工智能技术不仅重塑了新闻生产的整个业务流程，而且改变了传媒产业价值链上的各个环节，还催生出新的媒体业态。可见，人工智能技术与媒体的深度融合，使媒体行业发生了颠覆性变革。智能工具的应用，提升了新闻内容的深度与准确度，协助实现高质量新闻生产；作为内容生产主体的机器写作通过精准抓取数据，改善传统新闻写作流程，高效完成写作任务；算法构建用户画像，可优化整合推送进行个性化推荐，提高受众黏度。然而，人工智

---

* 本报告为国家社科基金重大项目“‘双循环’新格局下中国数字版权贸易国际竞争力研究”（项目批准号：21&ZD322）的阶段性成果。

** 俞雅芸，清华大学新闻与传播学院博士研究生，研究方向：国际传播。

能为新闻行业注入源源不断的新鲜“血液”、增强活力的同时，使美国等欧美国家意识到人工智能不仅可扩展人的能力，也将带来伦理与法理上的新问题、新风险，如何识别及抵抗风险成为各个国家格外关注的话题。

作为人工智能技术发展迅速、成果丰富、创新前沿的国家之一，美国采用人工智能技术实现新闻生产全环节数字化变革，帮助解决新闻业核心问题，与此同时带来的算法操纵、算法偏见等问题尤为突出——新闻从业者对人工智能技术的过度依赖与信任；全行业对“快”的紧迫感与焦虑感导致新闻质量下降、漏洞频出；利用用户数据达到社会操纵等社会问题使得人工智能技术的发展与公众权益之间的矛盾不断深化。另外，技术变革发展和监管职责归属之间的差距，成为美国数字时代的争议关键所在。2019 年以来，有关促进人工智能优先发展的行政指令、战略、法案等陆续出台，但在监管方面，美国仍缺乏整体、系统的人工智能监管政策。因此，行政管理和国家管理预算局指导框架下的机构驱动的干预措施将为未来的人工智能监管提供重要信息。[①] 本报告围绕美国人工智能技术发展现状，探讨其有关新闻行业实践以及受众的自主性、隐私等个人权益以及社会公共利益的伦理挑战，并关注美国近年来有关人工智能技术监管指令、政策的出台现状及其重点领域的实施效果。通过对美国智能媒体产业发展的分析与反思，期待为中国智能媒体产业的规范发展提供参考依据。

一 美国新闻业对人工智能技术的使用

近些年来，美国新闻业逐渐从全媒体或融媒体的发展方向迁移至智能媒体。进入大数据时代，使用人工智能算法处理分析数据成为新闻记者的基础职业素养。算法与新闻的结合，是人工智能进入传媒业的主要方式之一，其主要包括协作生产内容、内容制作以及个性化推荐。

美国媒体应用人工智能技术的主流方式在于将其用作辅助性内容生产的工具。美联社通过写作机器人抓取数据、撰写财经新闻，高效率完成写作任务，节省人力。美国新闻机构使用的多种 AI 工具，使新闻机构改善

① A. Engler, “6 Developments that will define AI governance in 2021”, Brooking Institute, 21 January, 2021, https://www.brookings.edu/research/6-developments-that-will-define-ai-governance-in-2021/.

突发报道的传统写作流程和分发途径，起到提质增效的作用。人工智能技术 Wibbitz 可自动生成视频，通过智能算法对用户提供的文本使用自然语言处理技术，并根据关键词选取素材库中相应的图片及视频，解放了记者和编辑。

VR、AR 等虚拟智能技术可将新闻信息可视化，增强受众的临场感和代入感。人工智能技术通过精确算法，构建完善用户画像，优化整合推送，提高用户黏度。人工智能技术创造了普遍“超真实”的环境，大量模型共同构成了全新的现实秩序，导致社会结构也在逐渐变化。从传播领域视角来看，人工智能技术是把关人和受众两者的感官延伸。智能媒体以动态、不断更新的姿态前进，人类的过度依赖会制约技术创新和文明传承。

在美国，人工智能技术也被逐渐应用至虚假新闻识别领域。美联社现已运用人工智能工具对假新闻进行甄别，例如 SAM、Google Vision。由于区块链具有去中心化和版权追踪、隐私保护等功能，因此可对平台信息进行真实性和准确性的验证。

人工智能使以美国为代表的西方出版业正在用品牌的逻辑重塑出版平台，用计算的逻辑细分编辑行为，最终促成“人工”与“智能”双向协同的转型结果。人工作用与智能平台间的互动，使《纽约时报》《华盛顿邮报》数字付费收入增加、订阅量翻番。人工智能下的出版业改革，依托工作形式的变革，建立精准推送内容与广告的技术团队；发展垂直领域，强推用户订阅，原本的编辑成为该领域的“管理员”；编辑需掌握对虚拟现实文本的编写、剪辑、美化等跨领域技术。人工（如编辑、记者）在美国主流媒体的出版转型中依然充当重要角色。

随着越来越多的美国媒体使用人工智能技术，媒体与受众的互动方式逐渐发生转变。[①] 交互性是数字新闻区别于传统新闻媒体的重要属性之一，主要通过受众在门户新闻网站的评论功能实现。[②] 由于人工智能技术的发展，美国各类新型新闻媒体客户端采取“信息流”这一编排方式，满足受

① W. Ali, M. Hassoun, “Artificial Intelligence and Automated Journalism: Contemporary Challenges and New Opportunities”, *International Journal of Media, Journalism and Mass Communications*, Vol. 5, No. 1, 2019, pp. 40 - 49.

② 常江：《策略化逃避：门户新闻网站在人工智能时代的实践理念》，《编辑之友》2018 年第 12 期。

众高效率获取大量信息、个性化设置新闻议程的需求。美国新闻网站State编辑接受采访时表达了对“信息流”这种编排方式的批评，人工智能通过压缩受众与新闻内容的交互空间，使原本的双向传播转变为单向线性传播，破坏了受众获取信息的理性与参与性。① 在数字新闻时代，“人工”与“智能”的双向协同是完成媒体转型的重要一步。② 美国在线的编辑认为，面对“信息流”这一新闻编辑的未来方向，如何完善“信息流”编排方式，融入更多编辑元素，构建重新唤起受众热情的参与方式，显然是必要的。③

二 人工智能技术的伦理反思

人工智能技术作为新闻从业者和受众两者的感官延伸，使媒体呈现出智能化特征，成为数字时代新闻业发展的附加值。④ 美国美联社、福布斯等知名新闻机构，采用自动化新闻、机器人新闻等方式帮助新闻业解决核心问题的同时，产生了一系列有关新闻行业实践以及受众自主性、隐私等的伦理挑战，对现代新闻业从业者与受众提出了新的要求。

（一）算法操纵

进入2.0时代，智能技术为新闻内容生产带来了选题策划、信息采集、信息加工、反馈、优化的全环节变革，提高了内容与用户的匹配度，

① 刘瀚骏：《传播学视角下人工智能技术在传播领域的应用》，《中国传媒科技》2017年第8期；W. Ali, M. Hassoun, “Artificial Intelligence and Automated Journalism: Contemporary Challenges and New Opportunities”, *International Journal of Media, Journalism and Mass Communications*, Vol. 5, No. 1, 2019, pp. 40 – 49。

② 姜海：《人工智能浪潮下美国出版业转型的创新与启示》，《科技与出版》2019年第12期。

③ 刘瀚骏：《传播学视角下人工智能技术在传播领域的应用》，《中国传媒科技》2017年第8期；W. Ali, M. Hassoun, “Artificial Intelligence and Automated Journalism: Contemporary Challenges and New Opportunities”, *International Journal of Media, Journalism and Mass Communications*, Vol. 5, No. 1, 2019, pp. 40 – 49。

④ 刘瀚骏：《传播学视角下人工智能技术在传播领域的应用》，《中国传媒科技》2017年第8期；W. Ali, M. Hassoun, “Artificial Intelligence and Automated Journalism: Contemporary Challenges and New Opportunities”, *International Journal of Media, Journalism and Mass Communications*, Vol. 5, No. 1, 2019, pp. 40 – 49。

增强了用户黏性。[①] 算法与新闻的结合是人工智能进入传媒业的主要方式之一，[②] 一方面推动了新闻生产的创新且有增无减，另一方面则推动了新闻业的现代化。[③] 在这前所未有的变革背后，智能技术也引发了潜在的风险与问题，如卡尔森（Matt Carlson）所言，“自动化新闻业听起来就像是自工业化早期以来自动化和劳动力之间反复上演的技术戏剧”。[④]

拥有 110 位全职记者及 30 多位自由撰稿人的美国著名地方新闻网站 patch. com，通过 AI 生产有关天气、医疗、财经等方面的突发新闻，并通过算法进行精准推送，使社区新闻得以有效垂直传播。算法在延伸人的能力、提升获取信息的幸福度的同时，其信源拓宽能力、内容优化整合和精准推送程度加快了新闻进程，降低了写作成本并杜绝了人为谬误，但也易使新闻从业者即把关人产生过度依赖与信任，从而弱化了把关人的思辨与创造能力。[⑤] 另外，“快”成为互联网新闻业的重要时代特征，强化了全行业对即时性问题的紧迫感与焦虑感。[⑥] QuakeBot 地震报道机器人、Chartbeat 在线网站实时流量统计平台等的应用，说明快速、实时成为美国新闻机构选择 AI 工具的关键词。

VR、AR 等虚拟智能技术带来的新闻信息可视化，算法带来的信息推送精准化，使用户在满足个性化服务的需求时，逐渐失去自主判断与选择能力，被算法“操纵”，从而形成无意识的信息茧房。[⑦] 美国传统新闻网站

---

① 彭兰：《智能时代的新内容革命》，《国际新闻界》2018 年第 6 期。

② 苏涛、彭兰：《反思与展望：赛博格时代的传播图景——2018 年新媒体研究综述》，《国际新闻界》2019 年第 1 期。

③ W. Ali, M. Hassoun, “Artificial Intelligence and Automated Journalism: Contemporary Challenges and New Opportunities”, *International Journal of Media, Journalism and Mass Communications*, Vol. 5, No. 1, 2019, pp. 40 – 49.

④ M. Carlson, “The Robotic Reporter: Automated Journalism and the Redefinition of Labor, Compositional Forms, and Journalistic Authority”, *Digital Journalism*, Vol. 3, No. 3, 2015, pp. 416 – 431.

⑤ W. Ali, M. Hassoun, “Artificial Intelligence and Automated Journalism: Contemporary Challenges and New Opportunities”, *International Journal of Media, Journalism and Mass Communications*, Vol. 5, No. 1, 2019, pp. 40 – 49.

⑥ 常江：《策略化逃避：门户新闻网站在人工智能时代的实践理念》，《编辑之友》2018 年第 12 期。

⑦ 刘瀚骏：《传播学视角下人工智能技术在传播领域的应用》，《中国传媒科技》2017 年第 8 期；彭兰：《智能时代的新内容革命》，《国际新闻界》2018 年第 6 期；常江：《策略化逃避：门户新闻网站在人工智能时代的实践理念》，《编辑之友》2018 年第 12 期；B. Zhang, A. Dafoe, “Artificial Intelligence: American Attitudes and Trends”, 9 January, 2019, SSRN, https: //ssrn. com/abstract = 3312874。

的“超链接文化”对新闻业具有重要意义，可将新闻编辑与用户思考实现深度契合，[①] 而算法的个性化推送机制使受众逐步丧失自主探索的欲望，破坏了“超链接文化”营造的受众自主性。另外，以受众的数字档案作为智能分发的依据，是一种为个体划定边界的人为做法，将使社会资源与位置固化。[②]

（二）算法偏见/歧视

随着智能技术的发展，人工智能可用于观察、检验人类的偏见。[③] 但是，新闻生产的自动化导致偏见可能在人工智能系统中产生，例如种族偏见、性别偏见等。[④] 算法偏见的产生大多受设计者价值观的影响。作为美国评估罪犯风险的人工智能软件，COMPAS 对有色人种尤其是黑人罪犯存在偏见，[⑤] 以及基于 DCNN 的人脸识别系统中的性能偏差显示出的种族偏见。[⑥] 另外，美国智能技术存在利用用户数据、侵犯隐私，从而达到社会操纵与压迫边缘人群的现象，[⑦] 将在一定程度上形成对人们社会资源与位

---

① W. Ali, M. Hassoun, “Artificial Intelligence and Automated Journalism: Contemporary Challenges and New Opportunities”, *International Journal of Media, Journalism and Mass Communications*, Vol. 5, No. 1, 2019, pp. 40 – 49.

② 仇筠茜、陈昌凤：《黑箱：人工智能技术与新闻生产格局嬗变》，《新闻界》2018 年第 1 期；彭兰：《智能时代的新内容革命》，《国际新闻界》2018 年第 6 期。

③ M. Hansen et al., “Artificial Intelligence: Practice and Implications for Journalism”, 14 September, 2017, Columbia University, Tow Center for Digital Journalism Publications, https://academiccommons.columbia.edu/doi/10.7916/D8X92PRD.

④ W. Ali, M. Hassoun, “Artificial Intelligence and Automated Journalism: Contemporary Challenges and New Opportunities”, *International Journal of Media, Journalism and Mass Communications*, Vol. 5, No. 1, 2019, pp. 40 – 49; B. N. Larson, *Gender as a Variable in Natural-Language Processing: Ethical Considerations*, 2017; C. Koolen, A. van Cranenburgh, “These are not the Stereotypes You are Looking for: Bias and Fairness in Authorial Gender Attribution”, in C. Koolen, eds., *Proceedings of the First ACL Workshop on Ethics in Natural Language Processing*, April 2017, pp. 12 – 22.

⑤ W. Ali, M. Hassoun, “Artificial Intelligence and Automated Journalism: Contemporary Challenges and New Opportunities”, *International Journal of Media, Journalism and Mass Communications*, Vol. 5, No. 1, 2019, pp. 40 – 49.

⑥ J. G. Cavazos et al., “Accuracy Comparison Across Face Recognition Algorithms: Where are We on Measuring Race Bias?”, *IEEE Transactions on Biometrics, Behavior, and Identity Science*, Vol. 3, No. 1, 2020, pp. 101 – 111.

⑦ 彭兰：《智能时代的新内容革命》，《国际新闻界》2018 年第 6 期。

置的限制。[①] 人工智能系统中存在的偏见会影响数据阅读，造成数据失真，从而影响新闻文章的准确性。Google Jigsaw 的通信主管 Dan Keyserling 认为，算法容易产生偏见，因此算法需要被检查、被限定，背景需要被理解。如此一来，美国新闻业如何将新闻的伦理价值编码成一种算法，授予算法责任，同时使程序员在伦理上受到约束成为未来思考的方向。[②] 故而，完善立法是保护数字版权的当务之急，明确合理使用数字出版的范围、明确侵权行为的具体形式及其相应的赔偿责任，才能真正实现“有法可依、有法必依、执法必严、违法必究”，真正保障数字版权所有人的合法权益。

（三）算法新闻归属

当美国新闻业越来越依赖算法实现“自动化新闻”或“机器人新闻”，算法新闻的作者身份成为最具争议但尚未完全探索的关键点。[③] 在传统新闻媒体中，新闻的责任一般归属于编辑本人，若匿名则归属于整个团队；然而在现代新闻业，算法新闻若出现问题，责任归属于谁成为争议所在。

Monti 认为，算法新闻的责任归属应强调归于人工智能而非人类，这样读者在阅读文章时就会意识到这一点，并允许其在传统新闻和自动化新闻之间自由选择。[④] Vladeck 认为新闻机构对读者承担法律与道德责任，算法则是充当新闻机构“雇用”范围内的代理人。[⑤] 算法新闻的作者身份具有重要意义。[⑥] 自动化新闻作者具有拟人化特征，可将程序员、软件供应商或媒体组织称为作者，但一些新闻机构，例如《洛杉矶时报》则将算法本身归属为新闻作者。部分美国新闻业从业者认为，算法新闻作者应具有

---

① Matteo Monti, “Automated Journalism and Freedom of Information: Ethical and Juridical Problems Related to AI in the Press Field”, *Opinio Juris in Comparatione*, 18 January, 2019.

② Matteo Monti, “Automated Journalism and Freedom of Information: Ethical and Juridical Problems Related to AI in the Press Field”, *Opinio Juris in Comparatione*, 18 January, 2019.

③ T. Montal, Z. Reich, “I, Robot, You, Journalist, Who is the Author? Authorship, Bylines and Full Disclosure in Automated Journalism”, *Digital Journalism*, Vol. 5, No. 7, 2016, pp. 829 – 849.

④ D. C. Vladeck, “Machines without Principals: Liability Rules and Artificial Intelligence”, *Washington Law Review*, Vol. 89, No. 1, March 2014, p. 117.

⑤ D. C. Vladeck, “Machines without Principals: Liability Rules and Artificial Intelligence”, *Washington Law Review*, Vol. 89, No. 1, March 2014, p. 117.

⑥ L. Parisi, *Contagious Architecture: Computation, Aesthetics, and Space*, Cambridge: MIT Press, 2013, pp. 169 – 257.

人性，算法仅具有工具性；而有学者则认为算法已成为新闻生产的执行实体，具有自我学习能力。①

算法新闻作者归属问题是新颖且复杂的，面对不同观点的实质性差异，一个系统、透明的政策至关重要，② 从而促使美国智能媒体得以更加有序地发展。

（四）数据利用

自动化新闻更适用于简约化、结构化和可靠数据支撑的基于事实的报道。③ 自动化新闻可有效避免人为错误，降低写作成本，节省人力物力。但美中不足的是新闻中所用的数据可能不准确。

1. 数据源的透明度

美联社娱乐、体育和互动媒体前副总裁兼总编辑 Lou Ferrara 表达了自动化新闻在数据源方面的劣势。信息来源的透明度、准确性是传统新闻业的基础，那么进入数字时代，自动化新闻中的数据源应如何保证其透明度与准确性成为一大难题。人工智能使用的数据库可以是公共的，受众有权了解自动化新闻所使用数据的来源，提升受众信任度。④

2. 数据的质量

新闻应使用客观、准确的真实数据。美联社全球商业编辑 Lisa Gibbs 认为，错误的出现通常是因为数据有问题。如果数据不好，受众就会得到一个不好的故事。在美国，自动化新闻大多用于天气、金融等领域，因此数据的准确性是重要基础，不可靠的数据会造成假新闻。⑤ 例如，《洛杉矶

---

① L. Parisi, *Contagious Architecture: Computation, Aesthetics, and Space*, Cambridge: MIT Press, 2013, pp. 169－257.

② T. Montal, Z. Reich, "I, Robot, You, Journalist, Who is the Author? Authorship, Bylines and Full Disclosure in Automated Journalism", *Digital Journalism*, Vol. 5, No. 7, 2017, pp. 829－849.

③ Matteo Monti, "Automated Journalism and Freedom of Information: Ethical and Juridical Problems Related to AI in the Press Field", *Opinio Juris in Comparatione*, 18 January, 2019.

④ L. Leppänen et al., "Data-Driven News Generation for Automated Journalism", in L. Leppänen, ed., *Proceedings of the 10th International Conference on Natural Language Generation*, 2017, pp. 188－197.

⑤ L. Leppänen et al., "Data-Driven News Generation for Automated Journalism", in L. Leppänen, ed., *Proceedings of the 10th International Conference on Natural Language Generation*, 2017, pp. 188－197.

时报》的"QuakeBot 地震机器人"由于数据误差，曾报道了一场没有发生的地震。通过搜索最准确可靠的可用数据，并交叉检查不同的数据库可能是避免数据错误、假新闻传播的绝佳方法。

3. 数据核查

新闻机构不仅应在可预测事件报道中或数据可信的情况下使用自动化新闻，对自动化新闻的生产及传播过程实时监督也是有必要的。[①] 人工智能算法理解并监控不可预测事件在目前是无法完全实现的，人类对其的控制仍至关重要，[②] 可通过对自动化新闻生产的监控和所用数据的验证，避免数据失真而导致虚假新闻的产生。

三 人工智能技术的法理反思

（一）法案进程现状

近年来，美国政府大力支持人工智能的基础研究，在各方面迅速改变了美国人的生活，具有造福美国人民的巨大潜力。[③] 然而，由于使用人工智能技术而导致的版权归属、用户隐私、算法偏差等问题事件层出不穷。在过去的几年里，美国政府一直在寻求如何制定人工智能战略和政策，从而平衡"保护公众免受人工智能技术潜在有害影响"与"鼓励积极创新人工智能技术"之间的紧张关系。[④] 人工智能生态系统中的治理与问责归属，以及数字经济中技术变革和监管响应之间的差距成为数字时代争议的关键所在。在美国，对人工智能技术的监管主要表现为对某些"有争议的"人工智能技术进行监管，即对特定用途的人工智能系统进行更加个性化和细致入微地评估。

2019 年以来，有关促进人工智能优先发展的行政指令、法案等陆续出

---

① Matteo Monti, "Automated Journalism and Freedom of Information: Ethical and Juridical Problems Related to AI in the Press Field", *Opinio Juris in Comparatione*, 18 January, 2019.

② N. L. Latar, "Robot journalism", in N. L. Latar, ed., *Robot Journalism: Can Human Journalism Survive?*, 2018, pp. 29 – 40.

③ Huimin Lu et al., "Brain Intelligence: Go beyond Artificial Intelligence", *Mobile Networks and Applications*, April 2018, pp. 368 – 375.

④ A. Tomer, "Artificial Intelligence in America's Digital City", 2019, Brookings Series-Blueprint for the Future of AI, https://www.brookings.edu/research/artificial-intelligence-in-americas-digital-city/.

台，如“美国人工智能倡议”行政指令、《人工智能法案》等。尽管2020年的美国处于人工智能技术创新的领先地位，但仍缺乏一个系统的联邦人工智能战略。[①] 由于新冠肺炎疫情的影响，2020年上半年许多为人工智能建立监管框架的法案未获得通过。[②] 然而，随着拜登政府的建立、联邦政府对人工智能监管的行政指导、国家人工智能倡议办公室的协调发展，2021年有望成为美国人工智能的重要转折点。[③] 《2021财年国防授权法案》（*The Fiscal 2021 National Defense Authorization Act*）通过将直接采购权下放给负责人、简化流程等措施，提高人工智能办公室在国防部中的地位，从而为鼓励发展人工智能技术打下又一坚实基础。由于人工智能监管方面的重大立法难以形成，因此行政管理和国家管理预算局指导框架下的机构驱动的干预措施将为未来的人工智能监管提供重要信息，但对于人工智能技术导致的特殊问题，仍未得到全面规范。

（二）重点领域

1. 版权归属

人工智能技术的出现与发展，在新闻业引发变革的同时，对法律制度和版权制度也发起了艰难挑战。[④] 人工智能所生产的内容是否都算为合法作品，著作权归属于谁；在美国，第一修正案是否应该涵盖人工智能的输出内容则成为学者争论的焦点。[⑤] 若第一修正案保护算法的输出内容，那么算法产生的非法内容，责任者应如何判定?[⑥] 基于人工智能技术的自动化新闻领域，一是将责任归属于程序员、编辑等，二是将算法本身归属为责任者，两种趋势共存使人工智能监管治理无统一、独立的标准。就法律角度而言，制定与

---

① Mark Lyon et al.，“United States：Artificial Intelligence”，Global Data Review，Insight Book 2021，https://globaldatareview. com/insight/handbook/2021.

② Mark Lyon et al.，“United States：Artificial Intelligence”，Global Data Review，Insight Book 2021，https://globaldatareview. com/insight/handbook/2021.

③ A. Engler，“6 Developments that will define AI governance in 2021”，21 January，2021，Brooking Institute，https://www. brookings. edu/research/6-developments-that-will-define-ai-governance-in-2021/.

④ 苏涛、彭兰：《反思与展望：赛博格时代的传播图景——2018年新媒体研究综述》，《国际新闻界》2019年第1期。

⑤ 郑宁：《“人工智能+媒体”时代的法律问题》，《青年记者》2018年第13期。

⑥ Matteo Monti，“Automated Journalism and Freedom of Information：Ethical and Juridical Problems Related to AI in the Press Field”，*Opinio Juris in Comparatione*，18 January，2019.

执行特定相关法案成为紧迫且关键的需要。人工智能生成的美国专利商标局（USPTO）在2019年年底要求公众就人工智能版权归属问题发表评论，[①] 并根据这一意见征询程序，于2020年4月决定，只有自然人而非人工智能系统，才能注册为版权归属，[②] 但其具体实施效果仍有待考究。

2. 算法偏见

以往美国在监管人工智能方面的立法，注重面临引起社会动荡的算法偏见和其他不可预测结果等风险，强调算法数据的透明度、问责制和可解释性。[③] 2019年4月10日，部分民主党人提出了《算法责任法案》，要求算法公司对有缺陷的算法系统进行检验与修复，从而避免由于算法误差导致的美国人不准确、不公平、有偏见或歧视性的决定。[④] 该法案是美国国会第一次通过立法的方式，尝试对人工智能系统进行总体监管，而非特定技术领域。该法案并没有取得实际进展，虽有许多科技公司遵守该法案规定条例，但仍有算法偏见的现象出现。2019年5月，伊利诺伊州通过了《人工智能视频面试法》，限制雇主将人工智能纳入招聘过程。然而，该法案并没有解释“人工智能”的含义，知情同意条款等内容模糊。

3. 面部识别、生物识别

面部识别技术在美国是监管力度最强的人工智能技术之一。[⑤] 与其他生物识别数据一样，涉及面部信息的数据通常被认为是个人私密数据之一。[⑥] 2020年6月，加州立法机构在美国公民自由联盟（ACLU）和其他

---

① Laura Peter, "Informational Challenges Surrounding AI-Enabled Clinical Decision Software", 23 January, 2020, https://www.uspto.gov/about-us/news-updates/remarks-deputy-director-peter-trust-verify-informational-challenges.

② Jon Porter, "US Patent Office Rules that Artificial Intelligence Cannot Be a Legal Inventor", The Verge, 29 April, 2020, https://www.theverge.com/2020/4/29/21241251/artificial-intelligence-inventor-united-states-patent-trademark-office-intellectual-property.

③ Mark Lyon et al., "United States: Artificial Intelligence", Global Data Review, Insight Book 2021, https://globaldatareview.com/insight/handbook/2021.

④ "Clarke Introduce Bill Requiring Companies to Target Bias in Corporate Algorithms", 2019, Senate.gov., https://www.booker.senate.Gov.

⑤ Drew Harwell, "Both Democrats and Republicans blast facial-recognition technology in a rare bipartisan moment", *The Washington Post*, 22 May, 2019.

⑥ Mark Lyon et al, "United States: Artificial Intelligence", Global Data Review, Insight Book 2021, https://globaldatareview.com/insight/handbook/2021.

民权组织的压力下，否决了一项旨在扩大州和地方政府使用面部识别技术的法案。华盛顿州则批准了一项法案，限制政府使用面部识别，要求使用者进行偏见测试和培训，使用时需公开透明。还有一些州政府已将生物识别数据隐私作为其数据泄露法案的一部分，考虑采用包括对生物识别信息隐私进行保护的法案。此外，包括 IBM 在内的许多知名科技公司因强烈支持“黑人的命也是命”（Black Lives Matter）运动，担心面部识别技术引发算法偏见，从而停止使用面部识别产品，企业的如此做法也将在一定程度上阻碍人工智能的使用。①

（三）相关特定监管

1. 数据隐私

隐私相关法案一般不会直接对人工智能技术产生直接监管，但可能会在数据使用的透明度和消费者权利方面进行监管。美国纽约的《隐私法》要求，若通过自动化手段对消费者个人数据进行处理，消费者则有权要求对方提供信息。但往往广泛适用的隐私法与人工智能技术无法完全融合，存在根本性矛盾。② 人工智能技术的全面应用，其有效性离不开大型数据库的支持，而美国的加州消费者隐私法（CCPA）中提到消费者有权要求企业等删除其个人数据。③ 用户的个人信息识别容易程度的提升，促使其信息被不法利用的风险增加。④ 如何平衡人工智能技术开发使用数据库信息和用户的隐私保护两者之间的关系，是美国人工智能监管立法的一大难题。

2. 反歧视

由于近年来算法偏见甚至歧视得到美国人民的关注，美国反歧视法开始针对人工智能技术的发展，美国政府加强了对大型科技公司反歧视问题

① Mark Lyon et al.，“United States：Artificial Intelligence”，Global Data Review，Insight Book 2021，https：//globaldatareview. com/insight/handbook/2021.

② Ahmed Baladi，“Can GDPR Hinder AI Made in Europe?”，Cybersecurity Law Report，2019，pp. 1 – 6.

③ Mark Lyon et al.，“United States：Artificial Intelligence”，Global Data Review，Insight Book 2021，https：//globaldatareview. com/insight/handbook/2021.

④ 郑宁：《“人工智能 + 媒体”时代的法律问题》，《青年记者》2018 年第 13 期。

的审查，趋于算法偏见与歧视意味着数据信息的集中，从而促进人工智能技术的发展，拆分后的公司则相反。[①] 众议院司法机构反歧视小组委员会于 2020 年 7 月与著名科技公司的领导人举行虚拟听证会，在为这些调查辩护时，支持者经常引用对谷歌和亚马逊等公司人工智能技术广告实践的批评。[②]

3. *劳动力*

由于 2020 年突如其来的新冠肺炎疫情，旅行与移民受到限制，人工智能公司对精英人士的招聘与挽留出现难题。美国在人工智能研究中的主导地位部分得益于美国大学和公司吸引海外人才的能力，中国精英成为这一群体的主力军。然而，中美之间不断升级的经贸摩擦以及美国相关的移民限制进一步阻碍了劳动力的流动，从而使美国的大学和公司招聘顶尖人工智能人才困难重重，这必然会抑制美国在人工智能技术方面的发展与创新。[③]

四 结语

本报告从美国媒体行业人工智能技术的应用现状出发，探讨了美国媒体运用智能工具挖掘深度新闻、辨别虚假新闻等协助新闻生产；机器写作成为新闻内容的生产主体，提质增效；通过精确算法实现个性化推送，满足受众的多元需求，增强受众黏性等内容。另外，人工智能作为新闻从业者和受众的感官延伸，与新闻行业实践、受众权益不断发生矛盾与冲突，出现了把关人缺乏思辨与创造力、受众逐渐丧失探索欲与交互性、受众数据隐私泄露、算法偏见压迫边缘人群等一系列社会问题。与此同时，没有系统全面的法案跟进、重点领域的相关监管存在漏洞，使受众权益与人工智能技术发展之间的矛盾得不到有效缓解。人工智能的监管治理和问责归

---

① Mark Lyon et al.，"United States：Artificial Intelligence"，Global Data Review，Insight Book 2021，https：//globaldatareview. com/insight/handbook/2021.

② Irina Ivanova，"Why Big Tech's Big Breakup May Never Come"，4 June，2019，CBS News，https：//www. cbsnews. com/news/feds-eye-google-facebook-amazon-apple-for-antitrust-issues.

③ Mark Lyon et al.，"United States：Artificial Intelligence"，Global Data Review，Insight Book 2021，https://globaldatareview. com/insight/handbook/2021.

属将成为美国数字时代争议的重点难题。通过对伦理和法理问题的反思与讨论，我们认为美国相关部门及其媒体机构，可在以下三个方面减少使用人工智能技术所产生的负面后果。

第一，美国亟须为人工智能构建监管框架。美国政府应及时出台人工智能相关监管法案，明确监管条例，完善国家人工智能倡议办公室等相关部门的监管及协调职责，加强对人工智能技术开发公司、媒体机构、用户的行政和法律指导，对于人工智能技术导致的特殊问题，如版权归属等，通过“定点”高效解决。

第二，人工智能技术开发公司需肩负起技术把关人的角色。人工智能技术开发公司应关注设计者的价值观，并对所开发技术产品进行多方面测试检验，避免其出现算法偏见问题，从而引起种族歧视等风波。

第三，媒体机构需提高对于使用人工智能技术的思辨力与创造力，坚定其新闻实践能动性。媒体机构从业者需摆脱对人工智能技术的过度依赖与信任，应在利用人工智能先进技术条件的基础上，实现新闻实践再创新，将美国传统新闻网站的“超链接文化”与人工智能技术深度融合，唤醒受众的自主探索性以及媒体与受众之间的交互性。另外，人工智能技术的合理运用离不开透明、高质的数据支持，所以从业者的控制能力至关重要。

参考文献

常江：《策略化逃避：门户新闻网站在人工智能时代的实践理念》，《编辑之友》2018 年第 12 期。

仇筠茜、陈昌凤：《黑箱：人工智能技术与新闻生产格局嬗变》，《新闻界》2018 年第 1 期。

姜海：《人工智能浪潮下美国出版业转型的创新与启示》，《科技与出版》2019 年第 12 期。

刘瀚骏：《传播学视角下人工智能技术在传播领域的应用》，《中国传媒科技》2017 年第 8 期。

彭兰：《智能时代的新内容革命》，《国际新闻界》2018 年第 6 期。

苏涛、彭兰：《反思与展望：赛博格时代的传播图景——2018 年新媒体研究综述》,《国际新闻界》2019 年第 1 期。
郑宁:《“人工智能 + 媒体”时代的法律问题》,《青年记者》2018 年第 13 期。
A. Engler, “6 Developments that Will Define AI Governance in 2021”, 21 January, 2021, Brooking Institute, https://www.brookings.edu/research/6-developments-that-will-define-ai-governance-in-2021/.
Ahmed Baladi, “Can GDPR Hinder AI Made in Europe?”, Cybersecurity Law Report, 2019.
A. Tomer, “Artificial Intelligence in America's Digital City”, 2019, Brookings Series-Blueprint for the Future of AI, https://www.brookings.edu/research/artificial-intelligence-in-americas-digital-city/.
B. Zhang, A. Dafoe, “Artificial Intelligence: American Attitudes and Trends”, 9 January, 2019, SSRN, https://ssrn.com/abstract=3312874.
C. Koolen, A. van Cranenburgh, “These are not the Stereotypes You are Looking for: Bias and Fairness in Authorial Gender Attribution”, in C. Koolen, eds., *Proceedings of the First ACL Workshop on Ethics in Natural Language Processing*, April 2017.
D. C. Vladeck, “Machines without Principals: Liability Rules and Artificial Intelligence”, *Washington Law Review*, Vol. 89, No. 1, March 2014.
Drew Harwell, “Both Democrats and Republicans Blast Facial-recognition Technology in a Rare Bipartisan Moment”, *The Washington Post*, 22 May, 2019.
Huimin Lu et al., “Brain Intelligence: Go beyond Artificial Intelligence”, *Mobile Networks and Applications*, April 2018.
Irina Ivanova, “Why Big Tech's Big Breakup May Never Come”, 4 June, 2019, CBS News, https://www.cbsnews.com/news/feds-eye-google-facebook-amazon-apple-for-antitrust-issues.
J. G. Cavazos et al., “Accuracy Comparison Across Face Recognition Algorithms: Where are We on Measuring Race Bias?”, *IEEE Transactions on Biometrics, Behavior, and Identity Science*, Vol. 1, No. 3, 2020.
Jon Porter, “US Patent Office Rules that Artificial Intelligence Cannot Be a Legal

Inventor", 29 April, 2020, The Verge, https://www.theverge.com/2020/4/29/21241251/artificial-intelligence-inventor-united-states-patent-trademark-office-intellectual-property.

Laura Peter, "Informational Challenges Surrounding AI-Enabled Clinical Decision Software", 23 January, 2020, https://www.uspto.gov/about-us/news-updates/remarks-deputy-director-peter-trust-verify-informational-challenges.

L. Leppänen et al., "Data-Driven News Generation for Automated Journalism", in L. Leppänen ed., *Proceedings of the 10th International Conference on Natural Language Generation*, 2017.

L. Parisi, *Contagious Architecture: Computation, Aesthetics, and Space*, Cambridge: MIT Press, 2013.

Mark Lyon et al., "United States: Artificial Intelligence", Global Data Review, Insight Book 2021, https://globaldatareview.com/insight/handbook/2021.

M. Carlson, "The Robotic Reporter: Automated Journalism and the Redefinition of Labor, Compositional Forms, and Journalistic Authority", *Digital Journalism*, Vol. 3, No. 3, 2015.

M. Hansen et al., "Artificial Intelligence: Practice and Implications for Journalism", 14 September, 2017, Columbia University, Tow Center for Digital Journalism Publications, https://academiccommons.columbia.edu/doi/10.7916/D8X92PRD.

Matteo Monti, "Automated Journalism and Freedom of Information: Ethical and Juridical Problems Related to AI in the Press Field", *Opinio Juris in Comparatione*, 18 January, 2019.

N. L. Latar, "Robot Journalism", in N. L. Latar, ed., *Robot Journalism: Can Human Journalism Survive?*, 2018.

T. M. Massaro et al., "SIRI-OUSLY 2.0: What Artificial Intelligence Reveals about the First Amendment", *Minnesota Law Review*, Vol. 6, No. 101, January 2017.

T. Montal, Z. Reich, "I, Robot You, Journalist, Who is the Author? Authorship, Bylines and Full Disclosure in Automated Journalism", *Digital Journalism*, Vol. 5, No. 7, 2016.

W. Ali, M. Hassoun, "Artificial Intelligence and Automated Journalism: Contemporary Challenges and New Opportunities", *International Journal of Media Journalism and Mass Communications*, Vol. 5, No. 1, 2019.

W. House, "Summary of the 2018 White House Summit on Artificial Intelligence for American Industry", Office of Science and Technology Policy, United States, May, 2018.

T. 18 欧盟人工智能发展报告*

陈 拓**

摘 要： 随着人工智能技术的不断成熟以及技术应用的深层次社会扩散，人工智能技术已经成为现阶段国际科技实力竞争的重要领域。对于这一变化，欧盟有着敏锐且清晰的认识。欧洲能否在最新技术应用中把握技术红利，在推动“以人为本”、可持续的、安全的、包容可信的人工智能发展方面达到全球领先，很大程度上取决于欧盟迅速采取行动以调整人工智能政策的优先级，并获得相应投资的能力。本报告通过回顾和梳理近年来欧盟对欧洲地区人工智能技术发展与应用的政策引导与支持，提炼出能够挖掘新兴技术社会与经济潜力、推动技术社会化扩散的政策，形成欧洲经验，以期为中国人工智能技术发展规制工作提供借鉴。

关键词： 政策；竞争；协同

2018 年，欧盟颁布的《人工智能协同计划》（以下简称《协同计划》）代表了欧盟委员会与其成员国就人工智能技术发展达成的共同承诺，即最大限度地激发欧洲在全球竞争中的潜力。《协同计划》一经颁布，便奠定了欧盟成员国围绕 AI 技术合作的基础，划定了清晰的投资领域，并鼓励各成员国在国家层面制定关于 AI 发展的战略愿景。而《协同计划》在成员国内部、欧盟以及全球范围内引发的大量关注和讨论均表明，这的确是为了确定欧洲人工智能发展共同方向和目标的第一步。《协同计划》颁布

---

* 本报告为国家社科基金重大项目“‘双循环’新格局下中国数字版权贸易国际竞争力研究”（项目批准号：21&ZD322）的阶段性成果。

** 陈拓，社会学博士，浙江传媒学院新闻与传播学院讲师，主要研究方向：科学传播与互联网行为学。

后，大多数欧盟成员国已经采取行动，对人工智能技术研发与应用的经济投入有明显的提升，这也使得欧盟能够调动关键资源来支持这一发展。

《协同计划》颁布三年之后，2021 年，欧盟启动对计划实施成果的新一轮回顾，这项工作为欧盟委员会和成员国提供了一套完整的行动总结报告，帮助欧盟在未来的政策制定中获得足够的判断依据，以在可信赖的人工智能领域建立全球的领导地位。本报告以《协同计划》纲领及最新回顾为基础，从三个方面总结欧洲国家在人工智能技术发展方面已经取得的成果，即为欧盟 AI 的发展和应用创造有利条件；让欧盟成为能让 AI 技术从实验室走向市场的地方；确保 AI 为人服务，成为社会中一股向善的力量。本报告还将在此基础上，梳理欧盟对人工智能媒体应用的态度及战略构想，从而综合呈现人工智能发展的欧洲思路。

一 为欧盟人工智能的发展和应用创造有利条件

为了支持人工智能的开发和应用，同时达到欧盟层面的协同目的，欧盟委员会在过去的一段时间内有目的性地创造了一系列条件。这些条件的提出，一方面充分贴合欧盟领导下欧洲各国协同发展的底层模式，以协同合作谋发展，另一方面关注人工智能本身的技术特性与发展所需软硬件需求，以数字共享促进繁荣发展。

（一）获取、汇集和分享政策见解

知识的普及和传播是协调发展的关键。分享知识和政策见解，并在人工智能领域协调政策行动和投资标准，可以增加重要的竞争优势。因此，在 2018 年的《协同计划》中，成员国和欧盟委员会就联合工作的治理机制达成一致，并提出了具体行动方案来形成政策见解和协同效应。欧盟委员会鼓励成员国制定国家层面的人工智能战略或方案（或在其他相关国家战略和方案中增加人工智能技术），并与其他成员国和委员会分享这些战略或方案。

在过去的三年中，所有成员国都为人工智能国家战略制定，或是将人工智能纳入现有战略方案做出了重大努力。国家战略的采用促进了对人工智能发展和应用的优先事项和目标的结构化思考，并在许多会员国引发了更广泛的讨论。围绕国家战略的信息交流也促进了成员国与委员会之间的分阶段对话。对国家战略的分析表明，采用国家战略的模式是促进和简化欧洲人工智能工作的重要的第一步。这一进程有助于确定联合行动的优先部门，为会员国计划的主要投资优先事项提供了一个扎实的图谱，并指出了多国项目和联合活动可能采取的步骤。

除此之外，欧盟委员会还清晰地意识到，人工智能技术及其相关社会经济活动有着前所未有的发展活力，除了各成员国间制定发展战略的步调一致外，专业技术的加持同样重要。在过去的一段时间内，为了加强各成员国政策制定的科学性与前瞻性，委员会设立了三个横向专家组，对各国政策制定给予充分的专业性支持。这三个专家组分别是“人工智能高级专家组”、“数字化转型对欧盟劳动力市场影响问题高级专家组”以及“责任和新技术专家组”。

“人工智能高级专家组”①广泛分析了人工智能对决策的道德影响，并在其任务期间提出了三个重要成果：人工智能道德准则；②为值得信赖的人工智能提供政策和投资建议；③人工智能信赖度评估量表。④“数字化转型对欧盟劳动力市场影响问题高级专家组”于2019年发布了一份报告，提出了对欧盟、成员国、企业和其他利益相关者的短期、中期和长期政策行动建议，以及以数字化转型为目标的行动指南。⑤“责任和新技术专家组”同样于2019年发表了一份《关于人工智能和其他新兴数字技术责任》的报告。⑥

---

① “High-Level Expert Group on Artificial Intelligence”, Shaping Europe's Digital Future, June 2021, European Commission, https://digital-strategy.ec.europa.eu/en/policies/expert-group-ai.

② “Ethics Guidelines for Trustworthy AI”, Shaping Europe's Digital Future, March 2021, European Commission, https://digital-strategy.ec.europa.eu/en/library/ethics-guidelines-trustworthy-ai.

③ “The Policy and Investment Recommendations for Trustworthy AI”, European AI Alliance, June 2019, European Commission, https://futurium.ec.europa.eu/en/european-ai-alliance/open-library/policy-and-investment-recommendations-trustworthy-artificial-intelligence.

④ “Assessment List for Trustworthy Artificial Intelligence (ALTAI) for Self-Assessment”, Shaping Europe's Digital Future, March 2021, European Commission, https://digital-strategy.ec.europa.eu/en/library/assessment-list-trustworthy-artificial-intelligence-altai-self-assessment.

⑤ European Commission, *Report of the High-level Expert Group on the Impact of the Digital Transformation on EU Labour Market*, Luxebourg: Publications Office of the European Union, 2019, p. 12.

⑥ European Commission, *Liability for Artificial Intelligence and Other Emerging Digital Technologies*, Luxembourg: Publications Office of the European Union, 2019, p. 7.

除横向小组外，欧盟委员会专家小组还对受人工智能技术应用影响的具体政策领域，包括自主车辆、航空、机动和运输给予了特别关注，对相关领域政策制定和新出现的安全风险把控工作进行引导。这项工作为欧盟及各成员国的政策制定提供了宝贵的专业知识，同时有助于正在进行的欧盟层面有关人工智能问题的政策讨论。

2018 年，欧盟委员会（与成员国协调）开发并启动了 AI Watch 项目,[①] 以统一监测欧洲范围内 AI 技术的发展。该项目对人工智能产业、技术和研究能力发展水平、成员国人工智能政策倡议、投资水平、人工智能发展和应用对经济和社会及公共服务的影响等多方面进行了密切监测。在最近两年中，该项目发表了一些研究，以支持循证决策，并为有关人工智能的讨论提供信息。2018 年，为了监测欧洲各国对新兴和颠覆性技术（包括人工智能技术）的采用和使用情况，委员会创建了一个创新公共服务（IPSO）平台。同样，为了监测新兴数字和关键智能技术（包括人工智能）在工业发展中的应用情况，该公司于 2020 年推出了“工业先进技术”（ATI）项目。

2020 年，欧盟统计局开始收集欧盟人工智能技术的使用数据。第一组数据是通过与人工智能相关的四个代理指标收集的，主要集中在聊天机器人、机器学习大数据分析、自然语言处理大数据分析和服务机器人。对利益相关者对欧盟人工智能战略的意见收集也在 2020 年同期进行。统计局主要通过 2020 年《人工智能白皮书》发布之后的公开公众咨询，收集了三大领域的意见：建立卓越生态系统，人工智能监管框架的选择，与 AI 安全和责任有关的行动。除了对公众咨询做出回应外，成员国还通过人工智能和欧洲工业数字化小组的讨论，以及与欧盟委员会的双边磋商，就《协同计划》和联合行动可能发生的变化提供了反馈。为了更广泛地与利益相关者就人工智能相关主题进行交流，委员会建立了一个在线论坛“人工智能联盟”，为来自世界各地约 4000 名利益相关者提供一个交流信息的平台，并讨论人工智能的技术和社会影响。委员会于 2019 年 6 月和 2020 年 10 月组织了人工智能联盟大会。

成员国人工智能和欧洲工业数字化小组（MS Group on AI and DEI）的

---

① G. Misuraca, C. Van Noordt, *AI Watch - Artificial Intelligence in Public Services*, Luxembourg: Publications Office of the European Union, 2020, p. 18.

建立，加强了人工智能研发与应用的交流与合作。该小组致力于处理人工智能技术问题，对成员国与欧盟委员会之间的讨论起到重要作用，尤其是在制订和修订《协同计划》方面。该小组定期举行会议，确保国家各部门和其他利益攸关方（如工业界、学术界和民间社会）之间的沟通。在2018年《协同计划》通过后的几年里，该小组处理了其涵盖的所有主要领域的相关议题，包括人工智能卓越中心、测试和实验设施（TEF）、法律框架、绿色交易人工智能、健康人工智能和安全人工智能等。

（二）挖掘数据的潜力

高质量数据的可用性，尤其是在多样性及非歧视性方面表现出色的高质量数据，以及对各类数据重组及重复使用的可能性，是开发和部署人工智能系统的基本前提和先决条件。然而，由于经济激励机制的缺乏、法律制度的不明确，数据共享特别是公司之间的数据共享还没有达到足够的规模。[①] 因此，2018年的《协同计划》建议建立共同的欧洲数据空间，实现跨境数据共享。它还强调了发展泛欧计算基础设施和云服务的重要性，特别是考虑到数据访问的国际竞争问题。

2020年2月19日，欧盟委员会通过了一项欧洲数据战略。[②] 该战略旨在建立一个单一的数据市场，以确保维持欧洲较高的全球竞争力。这就需要为数据共享制定正确的激励措施，根据欧洲的价值观和权利，如个人数据保护、消费者保护和竞争规则，制定切实、公平、非歧视性和明确的数据获取和使用规则。这还意味着通过开放高价值的数据集，并允许它们再用于创新，使公共部门的数据更广泛地可用。

2020年6月，欧盟委员会发布了一份关于企业对政府（B2G）数据共享的报告，[③] 报告由高级专家组出具，其中包含一套政策、法律和资金建议，旨在使B2G数据共享在欧盟成为一种可扩展、负责任和可持续的做

---

① European Commission, "DG Communications Networks Content and Technology", A Proposal for a Regulation on Data Governance, COM (2020) 767 final, 25 November, 2020.

② European Parliamentary, *A European Strategy for Data*, 2020/2217 (INI), 19 February, 2020.

③ "Experts Say Privately Held Data Available in the European Union Should be Used Better and More", Shaping Europe's Digital Future, March, 2021, European Commission, https://digital-strategy.ec.europa.eu/news/experts-say-privately-held-data-available-european-union-s hould-be-used-better-and-more.

法。欧洲数据战略也促进数据共享，如企业对企业（B2B）实践。

继数据战略之后，欧盟委员会于2020年11月25日提出了一项新的数据治理法案。[①] 拟议的法规包括一些为增加数据共享信任度的措施，包括B2B实践，并以这种方式旨在为AI应用程序提供更高质量的数据。它创建了新的欧盟中立性规则，允许新的数据中介机构作为值得信赖的数据共享组织者发挥作用。它呼吁建立一个“欧洲数据创新委员会”，以支持跨部门操作，确保高质量数据的可用性。必要时，可通过部门立法并对数据治理法进行补充。

（三）培养核心计算能力

如果没有计算基础设施，数据的可用性将不会产生附加值。因此，欧盟委员会采取大量措施，支持技术系统和下一代数据处理基础设施的发展。为支持欧洲高性能计算（HPC）能力的发展，欧洲高性能计算联合企业在32个参与国之间协调并汇集资源，以开发和部署一个世界级的超级计算基础设施，该基础设施可从欧洲任何地方进行访问。

总的来说，人工智能硬件的主要趋势可以概括为两点。其一，下一代人工智能解决方案需要更强大、更节能，以满足日益复杂的训练模型的需要。其二，计算将在更接近用户并能够实现实时人工智能应用程序的设备上使用。为此，欧盟将重点放在支持人工智能硬件开发的行动上。人工智能模型的建构对计算能力的要求越来越高，因此从内存（即高性能和高效的处理器）快速访问数据对人工智能基础设施来说至关重要。此外，人工智能模型对能源的要求很高，随着人工智能技术更多地渗透到我们的日常生活中，这种能源需求是不可持续的。因此，人工智能的应用需要使用专用的低功耗人工智能处理器，这些处理器提供必要的处理能力，并且比通用处理器效率高几个数量级。在此背景下，欧盟委员会支持“地平线2020”项目中低功耗人工智能技术的开创性工作，并支持“地平线欧洲”计划开发和利用此类技术，以及超低功耗处理器新型架构的研究行动，并特别关注边缘人工智能应用。

---

① European Commission, “DG Communications Networks Content and Technology”, A Proposal for a Regulation on Data Governance, COM (2020) 767 final, 25 November, 2020.

二 促进人工智能技术成果的市场转化

除了数据和计算基础设施外，人工智能技术的开发和部署还需要有针对性的行动和足够的资源，重点关注科研和 AI 的创新成果、技术研发所需人才和技术的可用性、支持性的政策框架和国际协调。这些行动都是“横向”的，即贯穿所有政策领域，有助于使欧盟成为让 AI 成果从实验室走向市场的地方。这一“横向”联合行动涵盖了整个人工智能生命周期，包括促进卓越生态系统的行动，人工智能的应用导向研究、开发、部署和商业化扩散等。

（一）协调和调动研究能力

在过去的四年中，欧盟采取行动加强对基础研究和应用研究的投入力度，并在欧洲培养重点技能人才。通过“地平线 2020”项目，欧盟委员会在四年内投资 5000 万欧元，建立了一个由紧密联网的人工智能卓越中心组成的研究社区。其目的是加强欧洲最好的研究团队之间的合作，使他们能够联手应对人工智能领域的重大科技挑战，并促进研究团队和行业之间更紧密地合作、整合和协同。目前，已有五个项目被选定组成网络，其中包括四个人工智能卓越中心网络与一个协调和支持行动。这些项目会集世界一流的研究人员，为欧洲人工智能系统建立共同的方法、愿景和身份。

为了确保欧盟对研究的支持跟得上人工智能技术的发展，欧盟委员会根据当前的研究趋势和需求，评估了在“地平线 2020”项目中委员会对人工智能的跨部门投资数额，并明确了人工智能领域的未来投资机会。它还利用《人工智能白皮书》的公众咨询意见和人工智能社区有针对性地咨询，规划人工智能研究的新课题和额外的卓越中心网络。

（二）供开发者测试和中小企业、公共管理部门使用

欧洲人工智能需求平台和系统倡议始于 2019 年，由“地平线 2020”项目资助。该倡议汇集了人工智能利益相关者和资源，克服碎片化，加快了基于人工智能的创新（研究、产品、解决方案）。正在开发的平台将作

为欧洲人工智能市场的驱动力，提供关键的大量资源、社区网络服务，实现快速的发展与增长。整合该系统的行动于 2021 年 1 月开始，以吸引更多的用户群体，特别是非技术部门的用户群体，并促进平台资源的吸收和利用。

测试和试验人工智能系统的设施对人工智能技术的部署和应用至关重要。这一点对于中小企业尤其重要，因为中小企业很难充分利用数字技术，成为具有竞争力和创新能力的企业。欧盟与成员国合作，提出了两套措施，即“测试和试验设施”（TEFs）与“数字创新中心”（DIH）。“测试和试验设施”指的是具有特定专业知识和经验的技术基础设施，能够在真实或接近真实的条件下测试给定行业的成熟技术。其目的是为开发人员提供一个基础设施，以便在将人工智能技术推向市场之前对其进行测试。“数字创新中心”也被称为“一站式商店”，帮助有兴趣使用人工智能的公司，通过使用人工智能技术在其业务/生产流程、产品或服务方面以提高竞争力。欧洲数字创新中心为企业提供了在投资前测试人工智能技术的可能性以及相关服务，如成功的数字转型所需的融资、培训和技能发展建议。

三　确保人工智能为人服务，成为社会中一股向善的力量

人工智能系统在医疗保健、农业、教育、就业、基础设施管理、能源、运输和物流、空间、公共服务、安全、气候变化缓解和适应等领域的应用日益广泛，也越来越频繁地应用于解决复杂的公共利益问题。人工智能的成功开发和应用有助于欧盟的经济增长和提升全球竞争力，并为社会和环境带来巨大的利益。然而，人工智能的某些应用也会挑战受欧盟法律保护的权利，引发新的安全问题，并影响劳动力市场。在 2020 年的《人工智能白皮书》中，欧盟委员会提出了建立在卓越生态系统和人工智能信任生态系统基础上的欧洲人工智能发展路径。①

① European Commission, *White Paper on Artificial Intelligence: A European Approach to Excellence and Trust*, COM (2020) 65 final, 19 February, 2020.

（一）培养人才，使人工智能生态系统蓬勃发展

《协同计划》将持续存在的重大信息通信技术技能缺口确定为欧洲人工智能发展的关键挑战。随着人工智能市场的发展和人工智能技术的普及，欧盟有必要确保人工智能产品和服务的可访问性和普及性。为此，欧盟致力于提升广泛计算技能的可获得水平，并进一步加深所有公民对人工智能的了解。为了保持全球竞争力，欧盟还努力扩大人才储备，招纳具有专业人工智能技能（如数据建模、架构和语义）的人士，以保持在人工智能研究中的强势地位，并为人工智能系统的开发和推广做出贡献。非技术人工智能技能同样重要。为了避免就业市场两极分化以及国家内部和国家之间不平等的加剧，欧盟为人工智能技能的普及做出了重要贡献。

按照2018年《协同计划》的建议，人工智能被很多国家纳入其国家战略。国家战略中提出的措施包括改革正规教育制度，在中小学引进或加强计算思维、人工智能教学等。在这种情况下，RRF还提供了前所未有的机会，支持各级教育（正式和非正式）和培训的数字技能发展（包括人工智能），作为实现20%数字目标的一个重要因素。在2021年可持续增长战略中，欧盟委员会提出了一个有关提升技能的旗舰计划，鼓励成员国进行投资和改革以提高数字技能，面向所有年龄段人群提供教育以及职业培训。①

2020年9月，欧盟委员会通过了一项新的2021—2027年数字教育行动计划。② 该行动计划将人工智能技术纳入提升数字技能的大背景中。欧盟委员会还支持举办欧盟代码周，这是一项由志愿者领导的运动，它为很多人带来了计算机科学、人工智能和数字技能。在2020年年底，为了支持会员国提升AI的专业教育，欧盟委员会为四个大学、中小企业和AI卓越中心提供资助以提供优秀的硕士课程，总计650万欧元。选定的网络应在欧盟的支持下，在不同的成员国共同设计和提供高质量的硕士课程，侧

① European Commission, *Annual Sustainable Growth Strategy* 2021, COM (2020) 575 final, 28 October, 2020.

② "Digital Opportunity Traineeships: Boosting Digital Skills on the Job", Shaping Europe's Digital Future, May, 2021, European Commission, https://digital-skills-jobs.europa.eu/en/inspiration/good-practices/digital-opportunity-traineeships.

重于以人为中心的人工智能、公共行政人工智能和医疗保健人工智能。

（二）制定政策框架，以确保对人工智能系统的信任度

信任对于促进人工智能技术的应用及市场推广至关重要。2020 年《人工智能白皮书》指出，欧洲人工智能的发展旨在提升人工智能领域的创新能力，同时支持符合道德伦理且值得信赖的人工智能技术发展和应用。人工智能应该为人服务，成为一股推动社会健康发展的蓬勃力量。考虑到人工智能技术对社会和环境的重大影响，“以人为本”的开发和使用是指导欧洲人工智能发展的关键原则之一，这一原则保护了欧盟的价值观和基本权利，保证可持续和有效地利用资源。

欧盟委员会在调动专业知识、与广泛的利益相关者（包括社会伙伴、非政府组织、工业界、学术界和成员国等）协商，以及制定政策以促进对人工智能的信任方面做出了巨大努力。具体来说，欧盟促进信任的行动重点关注与道德、安全、基本权利（包括不受歧视的权利）、责任、监管框架、创新、竞争和知识产权有关的问题。欧盟委员会以伦理和人工智能技术的基本问题为重点，推动人工智能高级别专家组的工作。正如前文所提到的，该小组已经产生了两个主要成果：人工智能道德准则和人工智能信赖度评估量表。

在围绕知识产权保护的行动计划中，欧盟委员会强调了人工智能系统对知识产权提出的一些挑战。现有证据表明，欧盟的知识产权框架广泛适用于应对人工智能辅助产出带来的挑战，但仍有改进和进一步协调的余地。知识产权行动计划就某些问题提出行动建议，特别是通过与利益相关者接触和收集证据来为决策提供信息。

关于信任和监管的争论在于创新，即公共监管如何促进而不是扼杀创新，从而提升欧洲的全球竞争力。因此，为了制定一种动态的监管办法，欧盟委员会就监管框架的形式选择和内容进行了广泛磋商。吸取的主要经验教训是，欧盟的做法应以人为中心、以风险为基础进行动态监管。各种利益相关者认为，若要营造出有利于创新的监管环境，第一个要素就是“监管沙盒”，也就是提供一个公共监管的实验设施，并允许对公共干预的影响进行快速评估。经过较短时间的实践后，欧盟委员会收到了积极的回复，“监管沙盒”在不少成员国进行了尝试，并且初见成效。

四　媒体领域的人工智能应用

除了以上各项横向行动外，欧盟对人工智能在媒体领域的应用进行了探讨，认为人工智能技术在媒体领域的应用应加强，但这一目标的实现需要基于对平台及人工智能技术竞争领域更加严格的规制。总的来说，目前有关媒体行业人工智能应用的政策仍不完善。现阶段人工智能技术在媒体产业的应用与互联网平台型企业的发展紧密相关，然而平台型企业深陷反垄断图圄，使得如何在法规红线内合理发挥人工智能技术潜力成为欧盟首先需要考虑的问题。

为了建立一个可持续和负责任的独立媒体生态系统，并在公平竞争基础上发展面向全球的欧洲媒体产业，欧盟提出了若干建议。其认为数据作为新时代重要的资本类型，不应出现寡头化或孤立化，主导服务应具有一定的交互性。因此，欧盟对媒体市场内平台间和用户控制下的数据进行监管十分必要。在这个方面，管理者尤其需要对占有较大市场份额的平台企业采取有针对性的措施。

欧盟委员会认为，若要在媒体领域争取人工智能技术的世界领先地位，就需要改变思路，将欧洲内部竞争转化为合作，通过平台的方式形成一个强大的欧洲媒体共同体。以平台的形式联结欧洲各大媒体，使之成为联盟或伙伴关系，并能够与全球科技巨头竞争，这需要建构一个监管共同体。这个共同体包括公共和私人两类机构。事实上，欧盟有必要促进欧洲范围内技术和数据平台的合作，尤其是对其互操作性的把控。特别需要注意在保护优质内容竞争优势和多样性的同时，也保护这些内容在平台上的突出位置。在这个方面，欧盟希望各成员国能够调整国家公共服务媒体的职权范围，以加强媒体间在研发、数据、平台和人工智能方面的合作。目前，欧盟清晰地意识到制定专门的媒体行业政策的重要性。这应该与欧盟委员会提出的人工智能战略同步实施，以确保国家和欧盟层面在媒体战略上的互补与协同。媒体部门应该被视为人工智能开发和应用的关键部门，仅次于卫生和交通等社会基础设施。

五 结语

总的来说，欧盟于2021年启动的《协同计划》较为完整地总结了近年来欧盟与各成员国为保持欧洲人工智能的世界领先地位所做出的诸多努力，同时也在这一分析框架下提出了加强成员国与欧盟合作的诸多方面。特别是人工智能技术在媒体领域的应用应该努力向前推进，使之成为欧洲人工智能世界领先的关键领域。在全球人工智能快速发展之际，欧盟在推动人工智能快速发展和应用方面所采取的战略措施，有助于欧洲各成员国直面社会发展挑战，加速产业发展的数字化和绿色转型。

参考文献

European Commission, *Annual Sustainable Growth Strategy 2021*, COM (2020) 575 final, 28 October, 2020.

"Assessment List for Trustworthy Artificial Intelligence (ALTAI) for Self-Assessment", Shaping Europe's Digital Future, March 2021, European Commission, https://digital-strategy.ec.europa.eu/en/library/assessment-list-trustworthy-artificial-intelligence-altai-self-assessment.

"Digital Opportunity Traineeships: Boosting Digital Skills on the Job", Shaping Europe's Digital Future, May, 2021, European Commission, https://digital-skills-jobs.europa.eu/en/inspiration/good-practices/digital-opportunity-traineeships.

"Ethics Guidelines for Trustworthy AI", Shaping Europe's Digital Future, March 2021, European Commission, https://digital-strategy.ec.europa.eu/en/library/ethics-guidelines-trustworthy-ai.

"Experts Say Privately Held Data Available in the European Union Should be Used Better and More", Shaping Europe's Digital Future, March, 2021, European Commission, https://digital-strategy.ec.europa.eu/news/experts-say-privately-held-data-available-european-union-s hould-be-used-better-and-more.

"High-Level Expert Group on Artificial Intelligence", Shaping Europe's Digital Future, June, 2021, European Commission, https://digital-strategy.ec.europa.eu/en/policies/expert-group-ai.

European Commission, *Report of the High-level Expert Group on the Impact of the Digital Transformation on EU Labour Market*, Luxembourg: Publications Office of the European Union, 2019.

European Commission, *Liability for Artificial Intelligence and Other Emerging Digital Technologies*, Luxembourg: Publications Office of the European Union, 2019.

"The Policy and Investment Recommendations for Trustworthy AI", European AI Alliance, June, 2019, European Commission, https://futurium.ec.europa.eu/en/european-ai-alliance/open-library/policy-and-investment-recommendations-trustworthy-artificial-intelligence.

European Commission, *White Paper on Artificial Intelligence: A European Approach to Excellence and Trust*, COM (2020) 65 final, 19 February, 2020.

European Commission, "DG Communications Networks Content and Technology", A Proposal for a Regulation on Data Governance, COM (2020) 767 Final, 25 November, 2020.

European Parliamentary, *A European Strategy for Data*, 2020/2217 (INI), 19 February, 2020.

G. Misuraca, C. Van Noordt, *AI Watch - Artificial Intelligence in Public Services*, Luxembourg: Publications Office of the European Union, 2020.

T.19　英国智能媒体发展报告*

巩述林**

摘　要： 智能化媒体是包括英国在内的全球媒介产业发展的趋势和未来蓝图。英国的互联网普及率一直处于世界前列，是欧洲最高的国家之一，智能媒体技术被普遍应用于个人工作和组织运营中，在日常生活中常见的语音识别和生成、自动语言翻译、人脸识别、推荐系统以及很多非日常使用的应用程序中，都可以看到人工智能、机器学习和云计算的身影。尽管发展迅速，英国智能媒体产业依然面临多方挑战。脱欧对英国智能媒体产业影响显著，新冠肺炎疫情成为影响英国智能媒体产业发展的双刃剑，此外英国智能媒体产业也面临市场与社会问题等多重困难。

关键词： 英国；智能媒体产业；脱欧；后疫情时代

一　英国智能媒体产业规模与发展现状

“人工智能”“机器学习”“大数据”“深度学习”“云计算”等新风潮正在从内容生产、内容分发、内容管理等多个方面改变媒体产业。[①] 智能化媒体是包括英国在内的全球媒介产业发展的趋势和未来蓝图。英国的互联网普及率一直处于世界前列，是欧洲最高的国家之一，智能媒体技术

---

* 本报告为国家社科基金重大项目“‘双循环’新格局下中国数字版权贸易国际竞争力研究”（项目批准号：21&ZD322）的阶段性成果。

** 巩述林，浙江传媒学院新闻与传播学院讲师，英国卡迪夫大学博士，主要研究方向：新闻文化传播与全球化等。

① 沈浩、元方：《智能化媒体与未来》，2018 年 1 月 22 日，人民网，http://media.people.com.cn/n1/2018/0122/c416887-29778892.html。

被普遍应用于个人工作和组织运营中，在日常生活中常见的语音识别和生成、自动语言翻译、人脸识别、推荐系统以及很多非日常使用的应用程序中，都可以看到人工智能、机器学习和云计算的身影。

过去几年，人工智能和机器学习取得了重大突破，从目前英国人工智能媒介发展情况来看，麦肯锡全球研究院指出，人工智能已成为异常激烈的现代性前沿竞赛。美国和中国在人工智能技术发展领域处于世界领先地位，而英国是欧洲人工智能的领导者之一，其中英国在MGI的人工智能就绪指数上领先于欧盟28国。① Tech Nation的首席执行官Gerard Grech指出，英国人工智能不断发展壮大，2020年，采用或创造基于人工智能的技术的英国公司获得了17.8亿英镑的资金，而法国公司筹集的资金为5.25亿英镑，德国公司筹集的资金为3.86亿英镑。但是欧洲与以美国为代表的前沿人工智能技术之间的差距在逐渐扩大，因此英国政府当务之急是大规模推进人工智能技术。在过去几年间，英国政府与企业联合在人工智能开发和应用领域做出了相当的努力。②

麦肯锡全球研究院指出，英国在人工智能媒介领域既有一定的优势，也有一定的劣势，主要体现在三个方面。其一，英国拥有强大的文化创新力，但是一直未能扩大其创意规模；其二，英国拥有大量的人才储备，但仍然缺乏人工智能前沿专业技术人才；其三，英国拥有大量世界领先的学术机构，但在将学术产出转化为商业产值方面有所欠缺。因此，麦肯锡全球研究所所长Jacques Bughin表示，英国社会可以通过人工智能领域技术的量变释放企业生产力和规模，发挥其优势并完善其不足，具体包括：加大对相关领域人才的投资；建立前沿研究与商业应用之间的联系，大力推进创新型产学研一体化；赋能生产，扩大人工智能影响规模；等等。③

---

① "Artificial-intelligence-in-the-united-kingdom-prospects-and-challenges", June 2019, McKinsey Global Institute, https://www.mckinsey.com/featured-insights/artificial-intelligence/artificial-intelligence-in-the-united-kingdom-prospects-and-challenges.

② "Artificial-intelligence-in-the-united-kingdom-prospects-and-challenges", June 2019, McKinsey Global Institute, https://www.mckinsey.com/featured-insights/artificial-intelligence/artificial-intelligence-in-the-united-kingdom-prospects-and-challenges.

③ "Artificial-intelligence-in-the-united-kingdom-prospects-and-challenges", June 2019, McKinsey Global Institute, https://www.mckinsey.com/featured-insights/artificial-intelligence/artificial-intelligence-in-the-united-kingdom-prospects-and-challenges.

人工智能技术拥有的超高学习技能、信息处理渠道和自主决策理性给智能媒体技术的发展带来希望的同时，也在一定程度上引起了英国社会的恐慌。英国社会也有争论认为如果放任智能媒体技术发展，或有一天会发展出与人类整体意志相悖的智能系统。当前英国智能媒介技术通常与虚拟现实技术相关联，随着技术的进步，智能媒体创造出的虚构环境与现实社会之间的界限越来越模糊。通过观察英国社交网站关于智能媒体技术应用的讨论可以看出，智能媒介的创新与发展目标在很大程度上受到了流行文化的影响。智能媒介的公众形象也进一步影响了英国对智能媒介的社会讨论与群体想象。其中较为新颖的社会观点是将智能媒体、人工智能视为有感知力的机器的论述，这一派的观点认为智能媒体是人类的思维、行为和感知方式的镜像，并引发了社会对公正理性、自由意志和自主意识的探讨。

作为智能媒体支撑技术之一的云计算技术，其物理硬件是由多家公司共享的，给客户提供存储、带宽和 CPU 周期服务等。① 全球公共云计算市场在过去几年一直在不断增长，业务涉及云服务的业务流程、平台服务、基础设施、软件、安全管理和广告服务等。② Statista 统计数据显示，占据英国智能媒体云计算市场份额最大的公共云服务（public cloud services）在 2020 年已享有全球公共云市场将近 5% 的占比，规模约达 120 亿美元。智能媒体云计算应用包括基础设施即服务（laaS）、平台即服务（PaaS）和软件即服务（SaaS），其中软件即服务在 2020 年创造了 99 亿美元的收入，是英国公共云市场中规模最大的细分市场。③

从英国社会云服务使用情况来看，云计算通常被应用于文档数据的在线存储、文本在线应用程序等功能性需求中。目前向客户提供公共云平台的主要公司有 Amazon Web Services（AWS）、Microsoft Azure 和 Google Cloud。总体而言，云服务在英国的使用规模不断扩大，使用云储存的英国人口比例目前已达到 42%，英国企业购买互联网云服务的比例为 42%，

---

① K. Mlitz, "Use of Internet-based Data Storage (Cloud Services) in Great Britain 2020, by Age", February 25, 2021, https://www.statista.com/statistics/1212285/cloud-computing-service-use-age/.

② K. Mlitz, "Use of Internet-based Data Storage (Cloud Services) in Great Britain 2020, by Age", February 25, 2021, https://www.statista.com/statistics/1212285/cloud-computing-service-use-age/.

③ K. Mlitz, "Use of Internet-based Data Storage (Cloud Services) in Great Britain 2020, by Age", February 25, 2021, https://www.statista.com/statistics/1212285/cloud-computing-service-use-age/.

政府的 G-Cloud 支出已达 13.2 亿英镑。① 年轻人是智能云计算的重要目标客户群体，2020 年生活在英国的 16—24 岁人群中约有 54% 使用云媒体服务。② 此外，不仅私人媒体公司在不断投资云计算技术，英国政府也在云基础设施建设中投入了大量的人力和物力，仅 2019 年英国政府对智能云的投入资金就超过了 13 亿英镑，未来这一数据或将不断攀升。虽然英国政府、社会和媒体产业正在以各种形式使用或深度应用智能云服务，但是英国公共部门对智能云计算安全问题、隐私问题等也存在重大担忧。③

二 英国智能媒体产业战略与社会认知

（一）英国智能媒体产业发展的战略方向

近年来，英国政府一直在大力推行智能媒体的科研开发，释放人工智能变革力量，但人工智能技术和应用的分布并不均衡。为此，英国政府于 2021 年推出一项有关国家人工智能战略（National AI Strategy）的新计划，进一步扩大英国各地人工智能的应用规模。英国国家人工智能战略与英国政府近年大力推广的通过基础设施、技能和创新进行大量投资来支持就业和和促进经济增长的政府战略计划是一致的，预计到 2027 年英国政府对人工智能的研发投资将达到 GDP 的 2.4%。研究者认为这一国家人工智能战略将增强英国在人工智能发展方向的全球实力，成为人工智能技术转化的重要催化剂。

英国数字大臣奥利弗·道登（Oliver Dowden）表示，英国未来将以十大技术事项推动英国技术黄金时代的到来，英国新的人工智能战略将侧重以下三点：首先，通过广泛使用人工智能技术来促进经济增长；其次，提升人工智能的道德性、安全性和可信赖性；最后，通过强调技能、人才和研发来应对未来各种变化。英国政府将制定和实施具有全球眼光和社会包容性的人工

---

① A. Holst, "Cloud Computing in the United Kingdom-Statistics & Facts", 15 March, 2021, https://www.statista.com/topics/3164/cloud-computing-in-the-united-kingdom-uk/? #topicHeader_wrapper.

② K. Mlitz, "Use of Internet-based Data Storage (Cloud Services) in Great Britain 2020, by Age", 25 February, 2021, https://www.statista.com/statistics/1212285/cloud-computing-service-use-age/.

③ A. Holst, "Cloud Computing in the United Kingdom-Statistics & Facts", 15 March, 2021, https://www.statista.com/topics/3164/cloud-computing-in-the-united-kingdom-uk/? #topicHeader_wrapper.

智能战略。奥利弗·道登认为，英国已经是这项革命性技术的世界领导者，新的人工智能战略有助于英国从创造新的就业机会和提高生产力，转变为应对气候变化和提供更好的公共服务。英国商务部部长 Kwasi Kwarteng 也指出，英国已经在利用人工智能的巨大潜力来改善人们的生活——从更快、更有效的疾病诊断到控制家中的供暖。通过这一战略，可以加速将新技术推向市场、提高生产力并巩固英国作为全球科学大国的地位。

英国传统媒体产业受到来自智能媒介技术的影响和威胁已是不争的事实。数字监管机构 Ofcom 的 CEO Melanie Dawes 认为，传统广播业等已经危在旦夕；与此同时，数据监管也承担监管“网络伤害”的艰巨任务，并质疑英国监管机构是否真的有能力监管包括 YouTube 和 Instagram 等社交媒体平台在内的互联网社会。智能媒体技术已经成为英国新闻业的重要组成部分，人工智能对新闻业的制作和消费方式产生了深远而广泛的影响。这些影响首先体现为人工智能赋予了记者更多的权利，帮助记者腾出更多时间来创造优质新闻和提升新闻文本质量。智能媒体技术还可以帮助公众应对新闻过载、避免错误信息，以便捷的方式帮助消费者连接新闻产品，为受众提供与日常生活相关的、有用的、有吸引力的可信内容。①

（二）英国智能媒介技术推动新闻传播业变革

英国政府《数字化战略》报告指出，英国要从如下方面着力推进智能媒介产业和相关配套技术的发展，包括“建立连接性，为英国打造世界一流的数字基础架构，使英国成为建立和发展数字化业务的最佳地区；提升数字技能的包容性，使每个人都能获得所需的数字技能；推动数字媒介产业发展，使英国成为启动和发展数字业务的最佳场所；拓宽智能化经济，使英国企业顺利发展成为数字化企业；建立安全网络空间，使英国成为世界上最安全的线上生活和工作地区；运营智能行政，保持英国政府数字行政化的世界领先地位；等等。②

智能媒介产业及其配套的发展进一步推动了英国新闻电子化、数字化

---

① Charlie Beckett, “New Powers, New Responsibilities: A Global Survey of Journalism and Artificial Intelligence”, November 18th, 2019, Google News Initiative, https://blogs.lse.ac.uk/polis/2019/11/18/new-powers-new-responsibilities/.

② 裴永刚：《英国传媒产业发展现状、问题及趋势分析》，《编辑之友》2018 年第 5 期。

的发展趋势。《英国新闻消费报告 2020》（*News Consumption in the UK: 2020*）显示，英国消费者获取新闻最主要的平台包括传统电视和新媒体互联网，分别占消费者比重的 75% 和 65%。65 岁以上英国民众有 92% 通过电视获取新闻，而 16—24 岁的消费者有 79% 依靠新媒体平台获取新闻，可见英国消费者群体正逐渐向互联网新闻倾斜。①

依靠智能媒介技术推动的数字化新闻与传统新闻模式差别较大，主要体现为传播速度快、波及范围广、影响深远、时效性长。互联网极大地改变了公共关系与信息获取手段，由此产生的新的通过互联网所达成的信息传播渠道极大地改变了传统的信息和新闻传播方式，英国社会不可避免地面临网络社会所带来的机遇与挑战。从网络安全存在的隐患来看，网络新闻传播的脆弱性来自网络控制领域分散、受益分散、用户分散等，这些分散性对网络社会的安全问题造成了严重威胁。此外，智能媒介技术引发的建制化传播语境的解构也在进一步改变英国新闻传播的格局。目前社交媒体群体表达和网络舆论已成为英国社会新闻传播的重要途径，尤其是 Facebook、Twitter、Snapchat、Youtube、Instagram 等超级互联网平台正在逐渐主宰新闻和信息传播，打破了原先主要由专业新闻机构（如 BBC）和主流影视文化产业所主导的新闻传播模式。当前英国社会的媒体传播实践不是抽象的，而是围绕具体新闻事件和产业议题的。英国社会群体对智能媒介时代社会和文化问题的参与，也由过去的被动变为主动，智能媒体产业推动下群体表达对英国新闻传播业和媒体产业格局的影响不容小觑。

三　英国智能媒体产业影响与制约因素

（一）脱欧对英国智能媒体产业影响显著

经过一年的过渡期，英国于 2020 年 1 月 1 日正式脱离欧盟。英国 2020 年上半年的一项调查显示，英国近 40% 的中小企业尚未为英国退出欧盟做好准备，媒体行业有 38% 的企业表示对英国脱欧毫无准备。② 不可否认的是，

① "News Consumption in the UK: 2020", 13 August, 2020, Jigsaw Research, https://www.ofcom.org.uk/__data/assets/pdf_file/0013/201316/news-consumption-2020-report.pdf.

② D. Clark, "Brexit Preparedness Levels of SMEs in the United Kingdom 2020", 30 Jan, 2020, https://www.statista.com/statistics/1092125/smes-preparedness-levels-for-brexit/.

脱欧在很大程度上影响了英国智能媒体的行业规则、产业规模和人员配比，并可以预见将在接下来很长一段时间影响英国的智能媒介产业。

从对智能媒体产业人员工作流动的影响情况来看，目前前往申根地区（Schengen Area）的游客可以享有90天的逗留期限，但包括媒体记者在内的部分专业人员被排除在外，否则或将面临高达数千英镑的罚款。而英国方面则拒绝了欧盟为媒体工作者及相关专业从业人员提供特殊旅行权的建议，同样，从英国前往欧洲的媒体工作者需要被检查工作许可证明和签证。[①] 因此，多名议员开始呼吁并支持政府重新考量对媒体创意工作者的出行权方面的限制范围。近期，提交议会的《早期动议》（*An Early Day Motion*）指出，媒体需要能够在关注新闻和调查报道时做出迅速的反应，而不是陷入代价高昂或耗时长久的官僚主义问题之中。

此外，脱欧对数据版权、数据访问权、数据保护等所有关键信息点都有不可忽视的影响。《欧盟通用数据保护条例》（*The EU General Data Protection Regulation*）于2018年生效以来，受众同意权、分析权、可移植性等亦被纳入了英国法律。然而，智能媒体产业部分相关配套仍会受到脱欧影响。例如，拥有包括Business Matters、Fund Manager Today和Traveling for Business等多个B2B媒介品牌的Capital Business Media公司已将英国境内的内容营销和SEO部门迁至爱尔兰，以应对脱欧过渡期结束后数据业务受到影响的风险。

（二）疫情成为影响英国智能媒体产业发展的双刃剑

新冠肺炎疫情造成英国经济和产业停摆已成不争的事实。当前，作为第三产业的智能媒介应用市场受到冲击。作为英国智能媒体产业发展重要城市的伦敦遭遇多次封城，疫情引发的英国智能媒体产业市场恐慌使市场在一定程度上发展停滞。随着全球疫情逐渐得到控制，英国智能媒体产业也在不断追赶进度，而且疫情推动的全球加速线上化也使得智能媒体配套加速发展。Benevolent AI首席执行官、GPAI指导委员会联合主席Baroness Joanna Shields认为，人工智能对后疫情时代英国经济、安全和社会的发展

---

① Charlotte Tobitt, "Brexit and the UK News Industry: 100 Days on, Still no Travel Deal for Journalists", 2021, Tobitt, Charlotte, https://pressgazette.co.uk/journalism-after-brexit-uk/.

至关重要，也是“释放人工智能推动创新、经济增长、创造就业和社会福利的潜力的关键”；并指出随着英国社会在疫情之后重建，“这种对技术的投资再重要不过了，现在是共同努力建立一个适合所有人的人工智能未来的时候了”。

（三）市场与社会问题

从市场情况来看，智能媒体产业相关媒介素养问题在不断影响英国市场。此前有 BBC 报道称仍有部分人拒绝或不会使用智能媒体，智能媒体使用费用仍然较高。此外，英国社会支撑智能媒介发展的基础网络差，5G 网络无法铺开。移动通信网是智能媒体的基础设备，英国的高速移动通信网络的覆盖率不高，如地铁中缺少网络，只能通过传统纸质媒介进行新闻传播，缺少智能媒体信息传输的媒介。同时，英国在缺少如 5G 基站等基础设备的情况下，盲目跟从美国策略，拆除了大量华为设备，使消息传输媒介进一步减少，设备升级成本增加，进一步减缓了智能媒体的发展步伐。

此外，智能媒体产业发展还面临信息泄露、隐私侵犯、数据贩卖等问题。随着互联网经济的不断推进，信息安全在数字化网络空间里呈现出诸多新的现象和问题，信息和数据风险也日渐成为困扰诸多智能媒介相关商业企业的痛点。这个问题不仅关乎英国网络文化的积极塑造和社会秩序的有序发展，也关乎网络环境的安全程度。由于互联网在政治、经济、社会、文化等方面的高度渗透，在网络环境动态变化、日益复杂的当下，维护智能媒介应用安全、防范信息泄露等风险成为企业和社会多方关注的焦点。从相关案例得出的数据来看，数据和信息安全问题的产生在很大程度上源于部分智能媒体技术公司在商业的盈利性与技术的社会性之间存在一定的矛盾。在现实合作中，部分智能媒体产业公司受到商业盈利、政治体制、国际权力博弈等多方面的影响，可能会产生有悖行业准则的行为，贩卖出售云数据和个人信息，或引发网络群体性事件。技术的社会性源自技术与社会之间关系的不断深化和发展，一旦单一追求通过技术获得利润而不顾社会影响，就会造成诸多问题。在智能媒体时代，这些问题会被轻易放大，以滚雪球的方式扩大影响。为了应对信息技术安全相关问题，英国社会已意识到智能媒体技术的发展和进步应当平衡与社会的关系，这种良性平衡关系不仅体现在经济层面，还体现在社会精神层面，最终使智能媒体技术应用的社会性与商业性达到平衡和一致。在后疫情时代对外开放的语境下，网络信息安全会受到多种因素的影响，并会随着社会发展形势的变化而变化。新冠肺炎疫情的全球暴发在持续挑战和考验英国互联网文化管理系统和方针的有效性，涉及智能媒体配套技术的秩序引导和风险治理也不断展现其重要价值，引起英国政府、社会和民众越来越高的关注。

四　总结

本报告通过对2020年英国智能媒体产业规模、发展现状、战略规划、社会认知以及发展制约因素的总结和梳理，认为英国智能媒体取得了世界瞩目的成绩和进步，但在智能媒体技术开发跨国合作、疫情应对、数据和隐私泄露方面仍存在一些需要解决的难题。随着智能化国家战略的推动，英国智能媒体产业尚有很大的上升和发展空间。

在英国，人工智能和机器学习取得了重大突破。英国的创新创意文化发展较好，扩大其创新创意规模是关键点；同时，英国仍然缺乏人工智能前沿专业技术人才，且在将学术产出转化为商业产值方面有所欠缺。英国需进一步释放企业生产力和规模，发挥其优势并克服其弱点，加大对相关领域人才的投资，加大推进创新型产学研一体化的力度，并进一步扩大人工智能影响规模。此外，由于英国公共部门和很多民众对智能云计算安全问题、隐私问题和应用程序安全问题存在重大担忧，加之新冠肺炎疫情带来的社会加速线上化进程，英国社会正不断加大对智能媒体市场和技术应用的秩序引导和风险治理的重视。

从全球智能传媒产业发展格局来看，脱欧期间英国智能媒体产业持续发展，脱欧过渡期结束后的英国智能媒体产业也在重新思考和定位其未来跨国合作的发展方向以及相关人员就技术进行国际交流的可行方案。

参考文献

裴永刚：《英国传媒产业发展现状、问题及趋势分析》，《编辑之友》2018第5期。

沈浩、元方：《智能化媒体与未来》，2018 年 1 月 22 日，人民网，http://media. people. com. cn/n1/2018/0122/c416887-29778892. html。

A. Holst, "Cloud Computing in the United Kingdom-Statistics & Facts", 15 March, 2021, https://www. statista. com/topics/3164/cloud-computing-in-the-united-kingdom-uk/? #topicHeader_ wrapper.

"Artificial-intelligence-in-the-united-kingdom-prospects-and-challenges", June 2019, McKinsey Global Institute, https:// www. mckinsey. com/featured-insights/ artificial-intelligence/ artificial-intelligence-in-the-united-kingdom-prospects-and-challenges.

Charlie Beckett, "New Powers, New Responsibilities: A Global Survey of Journalism and Artificial Intelligence", November 18th, 2019, Google News Initiative, https:// blogs. lse. ac. uk/polis/2019/11/18/new-powers-new-responsibilities/.

Charlotte Tobitt, "Brexit and the UK News Industry: 100 Days on, Still no Travel Deal for Journalists", 2021, https:// pressgazette. co. uk/journalism-after-brexit-uk/.

Kimberly Mlitz, "Public Cloud Services Market Size 2017 – 2022", 22 April, 2021, https:// www. statista. com/statistics/273818/global-revenue-generated-with-cloud-computing-since-2009/.

K. Mlitz, "Use of Internet-based Data Storage (Cloud Services) in Great Britain 2020, by Age", 25 February, 2021, https://www. statista. com/statistics/1212285/cloud-computing-service-use-age/.

"News Consumption in the UK: 2020", 13 August, 2020, Jigsaw Research, https://www. ofcom. org. uk/_ _ data/assets/pdf_ file/0013/201316/news-consumption-2020-report. pdf.

Published", 30 January, 2020, https://www. statista. com/statistics/1092125/smes-preparedness-levels-for-brexit/.

T.20 法国智能媒体产业发展报告*

焦俊波　王品力**

摘　要： 法国智能媒体的发展受制于外国大型互联网公司，存在缺乏领军企业和人才流失等问题。法国政府已经意识到这一现实问题，并从国家层面提出人工智能战略，但是民意基础薄弱使得法国公司和企业家对人工智能过于谨慎。在5G方面，法国在美国支持的北欧企业和中国华为之间摇摆不定，5G频谱拍卖也受到本国多方势力的反对。在社交媒体使用方面，Tik Tok在法国的使用人数有明显上涨。法国企业依靠多媒体平台和人工智能技术进行广告宣传，效果显著。大数据被广泛应用于法国的智慧城市建设，大数据企业收入可观，为更好地保护公民的数据隐私，法国政府出台了一系列法律政策，设置了多样的数据管理岗位，以期岗位之间相互制约。作为欧盟成员国，法国在人工智能方面与德国合作密切，试图建立人工智能技术领域的欧洲标准。

关键词： 法国；人工智能；5G；大数据

法国作为欧洲极具代表性的老牌发达国家，科技的进步与民众的保守共存于当下。一方面，为了适应全球化发展，政府层面极力呼吁国家和民众接触智能科技；另一方面，对于崇尚自由、民主但思想上较为保守的法国民众来说，面对智能化媒体浪潮观点碰撞时有发生。了解法国人工智能技术的发展现状以及智能媒体应用的情况、法国民众对待新媒体技术和发

---

* 本报告为国家社科基金重大项目"'双循环'新格局下中国数字版权贸易国际竞争力研究"（项目批准号：21&ZD322）的阶段性成果。

** 焦俊波，博士，浙江传媒学院副教授；王品力，浙江传媒学院新闻与传播学院硕士研究生。

展的态度，将对中国对法国的文化输出与交流合作起到促进和指导作用。法国总统马克龙于2018年在法兰西学院发表讲话时宣布了法国人工智能战略，宣布法国进入迎接人工智能发展的新时代，以期达到法国成为人工智能强国的目的。在这一国家战略背景下，法国媒体融合转型的一些做法也值得借鉴。

一　法国智能媒体的发展基础与现状

2018年，法国总统马克龙宣布了法国人工智能战略并对外公开了历时7个月的法国与欧洲人工智能战略研究报告。该报告指出法国的人工智能发展将特别聚焦在健康、交通、环境和国防安全四个领域。报告也同时规划了法国人工智能计划期望达到的四个目的：一是巩固完善法国与欧中各国的人工智能生态体系；二是实施数据开放政策；三是调整法国和欧洲的投资与法规框架；四是确定与人工智能相关的伦理政策问题。

（一）法国人工智能技术发展的民意困境

2019年首届法国人工智能峰会在法国巴黎举办，这场为期一天的峰会吸引了全法400余个政府机构和企业代表。峰会期间法国财政部发布了《法国人工智能技术发展水平和前景》报告，指出法国在人工智能的许多应用领域拥有非常多样化的公司和研究机构，法国本土现有109家人工智能领域初创企业，占世界总量的3.1%，主要在机器人、自动驾驶和零售保险领域。报告同时指出目前法国国内受人工智能影响最大的行业是医疗卫生、制造业、交通与公共服务等领域。同时该报告也承认法国在人工智能领域的发展程度不及美国和中国，存在缺乏领军企业、人才流失严重，受制于外国大型互联网公司等问题。

法国是仅次于美国的世界第二大农产品出口国，旅游业、农业、化妆品工业和汽车工业成为支撑法国发展的支柱型力量。一直以来，在工农产业取得显著经济效益的情况下，法国对于信息技术发展的需求显得并不迫切。随着大数据和人工智能浪潮席卷全球，法国政府逐渐意识到自身窘境和问题所在。雪上加霜的是从2018年开始，法国全国范围内爆发了“黄马甲罢工运动”，同时席卷全球的新冠肺炎疫情也在一定程度上阻碍了法国人工智能技术的发展。

法国技术学院通信主席 Yves Caseau 对马克龙总统的 AI 战略进行进一步解释时表示，法国的人工智能信息技术的发展应该更倾向于关注下游的生态系统，即人工智能的应用，而不是上游的理论研究生态系统建设。Yves Caseau 认为现在的法国公司和企业家对人工智能的态度过于谨慎，他认为现在的法国民众对于新技术的需求量是不足的，是谨慎的。一方面，法国有发展人工智能技术的能力，也意识到世界格局在重塑，但落实到个体微观层面，民众的需求心理和需求量明显不足。发展好人工智能需要从民众和企业的需求中获得反馈并及时调整，但在反馈层面法国研发公司却无法获得足够有效的信息。

（二）法国 5G 与移动通信工具应用现状

2020 年，美国、英国等国家公布对华为与 5G 的制裁决策，而法国的态度相对暧昧。法国国家信息系统安全局局长吉约姆·布帕尔（Guillaume Poupar）表示在法国的 5G 电信网络推出过程中，不会完全禁止使用华为提供的设备，但该机构正在敦促法国电信公司避免使用华为的产品。[①] 不难看出，一方面，法国有着发展 5G 的意愿与需要；另一方面，受复杂的国际政治形势的影响，法国的 5G 产业在以美国为主要支持力量的北欧爱立信和中国的华为集团之间无法做出坚定的选择。根据美国皮尤研究中心（Pew Research Center）公布的数据，法国 2019—2020 年智能手机的全国占有量达到了 75%，在发达国家中属于中等平均水平（见图 1）。法国的智能手机人均占有量将影响法国对智能媒体的使用、理解和自我更新。在这份榜单中，韩国智能手机的人均占有量居全球第一，与之相对应的是，韩国在 5G 网络的普及与发展、设计并更新网络 App 方面十分迅速，走在国际前列。2020 年，全球进入抗疫与复工复产并存的后疫情时代，线上办公成为一种新兴、高效的办公方式，5G 网络与移动通信工具在这一过程中扮演着至关重要的角色。法国原计划自 2020 年起分配首批 5G 频段，但实际推行过程中受到了来自国内各种势力的反对，2020 年 10 月法国才完成计划的 5G 频谱拍卖。法国环保

① 赵永升：《看懂法国人对 5G 的盘算》，《环球时报》2020 年 7 月 9 日第 15 版。

派、左派要求暂缓5G的建设，约有70位政治人物发表媒体声明，要求至少在2021年夏季前暂缓5G部署。①

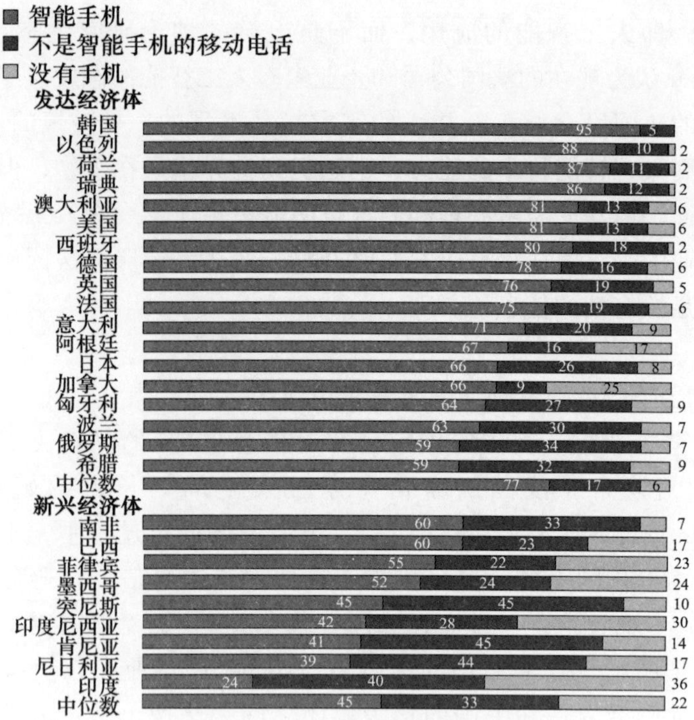

图1　各国智能手机拥有率

资料来源：皮尤研究中心2019年公布的数据。

反对派认为应该在5G全面部署之前完成5G对环境和气候是否有影响的研究，同时也应该咨询民众意见。在社交媒体的使用方面，据统计，Tik Tok在法国约有1100万个用户，平均每天观看视频时间约为1小时，用户中大约2/3的年龄在18岁或以上。② 女性用户数量多于男性（见图2）。对于

① Olivier Chicheportiche, "A Lille, La 5G s'Allume Avec De Nombreuses Contraintes Pour Les Opérateurs, 16 July, 2021, https://www.bfmtv.com/economie/economie-social/france/a-lille-la-5g-s-allume-avec-de-nombreuses-contraintes-pour-les-operateurs_AV-202107160131.html.

② Christophe Asselin, "TikTok en Chiffres et Statistiques en France et Dans le Monde en 2021", 3 February, 2021, https://blog.digimind.com/fr/agences/tiktok-chiffres-et-statistiques-france-monde-2020.

15—24 岁的法国互联网用户而言，使用的媒体平台位居前三的分别是 YouTube、Snapchat 和 Instagram（见图 3）。在该统计数据中，Tik Tok 排在第八位，但值得注意的是 2019—2020 年 Tik Tok 在法国的使用人数显著增多。

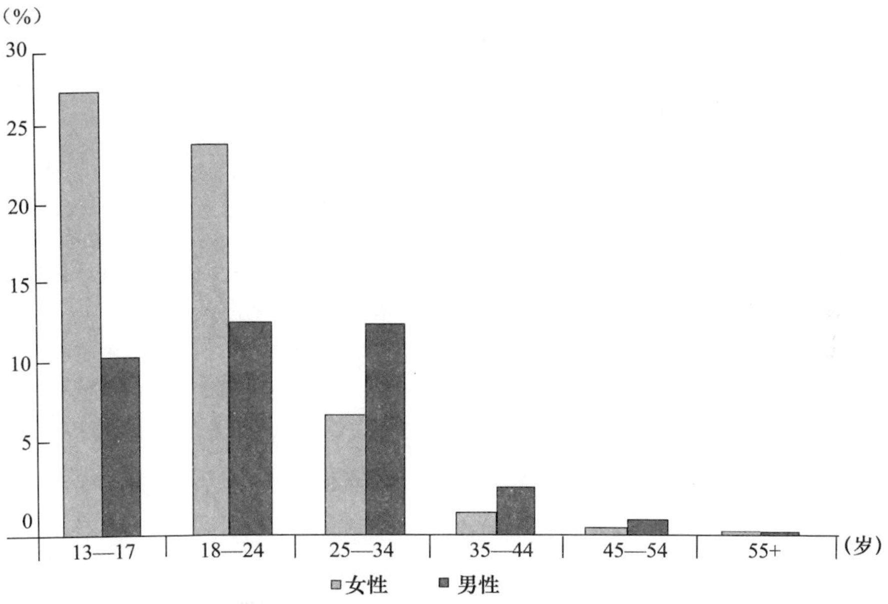

图 2　法国 Tik Tok 用户男女比例与年龄分布

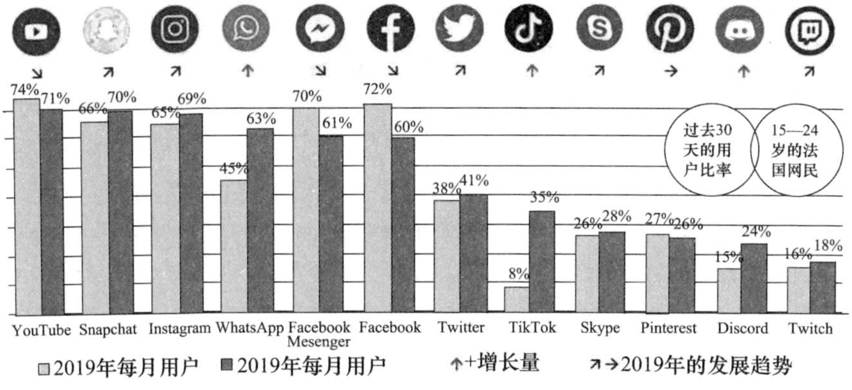

图 3　法国 15—24 岁网络用户媒体平台使用情况

资料来源：法国哈里互联网数据研究所 2020 年公开的数据。

（三）法国新闻媒体的媒体融合表现

如今，媒体融合已经成为全球媒体的发展趋势。在法国，具有代表性的电视台是 France 24。其成立于 2006 年，是一家提供国际新闻时事的电视台，使用英语、法语、阿拉伯语三种语言进行新闻播报。为了提高报道效率，France 24 放弃了派遣记者前往一线自行收集现场资料的方式，也基本不派遣驻外记者，而是与其他国家的各大通讯社进行合作，将收集到的不同国家的通讯素材在“素材间”进行编辑整合，通常这一过程由三名编辑通力合作。经过简单的筛选后，将所选素材打包发至旗下各个频道的主编处，由主编进行再一轮筛选。第二轮筛选过后的信息将被派发至该频道内的编辑记者手中，除重大新闻报道之外，短篇新闻将只有一名编辑或记者进行打包与最终的素材整合，并上传至网络云端。[①] 在 France 24 的官网上，特别设有一个 stop l'infox 专栏，该专栏的设立是为了对抗假新闻。该专栏是 France 24 于 2007 年设置的 observers（观察者）部门所制作的视频短节目，目的是揭示虚假新闻的真相，破译虚假新闻的企图。

该部分还采用 UGC 新闻生产模式，通过 observers——处于事件中的观察者本人所进行的佐证视频与图像的上传，再由专业的记者团队进行新闻事实核查与视频制作，避免后真相时代情感先行、真相滞后导致的假新闻泛滥，带来民众情绪不安的负面后果。同时值得赞扬的是，为了避免从“观察者”处得到的信息不准确，在进行事实核查的过程中，France 24 采用了三轮核查机制，以确保播出的信息能够真实可靠。这一栏目在新冠肺炎疫情暴发以来，更是将报道重点放在了疫情相关的谣言破除领域，对稳定法国国内民众的情绪起到了积极正面的导向作用。同时，在官方网站上也有电视直播观看入口，点击即可收看到当前电视上正在播出的节目，方便移动端客户的实时观看。

（四）法国人工智能技术在广告营销领域的应用

全球范围内，人工智能技术应用到广告的制作与发放环节已经成为一

① 曾小倩：《法国 24 小时新闻台媒体融合模式探究》，《科技传播》2021 年第 5 期。

种常态，利用大数据绘制出消费者的精准画像，通过媒体技术将内容更好地呈现，传达到目标人群的视野中，更好地实现商业或者公益目的。法国媒体 CB NEWS 在 2021 年年初整理出了在社交网络中影响力位居前 20 的法国机构，并分析他们的营销手段与优势，其中将 Facebook、YouTube 和 Twitter 上的订阅用户数量作为主要的参考依据。从这三个主要的参考平台来看，法国的企业营销宣传只能依托于其他国家的大型媒体平台进行。在社交媒体平台上进行企业宣传的过程中，法国企业借助有影响力的全球话题进行传播，以达到扩大传播范围的目的。如 France TV 在转播东京奥运会的宣传活动中，为了达到更广泛的影响力，广告公司 MullenLowe France 便通过制作视频进行多平台投放，在 Instagram 和 Facebook 上利用话题打卡的方式，吸引更多的受众发布图片推文参与到互动中。在法国，这种多平台分发、多方式呈现的媒体宣传实践已进行多年。早在 2013 年法国学者 Maria Mercanti-Guérin 就提出，应该根据受众的行为定向依照用户需求定制在线广告，依托大数据技术重新定位网络广告的投放人群，并与多个网站达成合作关系。这种大数据技术的应用，甚至可以在互联网用户采取行动（购买）之前，就能预测他们的行为走向并提供相应的个性化服务。[①] 在广告的投放环节，法国采用新媒体传播与电视媒体传播并行的方式。新媒体方面，利用大数据技术推送开屏广告与信息流广告，品牌商也会与法国 KOL 进行合作，制作视频或图文软广，进行产品的推销。

另外，法国在传统电视媒体领域的广告宣传仍然是国内最主要的宣传方式。由于法国整体人口约为 6000 万人，“对于这样一个人口不算多的国家来说，让广告牌和电视接触到人们还是很容易的”，Hotshop Fred&Farid 的创始人之一弗雷德·瑞拉德（Fred Raillard）这样解释道。他认为，在目前的法国，传统媒体仍然受到营销人员的严重依赖。出于上述原因，法国电视广告往往会以更高的标准要求自身。因此在电视广告领域，人工智能等新兴技术往往被用在广告的制作过程中，如 4K 高清拍摄技术与特效动画制作技术等。

① Maria Mercanti-Guérin, “L'améLioration Du Reciblage Par Les Big Data: Une Aide à La Décision Qui Menace l'image Des Marques?”, *Dans Revue Internationale D'intelligence économique*, Vol. 5, February 2013, pp. 153 – 165.

（五）法国大数据技术的应用现状

大数据技术作为人工智能领域的一个重要分支，被广泛应用于法国的城市建设中。2007 年时任法国总统的萨科齐提出“大巴黎计划”，目标是到 2030 年，将巴黎打造成“世界之都”。计划提出至今，法国一直在努力建立完善巴黎市政府的城市信息系统，打造“智慧城市”名片，协调城市内部的管理与相关工作。让公共交通、地下管道畅通无阻，从而帮助民众更好地进行城市生活。除智慧城市外，法国政府还利用大数据技术开展政务活动，通过推出公开的信息线上共享平台，让民众可以通过网络途径完成对国家财政支出、空气质量、图书馆资源的查询。

企业方面，2020 年全球大数据市场的收入超 2000 亿美元。与此同时，法国的大数据软件分析部门能够产生超过 17 亿美元的收入，这一收入预计将于 2021 年达到 22. 4 亿欧元的规模。法国的大数据企业更倾向于应用数据可视化技术或生成数据报告的形式来预测市场的走向。为了保障民众的隐私权，法国针对网络信息安全制定了详细的《信息社会法案》，立法保护网络著作权、隐私权，防止个人信息的盗用和泄露。对于违反该法律者，设置了高额罚款与一年以下的有期徒刑处罚。并在每年公布的《开放数据发布指南》中，公开政府使用数据的走向与使用情况。

二　法国智能媒体发展策略

（一）人工智能专业人才培养

法国缺少在人工智能领域国际地位较高的本土企业，导致法国培养出来的人工智能专业人才流向外国的大型互联网公司，本国人工智能领域的发展“有心无力”。法国政府深知事态的严重性，在学科与学院建设层面，法国将人工智能技术进行分科细化，并在高校设立相关专业供学生申请选择。同时法国还将人工智能领域的学士、硕士以及短期的智能培训学生数量扩大一倍，由政府与企业提供资金支持，鼓励学生进行学习。简化科研人员初创企业的程序，加速审批提交上来的科研项目，并期望通过制订福利计划吸引全球一流的科研人员到法国参与研究项目。同时做好产学研相结合，允许公共科研人员投入总工作时长的 50% 到私人企业与机构中进行流动与兼职，远超出以往规定的20%的兼职时间，让科研人员在能够获得更多收入的基础上发挥更大的价值。为了辅助专业的科研人才迅速投入相关领域的研究中，法国国家信息与自动化研究所（INRIA）牵头联合法国高等院校与各地科研机构进行合作，达成利益网络，吸引世界顶尖企业在法国投资并建立人工智能研究中心。

与此同时，人工智能技术在人力资源领域也显得越发重要，法国通过大数据等人工智能技术，将不同的人才分配到他们所适合的领域。法国2020年《人工智能发展白皮书》的合著者之一Julhiet Sterwen表示，在人力资源分配领域，人工智能能够有条不紊地对所有已接受的和被拒绝的申请进行分类和存档，这样的机制能够在必要的时候从中筛选出那些曾经被拒绝的人才的简历，让那些被“淘汰”的人们有新的工作机会。在这样的技术帮助下，国家的整体就业情况发展向好，稳定的工作也将带来社会整体格局的稳定，减少社会暴力事件，增强民众生活幸福感。

（二）全国范围的数据资源共享

数字化生存的时代，人们的行为都变成了数据储存在云端。在这种情况下，数据变成了一种可贵的资源。为了促进国内各个行业的协调发展，法国公共部门的数据呈现高水平开放状态。公开那些利用政府身份收集到的公众数据信息，供企业与其他行政部门自行使用，让数据真正做到“取之于民用之于民”。那些使用政府数据进行发展的行业，如医疗、交通等则通过建立基金会以资助的方式回报社会，与政府、民众形成良性的数据互动关系，这样也能更好地开展符合公共利益的科研工作。根据《全球开放数据晴雨表报告》第四版公布的数据，法国的数据公开情况居于世界前列（见图4）。但与英美等国家相比，不足之处在于法国的数据公开是有偿的，出于资金原因，这种数据的取用往往不能落实到个人层面。同时为了保障用户的数据隐私，法国政府出台了一系列法律政策，设置多样的数据管理岗位，[1] 如“国家首席数据官”与“行政文书获取委员会”等。这些岗位之间相互制约，以防止数据的泄露与滥用，并对收集到的信息进行

① 黄如花、林焱：《法国政府数据开放共享的政策法规保障及对我国的启示》，《图书馆》2017年第3期。

整理，让数据可以为国家公共服务的各部门所共用。以数据连接各行各业，让来自四面八方的力量共同推动法国整体的发展。

国家	得分	分数变化情况	分数趋势	成熟度	执行情况	影响力
加拿大	76	18 ▲		86	87	55
英国	76	–4 ▼		83	89	57
澳大利亚	75	17 ▲		79	87	62
法国	72	17 ▲		84	77	55
韩国	72	25 ▲		82	67	67
墨西哥	69	33 ▲		79	67	62
日本	68	24 ▲		78	68	58
新西兰	68	5 ▲		79	72	52

图 4　各国数据公开情况

资料来源：《全球开放数据晴雨表报告》第四版。

（三）跨行业应用与跨国际合作

在欧盟体系的影响下，欧洲各国往来密切，互相牵制与共同发展并存。他们要想取得足够的人力与财力支持，通常需要集结多方的力量，这种思维同样被应用在人工智能领域。法国在人工智能领域的主要合作对象是德国，以法德合作为基础，推动欧盟定制人工智能行业发展准则并规划未来的发展方向。法国总统马克龙表示，如果欧洲国家尤其是法国和德国在人工智能等新兴技术领域各自为战，那么最终的胜利者将会是美国和中国，因此他迫切地希望法德两国能携手合作，推动和制定人工智能领域的行业规则和标准，并在欧盟范围内创造出新的实施框架。他强调，欧盟的数字化核心内容是打造人工智能技术领域的欧洲标准，而不仅仅是创造出一个涵盖欧盟 27 国的共同市场。除了建立政策制度上的理想环境之外，资金支持也是发展的关键，法国政府计划在 2018—2022 年投资 15 亿欧元用于鼓励科研创新项目与企业创立等领域。马克龙在“人工智能为人类”峰会上表示希望将法国建成创新型国家，期望能撼动 Google 与 Facebook 的统治地位，并种下争当欧洲第一的种子。峰会结束后，马克龙为吸引顶尖科学家和企业家所做出的努力已经初见成效，三星电子、日本富士通和 Google 旗下的 deepmind 已经在巴黎增设新的业务计划，IBM 也于 2020 年在法国招募了 400 名人工智能专家。为了促进国际间政府数据的公开透明、打击腐败现象、帮助人工智能新技术的研发、提升本国的治理能力以实现公共治理现代化，法国自2014年起加入了开放政府合作伙伴(OGP)。该组织中有超过70个成员国，法国也能借助OGP提供的渠道与职务安排，处理自己的内政外交，向世界展现法国处理国际社会公共利益问题的能力，同时这也促进了法国与其他国家建设共体关系。

三　法国智媒产业发展对中国的启示

法国作为欧洲老牌资本主义殖民国家，媒体发展与传播对象除了本国人民之外，还要考虑其他法语区国家的情况与需要。而除加拿大魁北克地区之外，法语区一般集中在非洲的第三世界国家，因此受众的媒体内容需求也变得多元。此外作为新移民国家，法国目前有超过500万人的伊斯兰教信仰者——主要为阿拉伯语使用者。在这种情况下，为了维护国家的和谐与团结，在媒体对外的宣传与节目制作的过程中势必要考虑到不同族群的需要，有的放矢。除了多语种的受众之外，法国政府早在2005年就制定了“机会均等”法则，要求在广播电视节目制作过程中也要考虑到残障人士和老年人士等少数弱势群体的媒介需要。在这一呼吁之下，IBM将当时最先进的语音识别技术应用于传媒行业，创新字幕制作方式，以满足不同人群的媒介使用需要。① 特殊的社会背景让法国的智媒产业发展有了自身的特点。在未来智能媒体发展走向精细化的下半场，作为多民族的世界第一人口大国，中国也同样面临着国内市场与国外市场的挑战。同时未来的智能媒体技术的发展也需要政府、企业与民众的通力合作，只有全民参与到智能媒体的技术建设与数据应用过程中，中国才能更好地赢得未来发展。

（一）弘扬民族特色与协调本国语言应用

法国国际电视台France 24是时任法国总统希拉克为了捍卫法语在世界上的地位，对抗英语的主导地位而建立的。随着中国国际影响力的提升，中文的使用也在国际上更加广泛，影响力也逐步提升。在我国接下来的智

① 《IBM帮助法国电视台提供无障碍电视节目》，《互联网天地》2007年第6期。

媒发展过程中，应该提升中文的地位，让智媒与中国语言更好地结合，对内方便国人更为清晰地使用，对外能够扩大国家的影响力。此外法国对于法语区国家有针对性地信息制作与分发也值得我们学习，我国作为多民族国家，也应该在智媒发展与信息传递过程中考虑到不同民族人群的不同需要，合理地使用少数民族语言，让技术惠及更多的人。

（二）智媒技术发展与人文关怀同步

法国影视传播行业的“机会均等法则”让残障人士、老弱人士能够与常人一样享受到文化产品，参与到文化生活中。我国将在“十四五”时期进入中度老龄化阶段。[①] 但面对老年人和残障人士的文化生活需求，我国媒体产业的供给量是明显不足的。以青壮年为主要受众的内容生产与软件开发，让年轻一代与老一代的数字鸿沟越发扩大。填平这一鸿沟不能仅依靠后喻文化，媒介技术发展过程中也应该考虑到多年龄层次的使用者特性，通过技术手段对不同背景的使用者进行帮扶。此外在智能媒体的研发过程中，我们也应该考虑到残障弱势人群的需要，以往电视时代的增强字幕、手语等方式在新媒体移动通信时代应该同样留存并发展，让智媒技术更具人情味。

（三）数据资源共享与民众隐私保护并行

在当下数字化背景下，我们的各种行为都被收编成数据，储存在云端。法国为了更好地收集和利用数据信息，设置数字部门 Etalab，负责收集数据信息，民众也可以从 Etalab 网站上看到公开的信息。企业与媒体行业可以通过购买等方式利用这些数据资源，更好地了解民众需要。而政府为了保证这些民众数据不被滥用，也出台了一系列相关的法律约束个人与企业。我国民众的衣食住行均可在线上完成，数字化生活成为当今的常态。然而目前这些数据都被储存在企业的后台系统中，没有政府部门的背书，民众的数据隐私安全无法得到保障。在这种情况下，参考法国的企业与国家间的数据合作模式，出台完善相应的数据使用法律，才能够保证每

---

① 董瑞丰：《面对2.64亿人，中国守护最美“夕阳红”》，《人民日报》2021年10月14日第4版。

一位民众的隐私信息安全，也能将这些数据资源合理利用，帮助各行业和领域正向发展。

参考文献

黄如花、林焱：《法国政府数据开放共享的政策法规保障及对我国的启示》，《图书馆》2017 年第 3 期。

《IBM 帮助法国电视台提供无障碍电视节目》，《互联网天地》2007 年第 6 期。

曾小倩：《法国 24 小时新闻台媒体融合模式探究》，《科技传播》2021 年第 5 期。

赵永升：《看懂法国人对 5G 的盘算》，《环球时报》2020 年 7 月 9 日第 15 版。

Christophe Asselin, "TikTok en Chiffres et Statistiques en France et Dans Le Monde en 2021", 3 February, 2021, https://blog.digimind.com/fr/agences/tiktok-chiffres-et-statistiques-france-monde-2020.

Maria Mercanti-Guérin, "L'amélioration du Reciblage Par Les Big Data : Une Aide à La Décision Qui Menace L'image des Marques?", Dans Revue Internationale D'intelligence économique, Vol. 5, February 2013.

Olivier Chicheportiche, "A Lille, La 5G S'Allume Avec De Nombreuses Contraintes Ppur Les Opérateues", 16 July, 2021, https://www.bfmtv.com/economie/economie-social/france/a-lille-la-5g-s-allume-avec-de-nombreuses-contraintes-pour-les-operateurs_AV-202107160131.html.

T.21 加拿大智能媒体产业发展报告*

郭　璇　茅诗意**

摘　要： 2020 年席卷全球的新冠肺炎疫情加速了加拿大智能媒体产业的大洗牌，数字化、移动化、智能化特征更趋明显。作为“中等国家”的发达经济体，加拿大在全球智媒发展格局中扮演着引领者与跟随者相交织的角色，前沿技术探索、温和稳健发展是其主要的产业发展策略，传统媒体的转型与智能媒介技术的发展是产业革新的主题。其中，完善战略顶层设计、打通政产学研协作路径、加强国际合作等方式值得关注。

关键词： 加拿大；新冠肺炎疫情；人工智能；数字化；移动化

近年来，智能技术的不断推广和应用助推西方经济体传统产业的转型升级。特别是在 2020 年年初席卷全球的新冠肺炎疫情影响下，线下社交方式的中断和传统生产方式的暂停，进一步助推了人们对网络技术和智能互联的依赖。聚焦媒体产业，传统媒体的数字化转型保持稳中有升的态势，根据世界报业协会推出的《2020—2021 年世界报业趋势报告》，2020 年，数字读者的会费收入和数字读者数量分别上涨了 27% 和 36%。① 同时，智能媒体产业在移动终端技术的普及背景下，数字化、移动化趋势更加明显。

---

* 本报告为国家社科基金重大项目“‘双循环’新格局下中国数字版权贸易国际竞争力研究”（项目批准号：21&ZD322）的阶段性成果。

** 郭璇，浙江传媒学院新闻与传播学院副教授、硕士生导师；茅诗意，浙江传媒学院新闻与传播学院 2020 级硕士研究生。

① “World Press Trends 2020 - 2021”, 16 April, 2021, World Association of Newspapers, https://wan-ifra.org/insight/world-press-trends-2020-2021/.

一　在线社交方式成为主流

加拿大作为传统的西方发达国家和科技大国，其智媒产业的发展呈现出引领者与跟随者相交织的特点，前沿技术引路、温和稳健发展是其主要的产业发展策略。被纳入国家战略的人工智能技术携手多项新兴科技，在加拿大传媒领域展现锋芒。在新冠肺炎疫情的背景下，加拿大智能媒体重塑社交距离，寻求新的经济增长点，并努力实现产业的规模化发展。同时，智能媒体对传统新闻生产方式的升级换代趋势更加凸显。

新冠肺炎疫情的暴发助推网络在线社交方式的普及。数据统计显示，2020 年，83% 的加拿大人在线观看流媒体内容，38% 的加拿大人每周在线观看流媒体内容的时间超过 10 个小时。加拿大的移动平台覆盖率呈逐年上升趋势，移动互联网用户已经超过了只使用桌面设备的互联网用户，占所有互联网用户的 80% 以上。2019 年，加拿大人每天在数字媒体上花费的时长为 298 分钟，2020 年增加到 329 分钟。2023 年，这一数字预计将增加到 331 分钟。[①] 而在同一时期，加拿大人在电视、广播和纸媒等传统媒体上花费的时间整体减少。

移动营销计划也在巨大的市场和受众诉求面前成为加拿大新的产业关注点。2021 年，加拿大的数字广告支出预计达到 95. 8 亿加元，高于 2020 年估计的 84. 5 亿加元。随着智能手机和平板电脑等移动设备产生的互联网流量份额不断增加，移动营销计划已成为全球营销人员的重要场景。预计到 2021 年年底，加拿大移动互联网用户将超过 3000 万人，移动广告支出估计达到 72. 9 亿加元，成为拉动经济发展的新引擎。

二　智能媒体产业重新洗牌

截至当地时间 2021 年 7 月 20 日晚 7 时，加拿大新冠肺炎患者累计确

① "Daily Time Spent Watching TV Among Adults", 9 January, 2021, Statista, https://www.statista.com/statistics/237491/daily-time-spent-watching-tv-among-adults-in-canada/.

诊1424220例，累计死亡26508例，现有病例4595例。① 新冠肺炎疫情的暴发对加拿大经济产生了重大影响，2020年春季经济发展停滞造成的生产、就业和工作时长的历史性下降，几乎影响了所有行业领域。虽然到2020年下半年公共卫生措施有所放松，但是加拿大的整体经济活动仍低于新冠肺炎疫情暴发前的水平。

整体经济发展的滞缓加速了媒体行业特别是传统媒体的淘汰速度。2020年，67家媒体暂时或永久关闭，其中40家已经永久关闭（29家社区报纸、5家广播电台、4家网络电台和2家电视台）。3011个编辑和非编辑职位被暂时或永久性地削减，1269名媒体人永久性失业。②

虽然新冠肺炎疫情给加拿大的传统媒体带来重大打击，但是数字化产业却逆势而上，保持稳定的增长。2002—2019年，在新冠肺炎疫情暴发之前，加拿大的数字密集型行业的劳动生产率已经增长了22.1%，而同期的非数字密集型行业的劳动生产率增长6.3%。③ 可以说新冠肺炎疫情期间，让本就持续增长、势头大好的数字密集型行业直攀风口。2020年，加拿大的信息和通信技术（Information and Communications Technology，ICT）国外直接投资增长了50%，最为突出的是科技行业的就业增长，达到3.6%，是其他行业的两倍。④ 其中，线上购物、数字游戏产业、数字动画效果产业、沉浸式学习平台、人工智能等成为加拿大数字创新行业的先驱领域。

根据加拿大数字媒体基金的数据，2020年，超过4/5的加拿大人（82%）在网上购物，高于2018年的73%。全年在线支出增长了约1/2，从574亿美元增至844亿美元。在数字游戏产业，加拿大的人才库规模和质量以及技术资源均位居世界第三。2019年加拿大的移动游戏收入达到3.0923

① "COVID－19 Daily Epidemiology Update", 20 July, 2021, Canada. ca, https://health-infobase. canada. ca/covid-19/epidemiological-summary-covid-19-cases. html.

② Steph Wechsler, "A Year of Mapping Media Impacts of the Pandemic in Canada: COVID－19 Media Impact Map for Canada", 11 March, 2021, https://j-source. ca/a-year-of-mapping-media-impacts-of-the-pandemic-in-canada-covid-19-media-impact-map-for-canada-update-march-11-2021/.

③ Anil Arora, "COVID－19 in Canada: A One-year Update on Social and Economic Impacts", 11 March, 2021, https://www150. statcan. gc. ca/n1/pub/11-631-x/11-631-x2021001-eng. htm#a5.

④ "AI Can 2020", 18 July, 2021, CIFAR, https:// cifar. ca/wp-content/uploads/2020/11/AICan-2020-CIFAR-Pan-Canadian-AI-Strategy-Impact-Report. pdf.

亿美元，预计到2025年，这一数据将增长到3.6399亿美元。[①] 加拿大移动游戏行业目前包括472家公司，员工超过20000人，其中由100名以上员工组成的大公司占行业的89%，形成规模化发展路径。

视频游戏、动画制作和视觉效果研发是加拿大数字技术发展的重头。自20世纪80年代初以来，加拿大数字技术公司和数字媒体一直在积极制作商业上成功的视频游戏，并为许多奥斯卡奖提名电影制作动画，如《星球大战》《钢铁侠3》《火星人》《特兰西瓦尼亚酒店2》等，也包括许多受欢迎的电视连续剧，如《权力的游戏》《行尸走肉》，以及动画儿童节目，包括《托马斯和朋友们》《忍者神龟》等。加拿大的动画和数字效果产业是该国数字经济的重要组成部分。2020年，35%的加拿大人玩在线视频游戏，其中10%的加拿大人每周玩在线视频游戏的时间超过10个小时。

加拿大是世界上最早将互联网引入中小学教育的国家之一，早在20世纪90年代末便已经有所行动，一直发展至今。2018—2019年，加拿大500万名中小学学生中，使用互联网学习的人数占22.9%。[②] 在2020年新冠肺炎疫情暴发后，加拿大学校陆续停学，及时通过互联网平台进行教学，要求教师具备基本的信息技术通信能力以及在线教学能力，以满足全国疫情防控期间远程教育的需求。其中，有关沉浸式学习平台的打造，加拿大走在了前面。沉浸式技术是指模糊用户对现实世界与模拟世界的感官的技术，主要包括3D、增强现实（Augmented Reality，AR）、虚拟现实（Virtual Reality，VR）、混合现实（Mixed Reality，MR）等技术。例如，加拿大VR/AR创企Dark Slope打造了全新沉浸式学习平台Involve XR，Involve XR支持学习者"通过逼真的3D空间和对象来学习、观察、练习和应用技能"，用户可以通过VR头显、移动设备或电脑端的AR功能访问该平台，实现沉浸式学习。[③]

① "Video Games Revenue in Canada from 2017 to 2025", 29 January, 2021, Statista, https://www.statista.com/statistics/456569/digital-game-revenue-category-digital-market-outlook-canada/.

② 叶丹楠：《疫情背景下加拿大应急远程教育研究》，硕士学位论文，上海师范大学，2021年，第35—38页。

③ 《加拿大AR/VR开发商Dark Slope完成125万美元融资》，2020年7月28日，搜狐网，https://www.sohu.com/a/410153598_395737?_trans_=000019_hao123。

三　研发应用力度持续加大

（一）加拿大政府大力助推5G技术的普及

加拿大是北美第二个推出5G服务的国家，5G技术的普及是加拿大政府大力推动的方向与目标。温哥华、多伦多、渥太华和蒙特利尔等大中城市已部署了5G技术，并不断向其他城市扩散。根据全球移动通信系统协会GSMA Intelligence最新的《2020年北美移动经济报告》，加拿大智能手机的普及率预计将从2019年的81%拓展到2025年的90%，5G技术的覆盖将在2025年达到45%，并广泛应用于各个行业领域，包括手机通信、智能家居、VR/AR、公共安全等领域，2022年起逐步扩散到郊区并进一步渗透，2025年在国内广泛覆盖物联网技术，建设智慧城市与农业（见图1）。①

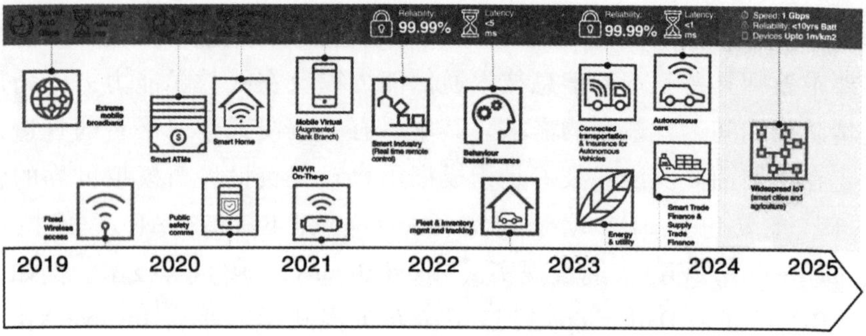

图1　加拿大智慧城市与农业建设

资料来源：普华永道。

2021年4月移动分析公司Opensignal发布报告，对加拿大5G视频体验进行测试。测试中的优秀评级表明，所有用户、视频流提供商和测试分辨率都具有非常一致的体验，5G视频加载时间快，几乎不存在卡顿现象。

尽管5G的网络部署计划和技术进展良好，但是其应用过程中仍然存

① "5G, Technology, Media and Telecommunications", 21 August, 2020, PWC, https://www.pwc.com/gx/en/industries/tmt/5g.html.

在一定的困难。加拿大尚未就允许中国供应商建设其5G网络的问题做出决定。在加拿大审议5G问题之际，它继续面临来自美国与华为关系的压力。[①] 该如何处理技术背后的意识形态问题和国际关系，成为加拿大政府需要谨慎思考的问题。

（二）政产学研通力合作，打造良好的人工智能生态系统

2017年，加拿大总理特鲁多亲自公布了《泛加拿大人工智能战略》（*Pan-Canadian Artificial Intelligence Strategy*）五年计划，2020年继续按计划进行。加拿大的智能媒体研发以技术上的突破作为核心竞争力，通过政府牵头，产学研各环节协同合作的方式展开。虽然新冠肺炎疫情的暴发影响了加拿大的经济发展，但人工智能技术的研发与推进仍然在稳步进行。加拿大政府计划拨款1.25亿加元支持AI研究及人才培养，加拿大先进技术研究院（CIFAR）与政府及三个新兴AI机构：埃德蒙顿的阿尔伯塔智能机器研究所（Alberta Machine Intelligence Institute，AMII）、多伦多的向量学院（Vector Institute，VI）和蒙特利尔的学习型算法学院（Montreal Institute for Learning Algorithms，MILA）展开密切合作，深度探寻人工智能的无限可能。[②] AMII正在研究如何利用人工智能来解决全球气候危机；VI公布了推动"人工智能领域卓越领导力"的三年战略，涉及机器深度学习、人才培养与跨界合作等多个核心领域；MILA与谷歌、IBM、三星、Facebook等享誉全球的企业建立了合作研究关系。

人工智能技术的应用在新冠肺炎疫情防控期间发挥了重大作用。加拿大人工智能公司BlueDot在2019年12月31日就向其客户发出了关于新冠肺炎疫情的警报，远早于美国CDC、世界卫生组织等机构。BlueDot开发的疫情监测平台分析了数十亿个数据点，包括涉及65种语言的新闻、航班信息、动植物疫情信息、政府官员发言、网络论坛信息等。[③] 2020年3

---

① Michael Taube, "Trudeau and Trump Team Up on China", 30 Janurary, 2020, The Wall Street Journal, https:// www. wsj. com/articles/trudeau-and-trump-team-up-on-china-11580428513.

② "An Overview of National AI Strategies", 29 June, 2018, Tim Dutton, https://medium. com/politics-ai/an-overview-of-national-ai-strategies-2a70ec6edfd.

③ 唐川、李若男：《信息科技在新冠肺炎疫情防控中的应用分析与探讨》，《世界科技研究与发展》2020年第4期。

月，加拿大政府与 BlueDot 公司签署协议，利用其预警平台跟踪新冠肺炎疫情，同时利用该平台制定相关防疫政策。

人工智能技术在维护网络安全和建立社交媒体的良性生态中同样起着关键作用。加拿大人报告网络安全隐患的比例从 2018 年的 52% 上升到 2020 年的 58%，最常报告的事件包括收到诈骗或垃圾邮件（49%）、诈骗网站要求提供个人信息（20%）、病毒或其他计算机感染（10%）、诈骗支付（7%）。[①] 因此，加拿大与联合国教科文组织合作牵头关于人工智能伦理的全球在线咨询服务。加拿大 CIFAR 人工智能主席 Reihaneh Rabbany 和其团队正在使用数据挖掘和图形集成技术等来识别滥用社交媒体以影响政治活动的行为，检测总统大选等政治事件期间社交网络上的异常行为，维护网络空间的安全。

作为 G7 成员，加拿大还积极参与由美国牵头成立的人工智能全球合作组织（Global Partnership on AI，GPAI），并于 2020 年 6 月在蒙特利尔建立加拿大总部。GPAI 致力于促进国际多方利益攸关方在 AI 技术伦理层面的决策和合作，特别是在保护隐私、公民自由和人权的 AI 创新方面为决策者和企业提供指导。

（三）人才资源储备是加拿大争夺 AI 全球领导者地位的重要支撑

丰富的人才资源是加拿大人工智能生态系统发展的动力源泉。截至 2020 年 11 月的相关统计数据显示，加拿大各大学和研究机构已设立了 100 多个人工智能教席，其中加拿大大学的人工智能领域相关教师总数达到 35 位。[②] 目前共有 80 位全球领先的人工智能研究人员被任命为加拿大先进技术研究院（CIFAR）的人工智能首席专家，在 AI 研究所攻读的研究生和博士后研究员共计 1200 余人。自 2015 年以来，加拿大全球人工智能技能移民排名上升至全球第 4 位。[③]

---

① “Canadian Internet Use Survey, 2020”, 22 June, 2021, Statistics Canada, https://www150.statcan.gc.ca/n1/daily-quotidien/210622/dq210622b-eng.htm.

② Krista Davidson, “AI Talent in Western Canada Grows”, 9 June, 2021, https://cifar.ca/cifarnews/2021/06/09/ai-talent-in-western-canada-grows/.

③ “AI Can 2020”, 25 November, 2020, CIFAR, https://cifar.ca/wp-content/uploads/2020/11/AICan-2020-CIFAR-Pan-Canadian-AI-Strategy-Impact-Report.pdf.

四　新闻媒体的数字化转型全面展开

2020 年 10 月，加拿大新闻媒体（News Media Canada）呼吁政府允许媒体联合起来共同对抗美国科技巨头的“网络垄断”行为。谷歌和脸书目前占据加拿大数字广告收入的 80% 左右，这对其他公司的生存空间已经构成不小的威胁。2021 年 2 月，包括《多伦多星报》《多伦多太阳报》《国家邮报》等在内的多家加拿大报纸发布了空白的头版进行抗争，“想象一下这里没有新闻是什么样子”的标语将矛头直指谷歌和脸书等互联网企业。

然而，这种抗争在千禧一代的成长和数字原住民不断扩大的现实面前，在互联网用户黏度逐年上升和国外数字媒体竞争的压力面前，顺势而为积极转型才是明智的选择。牛津大学路透新闻研究所发布的《2021 年预测报告》显示，69% 的受访者认为人工智能将在未来 5 年对新闻业产生重大影响，甚至远远超过 5G 技术和新设备、新界面。[①] 加拿大的科技公司近几年不断尝试将人工智能运用于新闻生产。Intellogo 公司通过 Alertsy 新闻监控机器人扫描数百个新闻来源，保证新闻的真实性，并利用算法精准推送相关新闻。[②] 为应对不实消息来源，加拿大温哥华市的新技术传媒公司 Tip Red 运用人工智能和区块链技术，针对内容投放媒体进行筛选甄别，过滤虚假和无效新闻，实现对真实新闻和调查类报道的有效扩散。

在传统主流媒体方面，加拿大国家公共广播公司 CBC 以及《环球邮报》（*The Globe and Mail*）等传统媒体纷纷通过智能技术寻求内容生产、推广方式乃至集团协同合作方式上的突破。

与其他媒体组织一样，CBC 面临通信与媒体行业前所未有的颠覆。2020 年 12 月，CBC 宣布加拿大国际广播电台（RCI）将进行重大转型。本次转型主要集中于三个关键领域：增加语言版本、拓宽分发渠道、扩大编辑阵容。

---

① 张建中、费舍尔·卡利姆：《加速数字化转型：2020—2021 世界报业趋势报告解读》，《青年记者》2021 年第 11 期。

② 吴燕、韩玉浩：《加拿大出版业数字化转型经验及启示》，《现代出版》2019 年第 1 期。

在语言版本方面，将编辑内容从原来的五种语言增加至七种语言；在分发渠道方面，将加拿大国际广播电台纳入 CBCNews. ca 和 Radio-Canada. ca 从而增加曝光量；在编辑阵容方面，翻译与改编来自 CBCNews. ca 和 Radio-Canada. ca 的精选文章，新增每周播客，使用中文、阿拉伯语和旁遮普语（加拿大移民中所讲的第三大语言）制作现场报道，积极进行自我转型与提升。[①] CBC 向数字化平台和移动平台的内容生产倾斜，设立独立的 App“CBC radio”。App 中涵盖了绝大部分媒体自制的广播节目，用户可以随时查阅节目内容简介，收听实时节目、回看节目、下载音频等。新闻节目实施“移动屏”优先战略，电视新闻节目也强调“新、短、平、快”的特点，以满足移动终端用户的“短视频收视习惯”，加拿大广播电台也与时俱进地设立了数字研发实验室（Digital R&D Lab），研发聊天机器人和 360 度 VR 应用程序。

《环球邮报》是加拿大最具影响力的报纸和主流媒体，也是加拿大唯一的全国性报刊。对数字媒体带来的巨大冲击，其应对还是比较及时的。《环球邮报》是第一批开通播客等新形态传播方式以丰富读者阅读体验的媒体，是最早使用 Apple Watch 应用的机构之一，也是第一家使用亚马逊 Polly 服务的新闻机构。Polly 是一种文字自动转音频语言的服务，新技术使得新闻机构的文本输出速度大大加快，订阅者可以收听选定的英语、法语和中文文章，并选择他们最喜欢的声音，技术所带来的便利一定程度上挽留住本就是传统新闻媒体的主力军——中老年用户。同时，《环球邮报》也积极运用“机器人编辑和写作”等技术来解放“新闻劳工”的生产力。然而广告投资持续萎缩，在订阅读者被其他的竞争对手吸引而流失之际，《环球邮报》着手维护现有订阅读者，创造与读者之间的良性互动关系以确保服务的高附加值。《环球邮报》利用精确的算法和内容分发技术，打造记者—读者社区，便于进行互动交流，让记者为用户提供更专业的独家新闻服务，读者和读者之间也可以因为共同的兴趣爱好而加强交流，并且将线上线下社区相结合，扩展传统新闻媒体的社交和服务属性。

加拿大国家公共广播公司与《环球邮报》等具有较大影响力的传统媒

---

① “Modernizing Radio Canada International for the 21st Century”, 3 December, 2020, CBC, https://cbc. radio-canada. ca/en/media-centre/radio-canada-international-transformation.

体尚且积极寻求转型，加拿大本土的其他传统媒体更是面临艰巨挑战。在2020年新冠肺炎疫情暴发期间，加拿大有50家报纸于6周内陆续关闭，传统报业遭到重创。事实上，自2010年以来，加拿大期刊基金（CPF）一直在支持加拿大印刷杂志和进行数字期刊创作。联邦政府2019年预算中宣布的5.95亿加元的税收措施旨在于5年内为加拿大新闻业提供进一步的救济，主要在三个方面符合条件即可获得补助：新闻编辑部员工劳动支出享受25%的税免、非营利新闻机构可获得“合格受赠人”身份以便于接受捐助、数字订阅的个人所得税在2020—2024年可获得最高500加元的15%的个人所得税抵免。① 通过“数字期刊创作”“数字订阅”等措施可以发现，这些救助计划在将传统的印刷媒体逐步引向数字化转型。然而这些计划遭到了一些批评，批评者认为计划对初创企业的支持不足，并且准备资金申请所需的资源量耗费较大，也没有从根本上解决加拿大本地新闻机构所面临的竞争问题。

五　科技大国对加拿大智媒产业的影响持续加深

自2016年开始，美国、欧盟、中国、日本、加拿大、新加坡、印度、韩国等国家都通过各种方式提升本国的科技实力，并不断寻求国际间的合作，提升在智能媒介技术层面的全球领导力。其中，美国和中国与加拿大的竞争合作最为明显。美国作为加拿大毗邻的超级大国，与加拿大的社会生产联系密切。据统计，加拿大多数流行的社交网站总部均在美国，如Facebook、Twitter、YouTube、Pinterest、Instagram、Skype、Snapchat、Tumblr、WhatsApp、LinkedIn等。发行量位居前十位的加拿大数字媒体CBC News、MSN Canada、CTV、Sportsnet、Daily Hive、Bloomberg Canada、Buzzfeed Canada、Narcity Canada、Global News、Hockey News中，MSN、Bloomberg Canada、Buzzfeed Canada等发端于美国的媒体在加拿大的数字媒体中占据不小的比重。② 加拿大的传统主流新闻媒体CBC、CTV、National

① “Supporting News and Journalism: the Canadian Experience”, 22 June, 2020, Network Strategies, http://www.strategies.nzl.com/industry-comment/supporting-news-and-journalism-the-canadian-experience/.

② “Top 10 Canadian Digital Outlets”, 15 July, 2021, Agility, https://www.agilitypr.com/resources/top-media-outlets/top-10-canadian-digital-outlets/.

Post 等基本沿用 Facebook、Twitter 等社交媒体的官方账号打造媒介矩阵。加拿大本国出品的影视剧基本也是借助美国网飞（Netflix）等网络视频平台播出和推广。在广告收入方面，美国的谷歌和脸书目前占据加拿大数字广告收入的 80% 左右，超高比率的市场份额让加拿大其他媒体难以望其项背。

加拿大的华人市场是中国智媒产业“走出去”的重要支撑。据加拿大统计局 2018 年的人口统计分析结果，加拿大现有华人 176.92 万余人，其中温哥华的华人比例已经达到 21%，华人占加拿大总人口数的 5.1%，这个数据是美国华人占比的 5 倍。[①] 华人市场为中国智能媒体产业在加拿大的推广打开了新路径。

因此，中国的外卖餐饮类软件美团、网上支付类软件支付宝、社交媒体类软件微信、社交视频类软件抖音等应用软件在加拿大都有对应的国际版，下载率、日活数逐年增高，并且也影响着本土的加拿大人。加拿大互联网用户内容消费最多的是收看视频。以抖音短视频海外版（TikTok）为例，2019 年 2 月，全球（除中国外）下载量已逾 10 亿次；2020 年 4 月，全球（除中国外）下载量突破 20 亿次；截至 2021 年 1 月，该平台在全球拥有 6.89 亿月活跃用户。这使得 TikTok 成为全球第七大用户平台和最受欢迎的短视频社交平台。2021 年抖音海外版在加拿大的用户数量约为 1689 万。[②] 加拿大网红 Kallmekris 在 TikTok 拥有超过 3230 万关注者，其以搞怪诙谐的视频风格脱颖而出，是加拿大最受关注的网红，其粉丝数量与加拿大总人口数相当。

借着 TikTok 的东风，越来越多的中国互联网公司和视频网站也在全球范围布局。中国智能媒体技术在生活、娱乐方面表现抢眼，使得中国成为除美国之外对加拿大智媒产业影响最大的国家。

参考文献

葛建华：《后疫情时代构建国际话语应急传播机制的思考——以应对新冠

---

① “Population and demography Statistics”, 22 March, 2020, Statistics Canada, https://www.statcan.gc.ca/eng/subjects-start/population_and_demography.

② “10 TikTok Statistics that You Need to Know in 2021”, 16 Feburary, 2021, Maryam Mohsin, https://www.oberlo.com/blog/tiktok-statistics.

肺炎舆情为视角》，《对外传播》2021 年第 6 期。

唐川、李若男：《信息科技在新冠肺炎疫情防控中的应用分析与探讨》，《世界科技研究与发展》2020 年第 4 期。

吴燕、韩玉浩：《加拿大出版业数字化转型经验及启示》，《现代出版》2019 年第 1 期。

叶丹楠：《疫情背景下加拿大应急远程教育研究》，硕士学位论文，上海师范大学，2021 年。

张建中、费舍尔·卡利姆：《加速数字化转型：2020—2021 世界报业趋势报告解读》，《青年记者》2021 年第 11 期。

《加拿大AR/VR 开发商 Dark Slope 完成 125 万美元融资》，2020 年 7 月 28 日，搜狐网，https://www.sohu.com/a/410153598_395737?_trans_=000019_hao123。

"10 TikTok Statistics that You Need to Know in 2021", 16 Feburary, 2021, Maryam Mohsin, https://www.oberlo.com/blog/tiktok-statistics.

"5G, Technology, Media and Telecommunications", 21 August, 2020, PWC, https://www.pwc.com/gx/en/industries/tmt/5g.html.

"AI Can 2020", 25 November, 2020, CIFAR, https://cifar.ca/wp-content/uploads/2020/11/AICan-2020-CIFAR-Pan-Canadian-AI-Strategy-Impact-Report.pdf.

Anil Arora, "COVID - 19 in Canada: A One-year Update on Social and Economic Impacts", 11 March, 2021, https://www150.statcan.gc.ca/n1/pub/11-631-x/11-631-x2021001-eng.htm#a5.

"An Overview of National AI Strategies", 29 June, 2018, Tim Dutton, https://medium.com/politics-ai/an-overview-of-national-ai-strategies-2a70ec6edfd.

"Canadian Internet Use Survey, 2020", 22 June, 2021, Statistics Canada, https://www150.statcan.gc.ca/n1/daily-quotidien/210622/dq210622b-eng.htm.

"COVID - 19 Daily Epidemiology Update", 20 July, 2021, Canada.ca, https://health-infobase.canada.ca/covid-19/epidemiological-summary-covid-19-cases.html.

"Daily Time Spent Watching TV Among Adults", 9 January, 2021, Statista, https://www.statista.com/statistics/237491/daily-time-spent-watching-tv-among-adults-in-canada/.

Krista Davidson, "AI Talent in Western Canada Grows", 9 June, 2021, https://cifar.ca/cifarnews/2021/06/09/ai-talent-in-western-canada-grows/.

Michael Taube, "Trudeau and Trump Team Up on China", 30 Janurary, 2020, The Wall Street Journal, https://www.wsj.com/articles/trudeau-and-trump-team-up-on-china-11580428513.

"Population and demography Statistics", 22 March, 2020, Statistics Canada, https://www.statcan.gc.ca/eng/subjects-start/population_and_demography.

"Modernizing Radio Canada International for the 21st Century", 3 December, 2020, CBC, https://cbc.radio-canada.ca/en/media-centre/radio-canada-international-transformation.

Steph Wechsler, "A Year of Mapping Media Impacts of the Pandemic in Canada: COVID－19 Media Impact Map for Canada", 11 March, 2021, https://j-source.ca/a-year-of-mapping-media-impacts-of-the-pandemic-in-canada-covid-19-media-impact-map-for-canada-update-march-11-2021/.

"Supporting News and Journalism: the Canadian Experience", 22 June, 2020, Network Strategies, http://www.strategies.nzl.com/industry-comment/supporting-news-and-journalism-the-canadian-experience/.

"Top 10 Canadian Digital Outlets", 15 July, 2021, Agility, https://www.agilitypr.com/resources/top-media-outlets/top-10-canadian-digital-outlets/.

"Video Games Revenue in Canada from 2017 to 2025", 29 January, 2021, Statista, https://www.statista.com/statistics/456569/digital-game-revenue-category-digital-market-outlook-canada/.

"World Press Trends 2020－2021", 16 April, 2021, World Association of Newspapers, https://wan-ifra.org/insight/world-press-trends-2020-2021/.

T.22　日本智能媒体产业发展报告*

陈佳沁**

摘　要： 本报告从政策发展趋势、应用现状和技术前沿三个方面入手考察当前日本智能媒体的应用情况及未来发展方向。从政策发展趋势来看，日本面对新冠肺炎疫情的冲击所带来的社会巨变，将进一步加快社会整体数字化转型的步伐。在这一基础上，报告梳理了日本当前智能化生活的“新日常”，包括在教育领域、医疗领域和媒体领域对智能媒体的应用，以期能够窥视日本智能产业未来的发展方向，并为我国数字化转型和智能媒体的发展提供借鉴。

关键词： 超越5G战略；数字化转型；新日常；通信技术；VR/AR

2019年6月，日本总务省出台《数字时代的IT政策大纲》，提出打造在数字时代的国际竞争中领先于世界的社会环境，并通过全面数字化解决日本社会问题的基础纲领。同月，日本议会通过“世界最尖端数字国家创造宣言·推动官民数字化基本计划”，将施政重点定位在快速推动日本社会的数字化进程上。以此为基础，日本政府定下了以5G通信技术为核心，并且围绕其全面推进数据光纤铺设、4K·8K超高清技术实装，推动人工智能、大数据和物联网发展的基本战略，以实现日本社会的全方位数字化转型。2020年新冠肺炎疫情在全球的暴发对日本社会形成了极大的冲击，日本社会整体的运行方式和个人生活方式出现了极大的变化。因此，日本进一步提出在保障人身安全的前提下，推动网络社会与现实社会融合发

* 本报告为国家社科基金重大项目“‘双循环’新格局下中国数字版权贸易国际竞争力研究”（项目批准号：21&ZD322）的阶段性成果。

** 陈佳沁，博士，浙江传媒学院讲师，早稻田大学访问学者，研究方向：数字媒体、网络舆论等。

展，并以此创造新的价值。① 本报告基于2020年日本政府提出的智能社会建设的新战略，对日本数字社会转型的现状进行梳理，考察了目前日本智能媒体在教育、医疗和媒体领域的应用现状及前沿发展，并从中提出可供我国借鉴的经验。

一 日本智能媒体发展的政策保障

（一）“超越5G”战略的提出

根据日本《信息通信技术白皮书（2019）》的数据，日本目前在信息通信技术领域的投资超过80%是为了维持现行经济运营体制。② 因此，其确立了在21世纪20年代，通过推动5G、大数据与物联网等数字化基础设施的建设来实现突破，进而实现日本社会的全面数字化转型。在此基础上，日本政府进一步提出了“超越5G”（Beyond 5G）的长期设想，在21世纪30年代建设“超智能社会”（超スマート社会）。

所谓“超智能社会”，不仅仅在于数字基础设施的建设和全面普及，更在于推进“物理空间”与“赛博空间”的一体化运作。一方面将日本现实生活中的基础性功能同步到网络空间之中；另一方面谋求能够在网络空间中维护国民生活和国民经济的有效运转，甚至进一步解决现实社会中的各类偶发性事件。另外，日本政府提出了21世纪30年代日本社会的蓝图——要立足于网络社会的包容性，尝试站在“全人类”的立场上建设“包容友好”“可持续发展”“高信赖度”的未来社会。③

“包容友好社会”（Inclusive Society）旨在突破空间、个体能力、身体机能等对个人的约束。在通信行业高度发展的前提下，空间距离将不再成为人们工作、生活和娱乐的障碍。大数据与机械化的结合将打破实业生产的空间要求，VR等技术的普及也将进一步打破服务行业的空间限制。同

① 「令和2年版情報通信白書：5Gが促すデジタル変革と新たな日常の構築」，2020年8月5日，日本总务省，https://www.soumu.go.jp/johotsusintokei/whitepaper/ja/r02/pdf/index.html。

② 「令和元年版情報通信白書：特集　進化するデジタル経済とその先にあるSociety 5.0」，2019年7月9日，日本总务省，https://www.soumu.go.jp/johotsusintokei/whitepaper/index.html。

③ 「令和2年版情報通信白書：5Gが促すデジタル変革と新たな日常の構築」，2020年8月5日，日本总务省，https://www.soumu.go.jp/johotsusintokei/whitepaper/ja/r02/pdf/index.html。

理，上述技术的发展将进一步拓宽娱乐的类型与获取手段，特别是在体育、艺术等内容生产领域，个体可以充分享受“临场感”。同时，身体和个人能力也能够通过技术实现突破，包括 AI 翻译、个性化教育体系的构建以及增强生理机能的穿戴装备的开发，都将提高个体的身体机能与技能，进而构建一个个体友好且包容并存的社会共同体。

“可持续发展社会”（Sustainable Society）旨在构建一个能够针对现实世界的各类问题提供最优解决渠道的网络空间，特别是针对日本所面临的人口减少、资源不足等问题，通过建设“超智能社会”向人们提供生活支持，通过行政与民众的协作来建设一个更高效、可持续发展的社会。这其中，日本政府目前着力于推进数字政府的转型，尝试通过人工智技术的应用进一步提升各类行政能力，包括解决道路交通、能源、医疗等民生问题，以及应对自然灾害、提高资源利用效率等社会发展问题。

“高度信赖社会”（Dependable Society）旨在确保通信网络的安全与稳定，在任何环境中甚至面临突发灾害时，民众的安全和隐私也不会受到侵犯，进而构建起一个以“人”为核心的社会。其中，大数据的使用与安全，特别是政府如何管理具有公共性的数据、保障个人数据的安全是建设这一目标的关键。

（二）“超越 5G”战略的技术保障

为了能够在 21 世纪 30 年代建成数据主导型“超智能社会”，需要将现实环境中的各类信息进行全面的收集、计算与应用，使得现实世界与网络世界能够高度协同，这就需要架构具有足够的信息处理和传输能力的数字基础设施。日本当前主要在通信技术上进行布局，以建立起物联网、大数据和人工智能全面普及后信息传输所需的高速、大容量且低消耗的光通信网络。根据日本总务省公开的相关数据，日本计划在 2021 年对光纤架设的研究投资 9.5 亿日元（约合人民币 0.57 亿元），对扩大无线通信使用、提高 5G 应用等相关研究投入约 202 亿日元（约合人民币 12 亿元）。

除去在通信工程领域的投入外，日本还计划在量子通信、人工智能多语言翻译、空间 ICT 等尖端科技领域加大投入。其中，基于量子通信技术来建设大规模通信网络，并通过人工卫星来实现通信技术的产业化、社会化应用是主要的研究投入领域。

另外，日本总务省还以2020年东京奥运会、2025年大阪·关西世博会为核心推出了“全球传播计划2025”，计划进一步提升人工智能在多语言、多语种之间的翻译能力，以实现通过人工智能促进人与人之间的直接对话。

（三）“超越5G”战略的推进方针

根据日本“超越5G”战略的基本目标，日本除了在相关的技术研究领域进行投入外，还制定了一系列保障战略展开的政策，以针对战略实施中可能出现的各类问题，保证日本在通信技术领域能够取得质的突破，提升实际竞争能力。

基于上述目标，日本政府为保障战略的稳步实施，制定了包括“研究开发”“专利标准”“战略推进”在内的三个方面的政策。在研究开发方面，日本主要着力于量子技术、AI智能应用等尖端技术在无线通信、光纤网络、节能、安全等方面的软硬件开发，其中特别注重日本具有优势的技术领域以及不可或缺的技术领域，国家直接以补助的形式进行支持。日本政府期望早期通过进行技术孵化来取得专利优势，并且进一步提出这一系列优势在全球化市场中要有足够的竞争力。不论是企业取得的技术创新，还是国家投入取得的技术创新，均以面向市场和海外竞争为前提，在专利权等领域制定更有利的策略。

在专利标准方面日本政府进一步提出要突破当前以企业为核心各自为战的局面，使日本在实现“超越5G”战略中所取得的软硬件技术专利创新能够成为未来的国际标准。特别是将“实现全光纤网络”“开放式架构”“最大限度地通过软件实现虚拟化”“向空中、海洋等扩展硬件设备”“根本上加强安全保障”等作为战略的重中之重。日本计划自2025年起逐渐能够在3GPP、ITU等国际标准中实现量的提升，并且到2030年在相关技术的国际标准中取得质的突破。

在战略推进进程方面，日本当前正处于全面进行数字化转型的阶段，其目的在于以此构建起“Beyond 5G ready”的基本环境，在包括产业、公共基础设施、教育等多个方面全方位推进5G环境的建设，以期能在2030年前实现环境整合的基本目标，并且实现44兆日元（约合人民币2.6兆元）的收入。因此，在政策方面，日本计划推出5G投资促进税制、5G环境整备支援制度等一系列涉及税收、财政、频率资源的保障措施，确保5G网络的普及。

与此同时，日本计划联合政、产、研三方面设置“超越5G”战略的“Beyond 5G推进合作组织”（暂称），打通三方面在技术领域的全方位合作，其中日本总务省将设置打通各个行政部门的“Beyond 5G战略推进小组”（暂称），综合科学技术、创新会议等对进一步推进这一战略进行全面布局。

二　数字化日本的现状与发展趋势

（一）数字政府转型

2016年1月，日本政府颁布的《日本科学技术基本计划》（第五期）提出打造日本“5.0版社会”（Society 5.0），“数字化转型”是日本近年来社会发展的关键词，其中推动数字化行政体系的建构是社会转型的核心。2020年12月，日本内阁出台“数字政府实行计划”，开始全面推动日本各级政府的数字化转型，包括国家层面的数字行政一体化以及地方政府层面的数字协作。

国家层面的数字行政一体化目的在于改善多年来日本行政条块过度分割、协作性较弱的问题，因此日本计划先建设起中央政府一级的行政手续一体化系统，打通目前已有的各类行政流程，另外以日本无线事务管理局（通信行业管理部门）为基础，构建政府的大数据平台。

地方层面的数字协作则包括跨区域行政流程数字化协作、地方政府的信息云共享、地方公共团体的远程协作网络等方面。日本政府推出“地方政府数字转换（DX）推进计划”，计划在2025年借助云技术建立起地方政府标准化、共通化的信息系统，实现税务、居民、选举等相关行政流程的统一化。

对于日本民众而言，日本政府推出“My Number Card”（电子身份证）制度，计划在2022年年底实现全国性普及。这一电子身份证计划将适用于日本民众日常生活的各方面，其收集的数据也将提高日本的户籍管理能力、灾害防控能力甚至基于政策性刺激来提高居民的消费能力。

（二）数字市场的规则整备

基于日本政府全面数字化转型的目标，如何保障数据运行的安全有效，如何整顿数字市场以保障数字化社会的合理运作也是转型的重要构成部分，因此日本政府当前主要针对数字环境中的有害信息问题、信息存储、“流量经济”等方面进行了先期规划。

针对互联网上诽谤中伤等多种有害信息，其涉及政、产、学、民等多个方面，日本总务省在2020年9月推出一系列政策，形成了以总务省牵头协同其他相关部门的应对机制，以尝试解决已经出现的互联网有害信息问题。总务省将协同日本立法、司法机构讨论当前互联网平台经济特别是社交媒体高度发展后互联网平台的相关责任；其他部门则针对具体问题进行讨论，并通过指导手册等方式进行管理。

针对信息存储的问题，日本政府要求面向普通民众的数据存储公司（服务器提供商等）在保障数据安全的前提下，进一步提升数据的可用性，其目的在于能够激活日本的“流量经济”，将民众生活中的信息使用数据应用于医疗、防灾、消费等各领域。

（三）日本数字媒体的使用情况

与中国当前媒体接触全面网络化不同，日本民众整体的媒体使用偏好相对更为传统，日本2020年7月“全国媒体使用动向调查”[①]的结果显示，92%的日本民众仍然选择在传统媒体上获取内容，53.9%的民众选择点播或录播的方式获取内容，40.5%的民众选择通过互联网来获取内容。虽然整体的媒体接触方式较为传统，但日本的人群在媒体接触上则更多元化，20岁以下的人群中，12%的人更偏向于使用互联网平台的内容，这一趋势近年来也呈现出明显的增长趋势。

具体而言，在互联网平台的内容获取中，日本民众最多使用的是社交媒体，50%以上的日本民众有日常使用社交媒体的习惯，其中即时通信工具Line在日本民众中的普及率最高（47%），传统社交平台Instagram为

① 保高隆之:「人々は放送局のコンテンツ，サービスにどのように接しているのか」,「放送と研究」2021年第3期。

16%，Twitter 为 15%，Facebook 为 12%。这其中民众性别与年龄的不同也使其在对媒体的使用偏好上具有一定的差异，例如 Instagram 更受二三十岁年龄段的女性欢迎，超过 61% 的该年龄段的女性使用这一平台。相对而言，同一年龄段的男性（41%）则更多使用 Twitter。相对于性别在平台选择上的差异，年龄差异则直接影响社交媒体的使用情况。调查显示，40 岁以上的日本民众对社交平台的接触仅为 40 岁以下民众人数的一半，可以说社交媒体的使用在日本仍然是“年轻人的游戏”。

另外，在内容接触偏好上，日本民众更多使用 Youtube、Tver 等视频网站的内容，整体使用率为 24.7%。其中日本民众也开始逐渐接受网络付费服务，2020 年有 11.8% 的民众曾购买过付费内容。与社交媒体的使用偏好不同的是，日本民众在视频网站的内容偏好上并没有出现明显的年龄与性别差异，各年龄层使用视频网站的人数均超过了 30%，其中 30—40 岁的民众更愿意接受付费音视频内容。

三 数字化社会智能媒体的“新日常”实践

2020 年新冠肺炎疫情的全球暴发对日本民众的日常生活也形成了极大的冲击，根据日本总务省的数据，日本民众自 2020 年起居家时长和返乡率都出现了大幅度的提升，因此日本政府进一步提出加快推动全社会数字化转型的政策导向。前文对日本民众当前的媒体接触情况进行了梳理，其中可以看出日本民众整体的媒体接触习惯仍较为陈旧，但疫情大幅度提升了日本民众的互联网使用频率和时长。疫情影响加之生活环境发生的剧烈变化，导致日常生活中的大量事务需要寻求新的解决方式，其中日本智能媒体在中小学教育和远程医疗领域都进行了积极的实践。

（一）疫情防控中数字化教育：“NHK for School”的尝试

由于新冠肺炎疫情的冲击，日本中小学在 2020 年 3 月后长时间处于休学状态，居家学习成为最主要的学习方式。在这一背景下，日本政府与学校推出了“GIGA School”构想，即面向中小学生实现每个人拥有用于学习并接入宽带的移动设备，以提升学生居家学习的便利性。日本放送协会（NHK）以其教育信息为基础，在 2020 年提供了数字化教材并推出了一系列具有针对性的媒体内容来应对疫情。

针对居家学习的儿童，NHK在2020年3月推出“在家学习吧”专栏。根据教育研究者与一线教师的意见，将儿童教育中的关键内容根据不同的年级进行整合，以视频片段的方式在NHK教育网站中进行更新与推送。接着，NHK进一步推出“在家学习吧，大家一起”专栏，专门针对居家学习的儿童提供了一个类似社交网络的交流平台，以提升儿童的学习热情。此举既给儿童提供了交流的空间，也避免了社交媒体大量无序信息对儿童的影响，为儿童的学习提供了更好的网络环境。

另外，针对服务对象是儿童群体，NHK对其内容的更新更注重儿童使用的便捷性。2020年8月，NHK对“NHK for School”栏目进行了全面改版，将原本更适用于电脑的页面设计调整成同时适用于电脑和智能手机。同时，由于在线内容越来越成为日本儿童教育的主要资源之一，NHK在其专栏中还加入了“教师模式”，以便于教学双方更好地利用已有资源。

2021年1月，日本中央教育审议会提出要建设“最适合个体的学习”和“连动式学习”协同的新型教育模式。[①] 基于日本当前数字社会转型的方向，日本政府计划进一步就“教育数据标准”“教育大数据的使用”[②]等进行创新，协同利用家庭、学校教育数据，以实现中央教育审议会提出的新模式。

（二）超高清影像普及及在远程医疗中的应用

日本自2018年12月开始通过卫星提供4K·8K超高清电视节目内容，政府在近三年间持续提供政策倾斜，以推进超高清电视在日本的普及。截至2020年6月，日本超高清电视累计销售近千万台，占电视拥有量的60%以上。[③] 为了能够更好地促进超高清电视在日本的普及，日本政府在超高清影像信号的传输技术上进行了集中投入。

---

① 宇治橋祐之：『「学校放送オンライン」「NHKデジタル教材」から「NHK For School」へ』,「放送と研究」2021年第4期。

② 「教育データの利活用に関する有識者会議」，2020年7月3日，日本文部学科省，https://www.mext.go.jp/b_menu/shingi/chousa/shotou/158/index.html。

③ 「令和2年版情報通信白書：5Gが促すデジタル変革と新たな日常の構築」，2020年8月5日，日本总务省，https://www.soumu.go.jp/johotsusintokei/whitepaper/ja/r02/pdf/index.html。

一方面是当前正在使用的卫星信号，由于当前所使用的卫星信号在日本部分高清电视机中出现了频率波动的问题，因此日本政府针对受影响的家庭，计划在 2021 年提供 10.9 亿日元（约合人民币 6600 万元）的设备更新补助。另一方面，针对日本核心都市住宅集中地区信号传输效果不佳的问题，日本政府计划在卫星传输的基础上使用区域 5G 技术（Local 5G），专门针对集中住宅区域，通过 5G 基站解析卫星电视信号后再使用 5G 信号进行传输，以保障用户接收到的超高清电视信号更稳定、传输更高效。

除了推动超高清电视的普及，日本也更多在医学领域尝试应用 8K 超高清技术。基于其带来的高临床感和真实性，日本自 2016 年起就着力发展 8K 在临床医学中的使用，并在内窥镜、胃镜手术等方面取得了一定的成功，2019 年日本医学界进一步加大了在运用 8K 内视镜的远程手术方面的研究投入。由于 2020 年新冠肺炎疫情的影响，对于远程医疗的需求也在不断增加，日本政府计划以前期积累的临床经验，进一步结合人工智能诊疗技术以及区块链，建立起远程医疗网络，以应对后疫情时代的医疗需求。

（三）媒体内容领域的新突破

面对智能媒体技术的不断演进，以及社会生活方式的剧烈变化，日本智能媒体技术在媒体内容的生产和日常生活的嵌入中也在进行创新尝试，包括构建全新的高度服务化的内容传播系统、创作沉浸式体验的媒体内容等。

重构内容传播体系的关键在于突破日本以电视为核心的传统媒体构架，立足于不断更新的互联网通信技术，将“人”“内容”“环境（设备）”进行有效整合。日本 HNK 技术部门提出，想要将内容传播出去，不管是在电视上播出还是在智能手机上投放，通过传统信号与放到网上都是不够的，应当将内容与技术相结合，用好未来多样化的物联网场景，将内容投放到相应的场景之中。[①] 因此，日本媒体行业除了不断推进数字电视的发展和普及外，也在提前布局物联网、穿戴设备的内容需求，以适应智

① 「多様な視聴環境に対応するWebベースのメディア技術」，2021 年 7 月 15 日，NHK 日本放送协会，https://www.nhk.or.jp/strl/open2021/tenji/8/index.html。

能媒体的不断发展。

在内容的呈现方面，日本在全息成像、AR/VR 技术上进行深入开发。NHK 立足于日本民众的日常生活方式，提出打造“共享空间”的概念，计划打造“未来的和室”系统，即通过穿戴 VR 设备将不在同一空间的他人等身像投射到自己身边，以实现人们远距离的交流。作为实验性的作品，NHK 推出了《未见过的文化财产》（見たことのない文化財）节目，节目组通过实地摄影和 3D 成像技术（类全息成像）将各类文物还原重现，参与者可以通过 VR 设备同步观看文物成像并进行交流。这一“空间共享”系统不但能够实现多人共同观看和互动，也可以在此层面上进一步推动影音内容生产技术的进步，进一步丰富影像内容的表现形式与观看模式。

四　结语

整体来看，日本智能媒体的发展与日本社会的数字化转型趋势始终是一致的。虽然日本社会在数字化应用与媒介的发展上相对较为保守，但日本政府整体的数字化转型策略和政策导向是较为“激进”的。如何在数字化浪潮中实现与自身社会现实相适应的转型是世界各国普遍在寻求的答案，日本政府交出了自己的答卷，其中也有部分值得我们参考的内容。

首先，日本智能媒体产业的发展整体立足于日本的社会现实与社会转型的需求。从近年来日本数字化转型的过程可以看出，日本社会本身对于转型的动力并不强烈，但新冠肺炎疫情对日本日常生活的冲击使得社会整体对数字生活的需求快速增长，在这一背景下日本政府加大推行数字政府改革的力度是受到民众的认可与欢迎的。其中，大量的数字化基础设施建设的方向以及智能媒体应用的方向是以适应日本少子高龄化、自然灾害频发、疫情下人口返乡化流动来设计的，其目的在于尝试建成以数据驱动来解决现实问题的“融合社会”。当前，我国同样面临老龄化加剧、人口流动频繁的问题，异地医疗、异地养老等问题亟待考虑和解决，用好数字资源、贴近社会现实、解决社会问题应当始终是数字化转型的基本方向。

其次，从日本政府的策略导向来看，其并不满足于用好当前的技术实现社会转型本身。日本政府将大量的资金投入通信基础设施建设领域，并且制定了较为详细的技术突破蓝图，可以看出其目的并不在于使用技术本身，更在于在未来的通信技术领域分得“一杯羹”，并且以技术的突破来进一步促进社会的转型和发展。在这一框架下，智能媒体的发展自然也是水到渠成，甚至可以说智能媒体将更具突破原有框架的能力，真正成为“社会性媒体”。这一点提醒我们，当前国内在通信技术领域走得远比日本快，但也因此逐步形成行业壁垒和垄断。智能媒体技术的发展本身除了经济价值外更具备社会价值，推动智能媒体在整体社会中的多系统、多行业应用，进而推动智能媒体更有效地服务社会转型与发展的需求才能更好地协调技术和生活的关系。

最后，与中国当前不同的是，在日本智能媒体的发展过程中，传统媒体行业实际上占据了一席之地，特别是日本公共广播电视机构NHK，在日本智能媒体技术试验中始终走在前列。“媒体融合”是我国传统媒体转型的一个热词，同样也是横亘在传统媒体面前的难题，我国媒体当前的选择往往是平台转移、内容创新甚至转向收割流量。NHK的尝试在一定程度上提醒我国传统媒体，技术优势并不仅仅在于传播过程，传统媒体的优势始终在于内容的表现力。从这一角度出发，利用好自身的技术优势，遵循发展趋势推动媒体内容生产也可能是传统媒体寻求融合转型的有效路径。

参考文献

保高隆之：「人々は放送局のコンテンツ，サービスにどのように接しているのか」，「放送と研究」2021年第3期。

「多様な視聴環境に対応するWebベースのメディア技術」，2020年7月15日，https：//www.nhk.or.jp/strl/open2021/tenji/8/index.html。

「教育データの利活用に関する有識者会議」，2020年7月3日，日本文部科学省，https：//www.mext.go.jp/b_menu/shingi/chousa/shotou/158/index.html。

「令和2年版情報通信白書：5Gが促すデジタル変革と新たな日常の構築」，2020年8月5日，日本総務省，https：//www.soumu.go.jp/johotsusintokei/whitepaper/ja/r02/pdf/index.html。

「令和元年版情報通信白書：特集　進化するデジタル経済とその先にある

Society 5.0」，2019 年 7 月 9 日，日本総務省，https：//www. soumu. go. jp/johotsusintokei/whitepaper/index. html。

宇治橋祐之:『「学校放送オンライン」「NHKデジタル教材」から「NHK For School」へ』,「放送と研究」2021 年第 4 期。

T.23　韩国智能媒体产业发展报告

周恩泽　唐嘉楠　卜彦芳*

摘　要： 2020—2021年，经济增长的新旧动能转换全面提速，人工智能深度融合，实体经济发展的脚步加快。韩国媒体产业继续立足内容优势，在政策导向宽松稳定、技术条件持续向好、用户需求空间广阔等宏观环境下，积极培育从生产、分发到终端服务各个环节的智能化应用。人机传播的全新格局令韩国智能媒体产业蓬勃发展，在技术研发、智慧城市等新兴业态方面具有良好的市场前景。同时，由智能技术衍生出的诸多威胁不容忽视，需要相关监管部门和媒体机构加以重视。

关键词： 韩国；智能媒体；人工智能

2020年下半年，遭受新冠肺炎疫情冲击的全球经济开始缓慢复苏，中、美等主要国家大力发展以5G网络、大数据、区块链、人工智能等技术为标杆的数字经济“新基建”，引领新一轮产业增长和社会发展变革。经济合作与发展组织（OECD）统计数据显示，韩国2021年的实际GDP增长率为4.1%，而2020年仅为-0.9%。经历触底反弹之后的宏观经济环境相对乐观，韩国文化传媒产业迎来新机遇。其中，人工智能协同5G、VR等多种前沿技术，持续赋能媒体转型发展，构建人机传播新格局。

* 周恩泽，中国传媒大学经济与管理学院硕士研究生，主要研究方向为传媒经济、传媒产业；唐嘉楠，中国传媒大学经济与管理学院博士研究生，主要研究方向为传媒经济；卜彦芳，中国传媒大学教授、博士生导师，主要研究方向为传媒经济、媒体融合、媒介经营与管理。

一　韩国智能媒体产业的宏观环境特征

（一）各国加快人工智能战略布局，政策环境宽松稳定

2017 年，《泛加拿大人工智能战略》的发布拉开了全球各国加快布局人工智能技术与新兴产业的帷幕。截至 2020 年年底，全球已有 30 多个国家和地区出台与此相关的发展战略，从顶层设计培育市场，驱动产业投资、标准制定、国际合作与人才培养等项目落地。① 具体来看，美国作为技术领导者，持续通过政策保护、扩大研发投资、构建国际联盟等方式集中力量强化市场地位。其发布的《关键和新兴技术国家战略》将人工智能列入重点任务清单，推进国家安全创新基地建设和保护技术优势。2020 年 8 月，白宫科学技术政策办公室、国家科学基金会、能源部宣布未来五年将向人工智能和量子计算领域的新研究机构投资超过 10 亿美元。美国《2021 财年联邦政府预算报告》也显示，非国防支出的人工智能研发投入大幅增加，成为政府预算和规划中的优先事项。在国际联盟方面，美国同韩国在内的 14 个国家联合成立人工智能全球伙伴关系（GPAI），与英国政府签署《人工智能研究与开发合作宣言》，以多边和双边协定合作开发和应用人工智能。除此之外，德国、法国、日本等发达国家以及中国、印度、俄罗斯等发展中国家同样先后出台相关政策文件，指导人工智能技术与产业发展（见表 1）。

表 1　部分国家或联盟人工智能发展战略规划

	发布机构	发布时间	战略规划文件
中国	国务院	2017 年 7 月	新一代人工智能发展规划
	工业和信息化部	2017 年 12 月	促进新一代人工智能产业发展三年行动计划（2018—2020 年）
	中央深改委	2019 年 3 月	关于促进人工智能和实体经济深度融合的指导意见

① 《斯坦福大学：2021 年人工智能指数报告》，2021 年 3 月 10 日，199IT 中文互联网数据资讯网，http://www.199it.com/archives/1213561.html。

续表

	发布机构	发布时间	战略规划文件
美国	国家科学技术委员会	2019 年 6 月（更新）	国家人工智能研发战略计划
	国务院	2020 年 10 月	关键和新兴技术国家战略
韩国	政府部门	2019 年 12 月	国家人工智能战略
		2020 年 10 月	人工智能半导体产业发展战略
日本	政府部门	2019 年 6 月	人工智能战略 2019
		2020 年 7 月	综合创新战略 2020
欧盟	欧盟委员会	2018 年 4 月	欧盟人工智能
英国	英、美政府	2020 年 9 月	人工智能研究与开发合作宣言
德国	政府部门	2020 年 12 月（更新）	人工智能战略
法国	政府部门	2018 年 3 月	人工智能：让法国成为领导者
俄罗斯	政府部门	2019 年 10 月	2030 年前国家人工智能发展战略

资料来源：中国信息通信研究院《全球人工智能战略与政策观察（2020）》。

全球化趋势之下，韩国发布《国家人工智能战略》，其前景目标包括构建引领世界的人工智能生态系统、成为人工智能应用领域领先的国家以及实现以人为本的人工智能技术。若计划得以顺利实施，至 2030 年将在专业领域创造 455 万亿韩元（约合人民币 2.7 万亿元）的经济效益。① 与其他国家相比，当前韩国整体市场规模和投资水平不高，政策发挥作用尚且需要一段时间。2020 年，全球人工智能领域总投资额同比增长 40%，达到 679 亿美元。从其中占比最高的私人投资额来看，美国以 236 亿美元位列第一，远高于随后的中国（99 亿美元）与英国（19 亿美元），而韩国暂未跻身前十。② 值得关注的是，韩国下一步也将大力推动人工智能技术在制造业、文化传媒、交通运输等产业中的应用，为智能媒体的规模化发展提供宽松稳定的政策环境。③

① 《韩国公布“人工智能国家战略”》，2019 年 12 月 19 日，人民网，http://industry.people.com.cn/n1/2019/1219/c413883-31513358.html。

② 熊一舟：《人工智能塑造未来全球竞争力》，《社会科学报》2021 年 4 月 16 日第 7 版。

③ 李贺南、陈奕彤、宋微：《2020 年韩国人工智能国家战略》，《全球科技经济瞭望》2020 年第 4 期。

（二）技术发展环境持续向好，产业格局垄断特征依旧明显

作为第四次工业革命的关键技术之一，人工智能不但能够显著提升社会的经济发展效率，也正在推动包括传媒业在内的众多产业发生变革。为在国内构建适宜的人工智能技术发展环境，韩国政府从2020年开始积极施行各类举措，提供适当资金与人才体系保障等扶持。如前文提及的《国家人工智能战略》，便具体规划了9大战略和100个详细执行课题，旨在推动韩国实现从“IT强国”到“人工智能强国”的转变。

在《国家人工智能战略》体系框架下，韩国专门设立人工智能投资基金，为有潜力的人工智能创业企业提供投资和资金支持。此外，韩国政府重点扩充在数据、互联网、人工智能等领域内的投资资金，不但在2020年将风险基金扩充至5万亿韩元以上，还新设立“未来技术培育资金”，优先支持人工智能创新企业。从人才体系来看，为填补此前在人工智能人才培养领域存在的短板，韩国从2020年开始全面提升相关人才培养力度。就专业教育而言，韩国政府着力创新大学教育制度，大比例增设新的人工智能学科，扩大硕士和博士级别的人工智能教育和研究项目，还规定从2020年开始国内大学必须提供有关软件和人工智能的基础教育。而对于通识教育，韩国政府着手针对军队、国家公职人员、中小学学生等人群分别制定有关人工智能基础素养提升的相关规划。通过多方举措并行，韩国政府希望到2030年将人工智能高级人才和专业人才规模由2019年的300名提高到10000名，从而大幅度提升韩国在全球人工智能领域的话语权与参与度。[①]

一个健康的技术发展环境，无疑能够为韩国媒体行业的智能化转型升级提供强有力的支撑。无论是与媒体发展紧密相关的AI、大数据、智能推送、云计算等新兴智能媒体技术的研发，还是媒体智能化转型所紧缺的跨学科人才培养，都是本轮韩国政府智能战略规划的重点。相关行业报告指出，2020年韩国人工智能技术普及率跃居全球第三位，仅次于印度和

---

① 李贺南、陈奕彤、宋微：《2020年韩国人工智能国家战略》，《全球科技经济瞭望》2020年第4期。

美国。①

韩国政府正着力为国内人工智能技术研发创造有利条件，但相对较高的技术研发门槛显著提升了头部企业进行垄断的可能。韩国企业评估网站CEO SCORE发布的一份调查结果显示，韩国500强企业中的345家在2016—2021年6月共注册141752项专利。LG集团以43088项专利居首，其后依次为三星集团（35034项）、现代汽车集团（15160项）、POSCO（7025项）和SK集团（5051项），五大集团所注册的专利占全部调查企业的74.32%。而在面向未来的七大核心技术（人工智能、大数据、物联网、生物健康、智能机器人、无人驾驶技术、3D打印）中，韩国最大的电子工业企业三星电子以5475项专利排名第一。②

尽管头部企业是引领科技行业实现跨越式发展的重要力量，但失衡的行业结构显然有可能在未来危及韩国人工智能技术领域的健康有序发展。如何采取合理的监管措施，抑制由寡头及垄断经营所带来的外部性与低效率风险，真正为国内各创新创业企业营造健康的技术发展环境，是韩国政府必须直面的挑战。

（三）数字媒体消费市场蓬勃发展，用户需求空间广阔

韩国是世界创新中心之一，尤其在通信技术和互联网使用方面处于领先地位。根据世界经济论坛发布的全球竞争力年度报告，韩国在141个主要经济体中综合排名第13，但信息与通信技术（ICT）指标以92.8的高分居于首位，互联网和智能手机普及率稳定在95%左右。③ 关于5G商用进程，韩国科学技术信息通信部公开的数据显示，截至2021年5月底，韩国5G用户数量为1584万，占总体移动通信用户的22%。其中，三大运营商SK电讯、KT、LG Uplus的5G用户数量分别为739万、480万和360

① 《韩国人工智能技术普及率跃居全球第三》，2021年3月23日，中国国际贸易促进委员会，http://www.ccpit.org/Contents/Channel_4114/2021/0323/1333106/content_1333106.htm。

② 《韩媒：三星电子注册专利数为韩企之首　占专利总数的13.8%》，2021年7月5日，字谜科技，http://zimicaijing.com/archives/36620。

③ 叶伊倩、林世爵：《全球竞争力排行榜中的中国——〈2019年全球竞争力报告〉的解读及对中国的启示》，《科技创新发展战略研究》2020年第2期。

万。① SK 电讯、LG Uplus 2020 年的财务业绩均实现一定的突破，利润同比增长分别达到 21.8% 和 29.1%，背后不乏 5G 业务的拉动。

因技术优势与基数壮大，韩国数字媒体消费市场蓬勃发展，更由此激发对娱乐应用与优质内容的新一轮需求。在获取新闻的渠道上，传统电视 KBS、JTBC、MBC 让位于网络新媒体平台 Naver，但仍然占有 40% 以上的市场份额（见图 1）。流媒体市场竞争中，韩国主要由 10 家平台提供服务，既包括美国的 Netflix 和 Amazon Prime Video，也包括本地的 Tving、LG Uplus、Olleh TV 等。相关研究机构的数据显示，2021 年亚太地区 22 个国家的 OTT 电视剧集与电影收入合计 320 亿美元；韩国占比仅次于中国和日本，总收入为 26 亿美元，预计 2022 年将增长 23% 至 32 亿美元。②

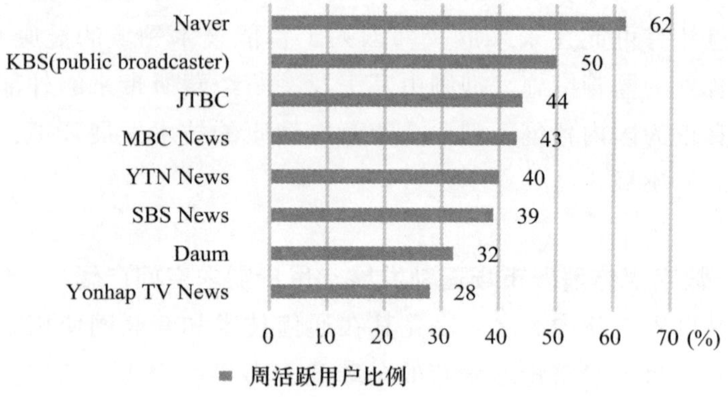

图 1　2020 年韩国新闻媒体周活跃度前八名

资料来源：路透社、牛津大学，*Digital News Report 2020*。

在 5G 流量节节攀升的同时，韩国本土却缺少具有竞争力的原创内容与之匹配，以 Netflix 为首的跨国平台掌握绝大部分市场份额与传播话语权。2020 年，软件分析公司 Wiseapp 根据一项抽样调查估算，20 岁以上韩国人在 Netflix 的消费总额达到 5173 亿韩元（约合人民币 30.41 亿元），是

① 《韩国 5G 用户在 5 月底已接近 1600 万　渗透率增至 22%》，2021 年 7 月 2 日，TechWeb，http://www.techweb.com.cn/world/2021-07-02/2847243.shtml。

② "Asia Pacific OTT TV and Video Forecasts", March, 2022, Digital TV Research, https://digitaltvresearch.com/wp-content/uploads/2022/03/Asia-Pacific-OTT-TV-and-Video-Forecasts-2022-TOC.pdf

2019 年的两倍之多。[①] 对此，感受到危机的韩国企业开始同运营商展开合作联盟，或者积极整合内容资源以吸引用户注意力。譬如流媒体平台 Wavve 由 SK 电讯和 KBS、MBC、SBS 三大电视台共同组建，于 2019 年 9 月开始运营。经各平台方整合后的 Wavve 在成立初期便拥有 1300 万用户，将持续围绕原创内容制作与技术应用升级打造核心竞争力。面对同样境况的运营商 LG Uplus 先后推出多个 VR/AR、云游戏娱乐和生活服务应用，同时投入双倍资金于 5G 媒体内容生产。

综合来看，无论是新闻传播还是文化娱乐消费，韩国数字媒体都已经成为主流阵地，市场竞争日益激烈。在 5G 商用和平台全球化扩张的趋势下，如何推动用户端需求增长显得尤为重要。由 Wavve 与 LG Uplus 的实例也可以看到，智能化转型是媒体获得竞争优势的战略立足点，将其应用于内容制作的优化升级大有可为，或将开辟并引领下一个蓝海市场。

二　韩国智能媒体产业的发展现状

（一）内容制作与服务创新推动传统媒体智能化转型

得益于技术、政策与市场环境的平稳运行，韩国传统媒体的智能化转型日益深化，尤其是文化娱乐产业的主力军——广播电视媒体，在内容制作和服务创新两个方面表现亮眼。

2019 年至今，作为韩国三大广播电视台中历史最悠久的 KBS，积极推动下一代核心技术研发与应用，提高新形势下的媒体竞争力，为未来变化做准备。根据其 2021 年公开的财报，KBS 实现净利润 393 亿韩元（约合人民币 2.07 亿元），同比增长 20%，盈利状况良好；在内部人事结构中，广播工程师（Broadcast Engineer）工种雇员数量最多，占比达到 26.58%。在技术团队的努力下，KBS 开发了基于人工智能的多视图制作解决方案“VERTIGO”，包括脸部识别系统、音乐信息检索等，可用于内容生产效率的提升。该方案配合购入的 8K 摄影器材输出高清画质影像，优化观众视听体验。2020 年下半年，KBS 启用媒体工厂系统（Media Factory System）

① 《韩国人 2020 年奈飞付费同比翻番》，2021 年 1 月 19 日，韩联社，https://cn.yna.co.kr/view/ACK20210119005600881?section=search。

以及云编辑服务器等设备，致力于更好地统一生产与分发流程，灵活地向内外部传播渠道提供丰富的数字内容。另外，KBS也建立起基于人工智能的地震与灾害广播支持系统，提升公共服务水平。

另外两家广播电视媒体SBS和MBC，在利用智能技术丰富内容创作上也做出诸多先锋探索。

SBS推出2021年新年特别综艺《世纪对决：AI vs 人类》，全面表现人工智能技术在高尔夫、音乐作曲、心理识别、股票投资等方面的应用，同时与不同领域专家展开较量。其中一期节目通过机器学习和语音合成再现韩国已故艺人金光石的声音，与明星歌手玉珠铉共同演绎民谣歌曲，引发国内外观众热议。相关技术支持由Supertone提供，其旗下开发的音频AI系统"Singing Voice Synthesis"以金光石的20首歌曲为原始数据，反复训练700多首歌曲后才得以实现这场隔空对唱。Supertone是一家成立于2020年的本地科技初创企业，核心竞争力在于智能语音合成，即"克隆"真实人类的声音。目前，该企业已经获得韩国头部娱乐经纪公司Big Hit Entertainment 40亿韩元（约合人民币2320万元）的融资。[①] 后者意在结合智能技术与粉丝经济，为当红艺人开发新型内容产品，实现更多商业场景落地。

MBC从2020年以来，连续播出两季虚拟现实人物纪录片*Meeting You*，不仅还原声音，更让逝者形象重现。首期节目讲述一位母亲借助VR技术，再次与因白血病而离开人世的7岁女儿"相遇"的故事。细节完善的环境布景、1∶1的数字化身、接近真实的特效触感……时长仅9分钟的视频制作花费数字内容和特效团队Vive Studios 8个月，由容积摄影、动作捕捉、VR、AI等多种技术整合而成。[②] 视频播出后引起强烈反响，截至2022年11月，YouTube"MBClife"官方账号已经获得3308万次观看量。

总体来看，三大广播电视媒体对智能技术的运用呈现新亮点，也为其他传媒组织提供了新案例。目前，传统报业、通讯社在这方面的进展稍显落后，除写稿机器人、智能聊天工具之外暂未出现新突破。

---

① 《防弹少年团太忙了，于是Big Hit投资了一家AI音乐公司》，2021年3月3日，音乐先声，https://mp.weixin.qq.com/s/dBjWmEr98B2scOmygTdbAw。

② 《MBC新纪录片告诉你如何在VR中找到心灵慰藉》，2020年2月11日，青亭网，http://www.7tin.cn/news/140243.html。

（二）智能技术驱动媒体内容形态与推送方式发生变革

为进一步优化媒体服务品质，满足用户日益多样化的媒介消费需求，韩国媒体行业积极推动内容形态与智能媒体技术的有机结合，一批新型智能化媒体产品纷纷落地，印证韩国媒体行业在智能化道路上所取得的成效。

将人工智能与虚拟仿真技术相结合的虚拟主播，无论是在形象塑造、信息获取还是专业播报等领域，都正在努力向以人工播报为主的传统媒体业态靠拢。相较于中国与日本，韩国媒体在这一领域的步伐虽然稍显迟缓，但同样坚定。2020 年 11 月，韩国 MBN 电视台（Maeil Business Network）推出国内首位人工智能主播“金柱夏”，并顺利播报当天的主新闻及新闻快讯。“金柱夏”由 MBN 电视台和人工智能开发公司 MoneyBrain 联手研发，以该台真人主持人金柱夏为原型，并对其动作、声音和播报过程进行长时间深度学习，最多能够在一分内快速生成 1000 字文本的播报视频。MBN 电视台表示，AI 主播可以在发生紧急情况时对观众进行新闻播报，其一天 24 小时不间断的工作方式能够显著节省人力、物力与时间成本。①

无独有偶，2021 年年初，人工智能公司 Pulse 9 通过自主研发的 Deep Real 人工智能系统，成功打造拥有 11 位成员的韩国流行音乐女团 Eternity，并发布成团单曲 *I'm Real*。该公司强调，不同于过去以真人为原型的设计思路（如前文的“金柱夏”），Deep Real 系统首先会通过 AI 技术创建新的虚拟人物图像，再通过 AI 模型将虚拟人物图像与数据库里的参考人物图像的面部特征进行合成，最终获得与真实世界的人毫不重合的全新虚拟人物形象。② 虽然以上智能化媒体产品从实际观感来看尚需时间打磨，但韩国媒体行业在这一领域所付出的努力无疑值得肯定。

除了在内容呈现上积极引进智能化技术外，在内容智能推送方面，韩国媒体同样体现出强烈的进取意识。韩国最大的搜索引擎和门户网站 Na-

---

① 《韩国首个 AI 女主播诞生：可 24 小时工作　网友感慨“以假乱真”》，2020 年 11 月 10 日，海外网，https://www. cqcb. com/headline/2020-11-10/3250145_ pc. html。

② 徐珊：《AI 版“创造 101”来了！出单曲拍电视剧，真人偶像失业危机?》，2021 年 6 月 30 日，大数据文摘，https://www. thepaper. cn/newsDetail_ forward_ 13378337。

ver，在2020年一改向全体用户推送无差别标准化新闻列表的做法，开始积极引入人工智能算法以帮助用户获取个性化新闻列表。此举不但能够令Naver更好地满足用户的新闻需求，也可以有效提升产品的用户黏性与用户满意度。不过，考虑到智能推荐背后所潜藏的“信息茧房”风险以及其他技术伦理争议，媒体的确有必要在这一领域保持审慎的态度，争取以更加成熟的姿态迎接智能化改革浪潮的全面到来。

（三）数字新基建蓬勃发展，为媒体智能化创造良好环境

人工智能技术的主要原理在于利用预设的程序算法，基于相应模板对数据进行快速收集、加工和整理，最终实现对枯燥重复人力劳动的取代。在这一过程中，对算法程序的设计必须与相应的数据处理能力匹配。与此同时，高速增长的数据规模以及日趋复杂的计算架构，正在成为人工智能技术研发所面临的现实挑战。在这一背景下，能否建设完善的人工智能基础设施体系（即“数字新基建”），将成为韩国媒体行业智能化转型过程中极为关键的一环。

2020年11月，韩国最大的电信公司Korea Telecom建立了名为“KT DX IDC Yongsan”的新互联网数据中心（IDC）。这一坐落在首尔市中心的数据中心总面积约为48000平方米，可容纳超过10万台服务器，预计能够存储约30000倍韩国国家图书馆的信息。KT有意将IDC Yongsan打造成人工智能数据中心，从而更好地服务于韩国国内及海外企业的智能化数字转型。① 可以预见的是，新站点有利于周边企业显著提高数据存储能力，加快数据处理速度，在同时间段内消化更多工作负载，这对数字时代的媒体智能化转型而言无疑是一个重大利好。

除了对大规模数据进行存储与调用外，对数据的高效运算同样是媒体智能化转型所必备的能力之一。在这方面，韩国的科技公司通过突破性的技术研发实现了创新。2021年3月，韩国三星电子宣布已成功开发出一款具备人工智能处理能力的高带宽存储器，并将其命名为HBM-PIM。据了解，不同于旧有的诺伊曼架构体系，这款具有人工智能处理能力的存储器

① 《韩国电信公司KT推出首尔最大规模数据中心》，2020年11月19日，美通社，https://www.prnasia.com/lightnews/lightnews-1-102-30869.shtml。

是专门针对大规模数据中心和高性能计算机而设计的。通过将 DRAM 优化的 AI 引擎放在每个内存库，能够有效实现并行处理并最大限度地减少数据移动，从而在前代技术基础上提升两倍性能并降低 71% 的功耗。[①] 该储存器能够帮助消化各类由人工智能驱动所带来的工作负载，最终提升系统的整体运算性能。

韩国科技界在数字新基建领域所做的努力，能够促进媒体智能化转型的飞速进步，以及为更多智媒产品提供稳健的生存环境与计算平台。因此，数字新基建是媒体人工智能技术的核心命题之一。

三　韩国智能媒体产业的前景展望

（一）资金支持明确，下一代通信技术领域成新战场

2021 年 6 月，韩国科学与信息通信技术部发布消息，接下为将向包括下一代信息技术、芯片、人工智能等领域的重大研发项目投入 23.5 万亿韩元（约合 208 亿美元），充分提振韩国科技行业。具体在 6G、人工智能等下一代信息技术方面，韩国政府计划投入的资金规模达到 1238 亿韩元，同比增长 151.5%。[②] 除财政支持外，韩国各科技型企业也纷纷加强对技术研发的自主投入力度。例如，韩国三星电子将向人工智能等 12 个国家级研发项目投资 152 亿韩元，涵盖先进人工智能、下一代加密系统、5G、6G 等诸多领域。从 2013 年至今，三星电子已向 682 个国家级的研发项目投入资金，包括 229 个基础科学项目、224 个材料工程项目和 229 个物联网相关项目，累计投入 886.5 亿韩元。[③]

在面向未来的智能化转型过程中，充足的资金投入能够保证韩国媒体获得足够的技术支持，而相应资金的具体分配则揭示了未来韩国高尖端人工智能技术的主要研发方向。其中，面向未来的下一代 6G 通信技术成为

---

① 《三星首发 HBM - PIM 内存计算技术，两倍性能、降低 71% 能耗》，2021 年 2 月 18 日，IT 之家，https://new.qq.com/omn/20210218/20210218A01Z0R00.html。

② 《韩国明年将投资超过 1200 亿韩元　用于 6G 与人工智能研发》，2021 年 6 月 28 日，海蓝，http://www.techweb.com.cn/world/2021-06-28/2846379.shtml。

③ 《三星电子今年将投资 152 亿韩元　用于 AI 等 12 个国家级研发项目》，2021 年 7 月 16 日，海蓝，http://www.techweb.com.cn/world/2021-07-16/2849334.shtml。

各项投资共同关注的焦点。

2020 年 8 月，韩国科学与信息通信技术部（MSIT）发布《引领 6G 时代的未来移动通信研发战略》，为 6G 布局绘制详细蓝图。而根据其他相关规划，韩国未来将投入大笔资金以确保 6G 自主核心技术的研发质量，着力抢占专利市场和国际标准制定话语权，并积极构建 6G 产业生态。同时，韩国将推动卫星通信网和地面通信网相融合，计划在 2031 年前布局 14 颗低轨卫星，增强自身通信能力。①

韩国政府以及大型跨国企业已经充分意识到 6G 技术在未来通信网络世界中的重要作用。对于与信息通信技术相伴相生的媒体行业而言，6G 对于其智能化转型的意义也非比寻常。显然，谁能够在这一方面率先掌握核心技术，谁就能够在未来的媒体智能化领域拔得头筹。

（二）城市转型蕴藏机遇，智能媒体新业态潜力突出

相关研究机构预测，全球智慧城市市场规模将从 2020 年的 4108 亿美元增长至 2025 年的 8207 亿美元，成为新的经济增长点之一。② 韩国最早在 2008 年前后便从法律和政策等制度性基础方面着力启动智慧城市“U-City”建设，旨在促进信息和通信技术与城市经济融合，实现面向未来的规划和管理模式升级，但后期实践过程中因开发不合理、价值认知不足等问题导致项目一度搁置，进展受阻。③ 2020 年 7 月，韩国政府提出新的经济刺激计划“韩国版新政”（New Deal），意图从数字化和绿色产业两大方面推动社会转型发展。其中，基于 5G 和人工智能的智能型政府、智慧城市建设再次被提及并列入重点课题。④

全新的政策设计为城市转型带来机遇，对智能媒体产业发展同样有所启示。媒体具有连接用户和影响社会的优势，可以借此机会发挥服务功

---

① 《中国 6G 研发全面提速，韩国斥资 2000 亿押注 6G，6G 到底有何优势?》，2021 年 7 月 20 日，爆侃数码圈，https://m. k. sohu. com/d/545026240。

② 徐振强：《中美智慧城市领域合作现状研究》，《建设科技》2015 年第 23 期。

③ 《韩国版智慧城市 U-City 的现状与课题》，2015 年 12 月 2 日，中国房地产业协会，http://www. fangchan. com/cchs/109/2015-12-02/6077735771148980498. html。

④ 《文在寅：未来 5 年投资 600 亿元建设智慧城市》2020 年 10 月 22 日，韩联社，https://cn. yna. co. kr/view/ACK20201022005600881? section = search。

能，拓宽业务领域，不断凸显自身在智慧城市布局中的作用。位于首尔市麻浦区的上岩数字媒体城（Digital Media City）原本是一个工业垃圾填埋场，经历数十年建设已经形成传媒产业集群的前沿阵地，成为当代韩国流行文化对外展示的重要窗口。容纳世界顶级媒体设施、大批数字内容制作公司和研究院所的上岩数字媒体城不断带动周边商业和相关行业发展，向融合现代科技和产业发展的经济综合体迈进。[①] 2021 年 5 月，腾讯云宣布与韩国首尔市观光体育局达成合作，将助力其建立和运营智慧旅游平台，提供技术和流量推广等支持，打造一站式智慧旅游服务。由此可见，智能技术融合的新兴传媒业态成为必然的发展趋势。在此基础上，如何更好地促进产业集群效应，赋能城市数字化、智能化发展值得关注。

（三）技术治理难度提升，社会风险与经营利益需谨慎权衡

全面拥抱智能化的同时，媒体产业发展也面临技术伦理、技术鸿沟等挑战，相关监管部门数字治理难度加大。人工智能作为工具并非中立，相应训练数据的选择体现出发明者和设计者的偏见，或者世界上普遍存在的偏见。由此，这些智能化工具不仅容易被应用在道德层面有争议的领域，更有可能因为难以捉摸而被有良好意图的从业者误用甚至滥用。[②] Genderify 应用通过分析姓名、电子邮件地址等信息智能辨认用户性别，遭到大量批评反对，上线仅五天就被迫关闭服务。韩国 Scatter Lab 在 2020 年年底推出“李 LUDA”人工智能聊天机器人，因存在言语不当和数据泄露问题而引发负面舆情，最终也停止运营。相反，SK 电讯、三星和 Kakao 集团共同成立“人工智能联盟”，旨在围绕社会公共难题开发多种解决方案，发挥技术的积极一面。该合作已经成功推出流行传染疾病的风险分析产品，能够通过流动人口大数据、公共灾难信息、社交网络等方式将韩国不同地区的危险程度精确化，向用户提供预测信息与出行建议，后续研究还将拓展至空气污染、人口老龄化等其他方面。[③]

---

① 杨扬、张学骞、王艺璇：《从产业融合到产城融合：“媒体城”的发展策略及创新实践》，《城市发展研究》2020 年第 4 期。

② 胡泳：《技术并不中立，而有特定目的》，《经济观察报》2021 年 7 月第 3 期。

③ 《SKT · 三星 · Kakao 结成 AI 联盟首款产品聚焦“新冠”》，2020 年 12 月 23 日，韩国中央日报网，http://chinese. joins. com/news/articleView. html? idxno = 99768。

目前来看，人工智能技术虽然具有一定的自主学习与决策能力，但却无法做出价值判断，主体权责划分的标准缺失为市场监管带来威胁甚至是法律风险。中国、美国、英国、日本以及欧盟正在积极搭建人工智能治理体系框架，而韩国在这一方面稍显落后。随着未来"强人工智能"阶段的到来，媒体行业在享受技术红利的同时更要坚持安全与发展兼顾、法律治理与人文关怀同步的理念。

参考文献

《防弹少年团太忙了，于是 Big Hit 投资了一家 AI 音乐公司》，2021 年 3 月 3 日，音乐先声，https://mp. weixin. qq. com/s/dBjWmEr98B2scOmygTdbAw。

《韩国 5G 用户在 5 月底已接近 1600 万　渗透率增至 22%》，2021 年 7 月 2 日，TechWeb，http://www. techweb. com. cn/world/2021 - 07 - 02/2847243. shtml。

《韩国版智慧城市 U-City 的现状与课题》，2015 年 12 月 2 日，中国房地产业协会，http://www. fangchan. com/cchs/109/2015 - 12 - 02/6077735771148980498. html。

《韩国电信公司 KT 推出首尔最大规模数据中心》，2020 年 11 月 19 日，美通社，https://www. prnasia. com/lightnews/lightnews - 1 - 102 - 30869. shtml。

《韩国公布"人工智能国家战略"》，2019 年 12 月 19 日，人民网，http://industry. people. com. cn/n1/2019/1219/c413883 - 31513358. html。

《韩国明年将投资超过 1200 亿韩元　用于 6G 与人工智能研发》，2021 年 6 月 28 日，海蓝，http://www. techweb. com. cn/world/2021 - 06 - 28/2846379. shtml。

《韩国人 2020 年奈飞付费同比翻番》，2021 年 1 月 19 日，韩联社，https://cn. yna. co. kr/view/ACK20210119005600881? section = search。

《韩国人工智能技术普及率跃居全球第三》，2021 年 3 月 23 日，中国国际贸易促进委员会，http://www. ccpit. org/Contents/Channel_4114/2021/0323/1333106/content_1333106. htm。

《韩国首个 AI 女主播诞生：可 24 小时工作　网友感慨“以假乱真”》，2020 年 11 月 10 日，海外网，https：//www. cqcb. com/headline/2020 - 11 - 10/3250145_pc. html。

《韩媒：三星电子注册专利数为韩企之首　占专利总数的 13.8%》，2021 年 7 月 5 日，字谜科技，http：//zimicaijing. com/archives/36620。

胡泳：《技术并不中立，而有特定目的》，《经济观察报》2021 年 7 月第 3 期。

李贺南、陈奕彤、宋微：《2020 年韩国人工智能国家战略》，《全球科技经济瞭望》2020 年第 4 期。

《三星电子今年将投资 152 亿韩元　用于 AI 等 12 个国家级研发项目》，2021 年 7 月 16 日，海蓝，http：//www. techweb. com. cn/world/2021 - 07 - 16/2849334. shtml。

《SKT · 三星 · Kakao 结成 AI 联盟首款产品聚焦“新冠”》，2020 年 12 月 23 日，韩国中央日报网，http：//chinese. joins. com/news/articleView. html? idxno = 99768。

《三星首发 HBM-PIM 内存计算技术，两倍性能、降低 71% 能耗》，2021 年 2 月 18 日，IT 之家，https：//new. qq. com/omn/20210218/20210218A01Z0R00. html。

《斯坦福大学：2021 年人工智能指数报告》，2021 年 3 月 10 日，199IT 中文互联网数据资讯网，http：//www. 199it. com/archives/1213561. html。

《文在寅：未来 5 年投资 600 亿元建设智慧城市》，2020 年 10 月 22 日，韩联社，https：//cn. yna. co. kr/view/ACK20201022005600881? section = search。

《MBC 新纪录片告诉你如何在 VR 中找到心灵慰藉》，2020 年 2 月 11 日，青亭网，http：//www. 7tin. cn/news/140243. html。

熊一舟：《人工智能塑造未来全球竞争力》，《社会科学报》2021 年 4 月 16 日第 7 版。

徐珊：《AI 版“创造 101”来了！出单曲拍电视剧，真人偶像失业危机?》，2021 年 6 月 30 日，大数据文摘，https：//www. thepaper. cn/newsDetail_forward_13378337。

徐振强：《中美智慧城市领域合作现状研究》，《建设科技》2015 年第

23 期。

杨扬、张学骞、王艺璇：《从产业融合到产城融合："媒体城"的发展策略及创新实践》，《城市发展研究》2020 年第 4 期。

叶伊倩、林世爵：《全球竞争力排行榜中的中国——〈2019 年全球竞争力报告〉的解读及对中国的启示》，《科技创新发展战略研究》2020 年第 2 期。

《中国 6G 研发全面提速，韩国斥资 2000 亿押注 6G，6G 到底有何优势?》，2021 年 7 月 20 日，爆侃数码圈，https：//m. k. sohu. com/d/545026240。

"Asia Pacific OTT TV and Video Forecasts", March, 2022, Digital TV Research, https://digitaltvresearch. com/wp-content/uploads/2022/03/Asia-Pacific-OTT-TV-and-Video-Forecasts-2022-TOC. pdf.